"十四五"职业教育国家规划教材

汽车电气系统检修

QICHE DIANQI XITONG JIANXIU （第三版）

主　编　王东光　张文娟
副主编　赵宇衡　孙洪波

新形态教材

中国教育出版传媒集团
高等教育出版社·北京

内容简介

本书是“十四五”职业教育国家规划教材，根据教育部最新发布的《高等职业学校专业教学标准》中对本课程的要求，并参照最新颁发的相关国家标准和职业技能等级考核标准修订而成。

本书结合项目式教学编写，全书共包括10个项目：汽车电气系统认知，蓄电池的检测与充电，充电系统的检修，起动系统的检修，点火系统的检修，汽车照明与信号系统的检修，汽车仪表与报警系统的检修，汽车辅助电气设备的检修，汽车空调系统的检修，识读分析汽车电路图。本书为新形态一体化教材，配套了丰富的数字化教学资源，助学助教。

本书可作为高等职业院校汽车类专业的教学用书，也可作为汽车维修技术人员的参考用书。

图书在版编目(CIP)数据

汽车电气系统检修/王东光，张文娟主编. —3版.
北京：高等教育出版社，2024. 8（2025. 1重印）.
ISBN 978-7-04-062481-6
Ⅰ. U472.41
中国国家版本馆CIP数据核字第2024FU8436号

策划编辑 班天允 **责任编辑** 张尕琳 班天允 **封面设计** 张文豪 **责任印制** 高忠富

出版发行	高等教育出版社	**网　　址**	http://www.hep.edu.cn
社　　址	北京市西城区德外大街4号		http://www.hep.com.cn
邮政编码	100120	**网上订购**	http://www.hepmall.com.cn
印　　刷	上海新艺印刷有限公司		http://www.hepmall.com
开　　本	787mm×1092mm 1/16		http://www.hepmall.cn
印　　张	17.75	**版　　次**	2015年3月第1版
字　　数	435千字		2024年8月第3版
购书热线	010-58581118	**印　　次**	2025年1月第2次印刷
咨询电话	400-810-0598	**定　　价**	41.00元

本书如有缺页、倒页、脱页等质量问题，请到所购图书销售部门联系调换

物 料 号 62481-00

配套学习资源及教学服务指南

二维码链接资源

本书配套视频、文本、互动练习等学习资源，在书中以二维码链接形式呈现。手机扫描书中的二维码进行查看，随时随地获取学习内容，享受学习新体验。

教师教学资源索取

本书配有课程相关的教学资源，例如，教学课件、应用案例等。选用教材的教师，可扫描以下二维码，关注微信公众号“高职智能制造教学研究”，点击“教学服务”中的“资源下载”，或电脑端访问地址（101.35.126.6），注册认证后下载相关资源。

★如您有任何问题，可加入工科类教学研究中心QQ群：240616551。

本书二维码资源列表

页码	类型	说明
9	拓展阅读	职业技能等级考核
9	拓展阅读	职业技能等级理论考核
15	互动练习	蓄电池的技术参数及特性
16	视频	蓄电池拆装
17	互动练习	蓄电池的正确使用与维护
18	视频	蓄电池的检测
24	互动练习	蓄电池的检测与充电
25	知识拓展	新型蓄电池
30	动画	整流原理
32	互动练习	交流发电机的结构及特性
36	互动练习	电压调节器
39	视频	发电机的更换
39	视频	发电机主要部件的检修
42	互动练习	交流发电机的拆装与部件检修
48	知识拓展	水冷发电机
55	互动练习	起动机的构造和型号
56	动画	无起动继电器的控制电路
57	互动练习	起动系统控制电路
61	视频	起动机的拆装
62	视频	起动机各部件的检查
65	互动练习	起动机的拆检与维护
68	知识拓展	自动变速器或离合器起动开关的控制电路
84	互动练习	点火系统的结构与原理
88	视频	读取故障码和数据流
89	视频	火花塞试火
89	视频	点火线圈控制线路的检查
90	互动练习	点火系统的检修
96	互动练习	点火提前角和闭合角控制
121	互动练习	照明与信号系统
123	动画	近光灯电路电流流向
124	动画	远光灯电路电流流向
130	互动练习	汽车喇叭的检查与调整
137	互动练习	汽车仪表与报警系统
155	互动练习	传统仪表的故障诊断
159	互动练习	数字仪表的故障诊断
163	知识拓展	数字仪表
181	互动练习	电动刮水器的故障诊断与维修
201	视频	电动车窗的检测
204	视频	汽车电动后视镜的检测
209	知识拓展	雨滴感知型刮喷水器
214	视频	制冷剂的加注
229	互动练习	汽车空调系统故障诊断与排除
245	知识拓展	汽车变频空调
245	知识拓展	冷冻润滑油

前　　言

本书是“十四五”职业教育国家规划教材，根据教育部最新发布的《高等职业学校专业教学标准》中对本课程的要求，并参照最新颁发的相关国家标准和职业技能等级考核标准修订而成。

“汽车电气系统检修”课程是汽车制造与试验技术(460701)和汽车检测与维修技术(500211)等专业的核心课程，本书既可作为高等职业院校汽车类相关专业的教学用书，也可作为汽车维修工的培训教材，或者汽车维修技术人员的参考资料。

本书为新形态一体化教材，修订后主要特色如下：

1. 贯彻党的二十大精神，落实立德树人根本任务

本书把社会主义核心价值观融入教材，大力弘扬劳动精神、工匠精神，坚持规范、安全操作，和世赛接轨、国际接轨，力求使学生具备良好职业素养，全面发展。

2. 校企合作，产教融合

本书内容对接职业标准，服务产业发展，体现新技术、新工艺、新规范，反映岗位职业能力要求。产教融合，校企“双元”合作开发，行业企业人员深度参与编写。

3. 课证融通，书证融通

本书结合1+X证书制度试点工作，采用项目式教学方式编写。注重理论和实际相结合，理论以解决实际问题为目标。内容紧扣证书标准要求，做到了课证融通、书证融通。

本书由山东工程技师学院王东光、张文娟担任主编，上海交通职业技术学院赵宇衡、安徽汽车职业技术学院孙洪波担任副主编，全书由王东光统稿。具体分工如下：王东光编写项目1、项目2，张文娟编写项目3、项目4，胡博编写项目5，赵宇衡编写项目6，马立云编写项目7，黄振营编写项目8，刘广起编写项目9、项目10。参与本书编写、资料整理以及教学资源建设的还有孙洪波、吴延霞、张邦为、张永生、王素霞、金君堂。

由于编者水平有限，书中难免存在疏漏之处，敬请广大读者提出宝贵意见和建议，以便本书修订时予以借鉴改正。

编　者

目　录

项目 1　汽车电气系统认知 …… 1

任务 1　认识汽车电气系统 …… 1

任务 2　认识汽车电气系统故障的基本诊断方法 …… 3

任务 3　使用汽车电气系统基本检测工具 …… 6

项目 2　蓄电池的检测与充电 …… 10

任务 1　认识蓄电池的技术参数及特性 …… 10

任务 2　正确使用与维护蓄电池 …… 16

任务 3　检测、充电蓄电池 …… 17

项目 3　充电系统的检修 …… 26

任务 1　认识交流发电机的结构及特性 …… 26

任务 2　认识电压调节器 …… 33

任务 3　检测交流发电机整机 …… 37

任务 4　拆装交流发电机并进行部件检修 …… 39

任务 5　检测电压调节器 …… 42

任务 6　排除充电系统电路故障 …… 43

项目 4　起动系统的检修 …… 49

任务 1　认识起动机的组成和型号 …… 49

任务 2　认识起动系统控制电路 …… 55

任务 3　诊断与排除起动系统常见故障 …… 57

任务 4　拆检与维护起动机 …… 60

项目 5　点火系统的检修 …… 69

任务 1　认识点火系统 …… 69

任务 2　检修点火系统 …… 84

任务 3　控制点火提前角和闭合角 …… 90

任务 4　检测与分析点火系统波形 …… 96

项目 6　汽车照明与信号系统的检修 …… 105

任务 1　认识照明与信号系统 …… 105

任务 2　分析与检修典型车系照明系统电路 …… 121

任务 3　检查与调整汽车电喇叭 …… 127

项目 7　汽车仪表与报警系统的检修 …… 134

任务 1　认识汽车仪表与报警系统 …… 134

任务 2　诊断传统仪表故障 …… 137

任务 3　诊断数字仪表故障 …… 155

项目 8　汽车辅助电气设备的检修 …… 164
任务 1　诊断与维修电动刮水器故障 …… 164
任务 2　诊断与维修电动座椅故障 …… 181
任务 3　诊断与维修电动车窗故障 …… 192
任务 4　诊断与维修电动后视镜故障 …… 202
项目 9　汽车空调系统的检修 …… 210
任务 1　加注汽车空调制冷剂 …… 210
任务 2　诊断与排除汽车空调系统故障 …… 215
任务 3　检测汽车自动空调系统 …… 230
项目 10　识读分析汽车电路图 …… 246
任务 1　识读汽车电路图的图形符号和文字符号 …… 246
任务 2　识读并绘制汽车电路图 …… 256
任务 3　拆画分析汽车总电路图 …… 263
任务 4　分析典型车系电路图 …… 266
任务 5　学习汽车电路检修常识 …… 270
参考文献 …… 275

项目1　汽车电气系统认知

项目引入

汽车电气设备是汽车的重要组成部分，随着汽车技术的进步，汽车电气设备的结构与性能也在不断改进，电子技术在解决汽车节能降耗、行车安全、减少排放污染等方面发挥着越来越重要的作用。

汽车电气系统检修在汽车检修中占据越来越大的比重，作为一名汽车维修人员，汽车电气系统检修是必须掌握的技能。本项目的主要内容为学习汽车电气系统的发展概况、组成与特点、故障的基本诊断方法及基本检测工具的使用方法。

项目要求

通过本项目的学习，要求了解汽车电气系统的组成与特点，熟悉汽车电气系统故障的基本诊断方法，能熟练使用基本检测工具。学完本项目之后，应对汽车电气系统和故障诊断有一个初步认识。

任务1　认识汽车电气系统

任务目标

1. 了解汽车电气系统的组成。
2. 掌握汽车电气系统的特点。

任务引入与分析

自汽车问世以来，汽车的发展给整个世界和人类生活带来了巨大的变化，汽车技术也取得了令人瞩目的进步。汽车电气系统是汽车的重要组成部分，其性能的优劣直接关乎汽车的动力性、经济性、可靠性、安全性和尾气排放等各个方面。

知识链接

一、汽车电气设备的发展概况

20世纪60年代以来，随着电子技术的进步，汽车上开始大量采用电子设备，其主要标志是交流发电机的广泛应用，它采用二极管整流技术将交流电转换为直流电，使得发电机的质量和体积减小，可靠性大幅提高；之后，又用电子电压调节器替代了传统的触点式电压调节器，使发电机的输出电压更加稳定，并减少了维护的工作量。

进入20世纪70年代，电子技术开始应用在点火系统中，出现了电子控制高能点火系统。电子控制高能点火系统的应用使点火能量有很大提高，点火提前控制更加精确，提高了汽车的动力性，减小了汽车排放的污染物。为进一步减少汽车排放的污染物和提高汽车整体性能，随之又出现了电控燃油喷射系统（EFI）、电控自动变速器（ECT）、防抱死制动系统（ABS）等。

20世纪80年代以后，汽车上采用的电子装置越来越多，如驾驶辅助装置、安全警报装置、通信和娱乐系统等。特别是计算机技术的发展给汽车电子控制技术带来了一场技术革命，电控技术已深入到汽车的各个部分，使汽车的整体性能得到了大幅度的提高。

二、汽车电气系统的组成

现代汽车电气系统可以分为电源、用电设备和配电装置三部分。

1. 电源

电源包括蓄电池、发电机及调节器。发电机与蓄电池并联工作，发动机不工作时，汽车上的用电设备由蓄电池供电；发动机起动后，由发电机向汽车上的用电设备供电；发电机向用电设备供电的同时，多余的电能给蓄电池充电。调节器的作用是在发电机工作时保持其输出电压的稳定。

2. 用电设备

用电设备主要由以下几个系统组成。

① 起动系统。起动系统用来起动发动机，主要包括起动机及其控制电路。

② 点火系统。点火系统（仅限于汽油发动机）用来点燃汽油发动机气缸中的可燃混合气。现在的汽油发动机基本上都采用计算机控制的点火系统，主要包括点火线圈、点火控制器、火花塞、各种传感器和电子控制单元（ECU）等。

③ 照明系统。照明系统用来为车辆夜间安全行驶提供必要的车外和车内照明，包括车外和车内的照明灯及其控制装置。

④ 信号系统。信号装置用来提供安全行车所必需的信号，包括声音信号和灯光信号两类。

⑤ 仪表及报警系统。用来监测发动机及汽车的工作情况，驾驶员可通过仪表及报警装置及时发现发动机及汽车各种参数的异常情况，确保汽车正常运行。该系统主要包括电压（电流）表、机油压力表、水温表、燃油表、车速表、里程表、发动机转速表、气压表及各种警告灯等。

⑥ 辅助电气系统。包括电动刮水器、空调系统、车窗玻璃升降器、电动座椅、防盗系统、收录机等，主要向舒适、娱乐、安全等方面发展。随着汽车智能化的发展趋势，辅助电气设备将会越来越多。

⑦ 汽车电子控制系统。汽车电子控制系统主要指车辆中利用微机控制的各个系统，包括发动机电控系统、自动变速器电控系统、电控转向系统、电控悬架系统、电子稳定系统、电控点火系统、电控安全气囊系统、自动空调系统、车载网络系统等。电控系统可以使汽车上的各个系统均处于最佳工作状态。

3. 配电装置

配电装置包括中央接线盒、保险丝、继电器、线束及连接器、电路开关等，可使全车电路构成一个统一的整体。

三、汽车电气系统的特点

1. 低压

汽车采用低压直流电，现代汽车的标称电压有12 V和24 V两种。目前汽油车普遍采用12 V电源，重型柴油车多采用24 V电源。随着汽车电气设备电子化程度的提高和设备的增多，汽车电源电压有提高的趋势，以满足不断增加的用电需求。目前汽车42 V电源系统正处于开发之中。

2. 直流

汽车发动机依靠电力起动机起动，而起动机的电源是蓄电池，当蓄电池的电能消耗后必须用直流电进行充电，因此汽车上的发电机也必须输出直流电。由于上述原因，汽车上采用直流电。

3. 并联连接

汽车上的各用电设备均采用并联，两个电源(蓄电池与发电机)以及所有的用电设备之间都是正极接正极，负极接负极，并联连接。

4. 单线制

单线制即是从电源到用电设备使用一根导线连接，而另一根导线则由汽车车身或发动机机体代替。作为回路连接方式，单线制不仅节约导线，使线路简化、清晰，而且也便于安装和检修。现代汽车普遍采用单线制，但在某些汽车上，有些不能形成可靠回路的地方，或多或少地存在着双线制。

5. 负极搭铁

采用单线制时，蓄电池的一个电极接到车身上，俗称“搭铁”。蓄电池的负极与车身相连接，称为负极搭铁；反之，若蓄电池的正极与车身相连接，则称为正极搭铁。国产汽车电气系统统一采用负极搭铁。

任务2 认识汽车电气系统故障的基本诊断方法

任务目标

1. 掌握汽车电气系统常见故障及故障诊断的思路。
2. 熟练运用汽车电气系统故障诊断的方法。

任务引入与分析

小王在某修理厂当学徒，一天师傅不在家，来了一辆汽车，车主反映该车偶发性出现起动时拧动点火开关，但车辆没有任何反应的现象。小王一会儿怀疑是起动机的问题，一会儿怀疑是分电器的问题，忙得满头大汗也没有查出故障原因。此时，师傅回来了，告诉小王，平时要养成好的工作习惯，排除疑难故障和偶发性故障要按一定的思路进行，否则就是能够排除故障，也是瞎碰的。那么排除故障的思路是什么呢?

知识链接

一、汽车电气系统常见故障

汽车电气系统故障分为电气设备故障和线路故障两大类，线路故障又分为开路（断路）、短路、接触不良等。

1. 开路

电路开路如图 1-1 所示。开路就像开关打开导致系统不工作一样。开路可能出现在电路的供电回路，也可能出现在电路的搭铁回路。

电路搭铁如图 1-2 所示。电路被搭铁时，电流流到预定负荷部件之前便返回搭铁。

2. 短路

电路短路如图 1-3 所示。短路是指电流绕过部分正常的通道。

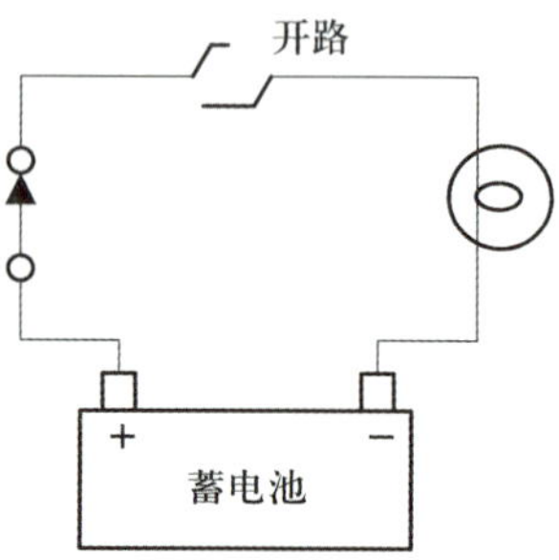

图 1-1　电路开路示意图

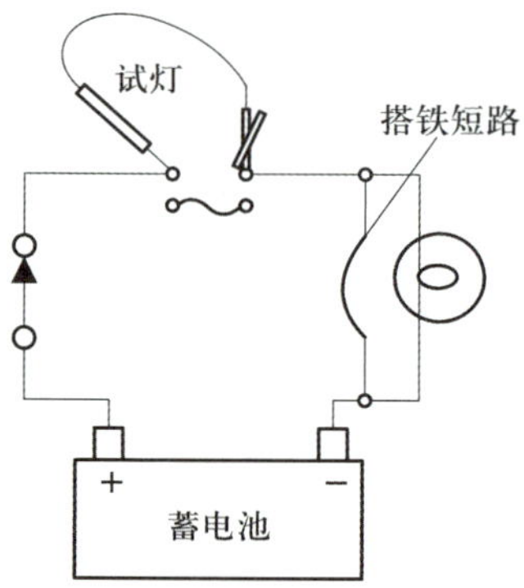

图 1-2　电路搭铁示意图

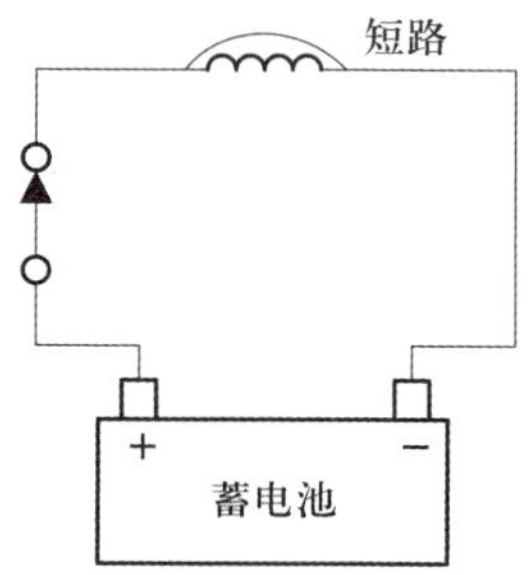

图1-3　电路短路示意图

3. 接触不良

接触不良是指在插接器、接头或其他部位由于使用时间较长、锈蚀等原因造成该部位接触不好。

二、汽车电气系统故障诊断的思路

汽车电气系统的故障现象是多种多样的，例如，同一类故障可能有不同的故障现象，不同类故障可能是同种故障现象，这种故障现象的同一性和多样性给查找故障带来不小的难度。但是，故障现象是查找电气故障的基本依据，是查找电气故障的起点，因而要对故障现象进行仔细的观察与分析，找出故障现象中最主要的、最典型的方面，搞清故障发生的时间、地点、环境等。排除故障的思路是从易到难，从外到内。如有些电气故障可以通过人的手、眼、鼻、耳等器官，采用摸、看、闻、听等手段，直接感知故障设备异常的温升、振动、色变、气味、响声等，确定设备的故障部位。但是许多电气故障靠人的直接感知是无法确定部位的，而要借助各种仪器、仪表对故障设备的电压、电流、温度、转速等参数进行测量，以确定故障部位。

三、汽车电气系统故障诊断的基本方法

1. 询问用户法

在检修故障车之前，要先向用户询问和了解故障车的使用情况、故障现象以及故障产生和发展的过程，并将用户提供的情况做好记录，认真进行分析和研究。询问用户的内容包括以下几个方面：

① 了解汽车使用年限。

② 了解故障产生的过程。

③ 了解出现此故障后是否修理过。

④ 了解车主有无故障汽车的相关资料。

⑤ 核实故障现象。

2. 直观检查法

利用眼睛、鼻子、耳朵、手等器官来进行直接观察，观察颜色、气味、声音、温度是否有异常，以判断电气装置的运行情况。通过这种直接观察，一些明显的故障能立即诊断出来，或者能帮助分析和掌握故障发生的部位、危及范围、严重程度以及元器件损坏情况。对于那些隐蔽而复杂的故障，通过直接观察到的各种现象，也能为故障诊断和分析提供重要依据，因此，直观检查是诊断故障十分重要的一步。

直观检查法包括以下内容：

① 眼看。看一看保险丝是否熔断，有没有出现冒烟的情况，是否有被烧焦、烧黄或被烧得发黑的元器件；看一看有没有断线现象，或者有没有被损伤的导线；看一看有没有松动的连接螺栓和接插件（或转插件）。

② 鼻闻。闻一闻有没有异常气味，特别是有没有出现绝缘材料烧焦的气味。

③ 耳听。听一听有没有异常的声音。

④ 手摸或拨动。摸一摸，凭感觉和经验来判断温度是否发生异常。

⑤ 清洁检查法。汽车经长期使用以后，电气系统中电子元件表面的灰尘增多，尤其是当电路中有些部位受潮或灰尘增多时，会形成具有一定阻值的导体，破坏了电路的正常工作，从而造成了各种奇怪的、特殊的软性故障。

3. 对可疑对象进行重点检查

对在直观检查中发现的可疑对象或者那些容易损坏的元器件进行重点检查。一般通过对它们的检查最容易发现故障，效果比较好。即便对它们的检查未发现故障，但对排除故障疑点、缩小故障范围也有一定的作用。

4. 替换试探法

用相同的元器件去替换有故障嫌疑的元器件，看看故障现象是否消除。以此方法逐步查找，逐步缩小故障范围，对最终排除故障所起的效果很好，排除故障的效率比较高。

5. 分段查找法

对一些故障现象复杂、问题很多、涉及面很广、故障范围又不明显的疑难故障，宜采用分段的方法来查找。分段查找能分割故障，化复杂为简单，缩小故障范围，使诊断变得容易。

6. 敲击振动法

制造时由于虚焊造成的接触不良，或者在使用过程中由于周围环境条件差，导致元器件、触点腐蚀生锈引起接触不良，造成电气设备运行时好时坏，发生无规则的间歇性故障。为了暴露故障和故障源，可使用敲击振动法。在使用敲击振动法时，要一部分一部分地进行，而不要几个部分同时进行敲击，这样不便于暴露故障源。

7. 专用仪器、仪表测量法

专用仪器、仪表测量法是用仪器仪表测量某些零部件相关参数的大小，经与正常的参数对比后，来确定故障部位和故障原因。

任务 3　使用汽车电气系统基本检测工具

任务目标

1. 熟悉汽车电气系统基本检测工具的使用方法。
2. 能正确选用和使用汽车电气系统基本检测工具。

任务引入与分析

一辆汽车，有偶发性 ABS 警告灯亮起的故障现象，技术人员对 ABS 系统进行检查，拆检了右后轮，装复后发动机起动不着车。技术人员反复检查多遍，仍没有查出故障原因，最后不得已把车拖到 4S 店，经专用仪器检查发现是 ABS 系统动力 CAN 线故障引起报警，导致发动机起动不着车。由此可见，仪器使用对于修理工来说是非常重要的。

知识链接

汽车电气系统常见的检测工具有跨接线、试灯、(数字式)万用表、示波器、故障诊断仪等。

一、跨接线

跨接线如图 1-4 所示，是一段专用导线。不同形式的跨接线主要是其长短和两端接头不同。跨接线两端的接头一般是不同形式的插头或鳄鱼夹，以适应不同位置的跨接。

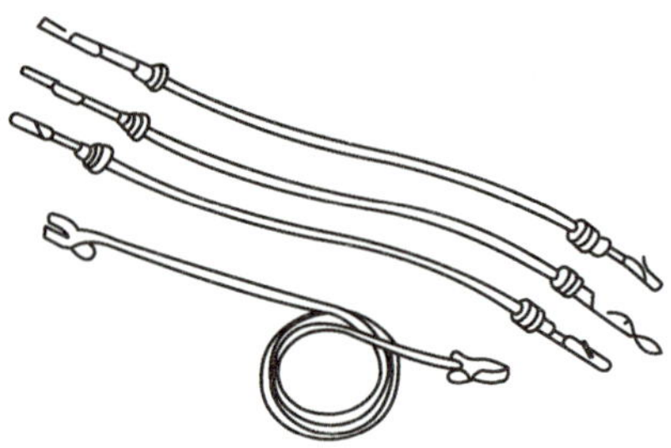

图 1-4　跨接线

二、试灯

试灯分为无电源测试灯和自带电源测试灯两种，如图 1-5 所示。试灯主要用来检查电控元件电路的通、断，还可根据其亮度判断被测电路电压的高低。

三、万用表

万用表是一种最常用的电工测量仪表，它功能齐全，能够测量多种电参数，并且测量量程多、操作简单、携带方便。目前，广泛使用的万用表有两种：

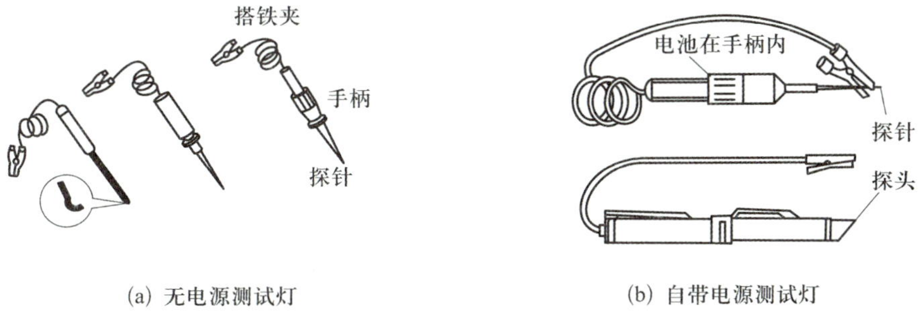

图 1-5　试灯结构示意图

指针式万用表和数字式万用表。指针式万用表可以测量直流电流、直流电压、交流电压、直流电阻以及音频电平，有的还可以测量电容、电感以及晶体管放大系数。数字式万用表除了具有以上功能外，还可以测量频率、周期、时间间隔等参数。

万用表在汽车电路检测中的用途很广，主要用于检查电气部件的静态电阻、电压，获得数值后与标准值进行对比，判断电气部件的好坏。

1. 指针式万用表

指针式万用表如图 1-6 所示，以指针的偏转来指示被测量的大小。它主要由磁电式测量机构（俗称表头）、测量线路和转换开关三部分组成。

2. 数字式万用表

数字式万用表如图 1-7 所示。目前，数字式测量仪表已成为主流，大有取代指针式测量仪表的趋势。数字式万用表灵敏度高，准确度高，显示清晰，过载能力强，便于携带，使用更简单。

图 1-6　指针式万用表

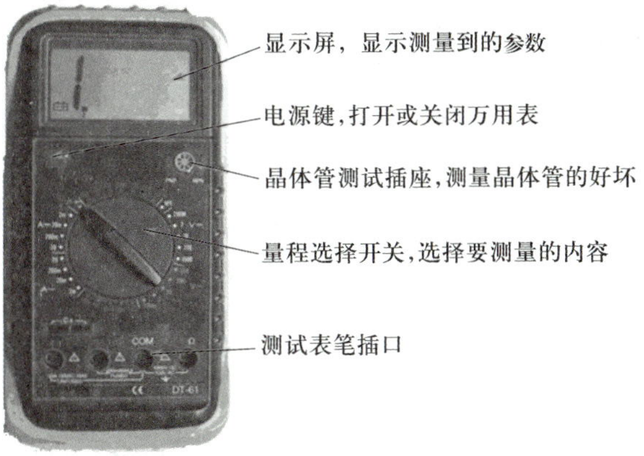

图 1-7　数字式万用表

四、示波器

示波器如图 1-8 所示，主要用来显示控制系统中输入、输出信号的电压波形，以供维修人员利用波形分析判断电控系统故障。示波器比一般电子设备的显示速度快，是能显示瞬时波形的检测仪器，是汽车电气系统故障诊断的重要设备。示波器可实现以下功能：

① 测试各种传感器、执行元件、电路和点火系统等的电压波形。

② 数字式示波器具有汽车万用表功能。

③ 数字式示波器可对测试内容进行记录、回放。

④ 能提供在线帮助。

五、故障诊断仪

常见的故障诊断仪如图 1-9 所示。

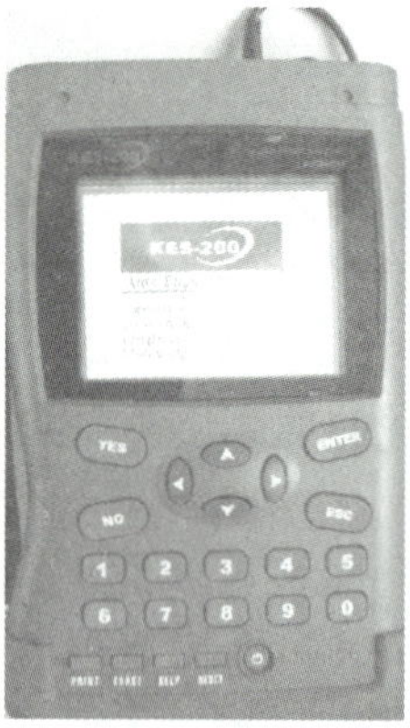

图 1-8　示波器

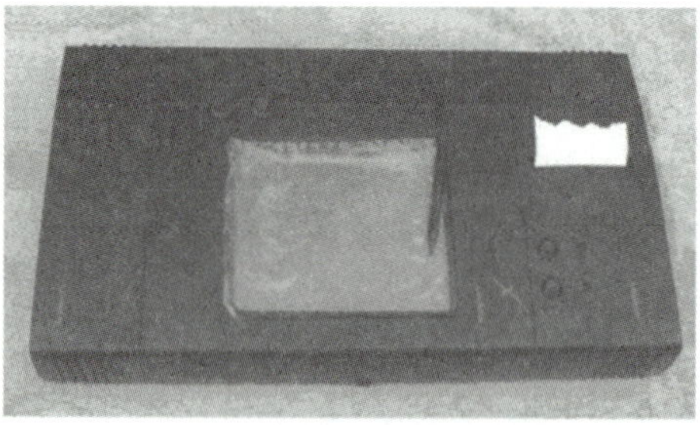

图 1-9　故障诊断仪

故障诊断仪分为专用型和通用型两大类。

1. 专用型故障诊断仪

专用型故障诊断仪是汽车制造公司为自己生产的汽车而专门设计制造的，一般只适合在特约维修站配备，以便提供良好的售后服务，充分发挥故障诊断仪的功能。

2. 通用型故障诊断仪

通用型故障诊断仪是汽车保修设备制造公司为诊断检测多种车型而设计制造的，一般都配有不同车系的测试卡和适合各种车型的检测连接电缆连接器。测试卡存储有几十种甚至上百种不同公司、不同车型汽车电控系统的检测程序、检测数据和故障码等资料，适合综合性维修企业使用。

故障诊断仪可实现以下功能：

① 快速、方便地读取或清除故障码。

② 对发动机控制系统进行动态测试，显示瞬时信息，为诊断提供依据。

③ 能在静态或动态下向汽车电控系统各执行元件发出检修作业需要的动作指令，以便检查执行元件的工作状况。

④ 在车辆允许或路试时监测并记录数据流。

⑤ 具有示波器功能、万用表功能和打印功能。

⑥ 有些故障诊断仪能显示系统控制电路图和维修指导，以供故障诊断和检修时参考。

⑦ 有些功能强大的专用故障诊断仪能对发动机控制 ECU 进行某些数据的重新输入和更改。

思考与练习

1. 汽车电气系统由哪几部分组成?
2. 简述汽车电气系统的特点。
3. 根据如图 1-10 所示电路图解释短路与断路。

短路的电路特点:____________________。

断路的电路特点:____________________。

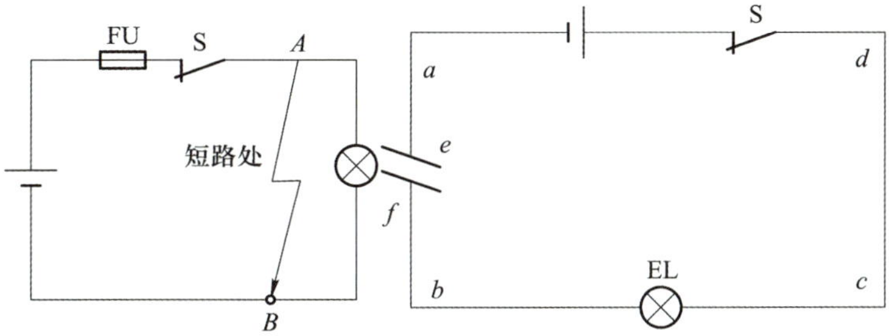

图 1-10　练习题

4. 简述汽车电路故障排除的方法。
5. 画出数字式万用表上的符号并说明含义。

符号	含义

6. 数字式万用表在使用过程中的注意事项有哪些?
7. 简述故障诊断仪的使用方法。
8. 在本次课程的学习中你认为最大的收获是什么?

拓展阅读

职业技能等级考核

拓展阅读

职业技能等级理论考核

项目 2 蓄电池的检测与充电

项目引入

随着汽车工业的发展，汽车逐渐融入了人们的生活，越来越多的汽车起动方式也在吸引着人们的眼球，如点火钥匙、遥控、指纹等，但这一切都离不开储存电能的蓄电池。

为了使蓄电池能更好地为客户服务，作为一名汽车维修工，应掌握哪些知识和技能呢？本项目的主要内容包括蓄电池的技术参数及特性、蓄电池的正确使用与维护、蓄电池的检测与充电。

项目要求

通过本项目的学习，要求能正确认识蓄电池的结构，能识读蓄电池技术参数，知道蓄电池的特性，能绿色环保地使用蓄电池并延长其使用寿命，能熟练掌握蓄电池的维护及充电方法，并且能够熟练地使用专用工具对蓄电池进行检测。学完本项目之后，应达到汽车修理工蓄电池维修中级工的水平。

任务 1 认识蓄电池的技术参数及特性

任务目标

1. 熟悉蓄电池的结构。
2. 掌握蓄电池技术参数及特性。

任务引入与分析

当驾驶员坐进驾驶室接通点火开关时，仪表板将显示如图 2-1 所示的图标，这就是蓄电池的符号。

知识链接

一、蓄电池概述

1. 蓄电池的作用

① 在发动机停转时，向有需求的用电设备供电。

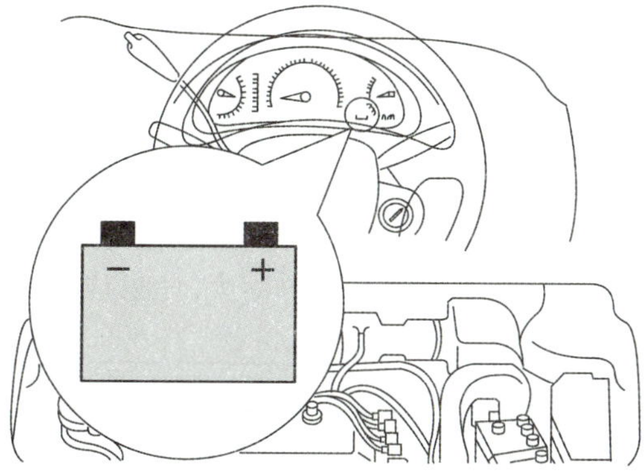

图 2-1　蓄电池在仪表板上的符号

② 在发动机起动时，向起动机和发动机 ECU 及 ECU 控制系统供电。

③ 在发动机起动后，发电机不发电、发出电压较低或发电机过载时，向用电设备供电。

④ 在发动机中、高速运转时，将发电机剩余的电能转化为化学能储存起来。

⑤ 稳定整车电气系统的电压，缓和电气系统的冲击电压，保护电子元器件。

提示：起动发动机时，蓄电池在 5 s 内要向起动机连续供给强大的电流（汽油发动机机需 100～600 A，柴油发动机需 400～800 A，甚至更大）。

2. 蓄电池的分类

蓄电池有铅酸蓄电池和碱性蓄电池两类，汽车上一般采用铅酸蓄电池。铅酸蓄电池可分为四种：湿荷电蓄电池、干荷电蓄电池、少维护蓄电池和免维护蓄电池。现代轿车基本上都采用免维护蓄电池。

3. 蓄电池的结构

蓄电池的结构如图 2-2 所示。

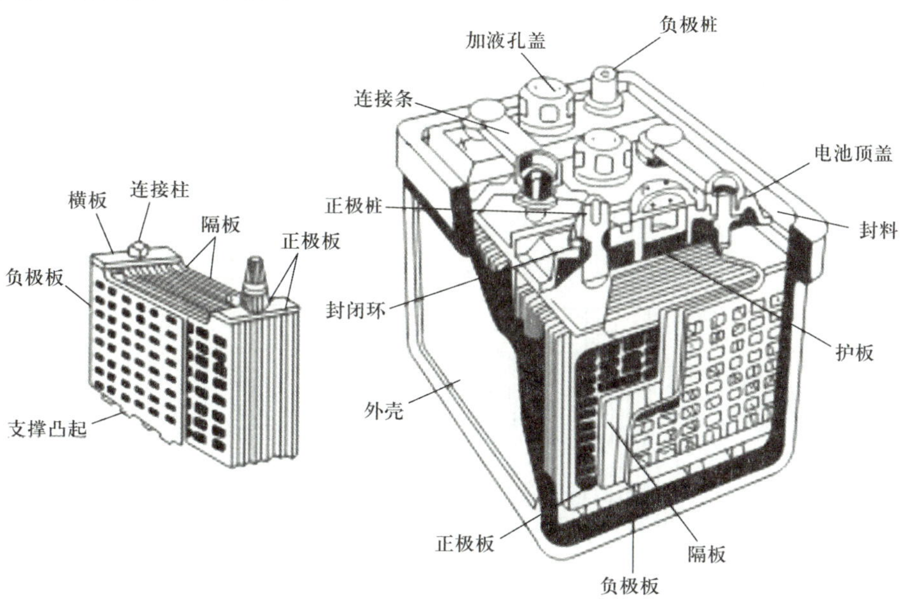

图 2-2　蓄电池的结构

(1)极板

极板由栅架和活性物质组成,如图 2-3 所示,它是蓄电池的主要元件,与硫酸相互作用,完成能量的转化。极板分正极板和负极板,正极板上的活性物质是棕红色的二氧化铅(PbO_2),负极板上的活性物质是青灰色的海绵状纯铅(Pb)。为了增大容量,将多片正、负极板分别并联,用横板焊接起来便分别组成了正、负极板组。横板上连有连接柱,各片间留有空隙。安装时各片正、负极板相互嵌合,中间插入隔板后装入蓄电池单格内,便形成单体电池。

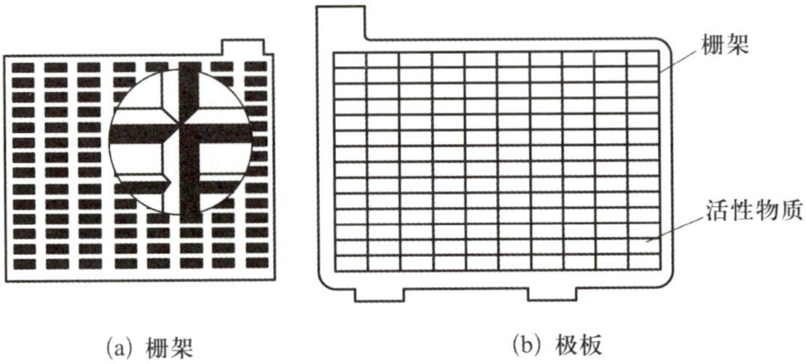

图 2-3 极板的结构

提示:在每个单格中,负极板总比正极板多一片,以使正极板的两侧能均匀放电。

(2)隔板

隔板放在正、负极板之间,起绝缘作用,以减小蓄电池的体积。隔板是由多孔、耐酸、抗氧化的绝缘材料制成的。

(3)电解液

电解液由蒸馏水和纯硫酸(相对密度为 1.84 g/cm^3)配制而成,其相对密度为 1.24~1.31 g/cm^3。

(4)外壳

蓄电池的极板、隔板和电解液均置于外壳中,外壳要有耐酸、耐寒、耐高温、抗冲击的特性,并有足够的机械强度。外壳内部一般分成 3 个或 6 个互不相通的单格,构成 3 个或 6 个 2.1 V 的单体电池。各单格底部都有凸肋,以放置极板组,凸肋间的空腔可积存极板脱落下来的活性物质,以防极板间短路。蓄电池内单体电池之间均用铅质连接条串联(图 2-4),形成 6 V 或 12 V 蓄电池。

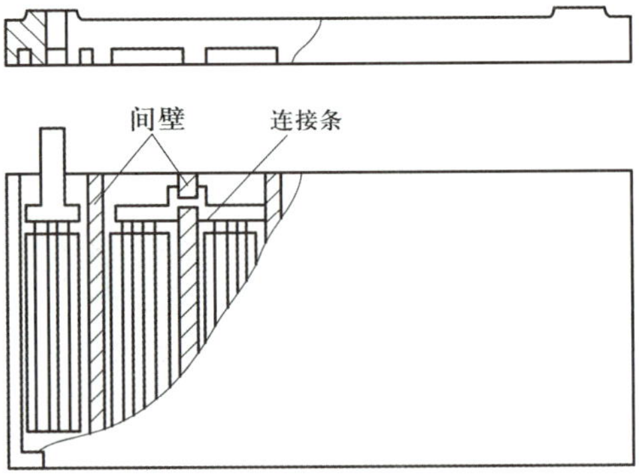

图 2-4 单体电池之间的串联示意图

各单体电池串联后,两端的正、负极柱穿出电池盖,分别形成蓄电池的正、负极桩。正极桩较粗，标有“+”号或涂红色；负极桩较细，标有“-”号或涂蓝色、绿色等。每个单体电池都有一个加液孔，用于加注电解液或蒸馏水，也可检查电解液液面高度和密度。加液孔装有加液孔盖，可防止电解液溅出，加液孔盖上有通气孔，可排出容器内的气体。

4. 铅酸蓄电池的型号

根据中华人民共和国机械行业标准《铅酸蓄电池名称、型号编制与命名办法》(JB /T 2599—2012)的规定，蓄电池的型号由以下三部分组成。

串联的单体蓄电池数	蓄电池的类型	蓄电池的特征	额定容量
Ⅰ	Ⅱ		Ⅲ

(1)第Ⅰ部分

用阿拉伯数字表示串联的单体蓄电池数，蓄电池的标准电压是该数字的 2 倍。

(2)第Ⅱ部分

用汉语拼音字母表示蓄电池的类型和特征，其中第一个字母为 Q，表示起动型铅酸蓄电池；第二个拼音字母(包括双字母)表示蓄电池的结构特征：A 表示干式荷电，M 表示密封式，W 表示免维护式，F 表示阀控式，P 表示排气式，WF 表示微型阀控式，J 表示胶体式，H 表示湿式荷电，JR 表示卷绕式。

(3)第Ⅲ部分

用阿拉伯数字表示蓄电池的额定容量。我国规定采用放电时间为 20 h 的放电率容量作为蓄电池的额定容量，单位为 A·h。在额定容量的后面还常用一个字母表示蓄电池的特殊性能：G 表示高起动率，S 表示塑料槽，D 表示低温起动性好。

例如：6-QA-100S 表示该蓄电池有 6 个单格，标准电压为 12 V，是起动型，干式荷电，在使用时，只要加入规定密度的电解液，静止半小时即可使用，其额定容量为 100 A·h，外壳为塑料槽。

二、蓄电池的技术参数

1. 静止电动势

当蓄电池处于静止状态时，其正、负极板之间的电势差称为蓄电池的静止电动势 E_j，其值取决于电解液密度，即

$$E_j = 0.85 + \rho_{25\,℃}$$

式中，$\rho_{25\,℃}$——25 ℃时电解液的密度。

提示：静止电动势不等于蓄电池的电动势。

2. 蓄电池的内阻

蓄电池都有内阻，其大小与蓄电池的容量、极板、电解液、工作状态以及制造工艺有关。例如，我国生产的型号为 6-QA-100S 的蓄电池，其内阻为 0.005 16～0.008 16 Ω；美国的蓄电池标准则规定，12 V 蓄电池在标准负荷下的内阻为 0.014 Ω。

3. 蓄电池的容量

蓄电池的容量标志着蓄电池对外供电的能力。一只完全充足电的蓄电池，在允许的放电范围内所输出的电量称为蓄电池的容量。蓄电池的容量等于放电电流与放电时间之积，即

$$C = I_f t_f$$

式中，C——蓄电池的容量，A·h；

I_f——放电电流，A；

t_f——放电时间，h。

蓄电池的容量与放电电流的大小以及电解液的温度有关。

4. 额定容量

额定容量是检验蓄电池质量的重要指标之一。国家标准《起动用铅酸蓄电池 第1部分：技术条件和试验方法》(GB/T 5008.1—2023)规定，以20 h放电率的放电电流在电解液初始温度为25 ℃±5 ℃的条件下，连续放电到规定的单格终止电压(1.75 V)时蓄电池所输出的电量，称为蓄电池的额定容量，记为C_n。

5. 起动容量

(1)常温起动容量

电解液在30 ℃时，以3倍额定容量的电流持续放电(持续时间应在5 min以上)至终止电压(12 V蓄电池为8 V，6 V蓄电池为4 V)所放出的电量称为常温起动容量。

(2)低温起动容量

电解液在−18 ℃时，以3倍额定容量的电流持续放电(持续时间应在2.5 min以上)至终止电压(12 V蓄电池为6 V，6 V蓄电池为3 V)所放出的电量称为低温起动容量。

三、蓄电池的特性

1. 蓄电池的放电

(1)放电过程

当电路接通时，在2.1 V电势差的作用下，电流从正极流出，经过用电设备流回负极的过程称为蓄电池的放电过程。在放电过程中，极板上的活性物质与电解液反应生成硫酸铅($PbSO_4$)和水(H_2O)，电解液中的硫酸(H_2SO_4)被消耗，而水增多，电解液的密度逐渐下降。

放电时的化学反应总方程式为

$$PbO_2 + Pb + 2H_2SO_4 \rightarrow 2PbSO_4 + 2H_2O$$

(2)放电特性

蓄电池的放电特性是指在25 ℃的恒流放电过程中，蓄电池端电压与电解液密度随时间而变化的规律，如图2-5所示。

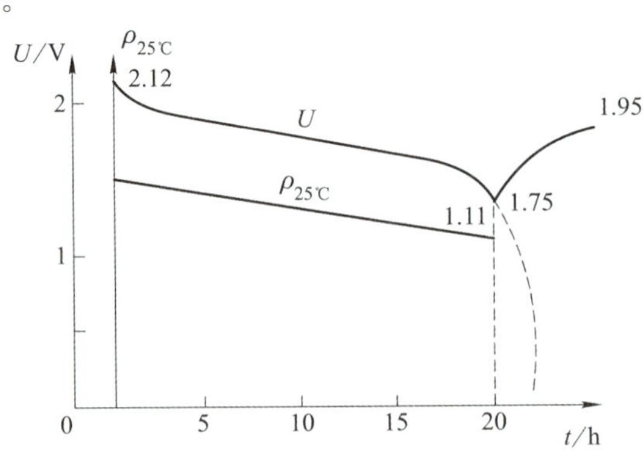

图2-5 蓄电池的放电特性

(3)放电过程的特征

① 正、负极板上的活性物质逐渐转变为 $PbSO_4$。

② 随着放电的进行,电解液中的 H_2SO_4 减少,水增多,电解液的密度下降。

③ 随着 $PbSO_4$ 的增多,蓄电池的内阻增大。同时,由于 $PbSO_4$ 附着于极板表面,使电解液与 PbO_2 和 Pb 的接触面积越来越小,蓄电池的供电能力逐渐下降。

(4)蓄电池放电终了时的特征

① 单体电压降到放电终止电压(单体终止电压和放电电流有关)。

② 电解液密度降到最小值。

提示:放电终止电压和放电电流有关。

2. 蓄电池的充电

(1)充电过程

当外加直流电源的电压高于蓄电池的电动势时,电流将以与放电相反的方向流过蓄电池,使蓄电池正、负极发生与放电相反的化学反应。充电时,H_2O(水)被消耗,而 H_2SO_4(硫酸)增多,电解液的密度逐渐上升。

(2)充电特性

蓄电池的充电特性是指在 25 ℃的恒流充电过程中,蓄电池的端电压与电解液密度随时间而变化的规律如图 2-6 所示。

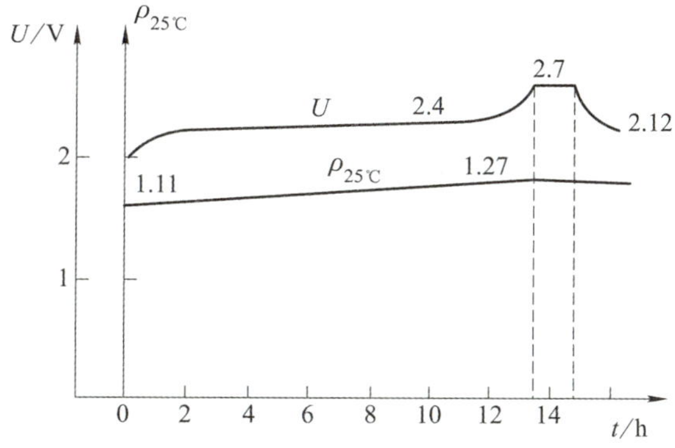

图 2-6　蓄电池的充电特性

(3)充电过程的特征

① $PbSO_4$ 逐渐转变为正、负极板上的活性物质 PbO_2 和 Pb。

② 随着充电的进行,电解液中的水减少,H_2SO_4 增多,电解液的密度上升。

③ 随着 $PbSO_4$ 的减少及 PbO_2 和 Pb 的增多,蓄电池的内阻减小。同时,电压逐渐升高,蓄电池的供电能力逐渐恢复。

(4)蓄电池充电终了时的特征

① 端电压和电解液的密度上升到最大值,且在 2 h 内不再上升。

② 电解液中剧烈冒气泡,呈沸腾现象。

互动练习

蓄电池的技术参数及特性

任务 2　正确使用与维护蓄电池

任务目标

1. 掌握蓄电池的正确使用方法。
2. 能正确对蓄电池进行维护。

任务引入与分析

小王出差了一个月，回家后用遥控器起动自己刚买了五个月的汽车，结果汽车一点反应都没有，用钥匙开门后拧动点火开关，起动机也没有反应。经 4S 店维修人员检查后发现，蓄电池的电量耗光了，需更换新的蓄电池，原因是小王出差前没把蓄电池负极拆下来。

为了保证蓄电池的使用性能，延长其使用寿命，必须正确使用蓄电池，并及时对蓄电池进行检查和维护。

视频

蓄电池拆装

知识链接

一、蓄电池的正确使用

1. 蓄电池的储存

(1)新蓄电池的储存

新蓄电池储存的空间要干燥、清洁、通风，温度为 5～30 ℃；蓄电池是不能受挤压的，且应密封加液孔和通气孔，远离热源和有害气体；蓄电池不能倒置，不能超过使用期限。

(2)已使用过的蓄电池的长时间储存

储存已使用过的蓄电池前应先充足电，然后完全放电，并把蓄电池的电解液倒尽，用 30～35 ℃的蒸馏水灌入电池内部，轻轻摇动倒出，反复几次，直到倒出来的水溶液没有混浊物为止，把蓄电池倒置一昼夜，排尽水分，擦干净后，在连接条、接线柱等金属部分涂上凡士林油，用密封螺塞把它拧紧，并密封加液孔、通气孔。

(3)带电解液的蓄电池的储存

将蓄电池充足电，每隔 1～2 个月补充充电一次。

(4)正常使用的蓄电池的储存

如果车辆连续超过一周不用，应将蓄电池的负极电缆线拔下，防止出现蓄电池严重馈电现象。

2. 蓄电池的正确使用

① 起动机每次的起动时间不要超过 5 s，起动的间隔时间要大于 15 s，最多连续起动 3 次。若 3 次起动仍不着车，则应查明故障原因，故障排除后再起动。蓄电池在汽车上应固定牢靠，安装搬运时应轻搬轻放。

② 在冬季使用蓄电池时，应特别注意使其处于充足的充电状态，以防结冰。

③ 在冬季补加蒸馏水时，应在充电时进行，以防结冰。

④ 在冬季蓄电池的容量会降低，发动机在起动前最好进行预热。

⑤ 在冬季由于气温低，蓄电池充电比较困难，应经常检查蓄电池的存电状况。蓄电池电量显示装置如图 2-7 所示。

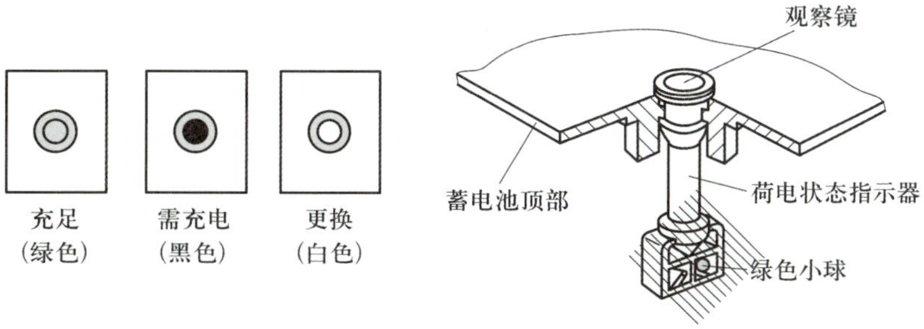

图 2-7　蓄电池电量显示装置

二、蓄电池的维护

蓄电池的维护包括四个定期和五个防止。

1. 四个定期

① 定期对蓄电池进行外观检查，应经常清除蓄电池表面的灰尘及污物，保持蓄电池表面清洁、干燥。

② 定期检查电解液的液面高度，防止液面过低。

③ 定期检查蓄电池的放电程度，及时进行补充充电。

④ 定期对蓄电池进行补充充电，放完电的蓄电池应在 24 h 内充电。蓄电池每两月至少应补充充电一次。

2. 五个防止

① 防止过充或充电电流过大。

② 防止过度放电。

③ 防止电解液液面过低。

④ 防止电解液密度过大。

⑤ 防止电解液内混入杂质。

互动练习

蓄电池的正确使用与维护

任务 3　检测、充电蓄电池

任务目标

1. 掌握蓄电池常规的检测方法。
2. 能正确选用蓄电池的充电种类和方法。
3. 能正确诊断并排除蓄电池的故障。

任务引入与分析

小张有一辆汽车，在天冷时起动汽车明显感觉起动机运转无力，于是小张到 4S 店进行蓄电池技术状况检查，工作人员告诉小张需对蓄电池进行补充充电。你认为工作人员的依据是什么？

知识链接

一、蓄电池技术状况检测

1. 外部检测

目的：保持外部干净、整洁；检查封胶有无开裂，极柱有无破损。

方法：目测。

2. 电解液液面高度的检测

视频

蓄电池的检测

目的：保证蓄电池电解液液面高度，防止硫化。

方法：

① 目测：对于塑料壳体的蓄电池，可以直接通过外壳上的液面线进行检查，电解液液面应保持在高、低水平线之间，如图 2-8 所示。

② 用玻璃管检测：对于橡胶壳体的蓄电池，可以用孔径为 3～5 mm 的透明玻璃管测量电解液高出隔板的高度来检查，如图 2-9 所示。

3. 电解液密度的检测

根据实际经验，电解液密度每下降 0.04 g/cm³ 约相当于蓄电池放电 25%，所以从测得的电解液密度就可以粗略估算出蓄电池的放电程度。电解液密度和充电状态之间的关系见表 2-1。

表 2-1 电解液密度和充电状态之间的关系

充电状态/%	100	75	50	25	0
电解液密度/(g/cm³)	1.27	1.23	1.19	1.15	1.11

目的：判断放电程度。

仪器：吸式密度计。

方法：如图 2-9 所示，打开蓄电池的加液孔盖，捏扁密度计橡胶球，排出吸管中的部分空气后，将下端细管插入电解液中，缓慢放松橡胶球，电解液就会被吸进密度计中。

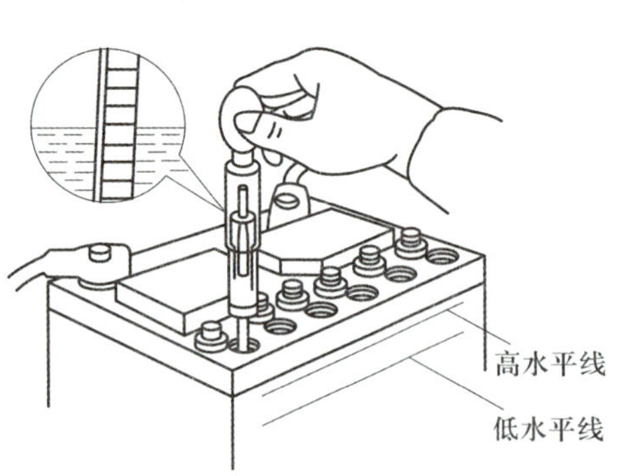

图 2-8 检测电解液液面高度

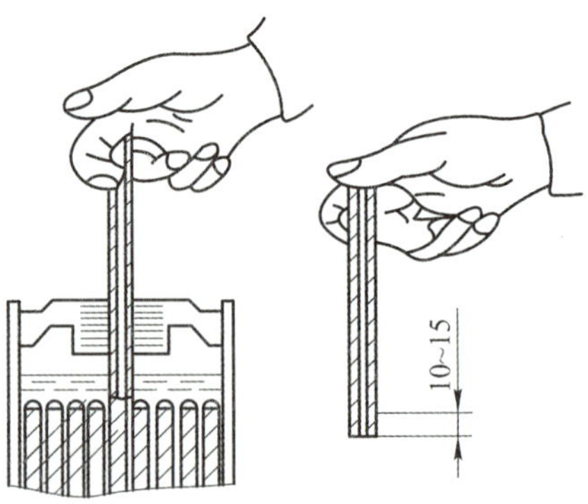

图 2-9 检测电解液密度

提示:控制吸入电解液的量,不要过多或过少,使密度计芯管既能浮起,又不会被上端顶住。读数时注意使视线与玻璃管中电解液液面持平。

4. 蓄电池大电流放电检测

目的:判断蓄电池存电量及是否存在故障。

仪器:高率放电计(图2-10a)。

方法:将高率放电计的两触针迅速压在蓄电池的正、负极柱上(图2-10b),并保持3~5 s的时间。对于12 V的整体电池,若蓄电池电压能保持在9.6 V以上,说明该蓄电池的性能良好,但存电不足;若蓄电池电压稳定在10.6~11.6 V,则说明蓄电池存电较足;若蓄电池电压迅速下降,则说明蓄电池有故障。

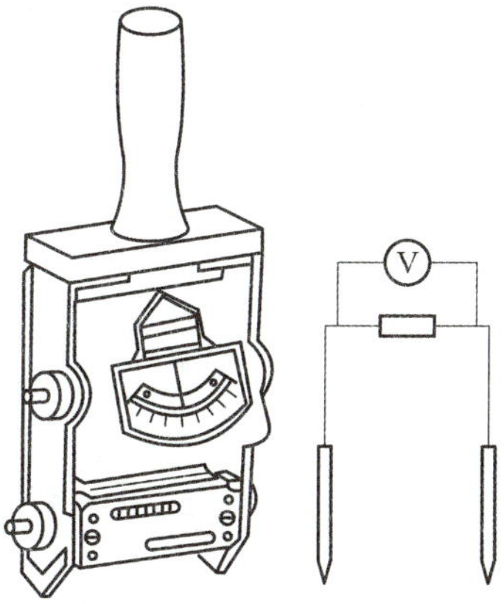

(a) 高率放电计

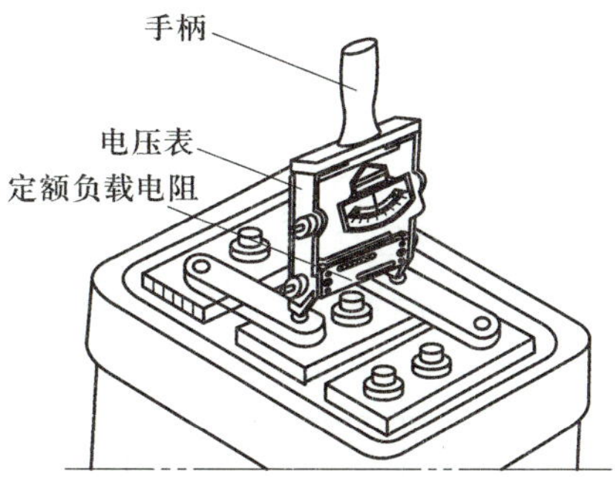

(b) 高率放电计使用方法

图2-10　高率放电计及其使用方法

二、蓄电池的充电

新蓄电池、使用中的蓄电池和存放的蓄电池都需要充电,对蓄电池充电时,应选择合适的充电方法和充电种类。

1. 充电方法

(1)定压充电

在蓄电池充电过程中,电源电压始终保持不变的充电方法称为定压充电。定压充电的连接方式和充电特性曲线如图2-11所示。汽车上蓄电池的充电就是定压充电。定压充电(被充电的电池并联)时,每一支路的单格电池数相等。

优点:充电速度快,充电时间短,充电电流 I_c 会随着电动势 E 的上升而逐渐减小到零,使充电自动停止,不必人工调整和看管。

缺点:充电电流大小不能调整,所以不能保证蓄电池彻底充足电,只用于补充充电。

(2)定流充电

在蓄电池的充电过程中,充电电流始终保持一定的充电方法称为定流充电。定流充电的连接方式和充电特性曲线如图2-12所示。定流充电广泛用于初充电、补充充电和去硫化充电。

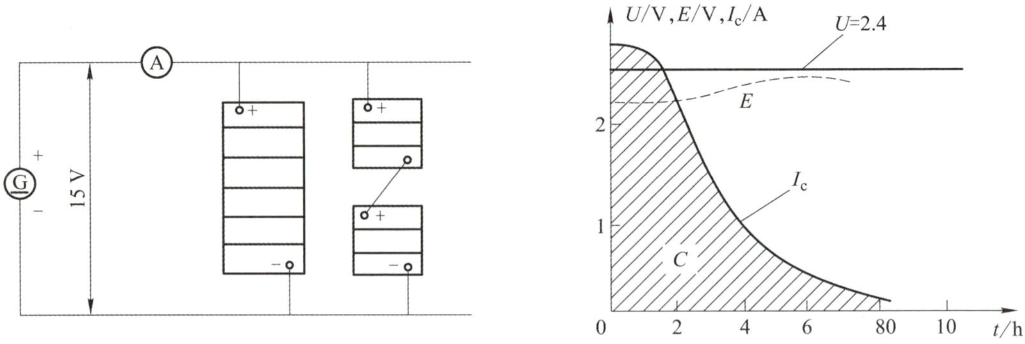

(a) 连接方式　　(b) 充电特性曲线

图 2-11　定压充电的连接方式和充电特性曲线

充电电流大小的选择一般分两个阶段，第一阶段的充电电流 $I_{c1}=C_n/15$，第二阶段的充电电流为 $I_{c2}=C_n/30$。

优点：充电电流可任意选择，有利于延长蓄电池寿命，可用于初充电和去硫化充电。

缺点：充电时间长，且需要经常调整充电电流。

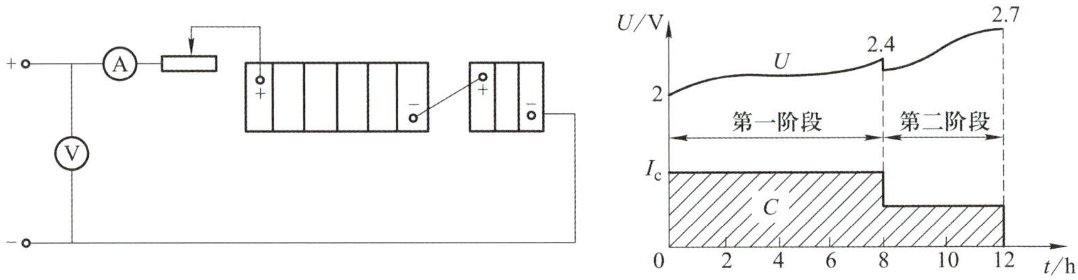

(a) 连接方式　　(b) 充电特性曲线

图 2-12　定流充电的连接方式和充电特性曲线

(3)脉冲快速充电

脉冲快速充电在充电初期采用相当于(0.8～1.0)C_n的大电流对蓄电池进行定流充电，使蓄电池在短时间内达到 60%左右的容量。当单体电池电压达 2.4 V，电解液开始冒气泡时，控制电路使充电转入脉冲充电阶段：先停止充电 25 ms 左右，然后进行反向脉冲充电；再停止充电 25 ms 后，再进行正向脉冲充电。如此周而复始，直到充满电为止。脉冲快速充电的充电电流如图 2-13所示。

特点：

① 充电时间大为缩短。

② 可增加蓄电池的容量。

③ 去硫化显著。

④ 对极板的活性物质冲刷力强，易造成活性物质脱落。

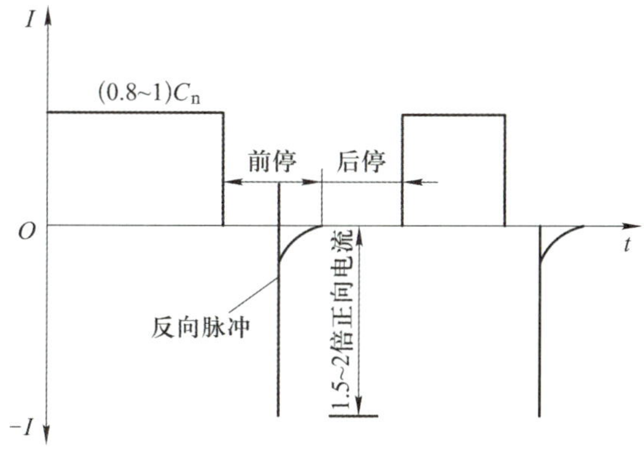

图 2-13　脉冲快速充电的充电电流

2. 充电种类

(1)初充电(普通蓄电池)

对新蓄电池或更换极板后的蓄电池进行的首次充电,称为初充电。初充电过程分为两个阶段:第一阶段的充电电流约为额定容量的 1/15,充电至单体电池端电压达到 2.4 V,而且电解液中放出气泡,再进行第二阶段的充电;第二阶段的充电电流为第一阶段的 1/2,充电至电解液剧烈放出气泡(沸腾),电压和电解液密度在 3 h 内稳定不变为止。

初充电的注意事项如下:

① 旋开加液孔。

② 经常观察充电电流,并及时进行调整。

③ 每隔 2~3 h 应测量一次电压和密度,及时转为第二阶段充电。

④ 经常测量温度,将温度控制在 45 ℃以下。

(2)补充充电

蓄电池在使用过程中常有充电不足的现象,应根据需要进行补充充电,一般每月至少进行一次补充充电。如发现有下列情况之一者,应及时进行补充充电:

① 电解液密度降到 1.15 g/cm^3 以下时。

② 冬季放电超过额定容量的 25%,夏季放电超过额定容量的 50%时。

③ 单体电池电压降到 1.7 V 以下时。

④ 出现起动无力或灯光暗淡等表明电力不足的现象时。

⑤ 充电后若不使用,每两个月需进行一次补充充电。

补充充电既可采用定流充电,又可采用定压充电。

若采用定流充电,其充电过程与初充电相似,但充电电流可以略大一些,第一阶段的充电电流为额定容量的 1/10,充电至单体电池电压达到 2.4 V 时电流减半,直至充满。

若采用定压充电,其充电方法如下:

① 将蓄电池与充电电源连接。

② 将电压调至规定值,观察充电电流,如果电流超过 0.3C_n,应适当降低电压,待蓄电池电动势升高后再将电压调至规定值。

③ 当充电电流在连续 2 h 内变化不大于 0.1 A，且电解液密度无明显变化时，则可以认为充电结束。

(3)间歇过充电(每 3 个月进行一次)

目的：避免使用中的蓄电池硫化。

方法：先把蓄电池充足电，然后停歇 1 h，将电流值减半继续充至沸腾，这样反复数次，直到蓄电池刚一接入直流电源就立即沸腾起来，这时就完成了间歇过充电。

(4)循环锻炼充电(每 3 个月进行一次)

目的：保持蓄电池的容量。

方法：将蓄电池完全充足电后，按 20 h 放电率的放电电流放电，再充电，这样反复进行，直至容量达到额定容量的 90%即可。

(5)去硫化充电

当蓄电池轻度硫化时，可用充电的方法予以消除，方法如下：

① 将蓄电池按 20 h 放电率放完电。

② 倒出电解液，加入蒸馏水冲洗两次，再加入蒸馏水，用 $I_c=C_n/30$ 的电流进行充电；当密度上升到 1.15 g/cm^3 时，倒出电解液，再加蒸馏水继续充电；如此反复，直至密度不再上升为止。

③ 加入正常密度的电解液，按初充电的方法将蓄电池充足电。

④ 以 20 h 放电率的放电电流放电并检查容量，当输出容量达到额定容量的 80%以上时，即可使用。

3. 蓄电池充电的注意事项

① 严格遵守各种充电方法的充电规范。

② 连接充电机与蓄电池时，要注意极性 。

③ 在充电机工作时，不要连接或脱开充电机引线。

④ 在充电过程中，要注意电压和电解液密度。

⑤ 在充电过程中，要注意各个单体电池的温升。

⑥ 充电时应打开蓄电池加液孔盖，以使气体顺利逸出。

⑦ 充电场所应通风好，严禁在附近产生电火花、明火或吸烟。

⑧ 充电时，导线必须连接可靠。

三、蓄电池常见故障

1. 极板硫化

(1)故障特征

极板上生成白色粗晶粒硫酸铅的现象简称硫化。

轻度硫化后，蓄电池内阻增大，容量变小。严重硫化后，充电、放电都会异常：充电时，单体电池电压高，可达 2.8 V 以上，密度上升慢，温度上升快，过早出现沸腾现象；放电时，内阻显著增大，电压迅速下降，不能持续供给电流。

(2)故障原因

① 充电不足的蓄电池长期放置时，当温度升高时，极板上一部分硫酸铅会溶于电解液中；当

温度降低时，硫酸铅的溶解度随之减小，部分硫酸铅再结晶成粗大颗粒附在极板上，使之硫化。

② 蓄电池内液面过低，极板（主要是负极板）上部与空气接触而氧化。

③ 电解液密度过大或不纯、气温变化大都会使极板硫化。

④ 长期过度放电或小电流深度放电。

⑤ 新电池初充电不彻底。

（3）补救办法

当硫化不严重时，可采用去硫充电法进行充电；当硫化严重时，应予以报废。

2. 自放电

蓄电池在无负载的静态下电量自动消失的现象称为自放电。蓄电池的自放电是不可避免的。

（1）故障性自放电

如果充足电的蓄电池在30天之内每昼夜容量降低超过2%，则称为故障性自放电。

（2）故障原因

① 电解液不纯，杂质与极板之间以及沉附于极板上的不同杂质之间形成电势差，通过电解液产生局部放电。

② 蓄电池溢出的电解液堆积在盖板上，使正、负极桩形成通路。

③ 极板活性物质脱落，下部沉淀物过多使极板短路。

④ 蓄电池长期放置不用，硫酸下沉，下部密度比上部密度大，极板上、下部产生电势差，引起自放电。

（3）防止措施

① 使用符合标准的硫酸和蒸馏水配置电解液。

② 配置电解液的容器要保持清洁。

③ 防止杂质进入蓄电池内。

3. 极板短路

（1）故障特征

充电电压很低或为零，密度上升很慢或不上升，气泡很少或无气泡。

（2）故障原因

① 活性物质大量脱落、堆积。

② 隔板破损。

③ 极板组弯曲。

④ 导电物进入电解液。

（3）排除方法

对于短路的蓄电池必须拆开，查明原因并排除故障。

4. 活性物质脱落

（1）故障特征

蓄电池输出容量下降，充电时电解液浑浊，呈棕色。

（2）故障原因

① 充电电流过大。

② 过充时间过长。

③ 低温大电流放电。

另外，汽车颠簸也会造成活性物质脱落。

(3)排除方法

活性物质轻度脱落，需更换电解液；活性物质严重脱落，则要报废。

知识拓展

新型蓄电池

一、钛铌材料锂电池

优点：能量密度高、快速充电。

简介：与一般采用石墨作为负极材料的锂电池不同，这种锂电池使用钛铌氧化物作为负极材料，具有能量密度高、可超快速充电等特性。传统电动车锂电池快充 30 分钟也只能充到约 80% 的电量，新一代锂电池快充 6 分钟就能充到 90%的电量。

二、石墨烯电池

优点：快速充电、超强柔性。

简介：石墨烯电池是利用锂离子在石墨烯表面和电极之间快速大量穿梭运动的特性，开发出的一种新能源电池。这种新的电池可把数小时的充电时间压缩至短短不到 1 分钟。但是石墨烯的纳米结构决定了其低密度的特性，电池的能量密度和实际应用过程还面临很多问题。

三、燃料电池

优点：不用充电、转换率高。

简介：燃料电池一般以氢气、碳、甲醇、硼氢化物、煤气或天然气等燃料作为负极，用空气中的氧作为正极。和一般电池的主要区别在于一般电池的活性物质是预先放在电池内部的，因而电池容量取决于储存的活性物质的量；而燃料电池的活性物质（燃料和氧化剂）是在反应的同时源源不断地输入的，因此，这类电池实际上只是一个能量转换装置。这类电池具有转换效率高、容量大、比能量高、功率范围广、不用充电等优点，但是成本高，系统比较复杂。

思考与练习

互动练习

蓄电池的检测与充电

1. 蓄电池的作用是什么？
2. 在图 2-14 的空白框中填写部件的名称。

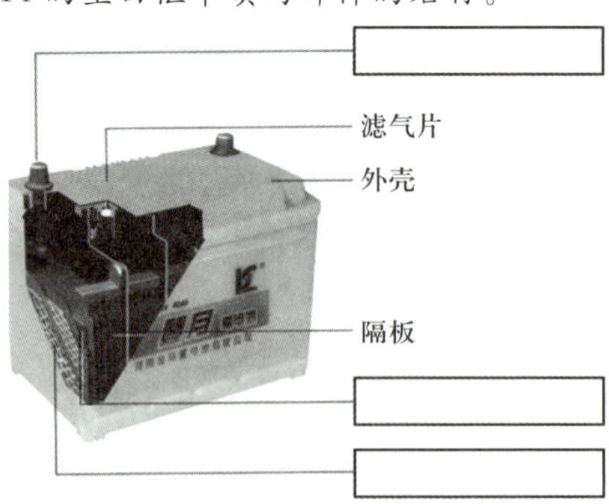

图 2-14　练习题

3. 在表 2-2 中写出如图 2-15 所示免维护蓄电池观察窗颜色的含义。

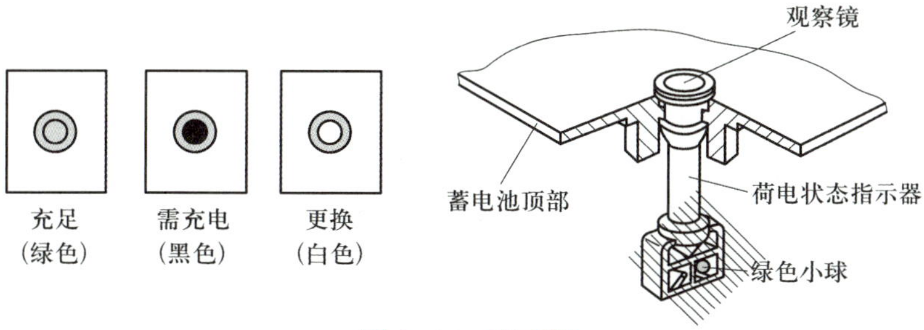

图 2-15　练习题

表 2-2　免维护蓄电池观察窗颜色的含义

颜色	含　义
绿色	
黑色	
白色	

4. 写出蓄电池充、放电的化学方程式。

充电：

放电：

5. 在蓄电池充、放电过程中，电解液的密度是如何变化的？

6. 为了提高蓄电池的使用寿命和性能，在充电和使用过程中应注意哪些事项？

(1)充电注意事项：

(2)使用注意事项：

知识拓展

新型蓄电池

7. 利用下列工具对蓄电池进行检测并简述检测方法。

(1)高度测试仪：

(2)放电计：

(3)密度计：

8. 有一辆汽车蓄电池已使用一年多，最近车主总感觉车辆起动无力，要求予以维修，试写出故障诊断与排除的方案。

项目 3　充电系统的检修

项目引入

随着现代汽车大量地融入电子技术、计算机技术和控制技术，电源系统的负荷越来越重，使得汽车对充电系统的要求也越来越高。充电系统能否正常工作直接决定了汽车能否正常工作。了解充电系统的结构及工作原理，做好充电系统的维护工作，对充电系统出现的故障能快速而准确地排除，是保证充电系统正常工作的前提。

项目要求

充电系统一般由发电机、蓄电池、调节器、点火开关、充电指示灯(电流表)等组成。前面学习了蓄电池，本项目主要完成对发电机、调节器、充电系统电路的学习，在此基础上掌握充电系统各类故障的分析与排除方法。

任务 1　认识交流发电机的结构及特性

任务目标

1. 掌握交流发电机的结构。
2. 掌握交流发电机的工作原理。
3. 了解交流发电机的工作特性。
4. 了解交流发电机的型号。
5. 掌握交流发电机使用注意事项。

任务引入与分析

一辆轿车，在行驶中发现仪表板上充电指示灯点亮，车主送到维修厂进行维修，经诊断为发电机不发电。作为一名汽车维修工，应怎样排除发电机故障呢?

知识链接

一、交流发电机的结构

交流发电机主要由转子、定子、整流器、电刷组件、端盖、带轮、风扇等组成，如图 3-1 所示。

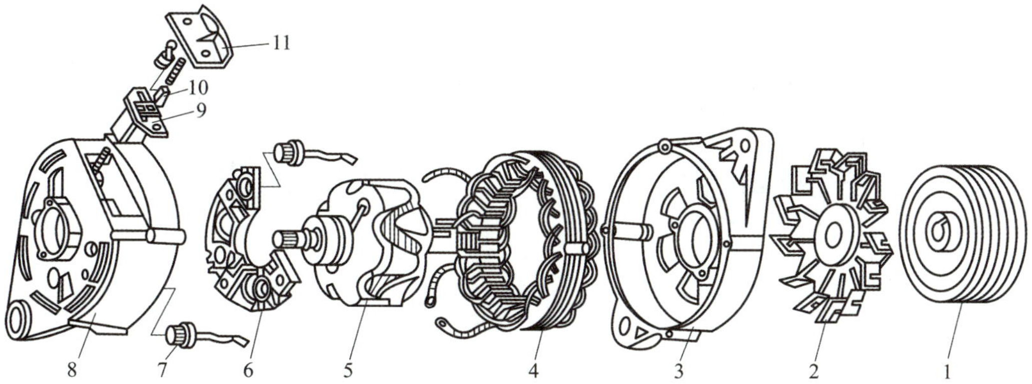

1—带轮；2—风扇；3—前端盖；4—定子总成；5—转子总成；6—整流板；
7—整流二极管；8—后端盖；9—电刷架；10—电刷；11—电刷弹簧压盖。

图 3-1　交流发电机的结构

1. 转子

转子的功能是产生磁场。转子主要由爪极、磁轭、励磁绕组、滑环、转子轴等组成，如图 3-2 所示。

两个滑环分别与励磁绕组的两端相连。当给两滑环通入直流电时，励磁绕组中就有电流通过，并产生轴向磁场，使爪极一块被磁化为 N 极，另一块被磁化为 S 极，从而形成 6 对（或 8 对）相互交错的磁极。当转子转动时，便形成了旋转的磁场。

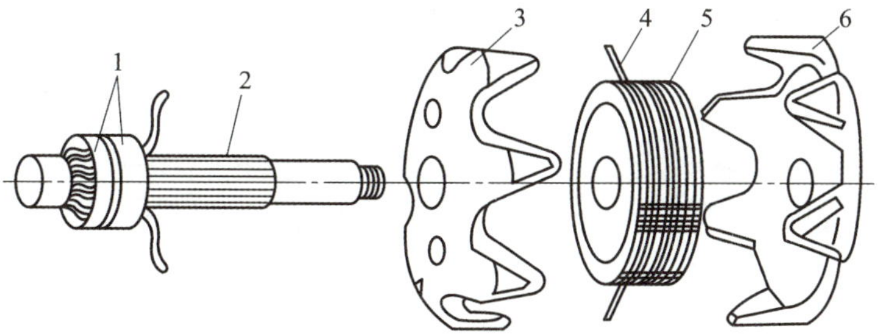

1—滑环；2—转子轴；3—爪极；4—励磁绕组；5—磁轭；6—爪极。

图 3-2　交流发电机转子的结构

2. 定子

定子的功能是产生交流电。定子主要由定子绕组和铁心组成，如图 3-3 所示。

定子绕组有三组线圈，对称地嵌放在定子铁心槽中。三相绕组的连接方式有星形和三角形两种接法，如图 3-3 所示。

3. 整流器

整流器的功能是将定子绕组产生的三相交流电变为直流电。整流器由整流板和整流二极管组成，如图 3-4 所示。整流二极管分正二极管和负二极管，引线为二极管正极的为正二极管，引线为二极管负极的为负二极管。

有些发电机的整流器采用 9 只二极管，增加的是 3 只小功率磁场二极管，专门用来供给励磁

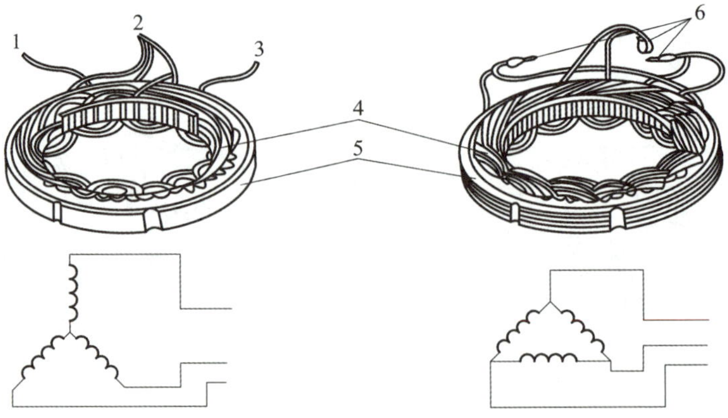

(a) 定子绕组星形接法　　(b) 定子绕组三角形接法

1、3、6—接整流二极管；2—中性接点；4—定子绕组；5—定子铁心。

图 3-3　交流发电机定子的结构及绕组连接方式

电流，这样可以提高发电机的电压调节精度。另外，有些发电机为了提高发电机高速时的输出功率，增加了 2 只二极管对中性点电压进行整流，汇入发电机的输出端。同时具备上述两种功能的发电机整流器共有 11 只二极管，如图 3-5 所示。

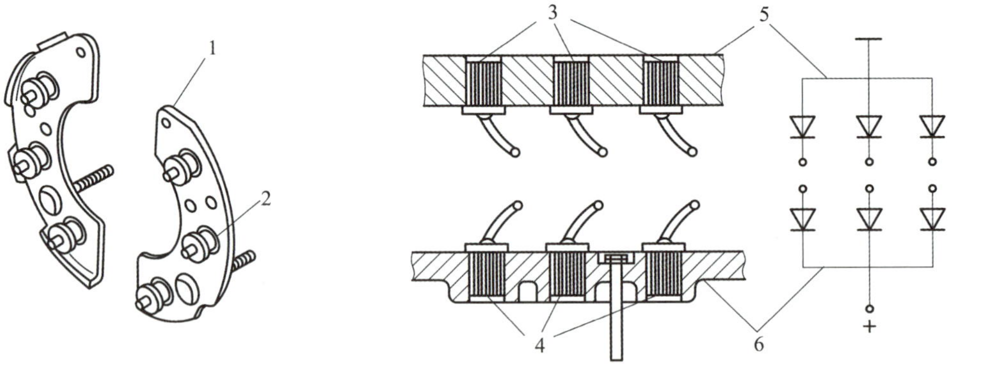

(a) 结构图　　(b) 二极管的安装示意图

1—整流板；2—整流二极管；3—负二极管；4—正二极管；5—负整流板；6—正整流板。

图 3-4　整流器结构图及安装示意图

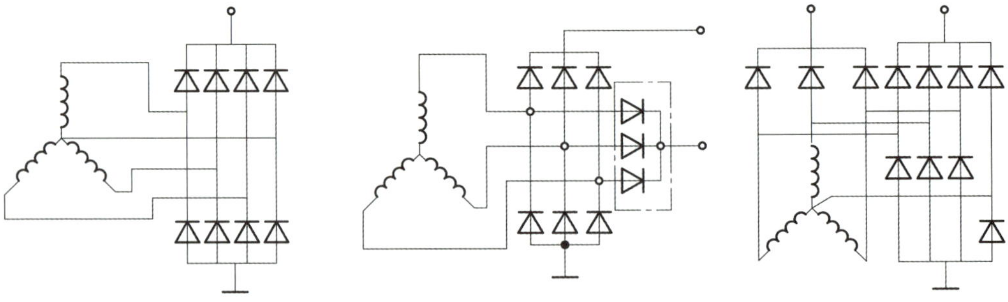

(a) 具有中性点二极管　　(b) 具有磁场二极管　　(c) 具有中性点和磁场二极管

图 3-5　具有中性点和磁场二极管的整流器

4. 电刷组件和端盖

电刷组件由电刷、电刷弹簧和电刷架组成，如图 3-6 所示。电刷的作用是将电源通过滑环引入励磁绕组。两个电刷分别装在电刷架的孔内，借助弹簧压力与滑环保持良好接触。

端盖用非导磁材料铝合金制成，在后端盖内装有电刷和电刷架。

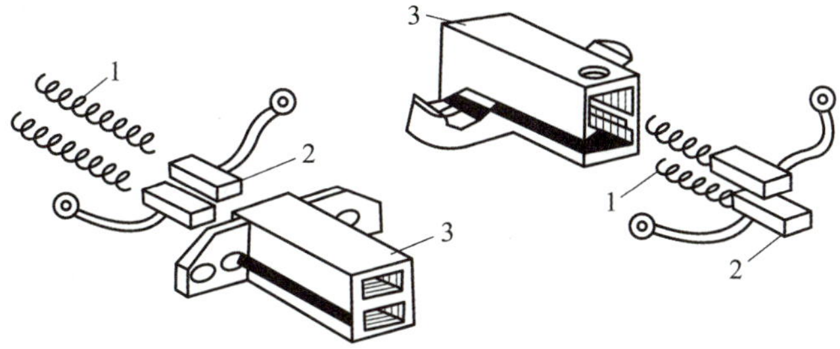

1—电刷弹簧；2—电刷；3—电刷架。

图 3-6　电刷组件的结构

二、交流发电机的工作原理

1. 发电原理

交流发电机是利用电磁感应现象产生交流电的。当转子旋转时，磁感线和定子绕组之间产生相对运动，在三相绕组中产生交流电动势。由于三相绕组是对称绕制的，所以产生的三相电动势也是对称的。交流发电机每相绕组的电动势有效值的大小和转子转速及磁极磁通成正比，如图 3-7 所示。

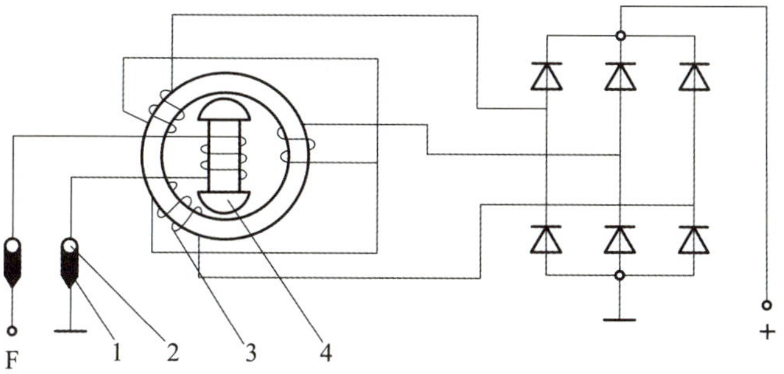

1—电刷；2—滑环；3—定子绕组；4—转子。

图 3-7　交流发电机发电原理

2. 整流原理

交流发电机定子绕组中感应产生的交流电，是靠 6 只整流二极管（具有单向导电性）组成的三相桥式全波整流电路变为直流电的，整流原理如图 3-8 所示。

由于 3 只正二极管（VD_1、VD_3、VD_5）的正极分别接在发电机三相绕组的始端上，它们的负极又接在一起，所以 3 只正二极管的导通原则是在某一瞬间正极电势最高者导通。由于 3 只负二极管（VD_2、VD_4、VD_6）的负极分别接在发电机三相绕组的始端，它们的正极又接在一起，所以

动画

整流原理

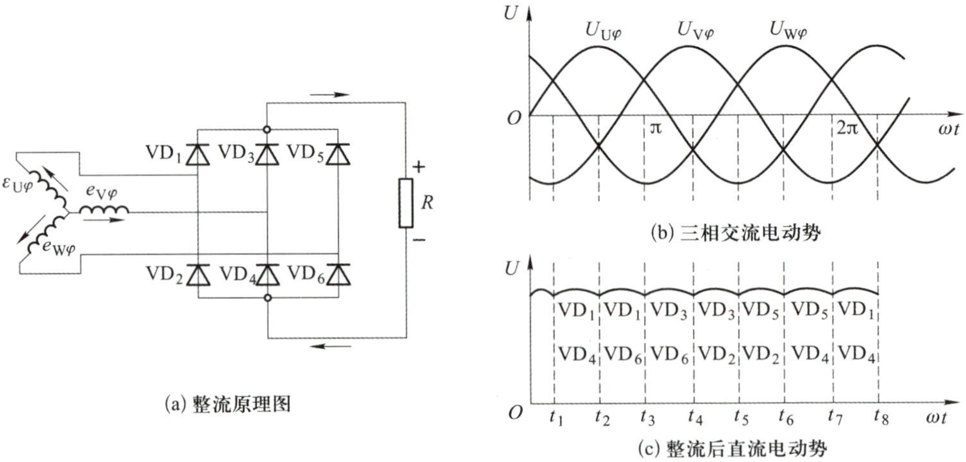

(a) 整流原理图

(b) 三相交流电动势

(c) 整流后直流电动势

图 3-8　交流发电机整流原理及整流过程

3 只负二极管的导通原则是在某一瞬间负极电势最低者导通。

3. 励磁方式

励磁是指将电流引入到励磁绕组使之产生磁场。发电机的励磁电路如图 3-9 所示。交流发电机的励磁方式有自励和他励。交流发电机励磁过程是先他励后自励。当发动机达到正常怠速转速时，发电机的输出电压一般高出蓄电池电压 1～2 V，此时由发电机自励发电。

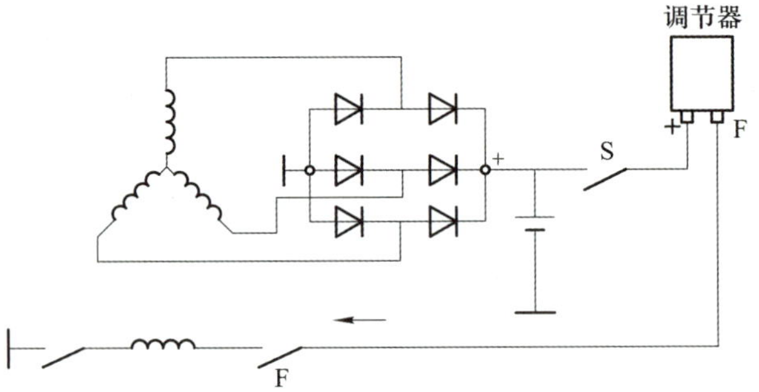

图 3-9　交流发电机的励磁电路

三、交流发电机的工作特性

交流发电机的工作特性是指发电机经整流后输出的直流电压、电流和转速之间的关系，包括空载特性、输出特性和外特性。

1. 空载特性

空载特性是指无负荷时，交流发电机端电压与转速的关系，空载特性曲线如图 3-10 所示。

2. 输出特性

输出特性是指在发电机保持输出电压一定时，发电机的输出电流与转速之间的关系，输出特性曲线如图3-11所示。

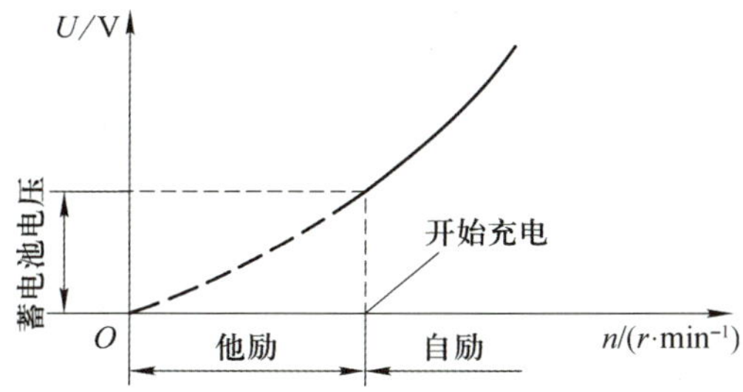

图 3-10 交流发电机的空载特性曲线

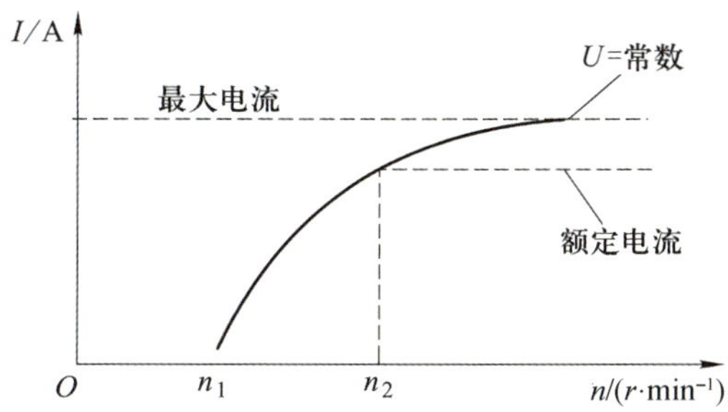

图 3-11 交流发电机的输出特性曲线图

3. 外特性

外特性是指转速一定时，发电机端电压与输出电流之间的关系，外特性曲线如图 3-12 所示。

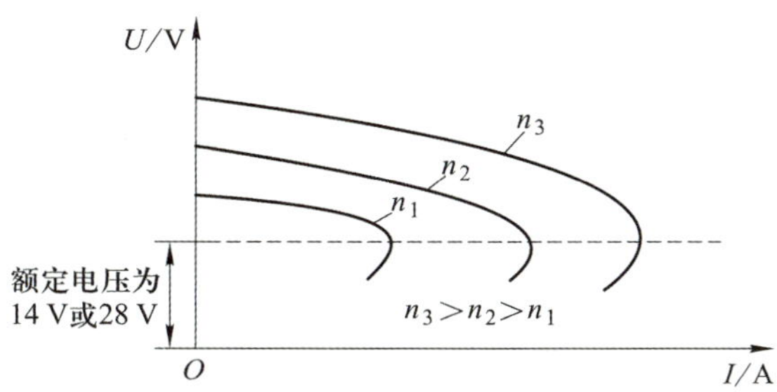

图 3-12 交流发电机的外特性曲线

四、交流发电机的型号

汽车交流发电机型号由产品代号、电压等级代号、电流等级代号、设计序号、变型代号五部分组成，如图 3-13 所示。

1. 产品代号

交流发电机的产品代号有 JF、JFZ、JFB 和 JFW 共 4 种，分别表示交流发电机、整体式交流发电机、带泵交流发电机和无刷交流发电机。

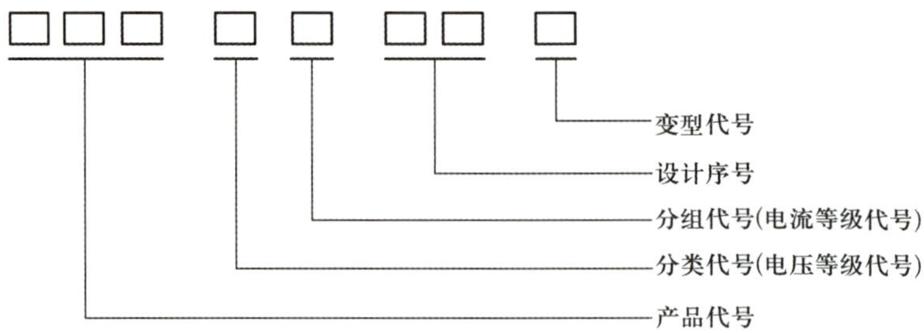

图 3-13　交流发电机的型号

2. 电压等级代号

交流发电机的电压等级代号用一位阿拉伯数字表示，其含义见表 3-1。

表 3-1　电压等级代号

电压等级代号	1	2	3	4	5	6
U/V	12	24	—	—	—	6

3. 电流等级代号

交流发电机的电流等级代号用一位阿拉伯数字表示，其含义见表 3-2。

表 3-2　电流等级代号

电流等级代号	1	2	3	4	5	6	7	8	9
I/A	~19	≥20 ~29	≥30 ~39	≥40 ~49	≥50 ~59	≥60 ~69	≥70 ~79	≥80 ~89	≥90

4. 设计序号

设计序号按产品设计先后顺序，由 1 或 2 位阿拉伯数字组成。

5. 变型代号

交流发电机以调整臂位置作为变型代号。从驱动端看，在中间不加标记，在左边时用 Z 表示，在右边时用 Y 表示。

五、交流发电机使用注意事项

① 蓄电池必须采用负极搭铁，不得接反。

② 发电机运转时，不能用试火的方法检查发电机是否发电。

③ 一旦发现发电机不发电或充电电流很小，应及时找出故障并予以排除，不应再使其长期继续运转。

互动练习

交流发电机的结构及特性

④ 整流器的 6 只二极管与定子绕组连接时，禁止用兆欧表或 220 V 交流电源检查发电机的绝缘情况。

⑤ 发动机熄火时，应将点火开关断开，否则蓄电池将向励磁绕组和调节器放电。

⑥ 发动机运转时，不得随意断开发电机与蓄电池之间的导线。

⑦ 发电机与调节器要配套使用。

任务2 认识电压调节器

任务目标

1. 了解电压调节器的类型。
2. 能独立分析电压调节器的工作原理。

任务引入与分析

一辆轿车,在使用中充电指示灯工作正常,中、低速行驶时车上用电设备工作正常,高速行驶时夜间行车灯泡易烧毁,且蓄电池经常缺水。通过本任务的学习,应该能独立对该类故障进行排除。

知识链接

一、电压调节器的功用

电压调节器是把发电机电压控制在规定范围内的调节装置,其功用是在发电机转速变化时,自动控制发电机电压,使其保持恒定,防止发电机电压过高而烧坏用电设备或导致蓄电池过量充电,同时也防止发电机电压过低而导致用电设备工作失常或蓄电池亏电。

二、电压调节器的基本原理

电压调节器的基本原理是以转速为基础,通过改变励磁电流,来保持发电机的输出电压恒定。

三、电压调节器的类型

交流发电机电压调节器按工作原理可分为触点式电压调节器、晶体管式电压调节器、集成电路电压调节器和ECU控制电压调节器。交流发电机电压调节器按所匹配的交流发电机搭铁形式可分为内搭铁型电压调节器和外搭铁型电压调节器。

1. 触点式电压调节器

触点式电压调节器应用较早,这种调节器触点振动频率慢,存在机械惯性和电磁惯性,调节精度低,触点易产生火花,对无线电干扰大,可靠性差,寿命短,现已被淘汰。

触点式电压调节器的工作原理如图3-14所示。当发电机转速低、电压低时,电磁铁的吸力不足以吸开触点,触点闭合,励磁电流通过触点,磁场不减弱。当发电机转速升高、电压上升时,电磁铁的吸力足以将触点打开,励磁电流通过电阻,励磁电流减小,磁场减弱,电压下降。

2. 晶体管式电压调节器

晶体管式电压调节器又称电子电压调节器,以稳压管作为感受元件,控制晶体管的通断来调节励磁电流,使发电机电压保持稳定。在发电机电压较低的情况下,分压器中间O点电压也较低,此时稳压管处于截止状态,此状态经放大器放大,给晶体管的基极一个高电势信号,使晶体管

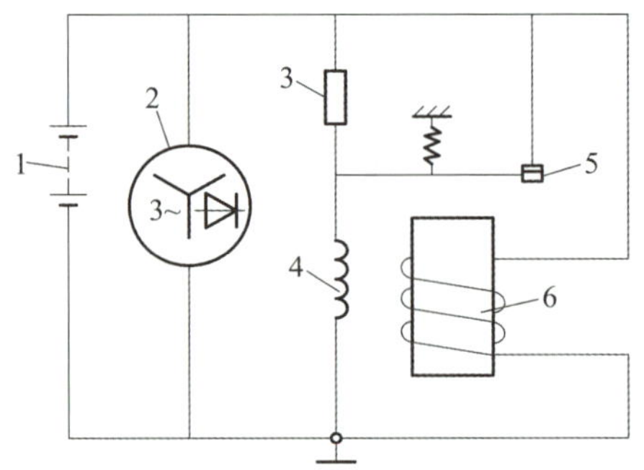

1—蓄电池；2—发电机；3—电阻；4—励磁绕组；5—触点；6—电磁铁。

图 3-14　触点式电压调节器的工作原理

导通，励磁电流可以通过晶体管流入发电机励磁绕组，使发电机电压上升，当电压上升到调节器电压调整值时，O 点电压升高至稳压管的击穿电压，稳压管被击穿，此信号经放大器放大后给晶体管一个低电势信号，使晶体管截止，切断了励磁电流，发电机无励磁电流，电压便下降，这样又使晶体管导通，如此反复，使发电机的电压稳定在一定值。

晶体管式电压调节器共有 3 个接线柱，即"＋""F"和"－"，在接线时不能接错。发电机和调节器的接线方式有两种：一种为内搭铁式，即调节器装在发电机与点火开关之间，发电机励磁绕组有一端搭铁，如图 3-15a 所示；另一种为外搭铁式，即调节器装在发电机励磁绕组与搭铁之间，发电机励磁绕组无搭铁端，调节器控制励磁绕组搭铁，如图 3-15b 所示。

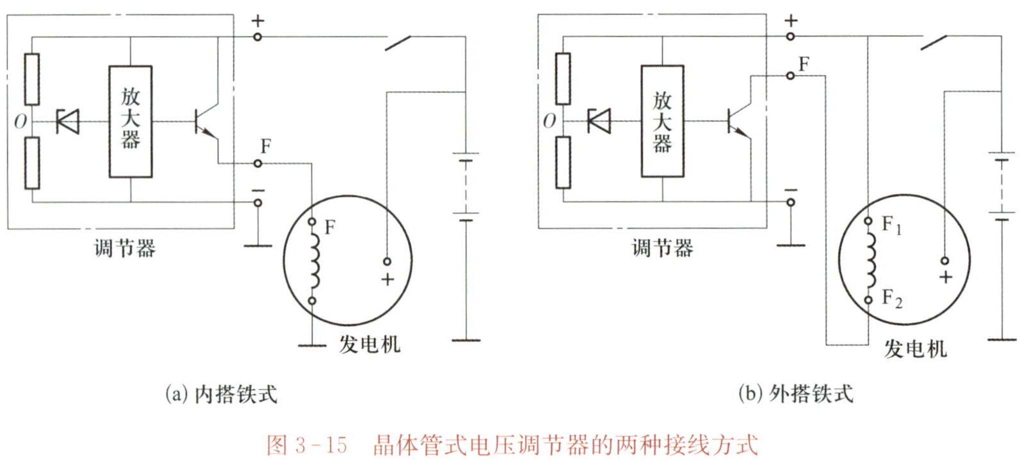

图 3-15　晶体管式电压调节器的两种接线方式

下面以 JFT106 型晶体管式电压调节器为例来介绍其工作情况，如图 3-16 所示，R_1、R_2、R_3 构成分压器，R_6 和稳压管 VS_1 构成电压敏感电路，晶体管 VT_1 与复合连接的晶体管 VT_2 和 VT_3 构成两个开关电路，开关控制由 VT_1 承担；R_4、R_5、R_6 和 R_7 是晶体管的偏置电阻，保证晶体管正常工作；二极管 VD_3 反向并联在励磁绕组的两端，起续流作用；R_8 为温度补偿电阻；VD_1 保证稳压管 VS_1 可靠截止；R_8 是正反馈电阻，用来提高 VT_3 的导通和截止的速度；电容器 C_1 和 C_2 用来降低 VT_3 的开关频率；稳压管 VS_2 接在发电机的输出端，当负载发生变化时，使调节电压保持稳定。

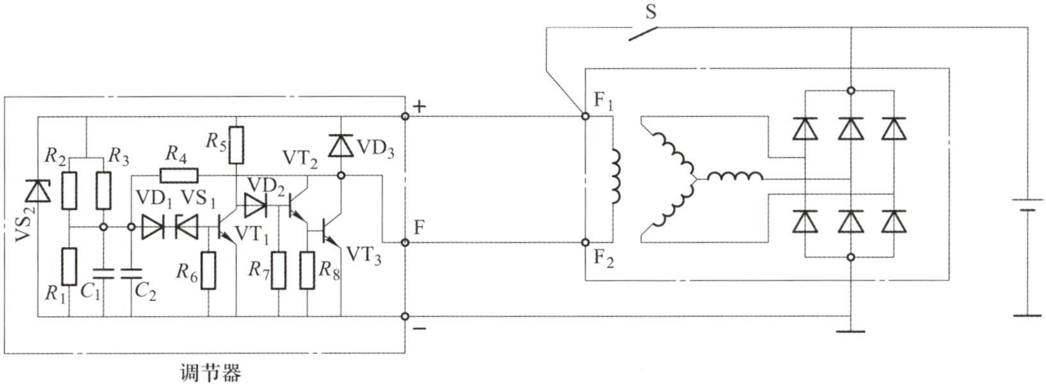

图 3-16 JFT106 型晶体管式电压调节器原理图

接通点火开关，当发电机电压低于调压值时，电源电压经点火开关作用在 R_1、R_2、R_3 构成的分压器两端，稳压管 VS_1 承受反向电压。由于电压低于调压值，反向电压低于 VS_1 的反向击穿电压，因此此时 VS_1 截止，晶体管 VT_1 也截止，VD_2 承受正向电压而导通，于是 VT_2、VT_3 也导通，接通了发电机励磁绕组的电路。当发电机电压升高到规定的调压值时，稳压管 VS_1 承受的反向电压超过它的反向击穿电压而反向击穿导通，VT_1 也导通，VD_2 截止，VT_2、VT_3 也截止，切断了发电机的励磁电路，发电机电压下降。当电压下降到极限值时，稳压管 VS_1 又截止，于是 VT_2、VT_3 又导通，发电机电压重新升高。如此反复，使发电机在转速变化时能保证发电机电压保持恒定。

3. 集成电路电压调节器

集成电路电压调节器又称 IC 电压调节器。集成电路电压调节器与分立元器件的晶体管式电压调节器相似，所不同的是，在集成电路电压调节器上，所有的晶体管都集成在一块基片上，实现了调节器的小型化，并可将其装在发电机内部，减少了外部线，缩小了整个充电系统的体积。

集成电路电压调节器可分为全集成电路电压调节器和混合集成电路电压调节器两类。前者是将二极管、晶体管、电阻、电容等电子元件同时制在一块硅基片上，后者是由厚膜或薄膜电阻与集成的单片芯片或分立元件组装而成。

集成电路电压调节器根据检测电压的不同分为发电机电压检测法和蓄电池电压检测法，前者为三接线柱式，后者为四接线柱式，分别如图 3-17 和图 3-18 所示。B 为发电机输出端子，用一根粗导线连接至蓄电池正极或起动机上。IG 通过导线连接至点火开关。L 为充电指示灯连接端子，通过线束接充电指示灯或充电指示继电器。S 为调节器的电压检测端子，通过导线束直接连接蓄电池正极。

4. ECU 控制电压调节器

ECU 控制电压调节器是现代轿车采用的一种新型电压调节器，其工作原理如图 3-19 所示。在汽车电路中有一个负载检测仪，可检测电路中总电流负载的大小，并将信号送至 ECU，调节器 C 接线端子将发电机电压信号送至 ECU，ECU 根据这两个信号判断磁场电路应该接通还是断开，输出控制信号到 FR 端子，驱动电压调节器的控制电路，适时地接通和断开磁场绕组电路，以此控制发电机的输出电压。

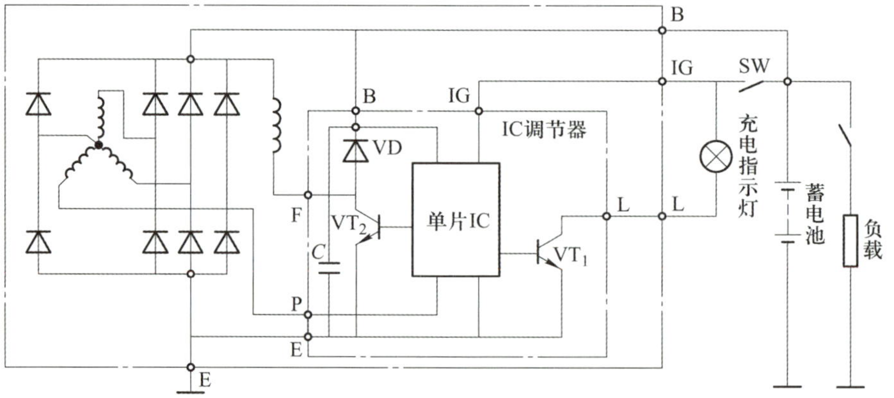

图 3-17　发电机电压检测法

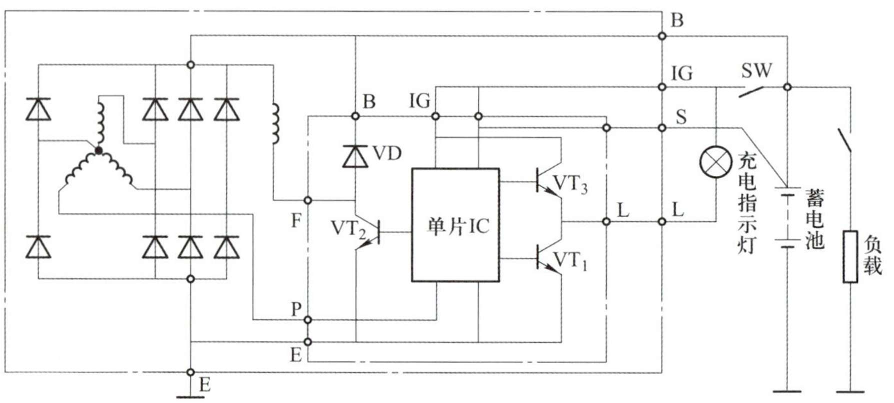

图 3-18　蓄电池电压检测法

互动练习

电压调节器

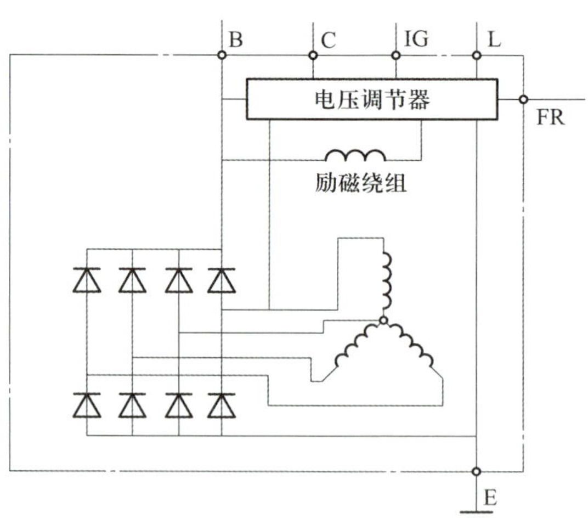

图 3-19　ECU 控制电压调节器的工作原理

任务 3　检测交流发电机整机

任务目标

1. 熟悉交流发电机的各种检测方法。
2. 能通过交流发电机检测数据判断故障。

任务引入与分析

当发现发电机不发电或电量不足等故障时，应首先判断故障发生在外电路还是发电机内部。若故障原因在发电机本身，则应先对交流发电机进行整机测试，目的是判定故障发生在哪个部位，以便有的放矢地修理。发电机整机测试包括测量各接线柱之间的电阻、在实验台上进行空载和负载实验、用示波器检测发电机输出电压波形。

知识链接

一、测量各接线柱之间的电阻

利用万用表的电阻挡测量“F”与“－”之间的电阻值，测量“＋”与“－”之间和“＋”与“F”之间的正、反向电阻值，也可以判断交流发电机内部的技术状况，其标准值见表 3-3。

表 3-3　发电机各接线柱之间电阻的标准值

交流发电机的型号	“F”与“－”之间的电阻值/Ω	“＋”与“－”之间的电阻值/Ω		“＋”与“F”之间的电阻值/Ω	
		正向	反向	正向	反向
JF11	5～6	40～50	＞1 000	50～60	＞1 000
JF13					
JF21					
JF12	19.5～21	40～50	＞1 000	50～70	＞1 000
JF22					
JF23					
JF26					

二、空载实验

空载实验是在试验台上进行的，接线方法如图 3-20 所示。其测试方法是闭合开关 S_1，使发电机（以 JFZ1913Z 型发电机为例）的转速逐渐升高，当电压表读数达到额定电压时，发电机的转速应不大于空载转速。

三、负载实验

负载试验在是实验台上进行的，接线方法如图 3-20 所示。其测试方法是闭合开关 S_1 和

S_2，通过调节滑动变阻器改变交流发电机负载。当交流发电机转速为额定转速时，电流应达到或接近该交流发电机的额定电流。几种国产交流发动机的主要性能指标见表 3-4。

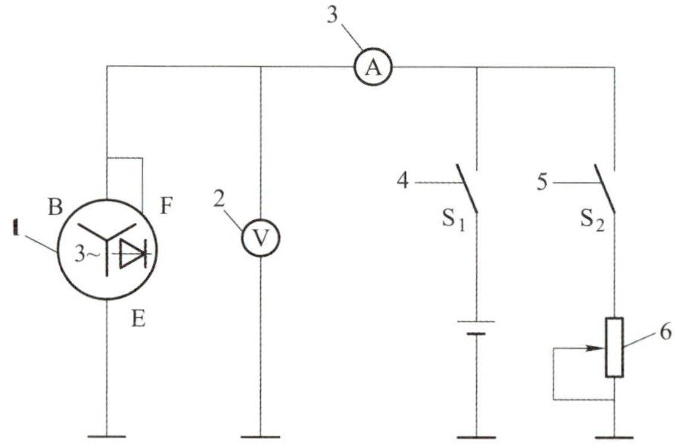

1—发电机；2—电压表；3—电流表；4、5—开关；6—滑动变阻器。

图 3-20　发电机空载和负载实验接线方法

表 3-4　几种国产交流发电机的主要性能指标

型号	额定电压/V	空载转速/(r/min)	额定电流/A	额定转速/(r/min)
JFZ1913Z	14	1 050	90	6 000
JFZ1512Z	14	1 050	55	6 000
JFZ2518	28	1 150	27	5 000
JFZ1714	14	1 000	45	6 000
JFZ13A	14	1 000	25	3 500

四、用示波器检测发电机输出电压波形

当交流发电机有故障时，其输出电压的波形将出现异常，因此可用示波器检测发电机输出电压波形，根据输出电压波形可以判断交流发电机内部故障是整流器故障还是定子绕组故障。交流发电机电压波形如图 3-21 所示。

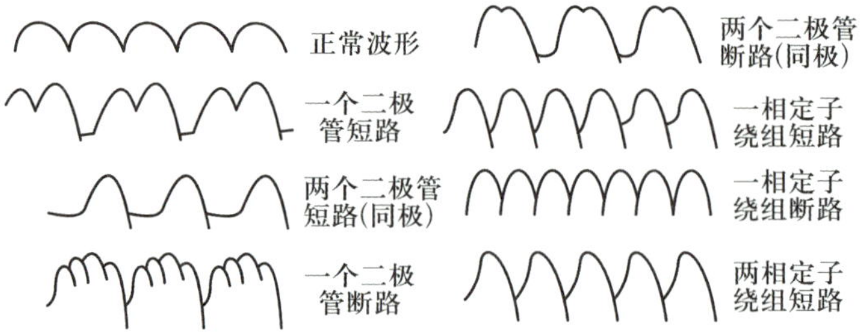

图 3-21　交流发电机电压波形

任务4　拆装交流发电机并进行部件检修

任务目标

1. 掌握交流发电机的拆装步骤。
2. 掌握交流发电机部件的检测方法。

任务引入与分析

一辆轿车出现了发电机不发电的故障，经诊断为发电机内部故障，需要对发电机进行拆解和检测。发电机拆装步骤是什么？拆解后主要应检测哪些项目？

知识链接

一、交流发电机的拆卸

视频

发电机的更换

交流发电机的拆卸步骤如下：

① 清洁发电机。

② 在发电机前、后端盖和定子上做好装配标记。

③ 拆下后罩盖固定螺钉，取下后罩盖。

④ 拆下固定电刷组件和调节器总成的两个固定螺钉。

⑤ 取下电刷和调节器组件。

⑥ 拧下整流器的固定螺栓。

⑦ 拆下连接前、后端盖的固定螺栓，使装有转子的前端盖与装有定子的后端盖分离。

⑧ 拆下整流器组件的固定螺栓。

⑨ 从后端盖上取下整流器组件和定子总成。

⑩ 用电烙铁焊开定子绕组与整流二极管的引线，使定子总成与整流器组件分离。

⑪ 使定子与后端盖分离。

⑫ 拆卸带轮的紧固螺母。

⑬ 用拉拔器取下带轮和半圆键。

⑭ 用拉拔器使转子总成与前端盖分离。

二、发电机主要部件的检修

视频

发电机主要部件的检修

1. 转子的检查

(1)转子励磁绕组断路与短路检查

用万用表电阻挡检测两滑环之间的电阻，如图3-22所示。若电阻值在规定的范围内(一般为2～5 Ω)，则说明转子励磁绕组良好；若阻值为∞，则说明转子励磁绕组断路；若阻值过小，则说明转子励磁绕组短路。

(2)转子励磁绕组绝缘性检查

检查转子励磁绕组与铁心(或转子轴)之间的绝缘情况。用万用表电阻最大挡检测两滑环与铁心(或转子轴)之间的电阻,如图 3-23 所示,正常应指示∞。

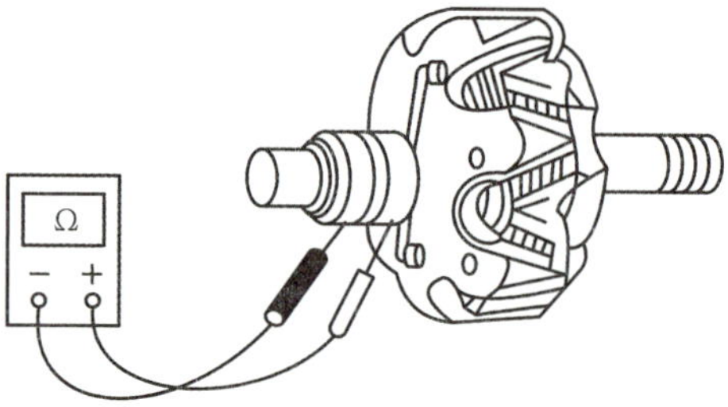

图 3-22　转子励磁绕组断路与短路检查

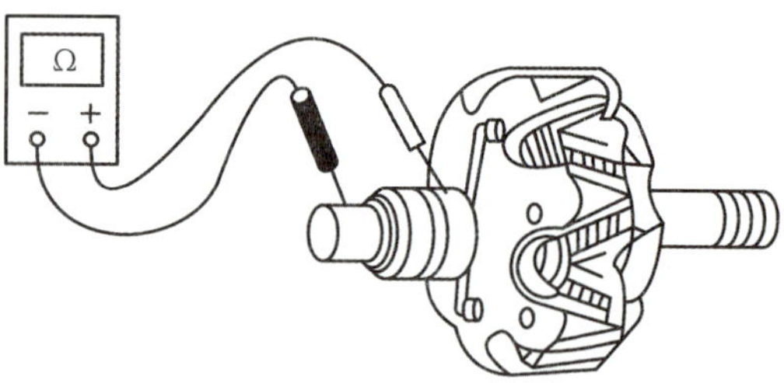

图 3-23　转子励磁绕组绝缘性检查

(3)滑环的检查

滑环表面应平整光滑,无明显烧损。

(4)转子轴的检查

转子轴的检查如图 3-24 所示。用百分表检查转子轴的弯曲度,弯曲度不应超过 0.05 mm(径向圆跳动公差不超过 0.1 mm),否则应予以校正。爪形磁极在转子轴上应固定牢靠,间距相等。

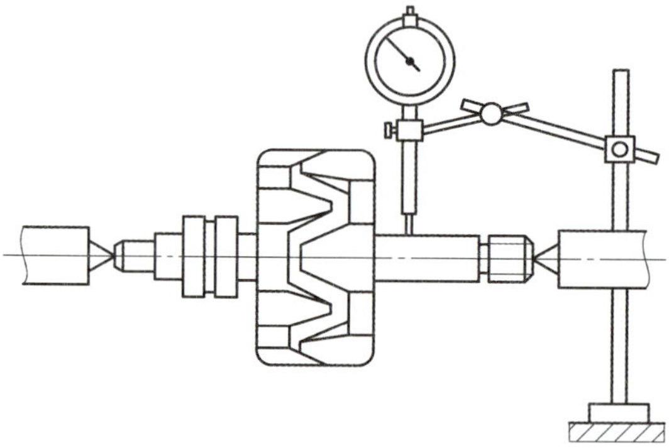

图 3-24　转子轴的检查

2. 定子的检查

(1)定子绕组断路与短路检查

用万用表检测定子绕组的 3 个接线端,如图 3-25 所示,若阻值小于 1 Ω 且相等,则说明定子绕组正常;若电阻为∞,则说明定子绕组断路;若电阻过小(近似等于 0 Ω),则说明定子绕组短路。

(2)定子绕组绝缘性检查

用数字式万用表电阻最大挡检测定子绕组接线端与定子铁心间的电阻,如图 3-26 所示,正常应指示∞。

3. 整流器二极管的检查

将万用表的两表笔接二极管的两端测其电阻,再反接测一次,若电阻值一次为∞,另一次很小(8～10 Ω),则说明二极管良好。若两次测量电阻值均为∞,则说明二极管断路;若两次测量电阻值均为 0,则说明二极管短路。

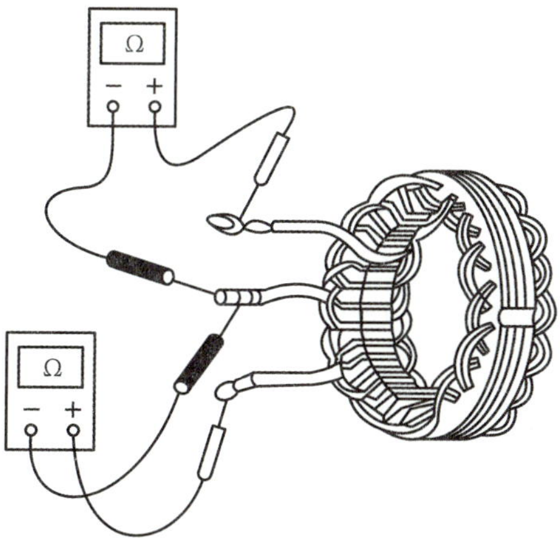

图 3-25　定子绕组断路与短路检查

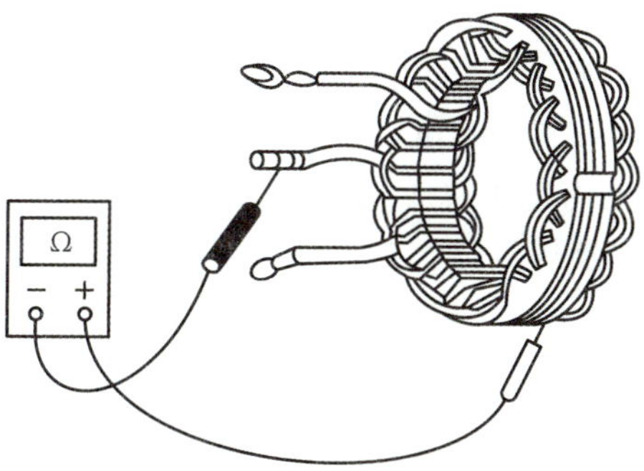

图 3-26　定子绕组绝缘性检查

4. 电刷组件的检查

电刷及电刷架应无破损或裂纹，电刷表面不得有油污且在电刷架中应能活动自如，不得出现卡涩现象。

(1)电刷长度的测量

电刷长度是指电刷露出电刷架的长度，电刷长度一般不小于 7 mm。电刷长度可用游标卡尺或钢板尺测量，如图 3-27 所示。

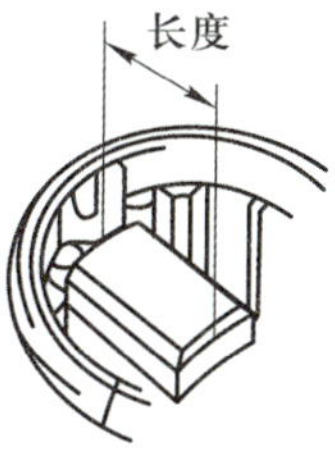

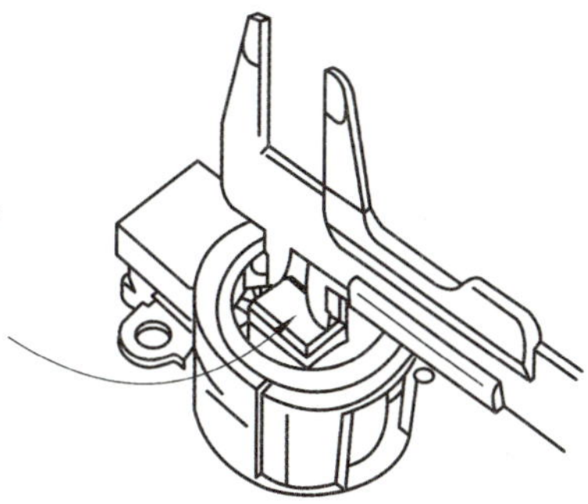

图 3-27　电刷长度的测量

(2)电刷弹簧压力的检查

各交流发电机均有两只电刷弹簧，检查电刷弹簧压力时应一个一个地进行测量。当电刷从电刷架中露出长度 2 mm 时，电刷弹簧压力一般为 2～3 N，如图 3-28 所示。

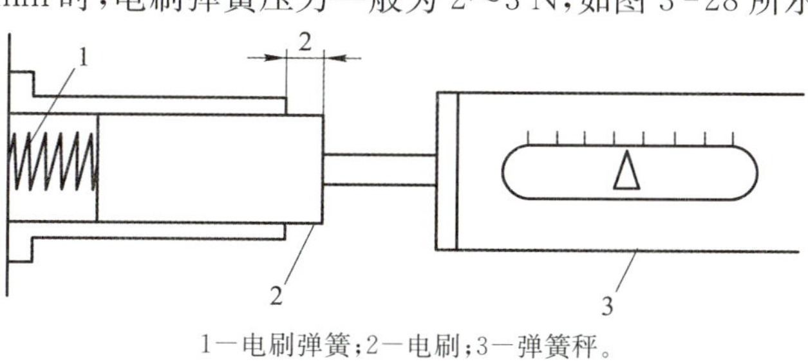

1—电刷弹簧；2—电刷；3—弹簧秤。

图 3-28　电刷弹簧压力的检查

三、交流发电机的安装

交流发电机的安装步骤如下：

① 在轴承内填入润滑脂，将前端盖安装在转子轴上，将半圆键放在轴端的键槽中。装上弹簧垫片和紧固螺母，按规定力矩拧紧。

② 将定子总成与后端盖按正确位置装好，再将整流器与后端盖装好，并将定子绕组的引线与整流器焊接好。拧紧整流器组件的紧固螺栓。

③ 将前端盖与转子总成、后端盖与定子总成按做好的装配标记对齐后装好。

④ 将连接前、后端盖的紧固螺栓拧紧。

⑤ 装上电刷与调节器组件，并将固定螺栓拧紧。

⑥ 装上后罩盖，拧紧固定螺钉。

互动练习

交流发电机的拆装与部件检修

任务5　检测电压调节器

任务目标

1. 能正确检测电压调节器。
2. 会正确使用电压调节器。

任务引入与分析

电压调节器的正常工作对保证整个汽车电气系统的正常工作和延长汽车电气设备的使用寿命关系极大。如何快速、准确地判断电压调节器是否有故障呢？本任务学习一种用可变直流电源来检测电压调节器的方法。

知识链接

一、晶体管式电压调节器的检测

用实验的方法检测晶体管式电压调节器时，应先分清是内搭铁式还是外搭铁式。晶体管式电压调节器的检测如图3-29所示。晶体管式电压调节器若为内搭铁式，则试灯接到“F”和“－”之间；若为外搭铁式，则试灯接到“＋”和“F”之间，如图3-29虚线所示。

测试时先将可调直流电源与电压调节器用导线连接好，然后逐渐提高电源电压，当电压大于6 V时，灯泡开始发亮；继续提高电压，当电压达到13.5～16.5 V时，灯泡应熄灭；这种情况说明电压调节器良好。如果灯泡从开始一直不亮或亮了以后一直不熄灭，说明电压调节器有故障。

二、集成电路电压调节器的检测

集成电路电压调节器的检测如图3-30所示。调节器B接线柱接可调直流电源，L_1 为充电指示灯，L_2 相当于励磁绕组，P接柱接6 V直流电源，用来模拟检测发电机工作情况从而控制充电指示灯。将 S_1 闭合，L_1 和 L_2 都应亮，调节可调直流电源使电压逐渐升高，当电压达到调节器调节电压时，L_2 应熄灭，闭合 S_2，L_1 应熄灭。

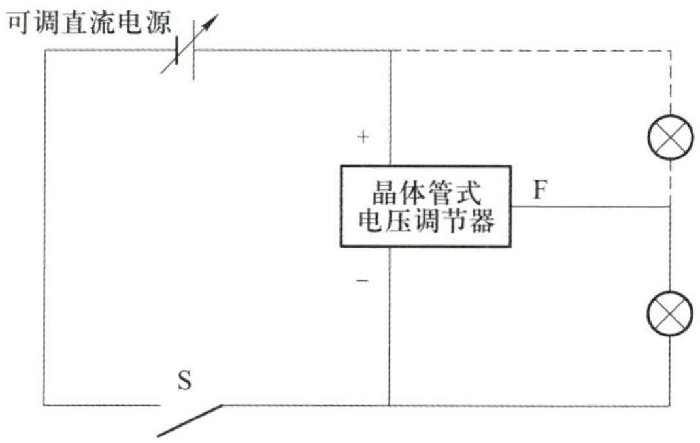

图 3-29 晶体管式电压调节器的检测

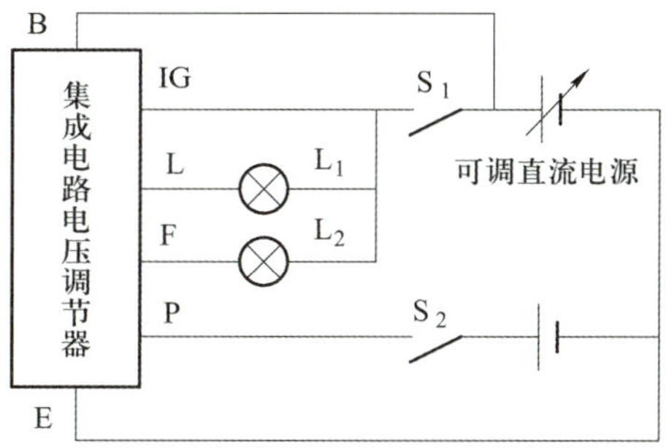

S_1、S_2—开关；L_1、L_2—灯泡。

图 3-30 集成电路电压调节器的检测

三、电压调节器的正确使用

① 电压调节器与发电机的电压等级必须一致。
② 电压调节器与发电机的搭铁形式必须一致。
③ 交流发电机的功率不得超过电压调节器设计时所能配用的交流发电机的功率。
④ 线路连接必须正确。
⑤ 电压调节器必须受点火(电源)开关控制。
⑥ 汽车停驶时，应将点火(电源)开关断开。

任务6 排除充电系统电路故障

任务目标

1. 掌握几种充电系统线路连接方式。
2. 会诊断并排除充电系统常见故障。

任务引入与分析

一辆轿车来店维修，驾驶员反映近几天闻到一股较大的酸性气味，且车辆运行时间越长气味越浓，同时发现蓄电池液面过低。该故障应怎么排除？

知识链接

一、充电系统电路

1. 中性点电压控制充电指示灯的充电系统电路

利用中性点电压，通过起动组合继电器控制充电指示灯的充电系统电路如图 3-31 所示。S_1 为起动继电器的动合触点，S_2 为保护继电器动断触点，X_1 为起动继电器的线圈，X_2 为保

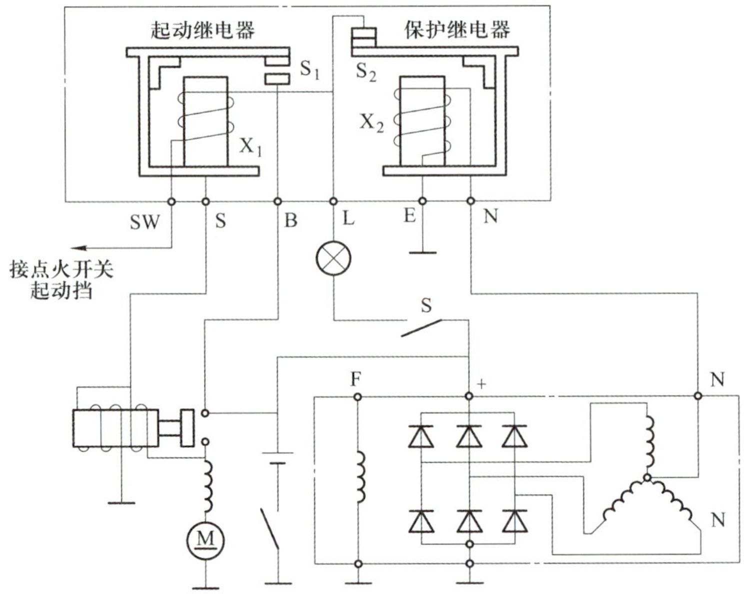

图 3-31　中性点电压控制充电指示灯的充电系统电路

护继电器的线圈。充电指示灯电路电流方向为蓄电池(发电机)正极→点火开关→充电指示灯→组合继电器 L 接线柱→动断触点 S_2→组合继电器 E 接线柱→搭铁→蓄电池(发电机)负极。

2. 二极管控制充电指示灯的充电系统电路

利用二极管来控制充电指示灯的充电系统电路如图 3-32 和图 3-33 所示。

如图 3-33 所示,当开关闭合后,首先由蓄电池提供电流。充电指示灯电路电流方向为蓄电池正极→点火开关→充电指示灯→VD→励磁绕阻→调节器→搭铁 →蓄电池负极。此时,充电指示灯由于有电流通过,所以灯会亮。但发动机起动后,随着发动机转速的升高,发电机的端电压也不断升高。当发电机的输出电压与蓄电池电压相等时,发电机"B"端和"D"端的电势相等,此时充电指示灯由于两端电位差为零而熄灭,指示发电机已经正常工作,励磁电流由发电机自己供给。

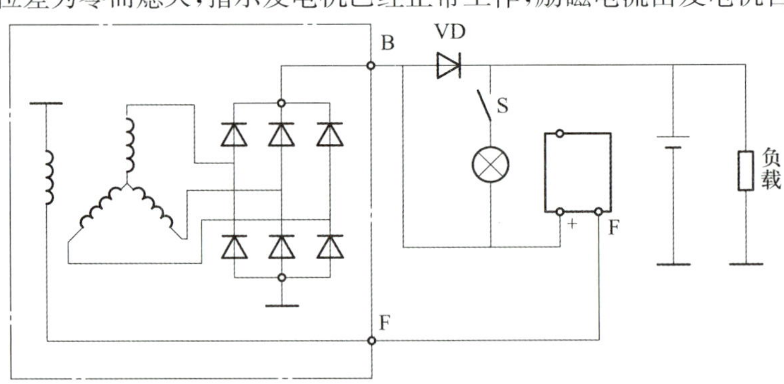

图 3-32　二极管控制充电指示灯的充电系统电路(一)

二、充电系统故障诊断与排除

充电系统的故障主要有不充电、充电电流过小和充电电流过大等故障。

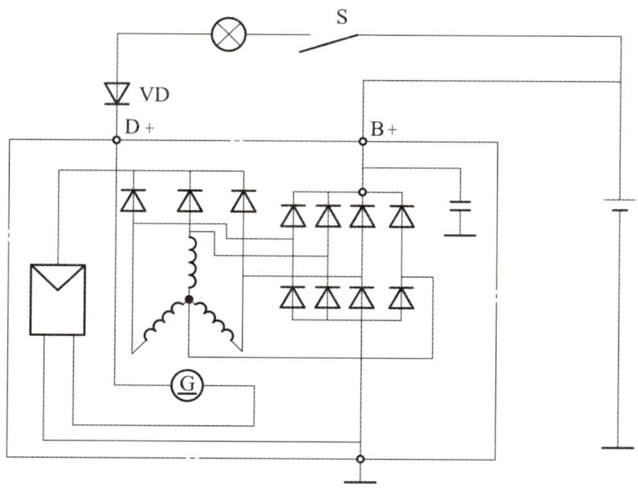

图3-33　二极管控制充电指示灯的充电系统电路(二)

1. 不充电

(1)故障现象

发动机中、高速运转时,充电指示灯不熄灭或电流表指示放电。

(2)故障原因

线路的接线断开或短路,电流表的接线错误,发电机有故障,调节器有故障。

(3)诊断步骤与方法

① 检查充电线路各导线和接头有无断裂或松脱,并检查发电机的接线是否正确。

② 接通点火开关,但不起动发动机,用试灯将其一端接在发电机的磁场接线柱上,另一端搭铁,观察试灯。若试灯亮,说明故障在调节器上,应更换调节器;若试灯不亮,可拆下发电机电枢接线柱上的导线并悬空,用试灯将其一端接在发电机电枢接线柱上,另一端搭铁,此时若试灯亮,说明故障在发电机上,应对发电机进行解体检查。

2. 充电电流过小

(1)故障现象

蓄电池经常存电不足;打开前照灯,灯光暗淡;按动电喇叭,声音小。

(2)故障原因

接线接头松动,发电机发电不足,电压调节器故障。

(3)诊断步骤与方法

① 检查发电机传动带的松紧度。以30～40 N的力按下传动带的中部,挠度应为10～15 mm,若压下量过大,说明发电机传动带过松,应调整。

② 检查充电线路各导线接头是否接触不良或锈蚀、脏污。

③ 区分是电压调节器故障还是发电机故障。不同类型的电压调节器检测方法不同。晶体管式电压调节器内搭铁的发电机,拆下调节器“F”接线柱的导线,用试灯的两根线分别触及“+”和“F”接线柱,起动发动机,并逐渐提高转速,同时观察试灯。若试灯亮度不变或变化很小,说明故障在发电机上,则对发电机进行解体检查。若试灯随发动机转速增加而亮度增加,说明故障在

电压调节器上，则应更换电压调节器。对于晶体管式电压调节器外搭铁的发电机，可拆下电压调节器“F”接线柱的导线，用试灯的两根线分别触及“F”和“一”接线柱，起动发动机，并逐渐提高转速，同时观察试灯。若试灯亮度不变或变化很小，说明故障在发电机上，则应对发电机进行解体检查。若试灯随发动机转速增加而亮度增加，说明故障在调节器上，则应更换调节器。

3. 充电电流过大

(1)故障现象

各种灯泡经常烧坏；蓄电池电解液损耗过快；在蓄电池不亏电的情况下，充电电流过大。

(2)故障原因

电压调节器故障。

(3)排除方法

更换电压调节器。

知识拓展

水冷发电机

现在汽车上的发电机大都是风冷式发电机，由其带轮后的风扇将风吹入发电机壳内进行冷却。由于受风冷式发电机结构的限制，其功率的增大必然会导致发电机体积的增大，同时，为提高冷却强度而加大风扇尺寸又会使噪声增大，为解决这个问题出现了水冷式交流发电机，如图 3-34所示。水冷式交流发电机利用冷却液代替风扇进行冷却。水冷发电机壳体与卡式壳体之间的空腔有一个冷却液套，连接在发动机的冷却循环回路上。由于取消了风扇而实现全封闭，因此水冷发电机工作时完全没有噪声。

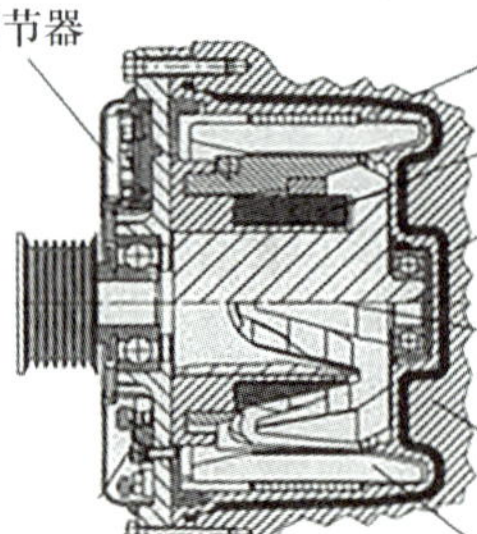

图 3-34　水冷发电机

思考与练习

一、填空题

1. 汽车发电机作为汽车运行中的________担负着向除________之外所有用电设备供电的任务，并向________充电。

2. 大多数汽车是接通点火开关时充电指示灯________，而发动机起动后充电指示灯________。

3. 充电系统一般由蓄电池、________、________、点火开关和充电指示灯等组成。

4. 交流发电机利用________原理发电。
5. 交流发电机的输出特性表明它具有限制________的能力。
6. 整流器的功能是将定子绕组产生的三相________变为________。
7. 电刷的作用是将电源通过滑环引入________。
8. 交流发电机根据电刷和外电路的连接形式不同分为________和________两种。
9. 交流发电机的励磁方式有________和________。

二、选择题

1. 交流发电机的转子的作用是(　　)。
   A. 产生三相交流电动势　　B. 产生磁场　　C. 变交流为直流
2. 交流发电机中产生磁场的装置是(　　)。
   A. 定子　　B. 转子　　C. 整流器
3. 发电机调节器是通过调整(　　)来调整发电机电压的。
   A. 发电机转速　　B. 发电机的励磁电流　　C. 发电机的输出电流
4. 内搭铁式电压调节器中的大功率晶体管接在调节器的(　　)。
   A. "+"与"−"之间　　B. "+"与"F"之间　　C. "F"与"−"之间

三、填图题

1. 在表3-5中写出如图3-35所示发电机各部件的名称。

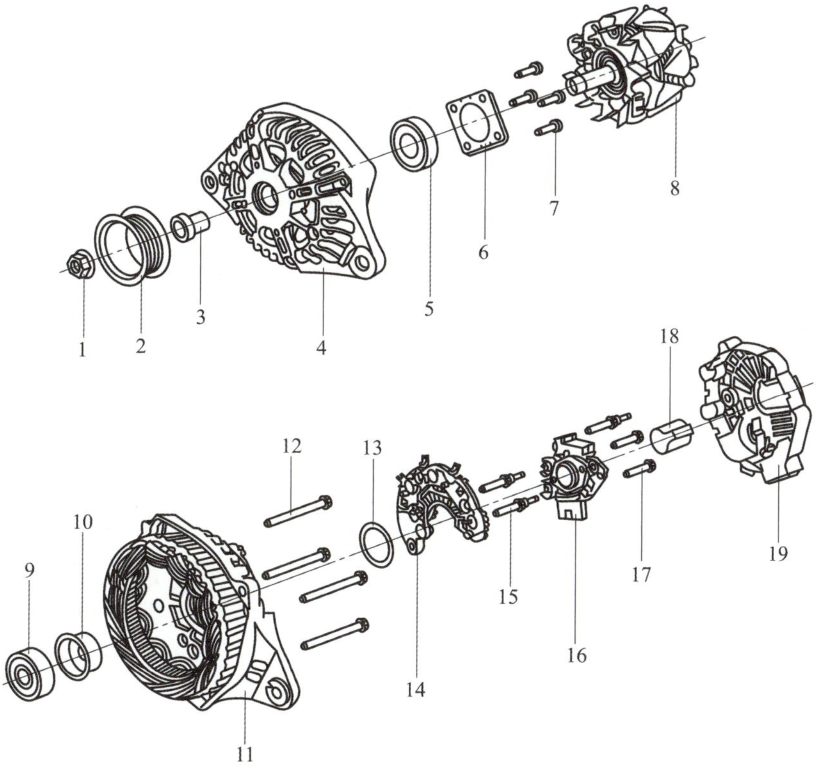

图3-35　练习题

表 3-5　发动机各部件

序号	名称	序号	
1	螺母	11	
2		12	螺栓
3	隔圈	13	密封件
4		14	
5		15	双头螺栓
6		16	
7	轴承盖螺栓	17	电刷支架螺栓
8		18	
9		19	
10			

2. 写出如图 3-36 所示发电机绕组的连接方式。

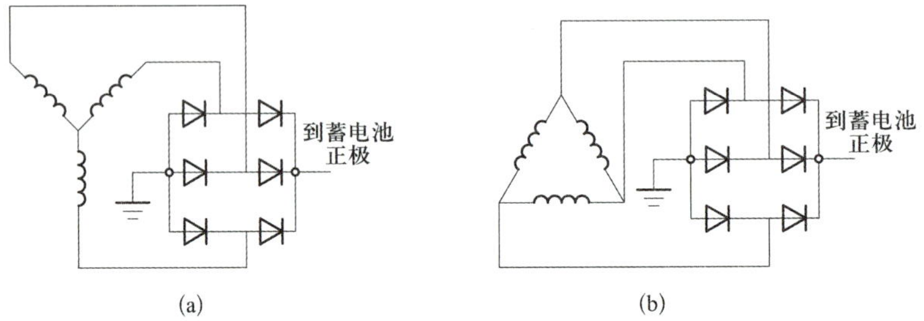

图 3-36　练习题

四、简答题

1. 电压调节器的使用注意事项有哪些？
2. 简述发电机的拆装步骤。

五、拓展性问题分析

如果一辆汽车的充电指示灯亮了，此时司机能不能进行长距离的驾车行驶？为什么？试对该故障进行鱼刺图分析，如图 3-37 所示。

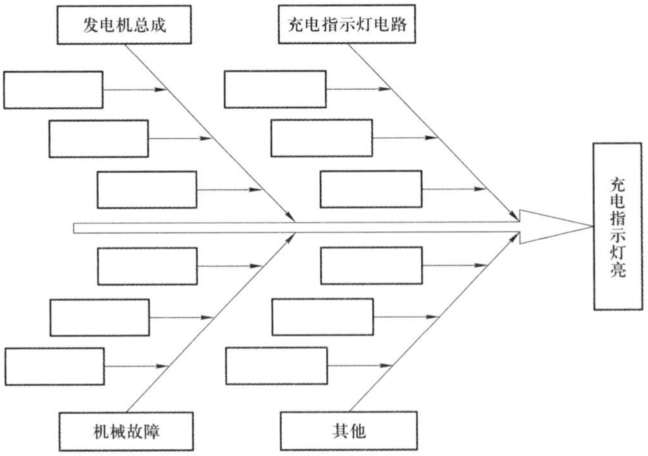

图 3-37　练习题

知识拓展

水冷发电机

项目 4　起动系统的检修

项目引入

一位车主反复起动车辆，发现汽车有时起动声音不明显，有时起动声音断断续续，有时甚至听不到起动声音，所以将汽车送往维修店进行维修。维修技师检查后判断为起动系统故障。

项目要求

在熟悉起动机结构及起动系统控制电路的基础上，掌握起动系统常见故障的诊断及排除方法。

任务 1　认识起动机的组成和型号

任务目标

1. 熟悉起动机的组成及各组成部分的功用。
2. 了解起动机的型号。

任务引入与分析

一辆轿车，起动发动机时，听到起动机“啪”地一声响，但起动机不工作，然后车主多次起动，起动机均不转动。通过诊断、检测，发现是起动机电磁开关烧蚀造成触点接触不良，通过更换电磁开关，起动机工作正常，故障排除。

知识链接

一、起动机的组成

起动机是起动系统的主要组成部分，由直流电动机、传动机构和控制装置三部分组成，如图 4-1 所示。

1. 直流电动机

直流电动机的作用是将蓄电池提供的电能转变为机械能，产生转矩驱动发动机运转。汽车

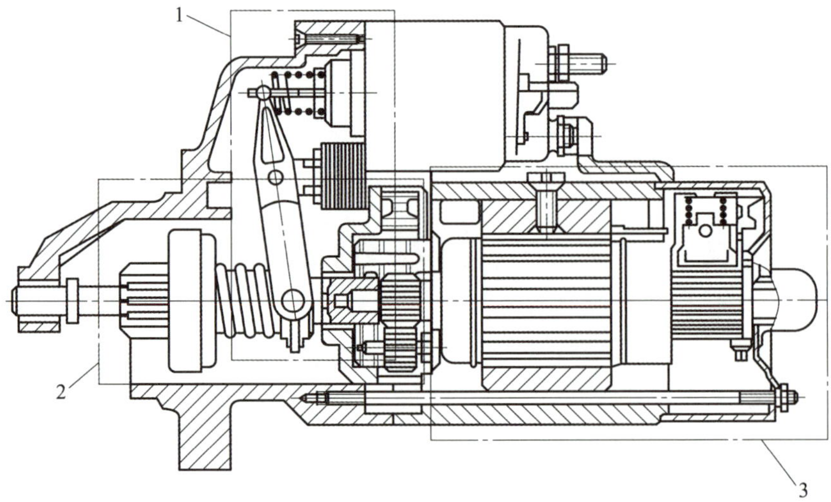

1—控制装置;2—传动机构;3—直流电动机。

图 4-1 起动机的组成

通常采用直流串励式电动机。串励是指电枢绕组与磁场绕组串联。

(1)直流电动机的工作原理

直流电动机的工作原理如图 4-2 所示。电动机工作时,电流通过电刷和换向器流入电枢绕组。如图 4-2a 所示,换向片 A 与正电刷接触,换向片 B 与负电刷接触,绕组中的电流方向为 $a \to b \to c \to d$,根据通电导体在磁场中受电磁力的原理(左手定则),绕组 ab 边、cd 边均受到电磁力 F 的作用,由此产生逆时针方向的电磁转矩 M 使电枢转动;当电枢转动至换向片 A 与负电刷接触,换向片 B 与正电刷接触时,电流方向为 $d \to c \to b \to a$(换向器适时地改变了电枢绕组中的电流方向),如图 4-2b 所示,但电磁转矩的方向仍保持不变,使电枢按逆时针方向继续转动。

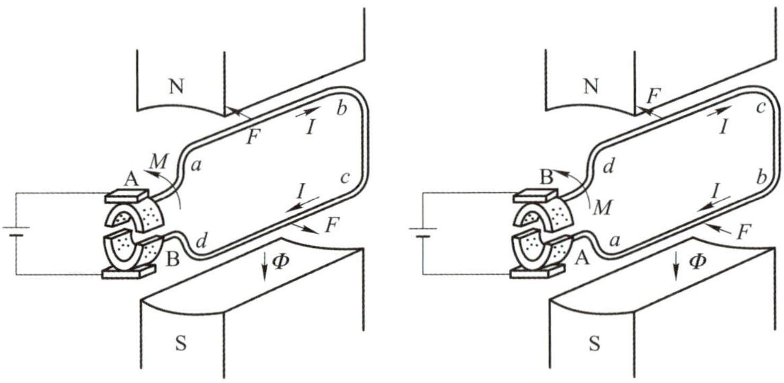

图 4-2 直流电动机的工作原理

(2)直流电动机的结构

直流电动机由电枢、磁极、电刷、电刷架、机壳等组成,如图 4-3 所示。

(a)电枢

电枢由电枢轴、电枢绕组、换向器、电枢铁心等组成,如图 4-4 所示,其作用是产生电磁转

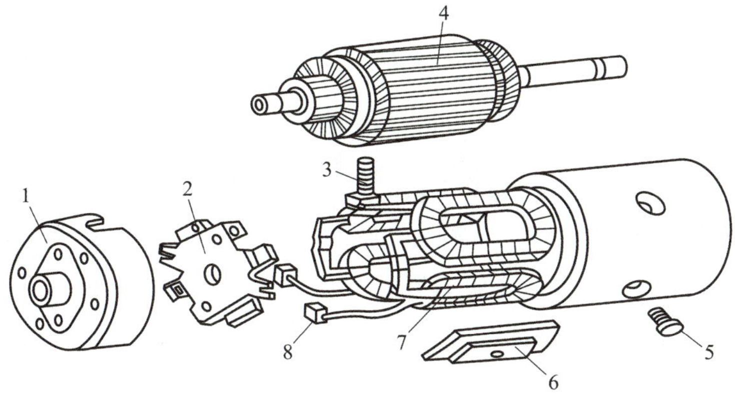

1—端盖;2—电刷架;3—接线柱;4—电枢;5—磁极固定螺钉;6—磁极铁心;7—励磁绕组;8—电刷。

图 4-3 直流电动机的结构

矩。电枢绕组的两端均匀地焊在换向器片上,电枢绕组一般常用波绕法,如图 4-4b 所示。换向器由铜质换向片和云母片叠压而成。电枢绕组各线圈的端头均焊接在换向器片上,通过换向器和电刷将蓄电池的电流传递给电枢绕组,并适时地改变电枢绕组中电流的流向。

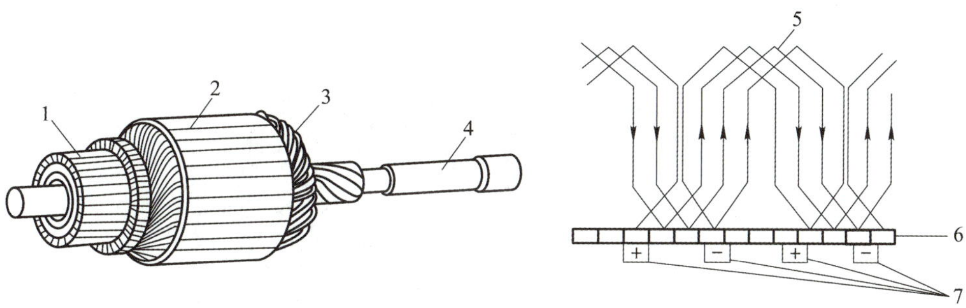

(a) 电枢的结构 (b) 电枢绕组的展开图

1、6—换向器;2—电枢铁心;3、5—电枢绕组;4—电枢轴;7—电刷。

图 4-4 电枢的结构与电枢绕组的展开图

(b)磁极

磁极的作用是产生磁场,由铁心和励磁绕组构成,如图 4-5 所示。励磁绕组的连接方法如

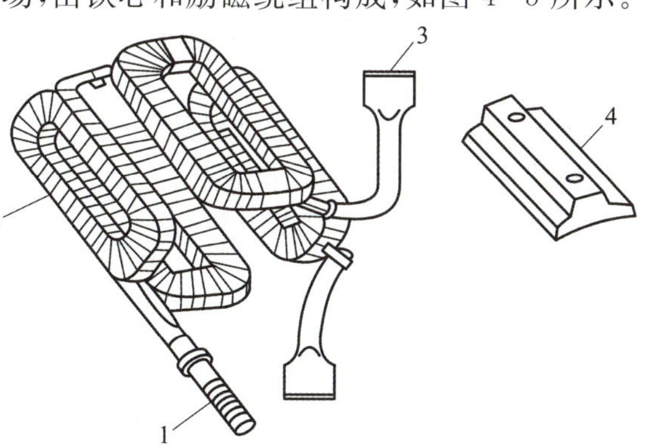

1—接线柱;2—励磁绕组;3—电枢;4—铁心。

图 4-5 磁极的结构

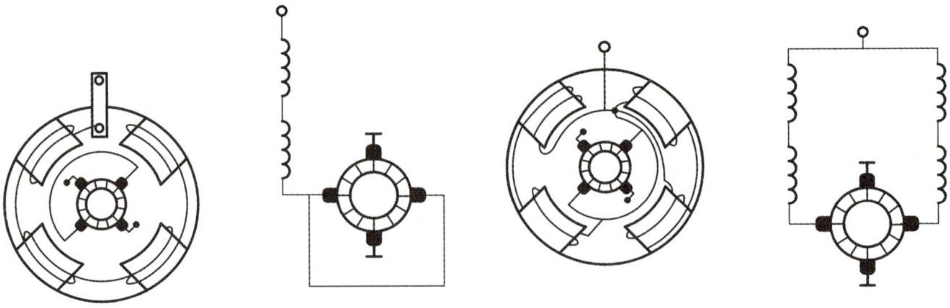

图 4-6　励磁绕组的连接方式

图 4-6 所示。励磁绕组与电枢绕组串联，故称为直流串励式电动机。

(c)电刷与电刷架

电刷与电刷架的作用是将电流引入电动机，使电枢产生定向转矩。电刷一般是用铜和石墨粉压制而成的，有利于减小电阻及增加耐磨性。电刷装在电刷架中，借弹簧压力压在换向器上，如图 4-7 所示。

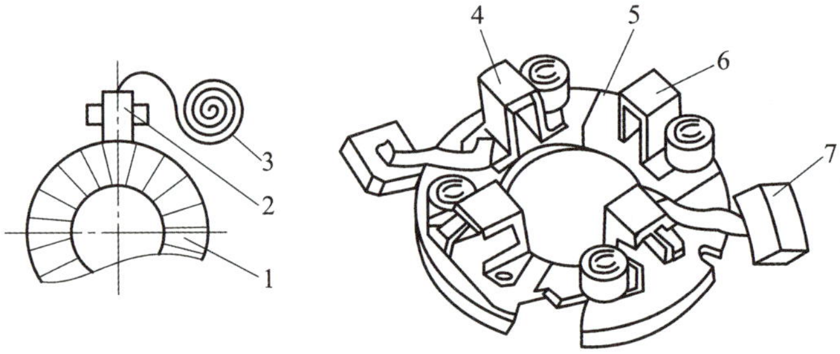

1—换向器；2—电刷；3—电刷弹簧；4—搭铁电刷架；5—绝缘垫；6—绝缘电刷；7—搭铁电刷。

图 4-7　电刷与电刷架

2. 传动机构

传动机构的作用是把直流电动机产生的转矩传递给飞轮齿圈，再通过飞轮齿圈把转矩传递给发动机的曲轴，使发动机起动；起动后，飞轮齿圈与驱动齿轮自动打滑脱离。传动机构主要由单向离合器、啮合弹簧、拨叉、驱动齿轮等组成。

单向离合器的作用是将电动机的转矩传递给发动机的飞轮齿圈，并使发动机迅速起动，同时又能在发动机起动后自动打滑，保护起动机不被飞散损坏。

单向离合器主要有滚柱式、摩擦片式、弹簧式等几种。

(1)滚柱式单向离合器

滚柱式单向离合器的结构如图 4-8 所示。

滚柱式单向离合器的工作过程如图 4-9 所示，当起动机电枢旋转时，转矩经套筒带动十字块旋转，滚柱滚入楔形槽窄端，将十字块与外壳卡紧，使十字块与外壳之间能传递力矩；发动机起动后，飞轮齿圈会带动驱动齿轮旋转，当转速超过电枢转速时，滚柱滚入楔形槽宽端打滑，这样发动机的力矩就不会传递至起动机，从而起到保护起动机的作用。

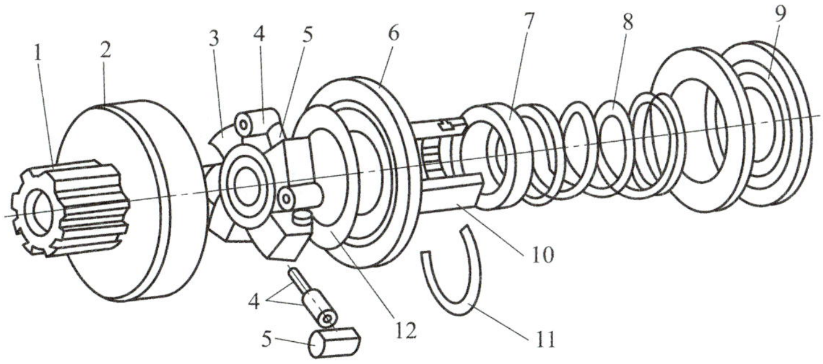

1—驱动齿轮；2—外壳；3—十字块；4—滚柱；5—弹簧与压帽；6—护盖；
7—弹簧座；8—弹簧；9—移动衬套；10—传动套筒；11—卡簧；12—垫圈。

图4-8　滚柱式单向离合器的结构

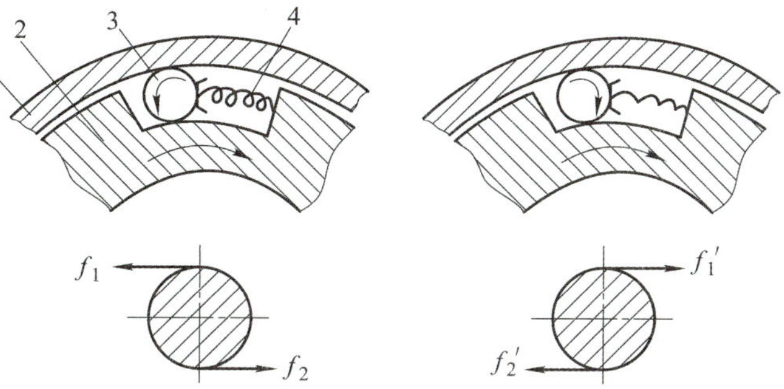

(a) 起动时　　(b) 起动后

1—外壳；2—十字架；3—滚柱；4—压帽弹簧。

图4-9　滚柱式单向离合器的工作过程

(2)摩擦片式单向离合器

摩擦片式单向离合器的结构如图4-10所示，它是通过主、从动摩擦片的压紧和放松来实现接合和分离的。

(3)弹簧式单向离合器

弹簧式单离合器的结构如图4-11所示，是通过扭力弹簧的径向收缩和放松来实现分离和接合的。

3. 控制装置

控制装置又称电磁开关，它的作用是控制驱动齿轮与飞轮齿圈的啮合与分离，并控制电动机电路的接通与切断。

控制装置主要由吸引线圈、保持线圈、铁心、开关触点、回位弹簧及外壳等组成，如图4-12所示。当起动电路接通后，保持线圈8中的电流经起动机接线柱5进入，经线圈后直接搭铁，吸引线圈7中的电流也经起动机接线柱5进入，而后进入电动机的励磁线圈和电枢后再搭铁。两线圈通电后产生较强的电磁力，克服复位弹簧弹力使活动铁心9移动，一方面通过拨叉11带动驱动齿轮13移向飞轮齿圈14并与之啮合，另一方面推动接触盘6移向主接线柱3和1，在驱动

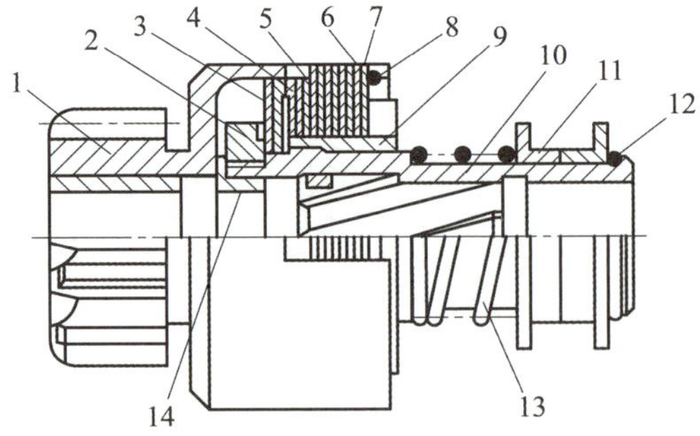

(a) 装配图

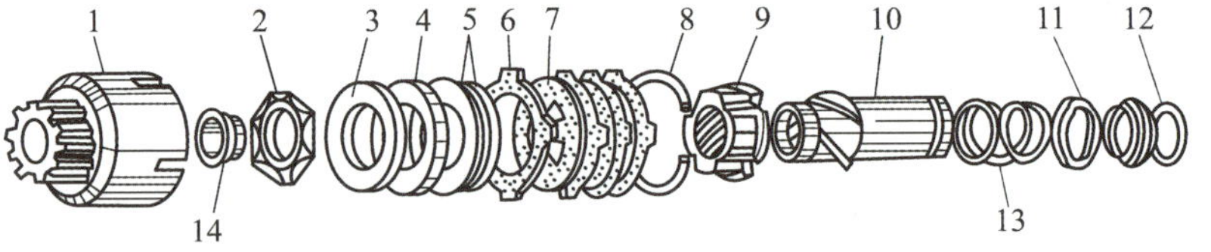

(b) 解体图

1—驱动齿轮与外接合鼓；2—螺母；3—弹性圈；4—压环；5—调整垫圈；6—从动摩擦片；7—主动摩擦片；8、12—卡环；9—内接合鼓；10—传动套筒；11—移动衬套；13—缓冲弹簧；14—挡圈。

图 4-10 摩擦片式单向离合器的结构

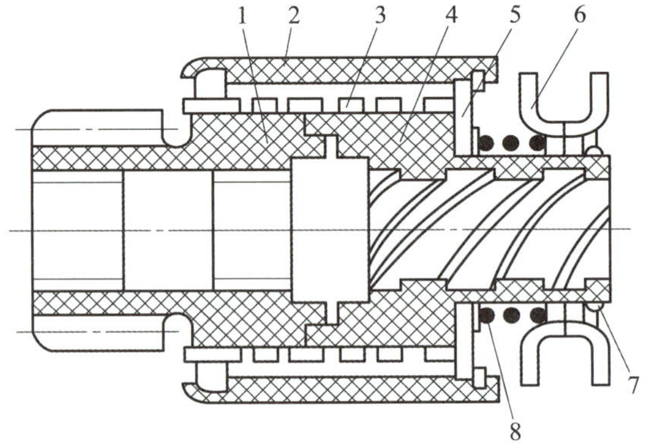

1—驱动齿轮与套筒；2—护套；3—扭力弹簧；4—传动套筒；5—垫圈；6—移动衬套；7—卡簧；8—缓冲弹簧。

图 4-11 弹簧式单向离合器的结构

齿轮与飞轮齿圈进入啮合后，接触盘将两个主接线柱 3 和 1 接通，使电动机通电运转，通过驱动齿轮带动飞轮起动发动机。在驱动齿轮进入啮合之前，由于经过吸引线圈的电流经过了电动机，所以电动机在这个电流的作用下会缓慢旋转，以便于驱动齿轮与飞轮齿圈进入啮合。在两个主接线柱接通后，蓄电池的电流直接通过主接线柱和接触盘进入电动机，使电动机进入正常运转，此时通过吸引线圈的电路被短路，因此吸引线圈中无电流通过，主接线柱接通的位置靠保持线圈来保持。发动机起动后，切断起动电路，保持线圈断电，在弹簧的作用下活动铁心回位，切断了电动机的电路，同时也使驱动齿轮与飞轮齿圈脱离啮合。

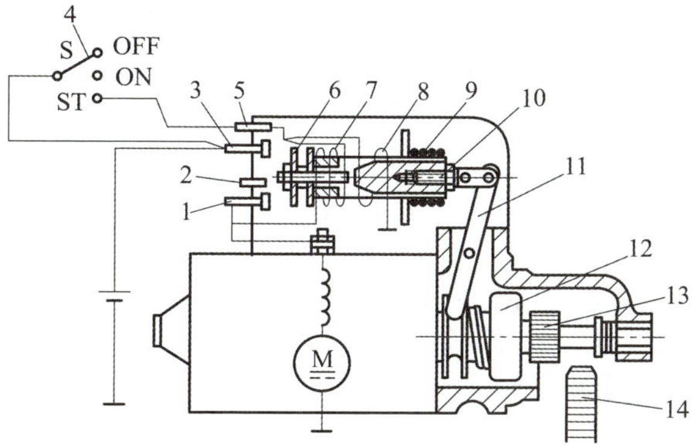

1、3—主接线柱；2—点火线圈附加电阻短路接线柱；4—点火开关；5—起动接线柱；6—接触盘；7—吸引线圈；8—保持线圈；9—活动铁心；10—调节螺钉；11—拨叉；12—单向离合器；13—驱动齿轮；14—飞轮齿圈。

图 4-12　控制装置的结构

二、起动机的型号

起动机的型号由 5 部分组成，如图 4-13 所示。

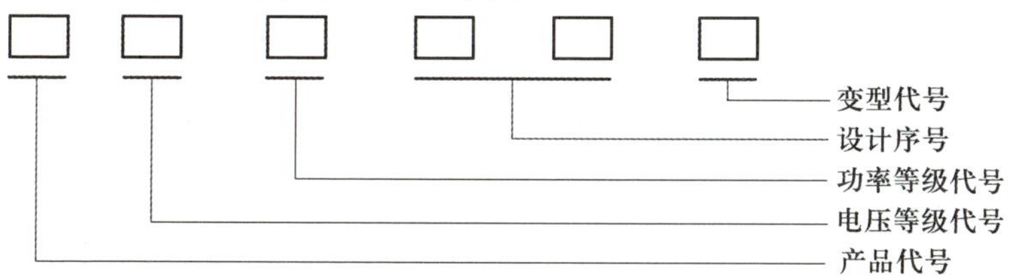

图 4-13　起动机的型号

互动练习

起动机的构造和型号

产品代号：QD 代表普通型，QDJ 代表减速型，QDY 代表永磁型。

电压等级代号：1 代表 12 V，2 代表 24 V。

功率等级代号：1 代表 0～1 kW，2 代表 1～2 kW，9 代表 8～9 kW。

设计序号。

变型代号。

任务 2　认识起动系统控制电路

任务目标

1. 了解起动系统控制电路的类型。
2. 会分析起动系统的控制电路。

任务引入与分析

一辆汽车的车主反映，起动汽车时起动机无反应，打开发动机舱盖能听到“咔嗒”声，车主要求予以维修。

起动系统的电路根据车型的不同而有所不同，大体上可以分为无起动继电器的电路和有起动继电器的电路。不论有还是没有起动继电器，都可将起动电路分为两部分：一部分是主电路，另一部分为控制电路。

知识链接

一、无起动继电器的控制电路

无起动继电器的控制电路如图 4-14 所示。

控制电路：蓄电池→点火开关→起动机电磁开关 S→
- 保持线圈→搭铁。
- 吸引线圈→主接线柱 2→电动机→搭铁。

主电路：蓄电池→电磁开关 B→主接线柱 1→接触盘→主接线柱 2→电动机→搭铁。

动画

无起动继电器的控制电路

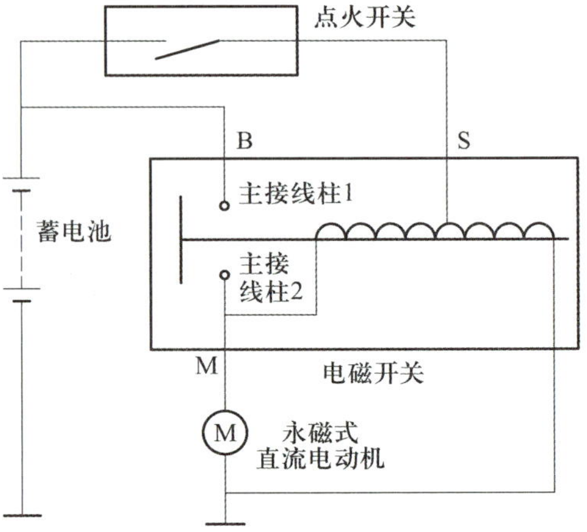

图 4-14　无起动继电器的控制电路

二、有起动继电器的控制电路

有起动继电器的控制电路如图 4-15 所示。

控制电路 1：蓄电池 1→点火开关 6→起动继电器 5 的 S 接线柱→搭铁。

控制电路 1 接通后接通了控制电路 2。

控制电路 2：蓄电池 1→起动继电器 5 的 B 接线柱→起动继电器动合触点→起动继电器 5 的 C 接线柱→起动机 2 的起动接线柱 4→
- 保持线圈→搭铁。
- 吸引线圈→电动机→搭铁。

控制电路 2 接通后接通了主电路。

三、带保护继电器的控制电路

带保护继电器的控制电路如图 4-16 所示。带保护继电器的控制电路可保证发动机起动后起动机立刻自动停止工作，避免驱动齿轮随飞轮高速空转而增加磨损；起动系统还具有防止误操作的功能，即在发动机工作时，点火开关打到 ST 挡，起动机不能工作，以免打坏驱动齿轮和飞轮齿圈。

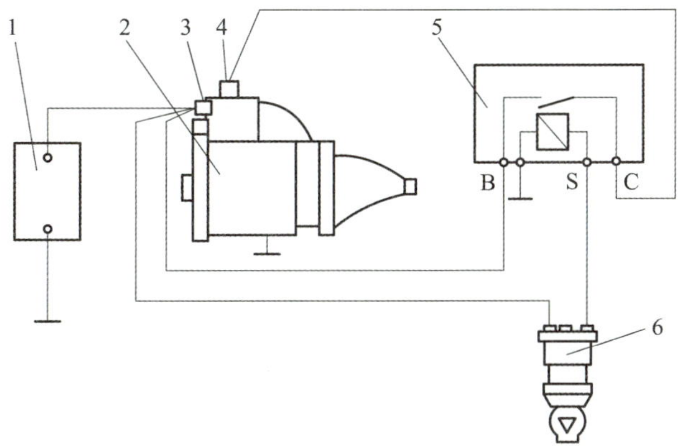

1—蓄电池；2—起动机；3—主接线柱；4—起动接线柱；5—起动继电器；6—点火开关。

图 4-15　有起动继电器的控制电路

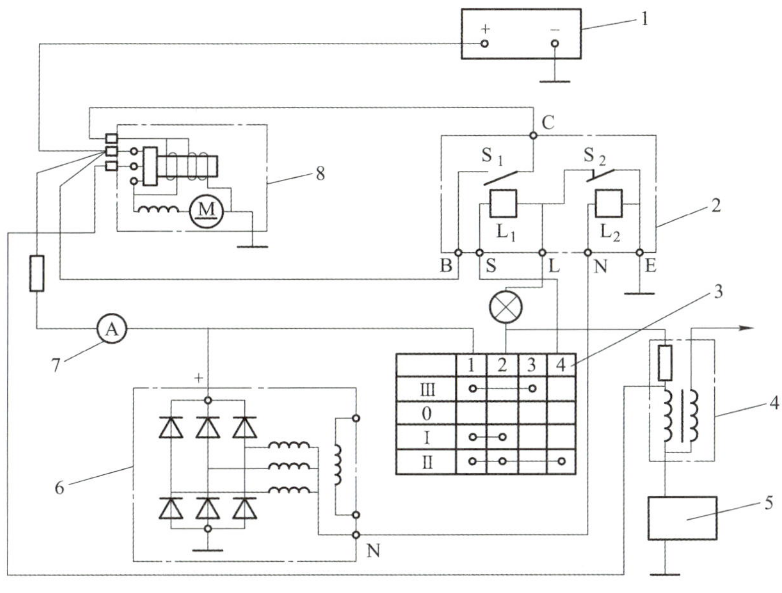

1—蓄电池；2—起动组合继电器；3—点火开关；4—点火线圈；5—点火控制器；6—发电机；7—电流表；8—起动机。

图 4-16　带保护继电器的控制电路

互动练习

起动系统控制电路

当发动机起动后，发电机发电，组合继电器 L_2 线圈有电，动断触点 S_2 断开，组合继电器 L_1 线圈断电，动合触点 S_1 断开，起动机电磁开关控制电路断路，起动机不工作。

任务 3　诊断与排除起动系统常见故障

任务目标

1. 熟悉起动系统常见故障的类型。
2. 掌握起动系统常见故障的排除方法。

任务引入与分析

一辆汽车的车主在早晨起动车辆时，只听到起动机空转的声音，发动机不运转。该故障应怎样排除？

知识链接

起动系统常见的故障类型主要有起动机不转、起动机运转无力及其他故障。在诊断与排除起动系统的故障时，要根据控制电路的不同情况来具体分析。现以有起动继电器的控制电路为例来说明起动系统故障诊断与排除方法。

一、起动机不转的故障诊断与排除

1. 故障现象

将点火开关旋到起动位置，起动机不运转。

2. 故障原因

该故障可以归纳为三类：电源及线路部分的故障、起动继电器的故障、起动机的故障。

(1)电源及线路部分的故障

电源及线路部分的故障主要有以下几种：

① 蓄电池严重亏电。

② 蓄电池正、负极柱上的电缆接头松动或接触不良。

③ 控制线路断路。

(2)起动继电器的故障

起动继电器的故障主要有以下几种：

① 继电器线圈绕组烧毁而断路。

② 继电器触点严重烧蚀或触点不能闭合。

(3)起动机的故障

起动机的故障主要有以下几种：

① 起动机电磁开关触点严重烧蚀，或两触点高度调整不当而导致触点表面不在同一平面内，使触盘不能将两个触点接通。

② 换向器严重烧蚀而导致电刷与换向器接触不良。

③ 电刷弹簧压力过小或电刷卡死在电刷架中。

④ 电刷与励磁绕组断路或正电刷搭铁。

⑤ 磁场绕组或电枢绕组有断路、短路或搭铁故障。

⑥ 电枢轴的铜衬套磨损过多，使电枢轴偏心或电枢轴弯曲，导致电枢铁心与磁极发生摩擦或碰撞。

3. 故障诊断与排除方法

根据故障排除从易到难的一般原则，首先应检查蓄电池的储电情况及蓄电池搭铁线、火线的连接是否松动，然后再做进一步的检查。故障诊断与排除程序如下：

① 打开前照灯开关或按下喇叭按钮，若灯光较亮或喇叭声音洪亮，说明蓄电池储电较充足，

故障不在蓄电池;若灯光很暗或喇叭声音很小,说明蓄电池容量严重不足;若灯不亮或喇叭不响,说明蓄电池或电源线路有故障,应检查蓄电池火线及搭铁电缆的连接有无松动以及蓄电池储电是否充足。

② 若灯亮或喇叭响,说明故障发生在起动机、电磁开关或控制电路。可用螺丝刀将电磁开关的 30 接线柱与 C 接线柱接通。若起动机不转,则说明起动机有故障;若起动机空转正常,说明电磁开关或控制电路有故障。

③ 诊断起动机故障时,可用螺丝刀短接 30 接线柱与 C 接线柱,通过所产生火花的强弱来辨别。若短接时无火花,说明励磁绕组、电枢绕组或电刷引线等有断路故障;若短接时有强烈的火花而起动机不转,说明起动机内部有短路或搭铁故障,需拆下起动机进一步检修。

④ 诊断电磁开关或控制电路故障时,可用导线将蓄电池正极与电磁开关 50 接线柱接通(时间不超过 3～5 s)。若接通时起动机不转,说明电磁开关有故障,应拆下检修或更换电磁开关;若接通时起动机转动,说明开关回路或控制回路有断路故障。

⑤ 排除是开关回路还是控制回路故障时,可以根据是否有起动继电器吸合的响声来判断。若无起动继电器吸合的响声,说明是开关回路有断路故障;若有起动继电器吸合的响声,说明是控制回路有断路故障。

⑥ 排除线路的断路故障,可用万用表或试灯逐段检查排除。

二、起动机运转无力的故障诊断与排除

1. 故障现象

将点火开关旋至起动挡时,起动机能运转,但功率明显不足,时转时停。

2. 故障原因

① 蓄电池储电不足或有短路故障,致使供电能力降低。

② 起动机主回路接触电阻增大,使起动机工作电流减小。接触电阻增大的原因有蓄电池正、负极柱上的电缆紧固不良,起动机电磁开关触点与导电盘烧蚀,电刷与换向器接触不良或换向器烧蚀等。

③ 起动机磁场绕组或电枢绕组匝间短路,使起动机输出功率降低。

④ 起动机装配过紧或有“扫膛”现象。

⑤ 发动机转动阻力矩过大。

3. 故障诊断与排除方法

① 检查蓄电池容量(用高率放电计检查)。若蓄电池容量不足,可用容量充足的蓄电池辅助供电的方法加以排除。

② 检查蓄电池桩头接线柱及起动电磁开关主触点接线柱的松动情况。若松动,应加以紧固。

③ 若怀疑是起动机内部故障,可用同型号无故障的起动机替换加以排除。若确认是起动机内部故障,应进一步拆检起动机。

三、起动机空转的故障诊断与排除

1. 故障现象

起动发动机时,起动机运转且转速很高、响声较大,但发动机不运转。

2. 故障原因

单向离合器打滑，不能传递驱动转矩。

3. 故障排除方法

更换单向离合器。

四、驱动齿轮与飞轮齿圈啮合异响的故障诊断与排除

1. 故障现象

起动发动机时，驱动齿轮不能顺利啮入飞轮齿圈，有齿轮撞击声。

2. 故障原因

① 驱动齿轮轮齿或飞轮齿圈轮齿磨损严重或个别齿损坏。

② 起动机调整不当，驱动齿轮端面与端盖凸缘间的距离过小。当驱动齿轮与飞轮齿圈尚未啮合或刚刚啮合时，起动机主电路就已接通，于是驱动齿轮高速旋转与静止的飞轮齿圈啮合而发生的撞击声。

3. 故障排除方法

若是齿轮磨损或个别齿损坏，则应更换驱动齿轮、飞轮齿圈；若是起动机调整不当，则应按要求调整好起动机。

五、起动机电磁开关异响的故障诊断与排除

1. 故障现象

起动发动机时，电磁开关发出“哒哒”声。

2. 故障原因

① 电磁开关保持线圈断路或搭铁不良。

② 蓄电池严重亏电或内部短路。

③ 起动继电器触点断开，电压过高。

3. 故障排除方法

起动发动机，用万用表检测蓄电池电压，应不低于 9.6 V。若电压过低，说明蓄电池严重亏电或内部短路，应予更换。若蓄电池没有问题，起动时电磁开关仍发出“哒哒”声，应拆检电磁开关的保持线圈是否断路或搭铁不良。对于个别车型，还有可能是起动继电器断开导致电压过高，故应检查其断开电压。

任务 4　拆检与维护起动机

任务目标

1. 掌握起动机的拆装步骤。
2. 掌握起动机各零部件的检测方法。
3. 掌握起动机使用注意事项。

4. 掌握起动机维护注意事项。

任务引入与分析

一辆汽车无法起动，经诊断为起动机故障。当起动系统的故障是由起动机本身的原因所引起时，应怎样拆检起动机呢？

知识链接

视频

起动机的拆装

一、起动机的拆卸

① 如图 4-17 所示，拆下螺母，然后从电磁开关总成上断开引线。

② 如图 4-18 所示，从起动机驱动端盖总成上拆下两个螺母，取下电磁开关。

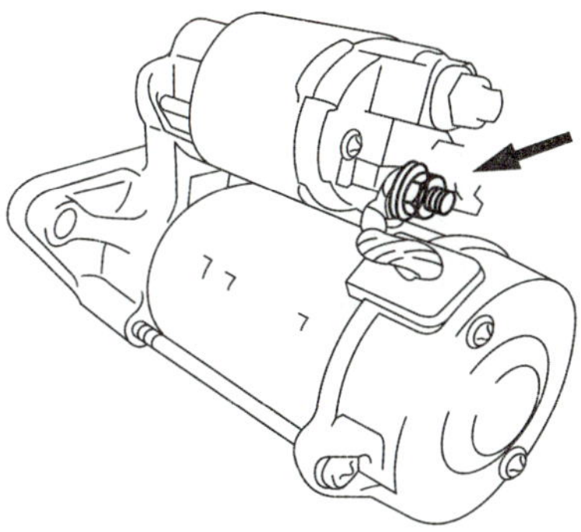

图 4-17　拆下螺母

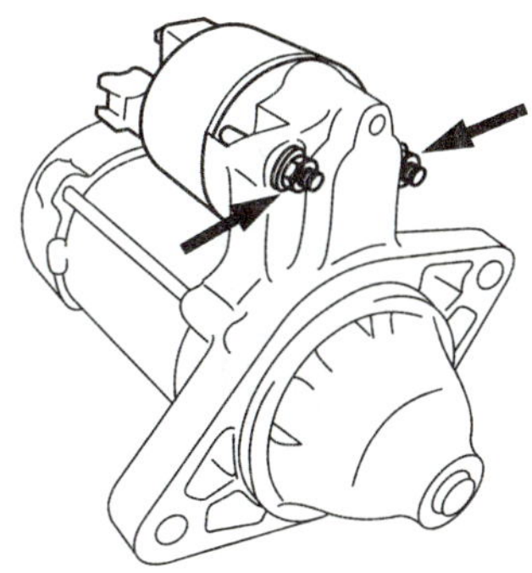

图 4-18　从起动机驱动端盖总成上拆下两个螺母

③ 如图 4-19 所示，拆下两个贯穿螺栓。

④ 如图 4-20 所示，将起动机磁极和起动机换向器端架总成一起拉出。

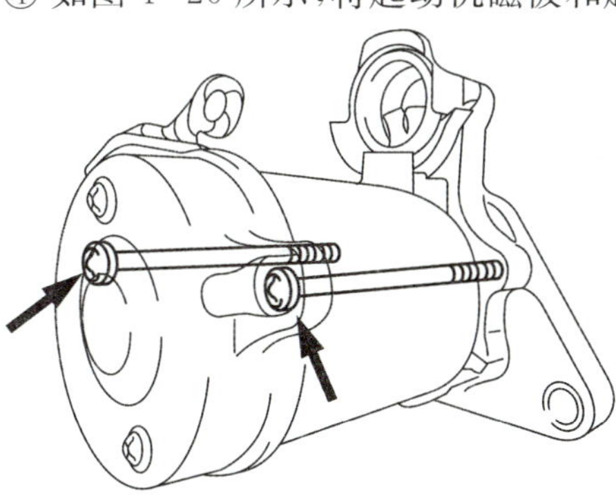

图 4-19　拆下两个贯穿螺栓

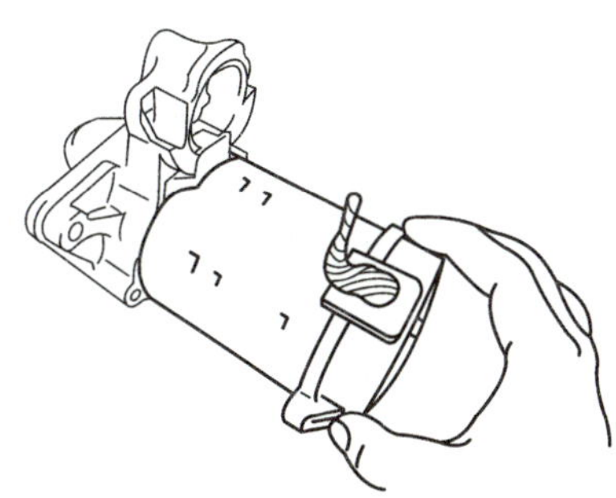

图 4-20　将起动机磁极和起动机换向器端架总成一起支出

⑤ 如图 4-21 所示，从起动机换向器端架总成上拉出起动机磁极总成。

⑥ 如图 4-22 所示，从起动机换向端架总成上拆下两个螺钉。

⑦ 如图 4-23 所示，拆下弹簧、弹簧架总成。

⑧ 如图 4-24 所示，取出单向离合器行星齿轮。

⑨如图 4-25 所示，分离单向离合器与驱动端盖。

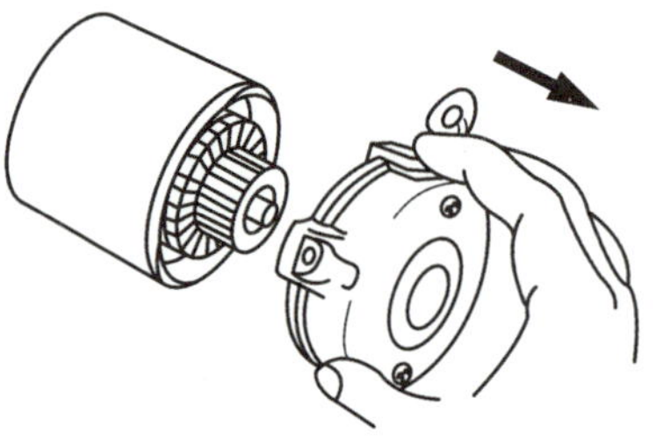

图 4-21　从起动机换向器端架总成上拉出起动机磁极总成

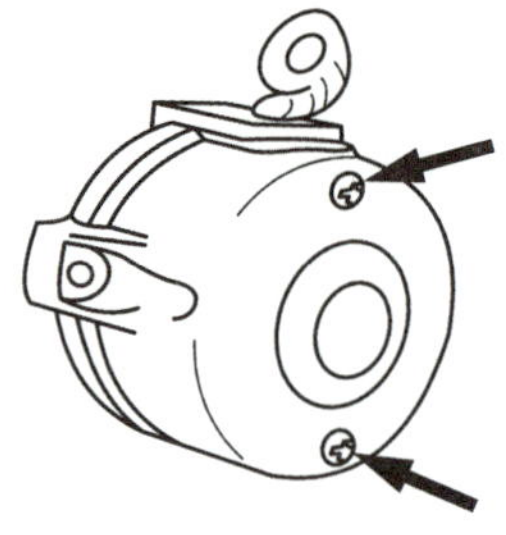

图 4-22　从起动机换向器端架总成上拆下两个螺钉

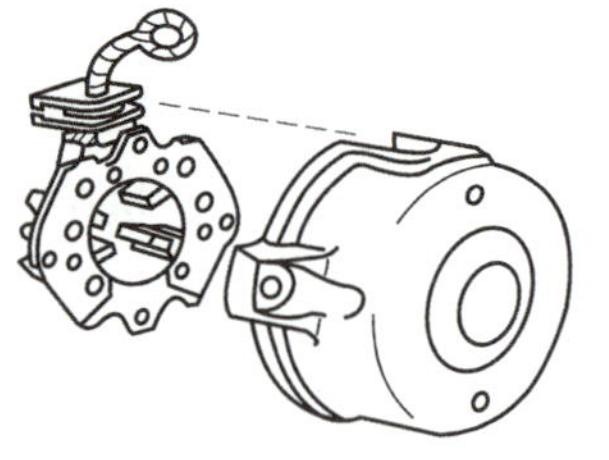

图 4-23　拆下弹簧、弹簧架总成

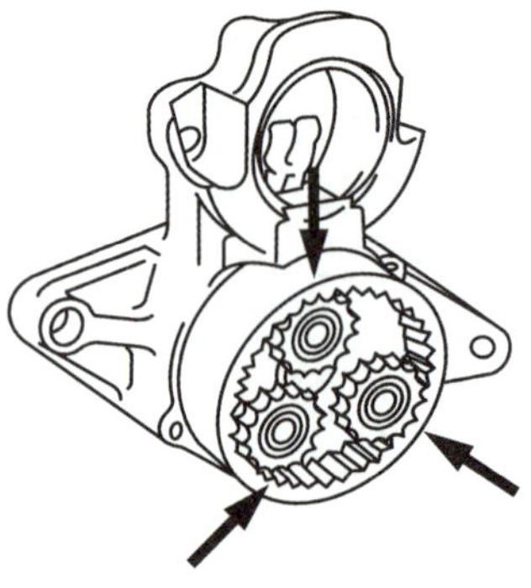

图 4-24　取出单向离合器行星齿轮

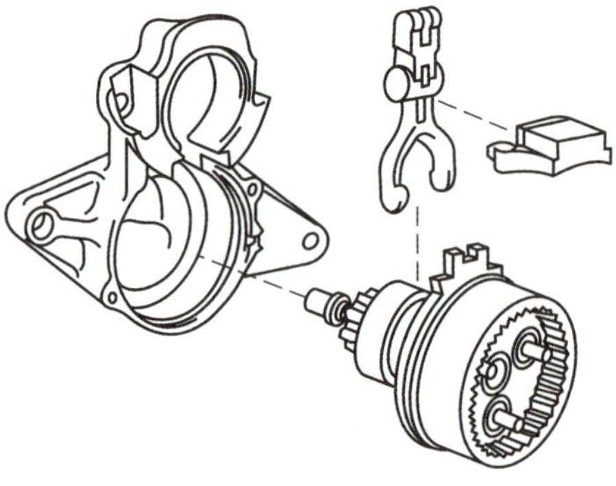

图 4-25　分离单向离合器与驱动端盖

视频

起动机各部件的检查

二、起动机各部件的检查

1. 电磁开关的检查

① 检查活动铁心、接触盘、触点。推入活动铁心，此时用万用表测 30 接线柱与 C 接线柱，两接线柱应该导通。然后检查并确认其是否能够迅速回位到初始位置。如有必要，更换电磁开关总成。

② 吸引线圈断路检查。如图 4-26 所示，用万用表测量 50 接线柱和 C 接线柱之间的电阻。如果不符合标准，则更换电磁开关总成。

③ 保持线圈断路检查。如图 4-27 所示，使用万用表测量端子 50 与开关壳体之间的电阻。如果不符合标准，则更换电磁开关总成。

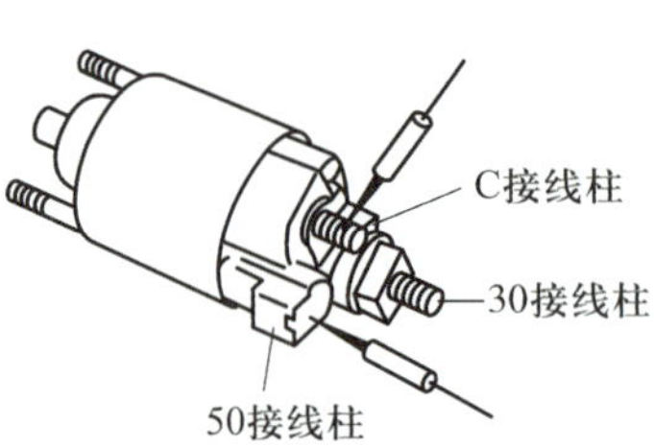

图 4-26　吸引线圈断路检查

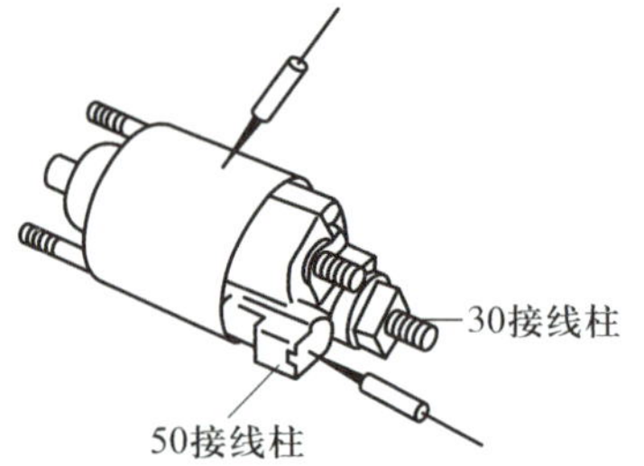

图 4-27　保持线圈断路检查

2. 电枢的检查

① 电枢绕组搭铁故障检查。如图 4－28 所示，阻值应为无穷大。

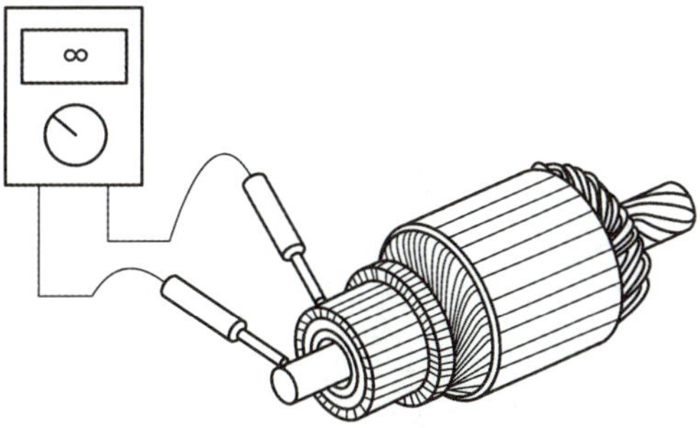

图 4－28　电枢绕组搭铁故障检查

② 电枢绕组短路检查。如图 4－29 所示，把电枢放在万能实验台检验器上，接通电源，将锯片放在检验器上并转动电枢，锯片不振动表明电枢绕组无短路。

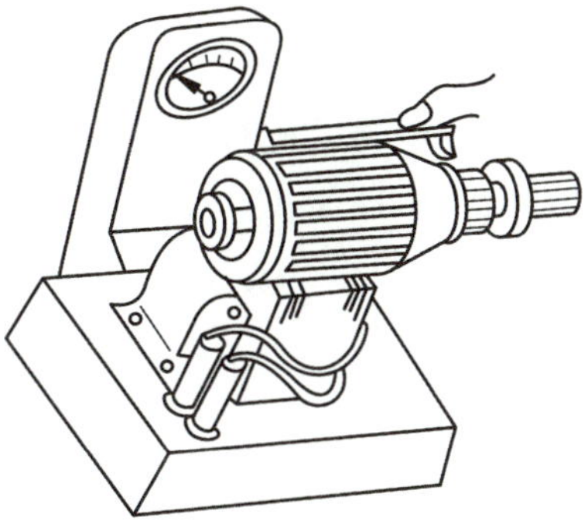

图 4－29　电枢绕组短路检查

③ 电枢轴弯曲检查。如图 4－30 所示，其径向圆跳动误差应不大于 0.15 mm。

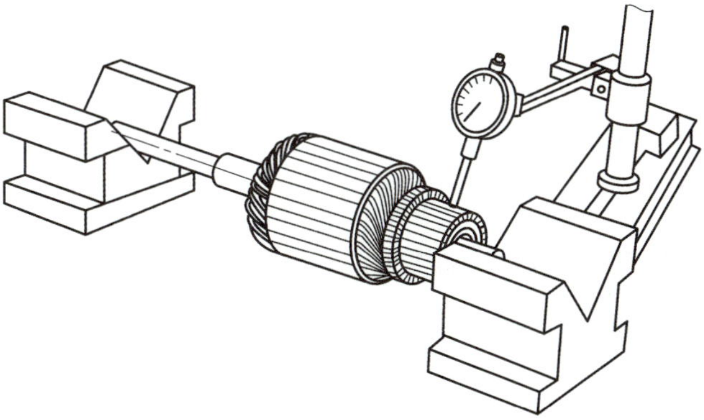

图 4－30　电枢轴弯曲检查

④ 换向器的检查。检查换向器表面有无烧蚀，轻度烧蚀时可用 00 号砂纸打磨，严重烧蚀时

应车削。检查换向器与电枢轴的同轴度误差，应不大于 0.03 mm。

3. 电刷与电刷架的检查

电刷使用的极限高度为标准高度的 2/3，小于极限值时应更换。电刷的接触面不应小于 75%。电刷弹簧的弹力可用弹簧秤测量。电刷架的绝缘情况可用万用表检查，如图 4-31 所示。

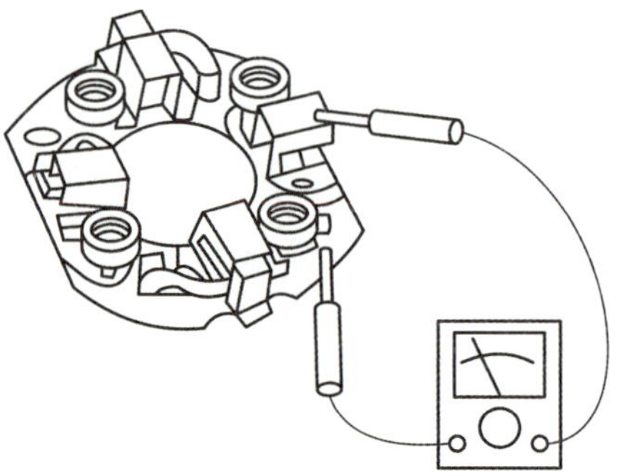

图 4-31　电刷架绝缘情况检查

4. 磁极的检查

永磁式磁极应检查磁铁有无破损。电磁式磁极应检查励磁绕组有无断路故障，如图 4-32 所示；或检查励磁绕组有无搭铁故障，如图 4-33 所示。

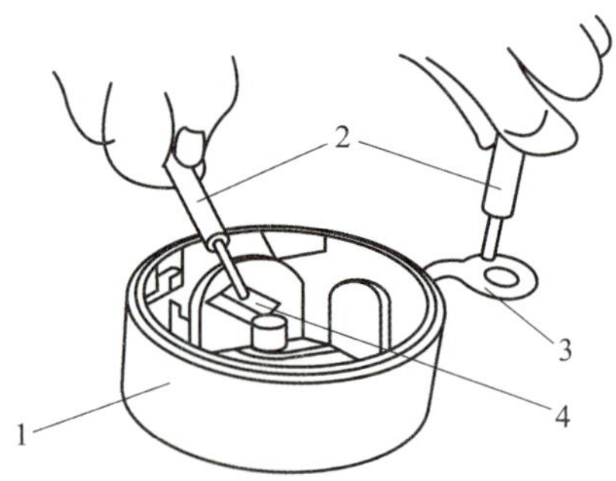

1—换向器端盖；2—万用表表笔；3—引线；4—电刷。

图 4-32　励磁绕组断路检查

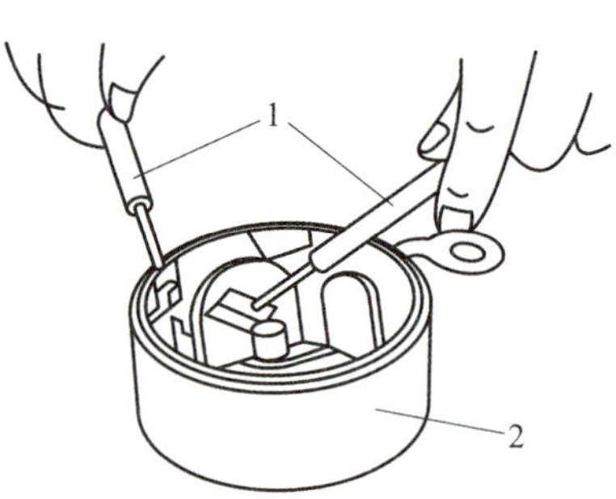

1—万用表表笔；2—换向器端盖。

图 4-33　励磁绕组搭铁故障检查

三、起动机的装配

按后拆的先装、先拆的后装，即与起动机拆卸相反的顺序装配起动机。

四、起动机使用注意事项

① 起动前应将变速器挂上空挡，自动变速器应置于"P"挡或"N"挡。

② 每次起动不超过 5 s，重复起动间隔时间应在 15 s 以上，连续起动不超过 3 次。

③ 起动电路连接牢靠。

④ 使用无自保护功能的起动机时，起动后应及时回转钥匙；发动机正常运转时，勿随意按起

动按钮。

⑤ 保持蓄电池充足电。

⑥ 起动发动机时应踩下离合器或置于空挡，严禁用挂挡起动来移动车辆。

⑦ 若起动机不能停转，应立即断开电源总开关，或拆下蓄电池接线，查找故障。

五、起动机的维护事项

① 经常检查起动机电路各导线连接是否牢固，绝缘是否良好。

② 经常保持起动机机体和各部件的清洁、干燥。汽车每行驶 3 000 km 后应检查、清洁换向器。

③ 汽车每行驶 5 000～6 000 km 后，应检查电刷磨损程度及电刷弹簧压力。

④ 经常检查传动机构和控制装置的活动部件，并按规定加以润滑。

⑤ 起动机一般每年进行维护性检修，也可视实际情况适当地缩短或延长检修周期。

⑥ 在进行起动检测前，一定要将变速器挂上空挡，并实施驻车制动。

⑦ 在拆卸起动机之前，应先拆下蓄电池的搭铁电缆线。

互动练习

起动机的拆检与维护

知识拓展

自动变速器或离合器起动开关的控制电路

一、P/N 挡开关起动控制

在传统自动变速器车辆上，只有自动变速器的排挡杆置于 P 或 N 挡位置时，从点火开关过来的起动电源才能通过起动继电器，使起动机工作。

二、模块起动控制

当前大部分车型的起动系统均由模块控制，其系统电路如图 4－34 所示。采用电子控制模块（ECM）控制起动机的自动挡车辆，ECM 需要采集 P/N 挡信号、点火开关信号、发动机转速等信号。当 ECM 从变速器模块中采集到 P/N 挡信号，同时接收到点火开关的起动信号后，才会接通起动继电器，使起动机工作。

采用 ECM 控制起动机的手动挡车辆，ECM 需要采集离合器踏板位置信号和点火开关起动信号才能接通起动机继电器，使起动机工作。

采用模块控制的起动系统，在点火开关回位到 ON 位置时，起动机处于空转状态，这属于正常现象。当发动机起动运转后，ECM 将控制起动继电器停止工作，起动机停止运转。

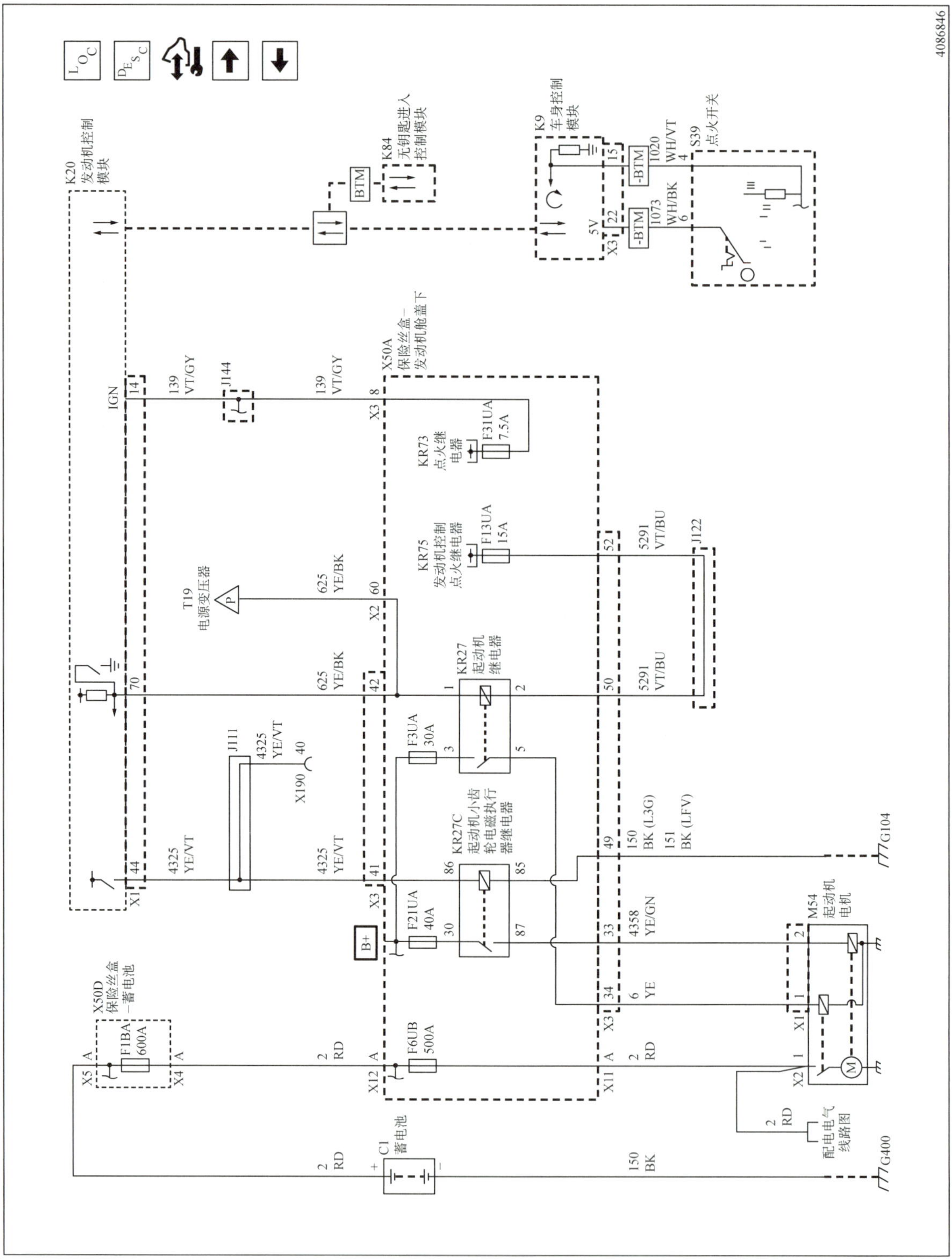

图 4-34　模块起动控制系统电路图

思考与练习

一、填空题

1. 直流电动机主要由________、________、外壳、________组成。它是将电能转换成机械能的装置。

2. 起动机定子的作用是产生________；转子的作用是产生________。

3. 起动系统电路按其控制方式可分为开关直接控制、________和________三种类型。

4. 从车上拆卸起动机时，应首先拆下蓄电池的________。

二、选择题

1. 直流串励式起动机中的“串励”是指(　　)。

   A. 吸引线圈和保持线圈串联连接　　B. 励磁绕组和电枢绕组串联连接

   C. 吸引线圈和电枢绕组串联连接

2. 永磁式起动机用永久磁铁代替常规起动机的(　　)。

   A. 电枢绕组　　B. 励磁绕组　　C. 电磁开关中的两个线圈

3. 起动机空转的原因之一是(　　)。

   A. 蓄电池亏电　　B. 单向离合器打滑　　C. 电刷过短

4. 不会引起起动机运转无力的是(　　)。

   A. 吸引线圈断路　　B. 蓄电池亏电

   C. 换向器脏污　　D. 电磁开关的接触片烧蚀、变形

5. 在起动机的解体检测过程中，属于电枢不正常的现象是(　　)。

   A. 换向器片和电枢轴之间绝缘　　B. 换向器片和电枢铁心之间绝缘

   C. 各换向器片之间绝缘

6. 在判断起动机不能运转的过程中，在车上短接电磁开关 30 接线柱和 C 接线柱时，起动机不运转，说明故障在(　　)。

   A. 起动机的控制系统　　B. 起动机本身　　C. 不能进行区分

三、填图题

将图 4 - 35 中部件名称填入空格中。

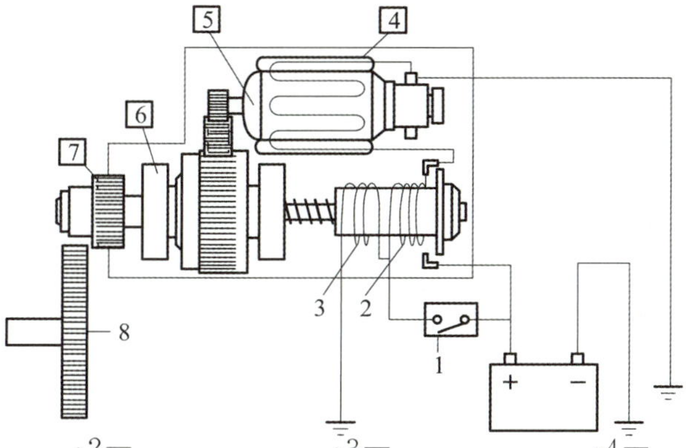

1—____________；2—____________；3—____________；4—____________；

5—____________；6—____________；7—____________；8—____________。

图 4 - 35　练习题

四、简答题

1. 起动机由哪三大部分组成？它们的作用是什么？
2. 简述电磁操纵机构的工作原理。
3. 起动机运转无力的原因是什么？如何排除？
4. 起动机空转的原因是什么？如何排除？
5. 画出继电器控制起动电路简图。

五、拓展性问题分析

试分析造成起动机不工作故障的原因有哪些？通过信息收集完成鱼刺图的绘制，然后写出故障排除的步骤（图 4-36）。

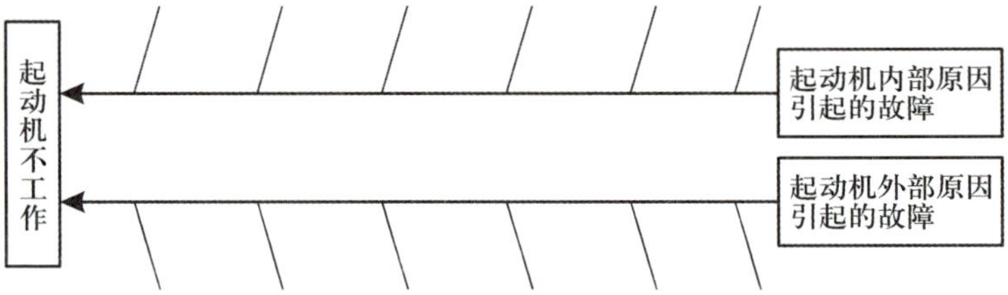

图 4-36　练习题

知识拓展

自动变速器或离合器起动开关的控制电路

项目 5　点火系统的检修

项目引入

随着汽车工业的发展，汽车逐渐成为人们生活的一部分，新型汽车层出不穷，但汽油发动机仍然是大部分乘用汽车的动力源泉。点火系统作为汽油发动机的一个重要组成部分，它的作用是，根据汽油发动机的工作需要按时产生高压电火花，点燃气缸内的混合气，将燃料的化学能转化为热能。

点火系统是否正常工作直接影响发动机的性能，所以掌握点火系统的工作原理与结构并能对点火系统的常见故障进行排除是对一个汽车维修工的基本要求。

项目要求

通过本项目的学习，要求能正确认识点火系统的组成，能掌握点火系统常见类型，熟知其优缺点，并且能够正确维护，养成良好的习惯，熟练地使用工具对点火系统进行检测。学完本项目之后，应能够对点火系统常见故障进行分析与排除，达到中级汽车维修工的水平。

任务 1　认识点火系统

任务目标

1. 了解点火系统的作用和基本要求。
2. 掌握电子点火系统的组成和工作原理。
3. 掌握电控点火系统的组成和工作原理。

任务引入与分析

一辆轿车发动机冷起动困难，检查后发现起动机能正常驱动飞轮，分析故障原因可能是火花塞过度耗损或点火电路电阻过大。经检查发现火花塞积炭严重，更换火花塞后故障排除。

知识链接

一、点火系统概述

1. 点火系统的作用及基本要求

点火系统的作用是按照汽油发动机的工作要求产生电火花，点燃气缸中的混合气。

在任何一款汽油发动机中，点火系统都应满足以下基本要求：

① 点火系统应能够产生足以击穿火花塞间隙的电压。

② 火花塞产生的电火花应具有足够的能量，满足点燃混合气的要求。

③ 点火的时间应能适应发动机的工作情况，根据发动机的工作顺序依次为各缸点火，并根据发动机的转速和负荷调整点火时刻。

提示：从理论上讲，点火时刻应在发动机工作循环压缩行程的上止点，但在发动机实际运转中，由于可燃混合气从点火到完全燃烧需要一段时间，点火相对上止点应有一定的提前，提前多少取决于发动机的工作情况。使发动机发出最大功率同时耗油最低、污染物排放最少的点火时刻称为最佳点火时刻。点火系统应使点火时刻达到或接近最佳的点火时刻。

2. 点火系统的工作原理

蓄电池或发电机供给 12 V 低电压，经点火线圈和断电装置转变为高电压，再经配电器分送到各缸火花塞，使电极间产生电火花。

3. 点火系统的分类

目前，汽车上应用的点火系统类型有很多，通常按照点火系统的结构和发展历程可分为三种基本类型：传统点火系统、电子点火系统和电控点火系统。

随着微处理器技术的发展，现在汽车上已广泛应用电控点火系统。该系统在高能无触点点火系统的基础上，采用微处理器来控制点火提前角和闭合角，使发动机处于最佳点火状态，从而大大改善了排放污染和油耗等指标。

二、点火系统的组成和工作原理

（一）传统点火系统

传统点火系统的组成如图 5-1 所示，主要由一组蓄电池、点火开关、点火线圈、分电器（包括配电器和断电器）、火花塞等组成。

传统点火系统是基于电磁感应原理进行工作的。它把蓄电池发电机的 12 V 低压电转变为 15～20 kV的高压电，同时按一定规律送入各缸火花塞，经过火花塞电极间火花放电点燃混合气。

发动机工作时，断电器凸轮受驱动而旋转，交替将触点闭合或断开。接通点火开关后，在触点闭合时一次绕组内有电流流过，并在绕组铁心中形成磁场。断电器触点断开时，一次绕组电流被切断，使磁场迅速消失，在一次绕组、二次级绕组中均产生感应电动势。二次绕组匝数多，因而可感应出高达 15～20 kV 的高电压，该高电压可击穿火花塞间隙，形成火花放电。

（二）电子点火系统

1. 电子点火系统的组成和工作原理

电子点火系统由带点火信号发生器的分电器、点火控制器、点火线圈、火花塞等部件组成，如

图 5-2 所示。

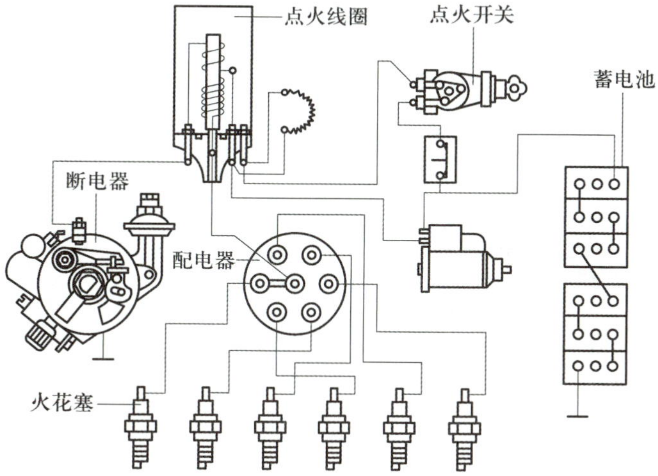

图 5-1　传统点火系统的组成

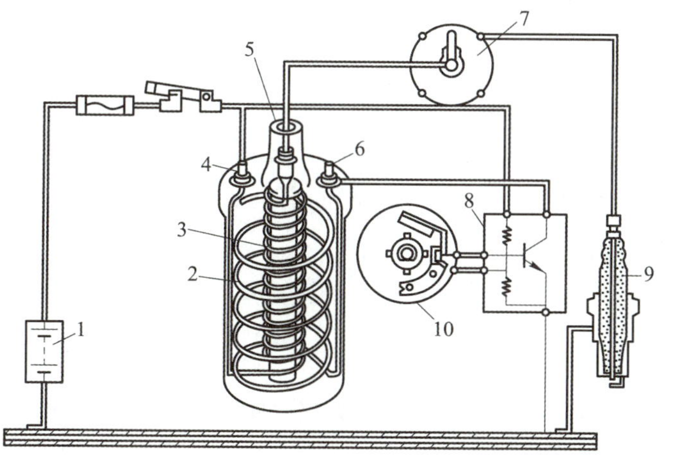

1—蓄电池；2—一次绕组；3—二次绕组；4—正极端子；5—二次端子；6—负极端子；7—分电器；8—点火器；9—火花塞；10—信号发生器。

图 5-2　电子点火系统的组成

电子点火系统的电路和基本工作原理与传统点火系统大致相同，所不同的是电子点火系统将传统点火系统的触点改成了可以起到相同开关作用的晶体管，利用触发信号使晶体管接通或切断，产生一次电流的变化，从而产生点火的高压。

2. 电子点火系统的分类

按点火信号发生器不同，电子点火系统可分为磁感应式电子点火系统、霍尔式电子点火系统及光电式电子点火系统。其中霍尔式电子点火系统应用较为广泛，因此本任务主要介绍霍尔式电子点火系统。

3. 霍尔式电子点火系统

霍尔式电子点火系统的组成如图 5－3 所示。霍尔式点火信号发生器是根据霍尔效应制成的，它装在分电器内。

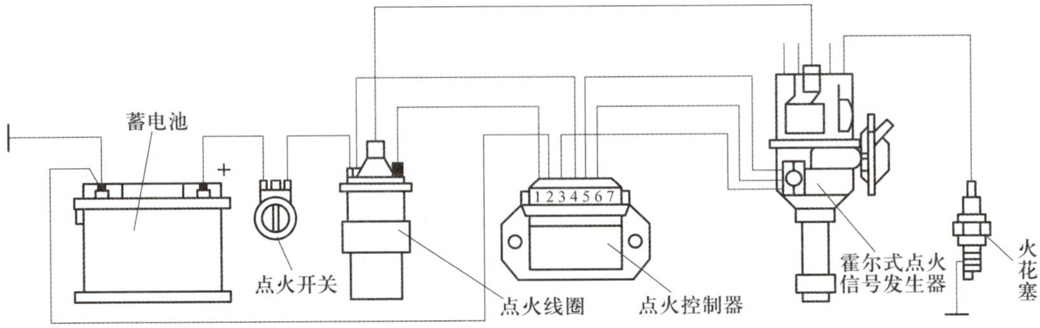

图 5－3　霍尔式电子点火系统的组成

(1)点火线圈

点火线圈由一次绕组、二次绕组和铁心等组成。点火线圈之所以能将低压电变成高电压，是由于其具有与普通变压器相同的结构形式，一次绕组与二次绕组的匝数比大。但点火线圈的工作方式却与普通变压器不一样，普通变压器是连续工作的，而点火线圈则是断续工作的，它根据发动机不同的转速以不同的频率反复进行储能及放能。

当一次绕组接通电源时，随着电流的增大线圈会产生一个很强的磁场，铁心储存了磁场能；当开关装置使一次绕组电路断开时，一次绕组的磁场迅速衰减，二次绕组就会感应出很高的电压。一次绕组的磁场消失速度越快、电流断开瞬间的电流越大、两个线圈的匝数比越大，则二次绕组感应出来的电压越高。

按磁路的结构形式不同，点火线圈可分为开磁路式点火线圈和闭磁路式点火线圈，如图 5－4 所示。

(a)开磁路式点火线圈

开磁路式点火线圈一般为罐状结构，它以数片硅钢片叠合而成棒状铁心，二次绕组和一次绕组分别绕在铁心的外侧。二次绕组为线径为 0.05～1 mm 的漆包线，匝数为 2～3 万。一次绕组的线径为 0.5～1.0 mm，较二次绕组粗，且匝数仅为 150～300 圈。一次绕组绕在二次绕组的外侧，故二次绕组所产生的磁通量变化与一次绕组完全相同。一次绕组和二次绕组的绕线方向相同，二次绕组的始端连接高压输出接头，末端则连接于一次绕组的始端，并连接于外壳的“＋”接线柱；一次绕组的末端连接于外壳的“－”接线柱，并接于点火器内功率晶体管的集电极上，由点火器控制其电流的通断。

(b)闭磁路式点火线圈

闭磁路式点火线圈和开磁路式点火线圈相比，其铁心不是条形而是呈“口”字形或“日”字形。一次绕组绕在里面，二次绕组绕在一次绕组的外面。在相同一次能量的情况下，二次获得的能量大，能量变换率高。此外，闭磁路式点火线圈体积小，结构紧凑，广泛用于现代点火系统中。

(2)分电器

分电器的作用是接通和切断低压电路，使点火线圈产生高压电流，并按照发动机的点火顺

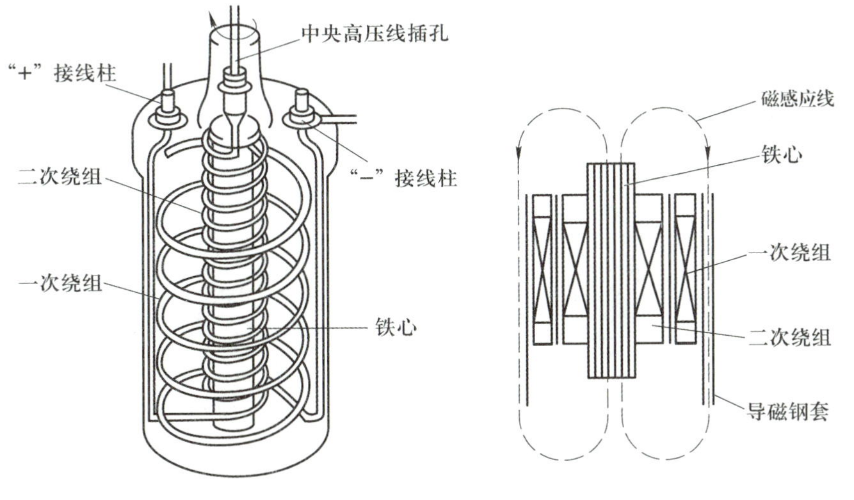

(a) 开磁路式点火线圈

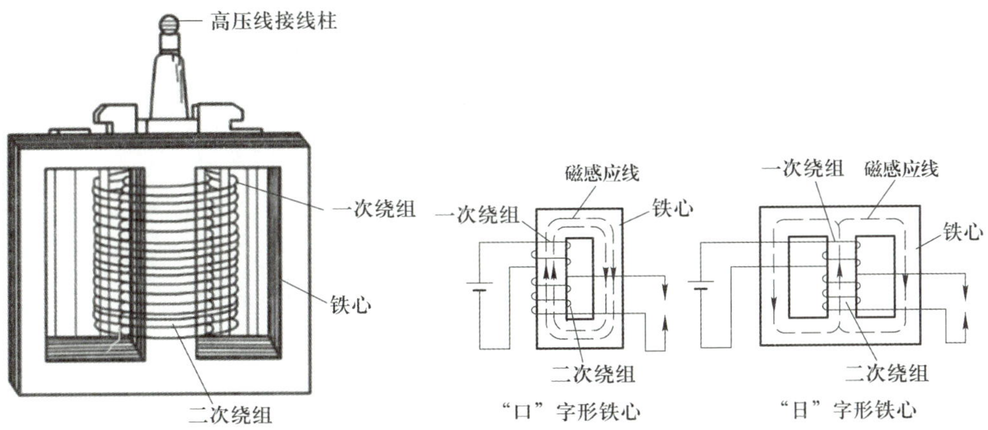

(b) 闭磁路式点火线圈

图 5-4　点火线圈

序，在规定的时间内将高压电分配给各气缸的火花塞，点燃混合气。

电子点火系统与电控点火系统多采用无触点式分电器。无触点式分电器主要由信号发生器、配电器和点火提前调节装置组成。配电器和点火提前调节装置与传统分电器类似；信号发生器有霍尔式、磁脉冲式、光电式等。霍尔式无触点分电器的结构如图 5-5 所示。

(a)配电器

配电器由分电器盖和分火头等组成，如图 5-6 所示，其作用是按发动机的工作顺序将高压电分配到各缸火花塞上。

分电器盖由胶木制成，盖内四周有与发动机气缸数相等的旁电极，同盖外的旁插孔相通，旁插孔用来安装分缸线。

分火头由胶木制成，其顶部嵌有一铜导电片，分火头装于断电凸轮顶端，当其随轴旋转时，其

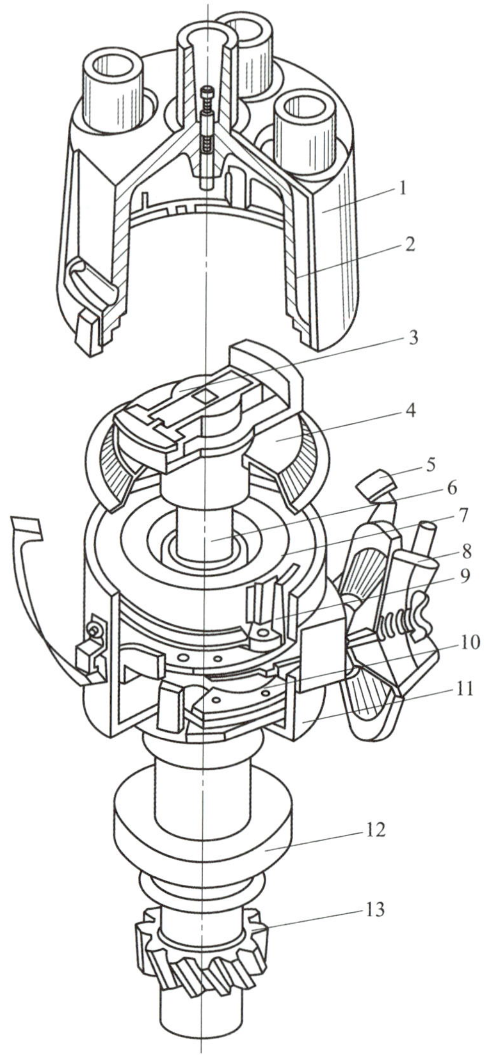

1—抗干扰屏蔽罩；2—分电器盖；3—分火头；4—防尘罩；5—分电器盖弹簧夹；
6—分电器轴；7—带缺口的转子；8—真空式点火提前调节装置；9—霍尔式点火信号发生器总成；
10—离心式点火提前调节装置；11—分电器外壳；12—密封圈；13—驱动齿轮。

图 5-5 霍尔式无触点分电器的结构

上的导电片在距旁电极 0.2～0.8 mm 的间隙处掠过。

(b)离心式点火提前调节装置

离心式点火提前调节装置如图 5-7 所示，其作用是当发动机负荷发生变化时自动调整点火提前角。当发动机转速升高时，使点火提前角自动增大；反之，当发动机转速降低时，使点火提前角自动减小，如图 5-7 所示。

(c)真空式点火提前调节装置

真空式点火提前调节装置如图 5-8 所示，其作用也是当发动机负荷发生变化时自动调整点火提前角。

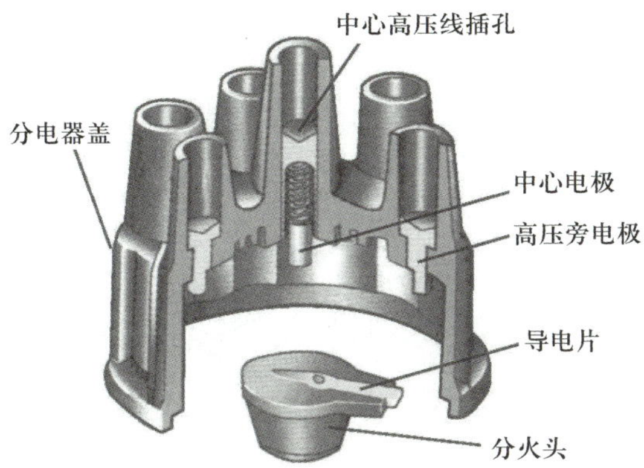

图 5-6　配电器的结构

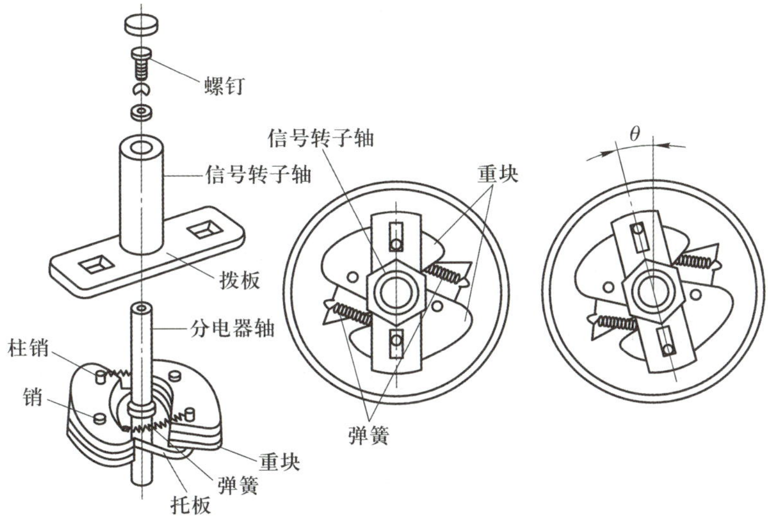

图 5-7　离心式点火提前调节装置

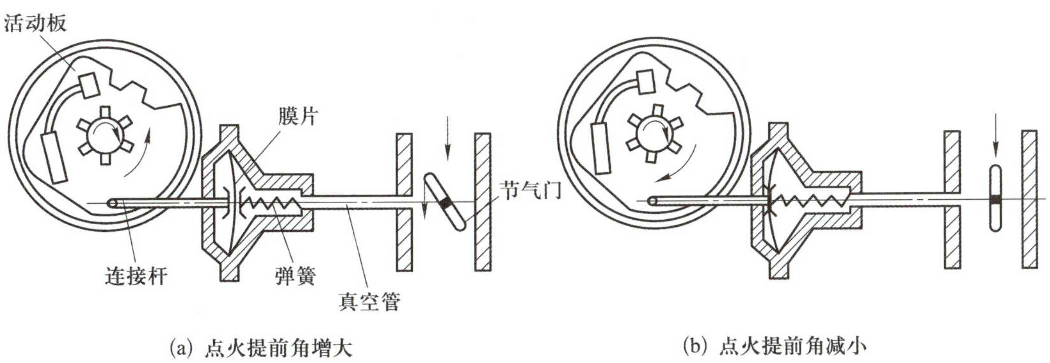

(a) 点火提前角增大　　(b) 点火提前角减小

图 5-8　真空式点火提前调节装置

(d)霍尔式点火信号发生器

① 霍尔效应的原理

霍尔效应定义了磁场和感应电压之间的关系：当电流通过一个位于磁场中的导体的时候，磁场会对导体中的电子产生一个横向的作用力，从而在导体的两端产生电压，如图 5－9 所示。

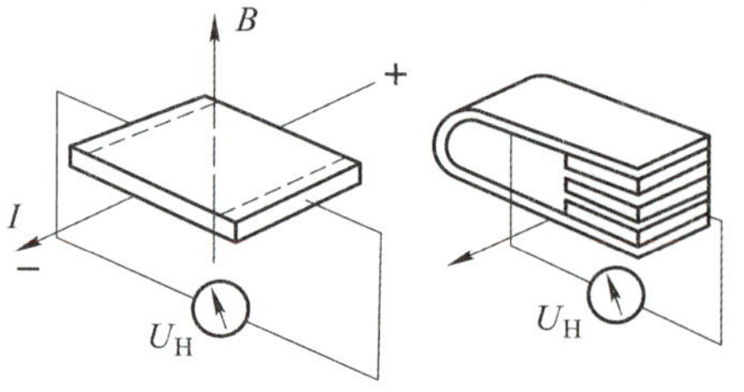

图 5－9　霍尔效应的原理

霍尔电压 U_H 用公式表示如下：

$$U_H=R_H IB/d$$

式中，R_H——霍尔系数；

d——基片厚度；

I——通过基片的电流；

B——磁感应强度。

由以上公式可知，当霍尔元件及电流一定时，霍尔电压与磁感应强度成正比。

② 霍尔式信号发生器的结构和工作原理

霍尔式信号发生器由触发叶轮和霍尔传感器等组成，如图 5－10 所示。触发叶轮像传统的分电器凸轮一样，套在分电器轴的上部，它可以随分电器轴一起转动，又能相对分电器轴作少量转动，以保证离心调节装置正常工作。

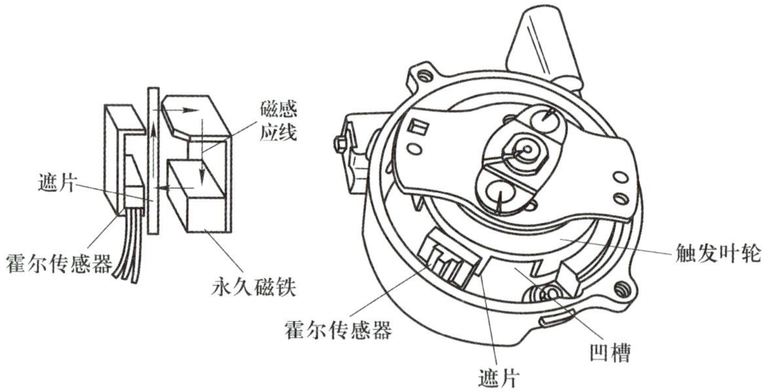

图 5－10　霍尔式信号发生器的结构

触发叶轮的叶片数与气缸数相等，其上部套装分火头，并与触发叶轮一起转动。霍尔传感器由带导磁板的永久磁铁和霍尔集成块组成，霍尔集成块包括霍尔元件和集成电路，如图 5－11a 所示。触发叶轮的叶片在霍尔集成块和永久磁铁之间转动。由于霍尔信号发生器工作时，霍尔元件产生的霍尔电压是毫伏级的，信号很微弱，还需进行信号处理。这一任务由集成电路完成，这样霍尔元件产生的霍尔电压信号，还要经过放大、脉冲整形，最后以整齐的矩形脉冲（方波）信号输出。

分电器工作时，叶片随分电器轴转动，每当叶片进入永久磁铁与霍尔元件之间的空气隙时，如图5-11b所示，霍尔集成块中的磁场即被触发叶轮的叶片旁路（或称隔磁），这时霍尔元件不产生霍尔电压，集成电路输出极的晶体管处于截止状态，信号发生器输出高电势。当触发叶轮的叶片离开空气隙时，如图5-11c所示，永久磁铁的磁通便通过霍尔集成块经导磁板构成回路，这时霍尔元件产生霍尔电压，集成电路输出极的晶体管处于导通状态，信号发生器输出低电势。分电器轴转一圈，输出4个方波。触发叶轮的转向从上向下看时是顺时针方向。当叶轮凹槽的后边缘转动使磁极端面只露一半时，信号输出端的电压瞬间从低电势跳到高电势，此时就是点火时刻。

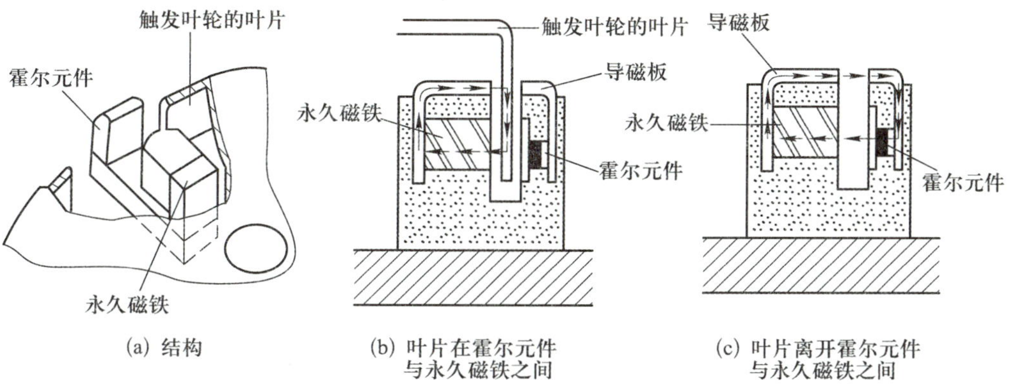

图5-11 霍尔式信号发生器的工作原理

（3）高压导线（缸线）

高压导线如图5-12所示，用来连接点火线圈与分电器中心插孔以及分电器旁电极和各缸火花塞。由于工作电压很高（一般在15 kV以上），电流较小，因此高压导线的绝缘包层很厚，耐压性能好，但线芯截面积很小。汽车用高压导线有铜芯线和阻尼线两种。

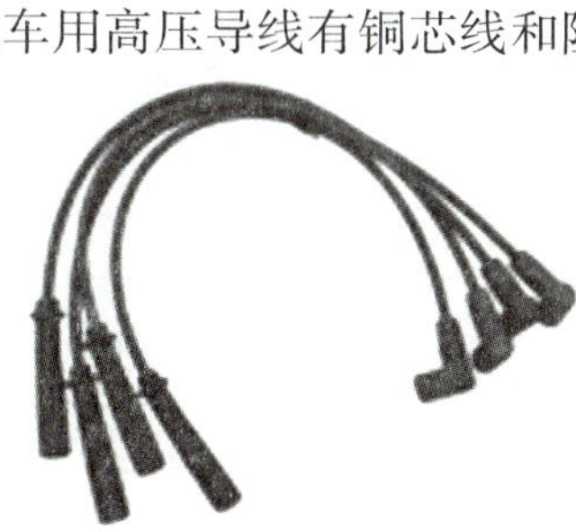

图5-12 高压导线

（4）火花塞

火花塞的作用是把高压导线送来的脉冲高压电放电，击穿火花塞两电极间的空气，产生电火花，以引燃气缸内的混合气体。

(a)火花塞的结构

火花塞主要由接线螺母、瓷绝缘体、中心电极、侧电极和壳体等部分组成,如图 5-13 所示。火花塞与气缸盖座孔之间应保证密封,密封方式有平面密封和锥面密封两种。平面密封是在火花塞与座孔之间加装铜包石棉垫圈,锥面密封是靠火花塞壳体的锥形面与气缸盖之间的锥形面进行密封。

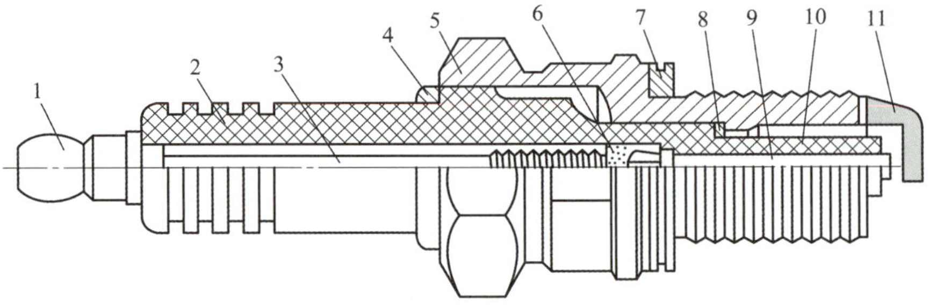

1—接线螺母;2—瓷绝缘体;3—金属杆;4—内垫圈;5—壳体;
6—导体玻璃;7—密封垫圈;8—内垫圈;9—中心电极;10—绝缘体群部;11—侧电极。

图 5-13 火花塞的结构

(b)火花塞的热特性

按热传导性能可将火花塞分为热型和冷型两种。火花塞的热特性是指火花塞吸收的热量与散出的热量达到平衡状态时的温度。不形成积炭的温度,称为火花塞的自净温度。低于自净温度时,火花塞易产生积炭而漏电;高于自净温度时,又易产生炽热点火,形成早燃。因此,火花塞的热特性必须与发动机相适应,以保证火花塞在发动机内良好工作。

火花塞的热特性主要决定于绝缘体裙部的长度,绝缘体裙部长的火花塞的受热面积大,传热距离长,散热困难,裙部温度高,称为"热型"火花塞;反之,绝缘体裙部短的火花塞受热面积小,传热距离短,散热容易,裙部温度低,称为"冷型"火花塞。热型火花塞用于低压缩比、低转速、小功率的发动机中;冷型火花塞用于高压缩比、高转速、大功率的发动机中。

火花塞的热特性在我国是以绝缘体裙部长度来标定的,并分别用热值来表示,见表 5-1。火花塞的热特性选用是否合适的判断方法如下:如果火花塞经常由于积炭而导致断火,表示热值太高;如果发生炽热点火(易引起爆燃或化油器回火现象),则表示热值太低。

表 5-1 火花塞绝缘体裙部长度与热值的关系

绝缘体裙部长度/mm	15.5	13.5	11.5	9.5	7.5	5.5	3.5
热值	3	4	5	6	7	8	9
热特性	热→冷						

常用火花塞的结构类型如图 5-14 所示。

(c)火花塞的型号

火花塞型号由以下三部分组成:

① 第一部分为汉语拼音,表示火花塞的结构类型及主要形式尺寸,见表 5-2。

② 第二部分为阿拉伯数字,表示火花塞热值,见表 5-1。

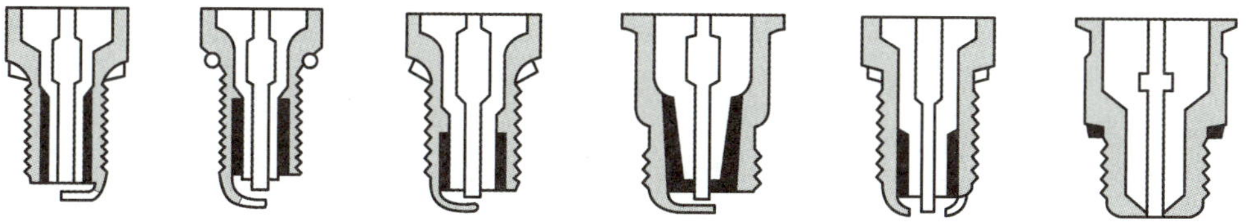

(a) 标准型　(b) 绝缘突出型　(c) 细电极型　(d) 锥座型　(e) 多极型　(f) 沿面跳火型

图 5-14　常用火花塞的结构类型

③ 第三部分为汉语拼音，表示火花塞的特征与特性，见表 5-3。

表 5-2　火花塞结构类型及主要形式尺寸

代表字母	螺纹规格	安装座形式	螺纹旋合长度/mm	壳体六角对边/mm
A	M10×1	平座	12.7	16
C	M12×1.25	平座	12.7	17.5
D		平座	19	17.5
E	M14×1.25	平座	12.7	20.8
F		平座	19	20.8
(G)		平座	9.5	20.8
(H)		平座	11	20.8
(Z)		平座	11	19
J		平座	12.7	16
K		平座	19	16
L		矮型平座	9.5	19
(M)		矮型平座	11	19
N		矮型平座	7.8	19
P		锥座	11.2	16
Q		锥座	17.5	16
R	M18×1.5	平座	12	20.8
S		平座	19	(22)
T		锥座	10.9	20.8

注：括号内表示非标准的保留产品，不推荐使用

表 5-3　火花塞的特征与特性

顺序	字母	特征与特性	顺序	字母	特征与特性
1	P	屏蔽型火花塞	7	H	环状电极火花塞
2	R	电阻型火花塞	8	U	电极缩入型火花塞
3	B	半导体型火花塞	9	V	V 型电极火花塞
4	T	绝缘体突出型火花塞	10	C	镍铜复合电极火花塞
5	Y	沿面跳火型火花塞	11	G	贵金属火花塞
6	J	多电极型火花塞	12	F	非标准火花塞

例如，F5RTC 型火花塞表示螺纹规格为 M14×1.25、螺纹旋合长度为 19 mm、壳体六角对边为 20.8 mm、热值为 5 的带电阻、镍铜复合电极、绝缘体突出型平座火花塞。

(5)点火控制器

点火控制器的作用是按照点火信号发生器发出的点火信号接通和断开点火系统的一次电路，使点火线圈的二次电路产生高压。目前汽车上所采用的点火器中的电路形式多种多样，但其基本功能大致是相同的，其电路由相应的功能电路组成，如图 5-15 所示。

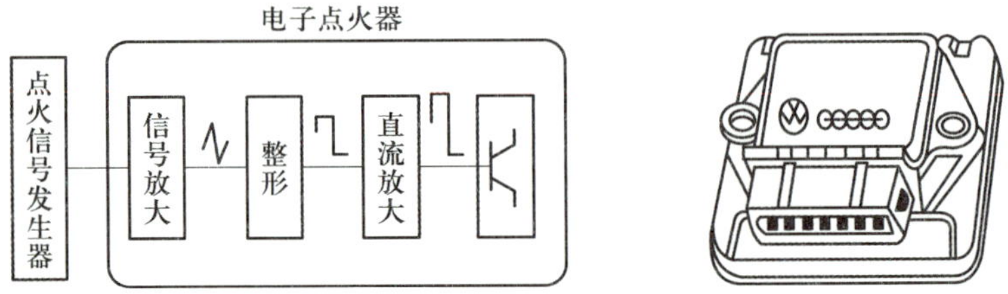

(a) 点火控制器的工作原理　　(b) 点火控制器的外观

图 5-15　点火控制器的工作原理与外观

现代汽车的电子点火器中除了最基本的电路外，还增加了闭合角控制电路、初级电路、电阻可变电路、停车断电保护电路、点火能量恒定控制电路等，使点火系统的性能更加完善。

(三)电控点火系统

1. 电控点火系统的组成

现代轿车的汽油发动机广泛采用电控点火系统，其主要由传感器、ECU 及执行元件三部分组成，如图 5-16 所示。电控点火系统各部分的作用见表 5-4。

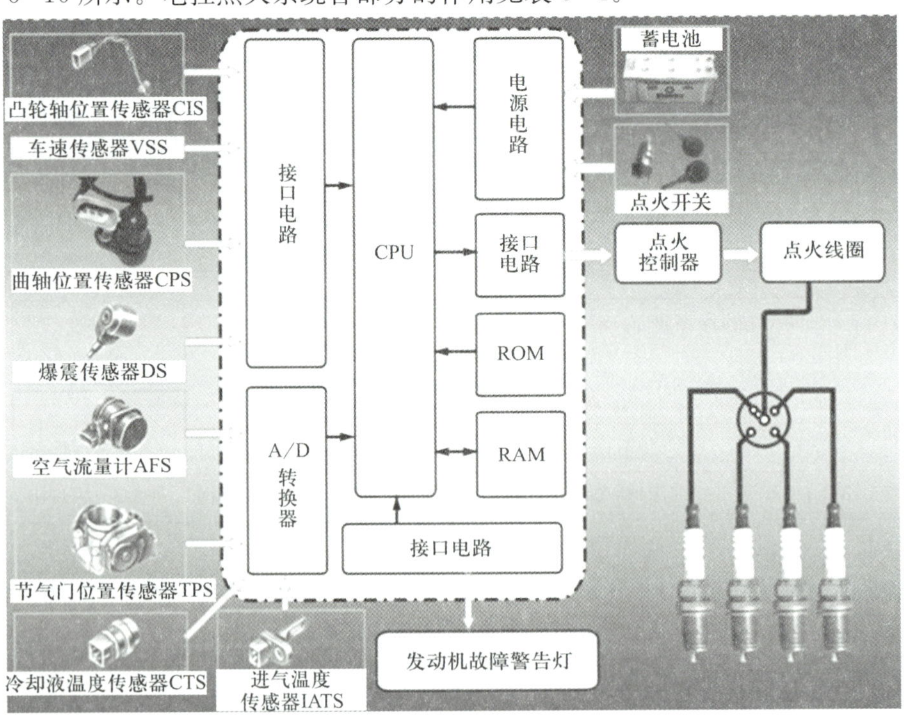

图 5-16　电控点火系统的组成

表5-4 电控点火系统各部分的作用

<table>
<tr><td rowspan="12">传感器</td><td>空气流量计</td><td rowspan="2">检测进气量</td></tr>
<tr><td>进气歧管绝对压力传感器</td></tr>
<tr><td>曲轴位置传感器</td><td>检测曲轴角度</td></tr>
<tr><td>凸轮轴位置传感器</td><td>检测凸轮轴与曲轴的基准位置</td></tr>
<tr><td>节气门位置传感器</td><td>检测节气门开度,用于修正点火提前角</td></tr>
<tr><td>冷却液温度传感器</td><td>检测发动机冷却液的温度,用于修正点火提前角</td></tr>
<tr><td>进气温度传感器</td><td>检测进气温度,用于修正点火提前角</td></tr>
<tr><td>起动开关</td><td>检测发动机是否起动</td></tr>
<tr><td>空调开关A/C</td><td>检测空调的工作状态</td></tr>
<tr><td>车速传感器</td><td>检测汽车的车速</td></tr>
<tr><td>爆震传感器</td><td>检测发动机是否爆震</td></tr>
<tr><td colspan="2" style="display:none"></td></tr>
<tr><td rowspan="2">执行器</td><td>点火控制器</td><td>将ECU输送来的控制信号进行功率放大,控制点火线圈初级电路的通电或断电,产生初级电压</td></tr>
<tr><td>点火线圈</td><td>在不需要点火时,以磁场能的形式储存点火所需的能量;在需要点火时,释放点火能量,并将电源提供的低压电转变为足以在火花塞电极间击穿点火的高压电</td></tr>
<tr><td colspan="2">ECU</td><td>接收各传感器输送来的信号,并按内存的程序对接收到的信号进行运算、存储和分析处理,最后向点火器发出控制信号,以完成对点火提前角、通电时间和爆燃的控制</td></tr>
</table>

由于电控点火系统是汽油发动机电控系统的一个组成部分,因此除了点火系统专用的部件(如点火控制模块、点火线圈、火花塞等)和传感器(如爆震传感器)外,其他所有的传感器,包括ECU都是与电控燃油喷射系统共用的。

2. 电控点火系统的分类

电控点火系统不但具有普通电子点火系统的所有优点,而且它取消了真空式和机械离心式点火提前角调整装置,由ECU根据汽油发动机的运行工况对点火提前角进行调整和控制。同时,电控点火系统采用爆震传感器对爆震进行检测,ECU根据检测结果对点火提前角实施反馈控制。上述两项新技术的应用,在需要进行最佳点火提前角控制的运行工况,电控点火系统都能提供最佳的点火提前角,使汽油发动机的动力性、经济性、排放性能等都达到较佳的水平。

电控点火系统按有无分电器,可分为电控有分电器点火系统和电控无分电器点火系统两种类型。

(1)电控有分电器点火系统

电控有分电器点火系统(图5-17)的主要特点如下:点火线圈二次绕组产生的高压通过分电器按发火顺序依次输送到各缸火花塞;对于点火提前角、闭合角和爆震反馈的控制,与其他类型微机控制点火系统基本相同。

随着电控无分电器点火系统的出现，有分电器点火系统已趋于淘汰。

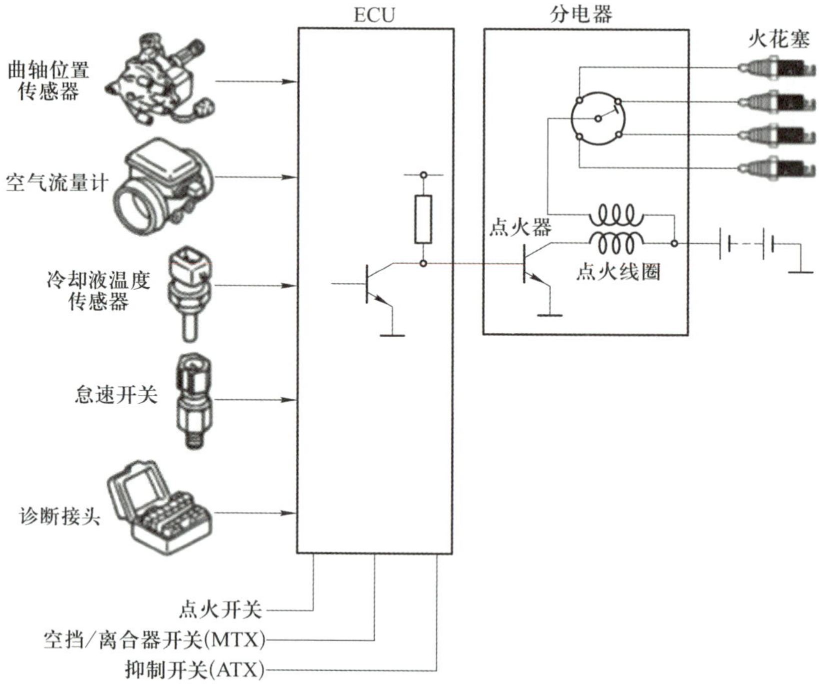

图 5-17　电控有分电器点火系统

(2)电控无分电器点火系统

电控无分电器点火系统最主要的特点是完全取消了传统的分电器，由 ECU 中附加的点火控制电路和分电电路控制点火控制模块，实现对点火的控制。电控无分电器点火系统按点火方式不同可分为同时点火(分组点火)方式和独立点火方式两种类型。

(a)同时点火(分组点火)方式

同时点火方式的主要特点是点火过程同时发生在两个工作顺序相差 360°的气缸中。电火花产生时，其中一个气缸的活塞位于压缩上止点附近，对这个气缸是一次有效的正式点火；对于另一个气缸，由于其活塞正好位于排气上止点附近，因此是一次无效的空点火。对同时点火方式，按配电方式又分为二极管分配式和点火线圈分配式两种形式。

点火线圈分配式无分电器点火系统采用同时点火方式，工作原理如图 5-18 所示。点火顺序为 1—3—4—2 的四缸发动机，当 ECU 接收到曲轴位置传感器相应信号时，向点火控制器发出触发点信号，控制器的控制回路使 Tr_1 截止，点火线圈 A 的一次绕组中的电流被切断，在二次绕组中感应出高压电，并经四缸和一缸火花塞构成回路，两个火花塞同时跳火，此时一缸接近压缩终了，混合气被点燃，而四缸正在排气，火花塞点空火。

曲轴转过 180°后，ECU 接收到曲轴位置传感器信号后再次向点火控制器发出触发信号，Tr_2 截止，点火线圈 B 的一次绕组中的电流被切断，二次绕组中感应出高压电，并经二缸和三缸火花塞构成回路，两个火花塞同时跳火，此时三缸点火做功，二缸火花塞点空火。

以此类推，发动机曲轴转两圈，各缸做功一次，完成一个工作循环，点火两次。无分电器点火系统由于取消了分电器，使发动机的运动零件减少，结构更紧凑。另外，无分电器点火系统的点火线圈采用闭磁路结构，且点火线圈产生的高压直接由分缸高压线输送到火花塞，减少了高压输送的损失，有利于提高点火能量。

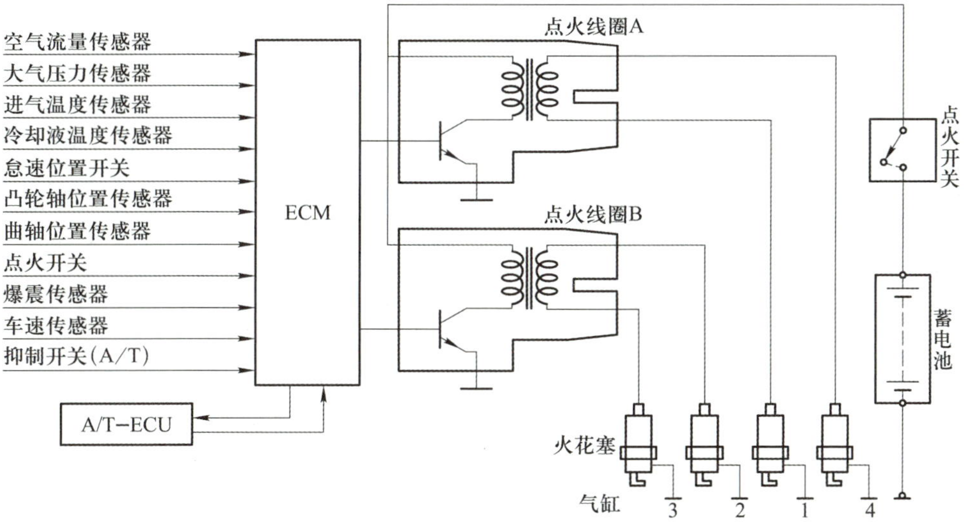

图5-18　电控无分电器同时点火系统的工作原理

(b)独立点火方式

独立点火方式是多气门汽油发动机无分电器点火系统中普遍采用的结构形式。点火线圈分配式独立点火系统由ECU、点火控制器、点火线圈和火花塞等组成，其工作原理如图5-19所示。

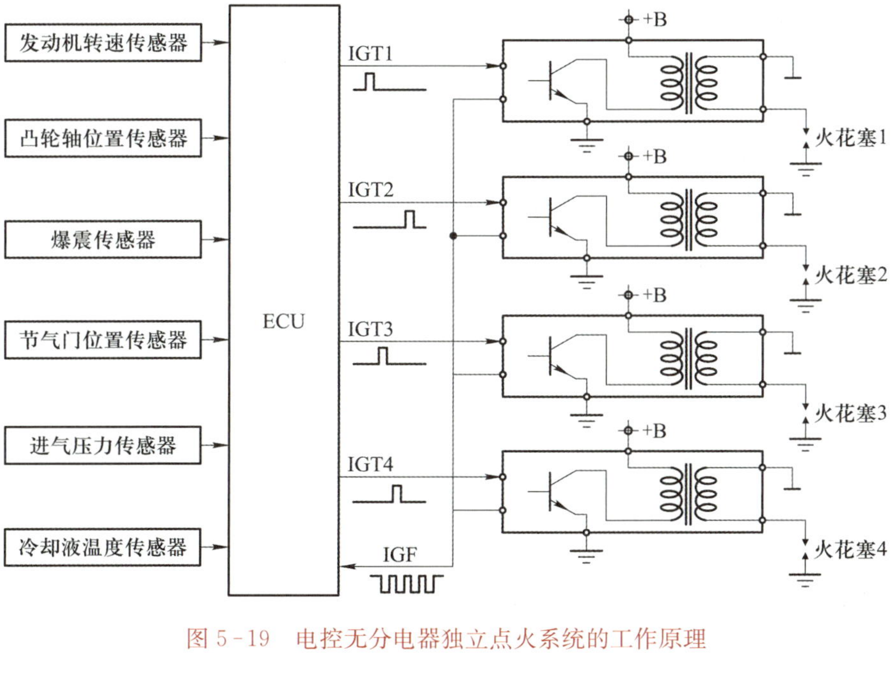

图5-19　电控无分电器独立点火系统的工作原理

独立点火方式的主要特点如下：每个气缸上配有1个点火线圈和1个火花塞，点火线圈安装在火花塞上方，取消了高压线，由点火线圈直接向火花塞供电。发动机工作时，ECU按各缸工作顺序向点火控制模块发出点火信号，点火控制模块内相应的晶体管截止，使对应气缸点火线圈一次绕组断开，在二次绕组上感应出高压，火花塞产生火花，点燃已被压缩的混合气。

互动练习

点火系统的结构与原理

独立点火方式每缸配置一个超小型闭磁路点火线圈，且由点火线圈直接向火花塞供电，因此具有一次绕组充电时间短、点火能量传递损失小的突出优点，一般在高达9 000 r/min的宽广转速范围内，点火系统都能提供足够高的点火电压和点火能量。另外，独立点火方式还具有电磁干扰小、击穿电压低（火花塞中心电极均为负极）、电极寿命长等优点。

任务2　检修点火系统

任务目标

1. 掌握常见车型点火系统的检修方法。
2. 能正确对点火系统组成部件进行检查更换。

任务引入与分析

小王早上发动汽车时，发现起动机虽然运转但发动机无法起动，于是将车辆用拖车拖至4S店进行检修。经检查发现，是由于点火控制器烧毁而造成不能起动。

为了保证发动机的正常运转，必须对点火系统进行检查和维护，并且当发生故障时应能够及时排除，更换或维修相应部件。

知识链接

一、桑塔纳2000GSi型轿车点火系统的检修

1. 认识桑塔纳2000GSi型轿车发动机点火系统的组成

桑塔纳2000GSi型轿车发动机上装有两个爆震传感器，比AFE型发动机增加了1个，使ECU能更有效地识别各个气缸的爆震燃烧，迅速调整点火时间，保护发动机免受劣质汽油引起的强烈爆震的损害；采用两个点火线圈，即使用了双火花点火系统。发动机点火系统主要由点火模块、高压线、火花塞、ECU和各种传感器等组成，其电路图如图5-20所示。

2. 跳火试验

单独进行各缸火花塞的跳火试验，可查明哪个气缸不产生火花，具体步骤如下：

（1）拔下所有喷油器的连接器，使其不能喷射燃油。

（2）拔下高压线，拆下火花塞并检查火花塞的外观。正常火花塞的颜色是浅棕色的，而且前面三圈螺纹是黑色的，火花塞的不正常外观及故障原因见表5-5。

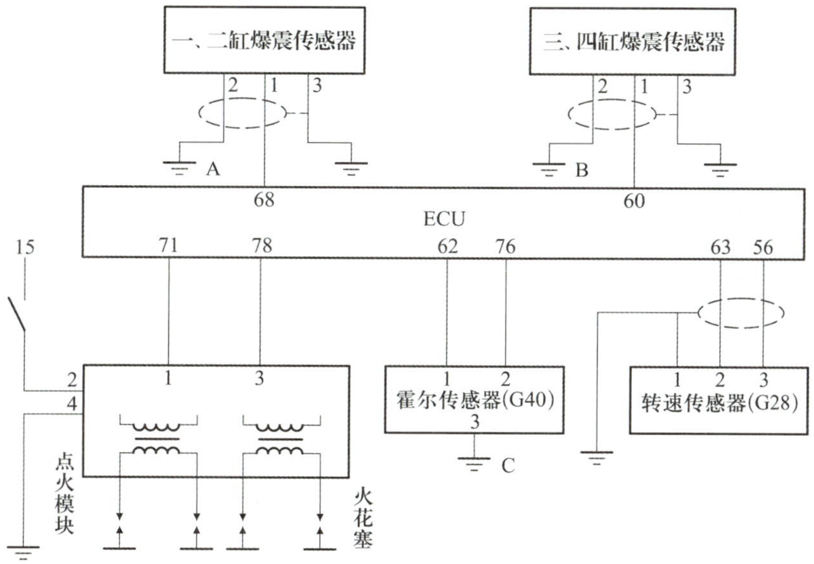

图 5-20　桑塔纳 2000GSi 型轿车发动机点火系统电路图

表 5-5　火花塞的不正常外观及故障原因

火花塞外观	故障原因
	间隙太大
	积炭太多，说明火花塞的热值太低或者混合气太浓
	火花塞发白，说明火花塞热值太低，混合气太稀，点火提前角不对或冷却系统故障

续表

火花塞外观	故障原因
	间隙太小，安装的时候将两电极撞在一起

(3)将火花塞装入高压线内。

(4)将火花塞壳体搭铁。

(5)打开点火开关，起动发动机，检查火花塞是否产生火花及跳火。

如果某个气缸的火花塞不跳火或火花较弱，则说明该路点火存在故障。

注意：跳火试验时，曲轴运转不得超过 5～10 s。

3. 点火线圈插头端子的检测

桑塔纳 2000GSi 型轿车点火线圈插头端子如图 5-21 所示。

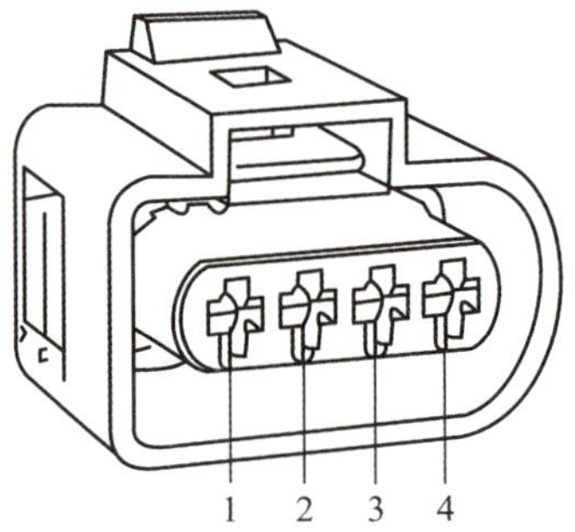

1—1 号端子，一、二缸点火线圈控制线端子；2—2 号端子，点火线圈 12 V 供电(经点火开关)端子；3—3 号端子，三、四缸点火线圈控制线端子；4—4 号端子，点火线圈搭铁端子。

图 5-21　桑塔纳 2000GSi 型轿车点火线圈插头端子

(1)检查点火控制组件的电源电压

检查时，拔下点火控制组件插头，用万用表测量连接插头上 2 号端子与搭铁间的电压，当接通点火开关时，电压应大于或等于 11.5 V。检查完毕后，应断开点火开关。

若电源电压为零，说明点火线圈到 15 号电源线存在断路，应逐段进行检查。

(2)检查点火控制组件的搭铁电阻

检查时，拔下点火控制组件插头，用万用表测量连接插头上 4 号端子与搭铁间的电阻，电阻值应小于 0.5 Ω。

(3)检查点火控制组件的控制信号

① 拔下燃油泵熔断器(或喷油器插头)，再拔下点火控制器连接器插头。

② 将发光二极管串联一个 300 Ω 的电阻，然后将 LED 发光二极管的正极接到插头 1 号或 3

号端子上，发光二极管的负极搭铁。起动发动机时，LED 发光二极管的正极应闪亮，说明 ECU、传感器和点火控制信号线正常。

③ 若不闪亮，说明 ECU、传感器或点火控制信号线有故障，应使用数字万用表检查连接器插头 1 号端子与 ECU 上 71 号、3 号、78 号端子，或 3 号与 71 号端子之间的导线是否短路。若电阻值为无穷大，表明导线无故障；若电阻值若为零，表明导线短路；若电阻值正常，说明 ECU 或传感器有问题。

4. 点火线圈的检查

桑塔纳 2000GSi 型轿车点火线圈的结构如图 5-22 所示。在点火控制组件壳体上标注有 A、B、C、D 高压线插孔，分别对应一、二、三、四缸高压线。一、二缸共用一个点火线圈，三、四缸共用一个点火线圈。

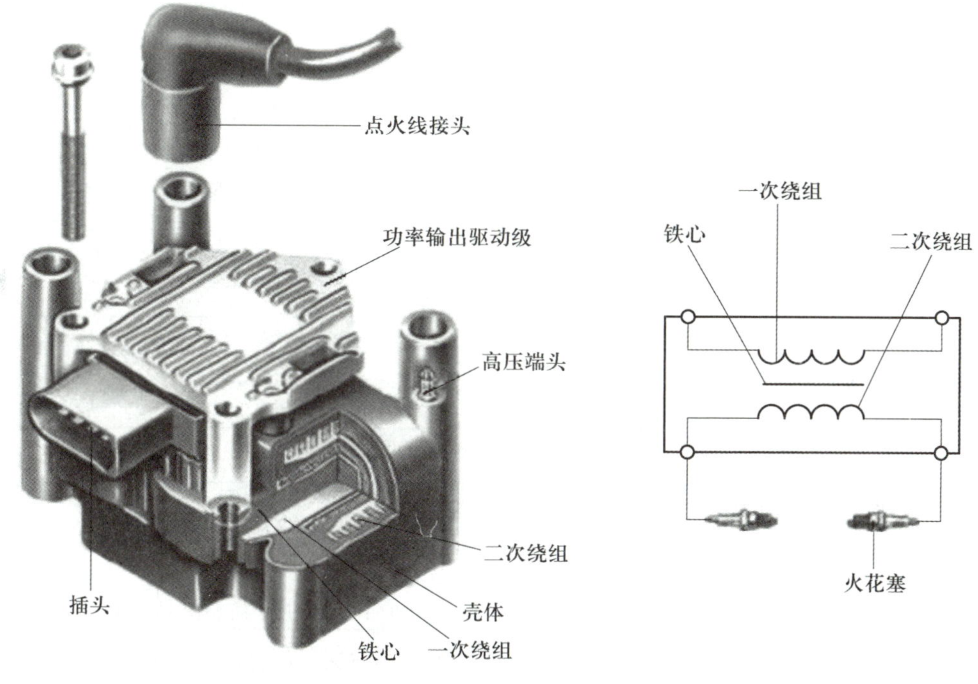

图 5-22　桑塔纳 2000GSi 型轿车点火线圈的结构

当一次绕组中的电流被切断时，在二次绕组中便产生高压，同时分配到两个气缸的火花塞使之跳火，即为双缸同时点火。

用万用表检查 A、D 端子的电阻，即一、二缸点火线圈二次绕组的电阻值；检查 B、C 端子的电阻，即三、四缸点火线圈二次绕组的电阻值。一、二缸或三、四缸点火线圈二次绕组的电阻值均应为 4～6 kΩ。如果电阻值不符合规定，则应更换点火控制组件。

5. 点火高压线的检查

桑塔纳 2000GSi 型轿车点火高压线如图 5-23 所示。检查点火高压线的步骤如下：

① 检查高压线外表绝缘层是否破损漏电。

② 用万用表电阻挡测量高压线的电阻，其值应为 5.8～6.2 kΩ。

二、宝来 1.8T 轿车点火系统的检修

宝来 1.8T 轿车点火系统装备有独立式点火线圈，即点火线圈和输出放大器集成在一个部件上，每缸分配一个点火线圈，安装于各缸火花塞上方。宝来 1.8T 轿车点火系统电路图如图 5－24 所示，N70、N127、N291 及 N292 分别为一、二、三、四缸的点火线圈。

图 5－23　桑塔纳 2000GSi 型轿车点火高压线

1. 读取自诊断故障信息

视频

读取故障码和数据流

如果某缸点火线圈工作失效，则该缸将发生燃烧中断现象，发动机 ECU 就会检测到并存有故障记忆。

① 将 X431 故障诊断仪与 DLC 相连，打开点火开关。

② 按 POWER 电源键启动 X431→点击“开始”→点击诊断程序→选择汽车解码程序→在选择车系中选择大众车图标→在选择诊断软件版本中选择系统版本程序→选择快速数据流诊断→选择发动机系统，进入发动机诊断系统界面。

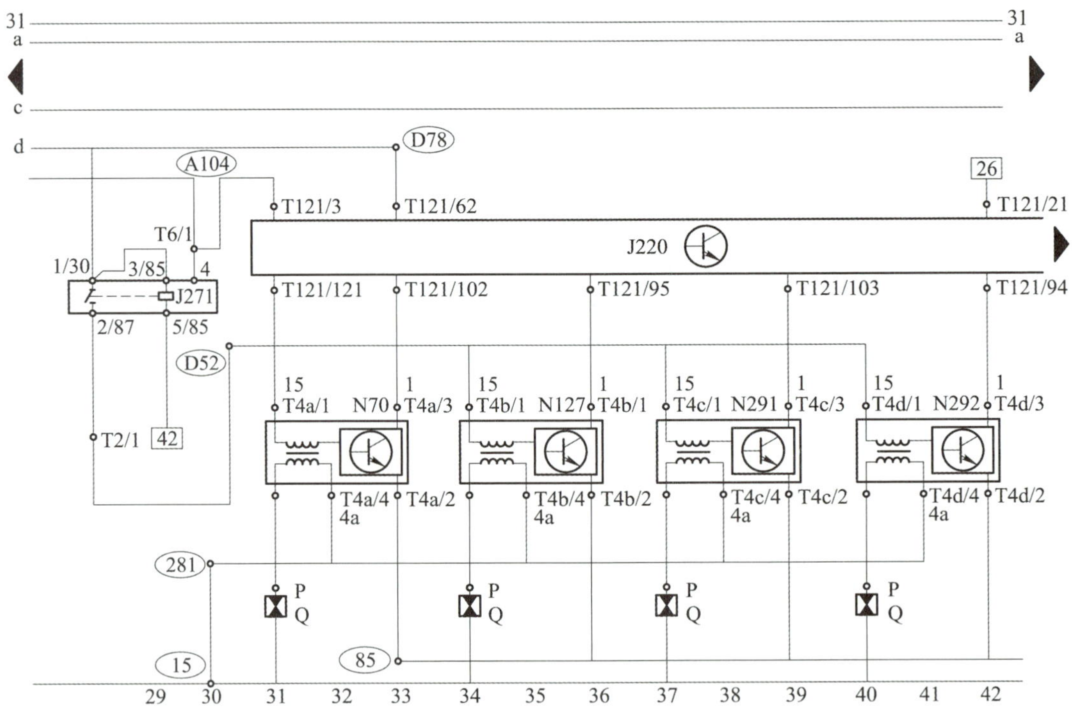

图 5－24　宝来 1.8T 轿车点火系统电路图

③ 选择读取故障代码，检查有无点火系统故障代码。

④ 选择读测量数据流，输入 14、15 和 16 显示组组号，查询具体某一缸的断火次数。如表 5－6所示，14 数据块中的第 3 显示区显示的数据表示各缸断火次数总和(规定值:0～3 次)；15 数据块中的第 1、第 2、第 3 显示区显示的数据分别表示一、二、三缸的断火次数(规定值:0)；16 数

据块中的第1显示区的数据表示四缸断火次数(规定值:0)。

表5-6　14、15和16数据块中所显示的数据

显示组号	显示项目号	数值名称	测试条件及说明
14	1	发动机转速	
	2	发动机负荷	
	3	断火次数总和	0～3
	4	断火识别(active/block)	Active
15	1	一缸断火	0
	2	二缸断火	0
	3	三缸断火	0
	4	断火识别(active/block)	Active
16	1	四缸断火	
	2		
	3		
	4		

2. 火花塞试火

视频

火花塞试火

① 拔下所有喷油器的连接器,使其不能喷射燃油。

② 拔下点火线圈插头,拆下点火线圈和火花塞,检查火花塞颜色是否正常。

③ 将火花塞装入点火线圈内,并将火花塞壳体搭铁。

④ 插上点火线圈插头,打开点火开关,起动发动机,检查火花塞是否产生火花及跳火。

如果火花塞不跳火或跳火强度弱,则用一个火花塞重新试火,如果能够产生较强的火花,则说明该缸火花塞有问题;如果仍然不跳火或跳火强度弱,则检查点火线圈及其火花塞控制线路。

3. 点火线圈控制线路的检查

视频

点火线圈控制线路的检查

独立点火系统点火线圈的结构如图5-25所示。每个点火线圈的插头上有4个端子,各端子的功用如下:1号端子为点火线圈供电,2号端子为点火器搭铁,3号端子为点火线圈控制线,4号端子为点火线圈二次绕组搭铁。

① 断开点火开关,拔下点火线圈插头,用万用表测量2号和4号端子与搭铁间的电阻,应小于0.5 Ω。

② 接通点火开关,用万用表电压挡测量点火线圈插头1号端子与搭铁间的供电电压,应约为蓄电池电压。如果未达到规定值,则应检查供电继电器J271。

③ 拔下所有喷油器插头,因为检测时喷油器不可喷油,否则会损坏催化净化器。将发光二极管串联一个300 Ω的电阻,然后将发光二极管的正极接到插头3号端子上,负极搭铁,短时起动发动机,发光二极管应闪亮。如果发光二极管不闪亮,将发光二极管的正极接到发动机控制单元端的点火线圈控制线上,如果发光二极管闪亮,则应检查控制线是否断路或对地短路。如果发光二极管不亮,则应检查ECU和转速传感器是否正常。

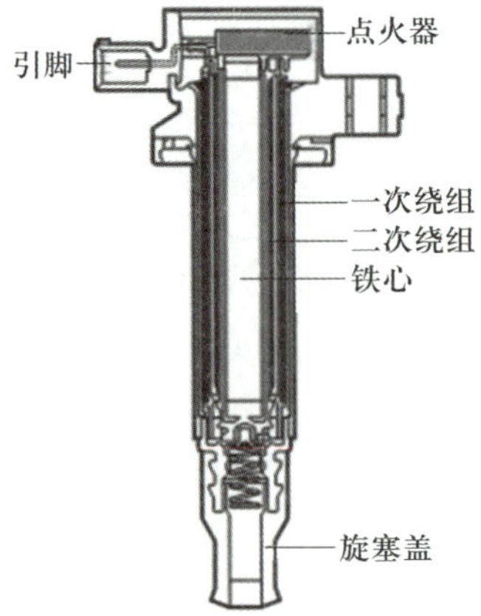

图 5-25　独立点火系统点火线圈的结构

如果点火线圈控制线路正常，即可确定为点火线圈故障，可与其他缸点火线圈互换检查其是否工作正常。

任务 3　控制点火提前角和闭合角

互动练习

点火系统的检修

任务目标

1. 掌握最佳点火提前角的确定因素。
2. 掌握点火提前角的修正因素。
3. 掌握闭合角的控制方法。

任务引入与分析

老张有一辆轿车，在一次自驾游过程中由于加了标号比较低的汽油，导致车辆出现“哒哒”的敲击声。经维修厂检修发现，由于燃油标号过低，抗爆性差，而该车点火提前角较大，导致出现爆震现象。

点火提前角和闭合角是与汽油发动机综合性能有关的两个重要控制参数。点火提前角与汽油发动机的经济性、动力性及排放性能紧密相关，较好的点火提前角可以使发动机的三个基本性能同时达到较佳。闭合角是影响击穿电压和点火能量的重要因素，合适的闭合角可以使点火系统在宽广的发动机转速范围内都能可靠工作。

知识链接

一、最佳点火提前角的确定与控制

气缸内的混合气从火花塞点火到燃烧需要一定的时间。试验表明，在燃烧做功过程中，当最高燃烧压力出现在上止点后 10°左右时，发动机的输出功率最大。为了使发动机输出功率最大，点火时刻不应在压缩行程上止点开始，而应适当提前一定的角度。如果点火提前角过小，则燃烧将在气缸容积快速增大的情况下进行，从而使最高爆发压力下降，发动机输出功率下降。同时由于高温燃烧气体与气缸壁接触面积增大，导致热损失增大，发动机过热，燃油消耗增加。如果点火提前角过大，则燃烧将在压缩行程中进行，活塞在到达压缩上止点前，气缸内的压力已达到最大，对正在上行的活塞造成很大阻力，不仅使发动机输出功率下降，燃油消耗增加，还易引起爆震。不同发动机具有不同的最佳点火提前角，同一台发动机在不同的工况和使用条件下，最佳点火提前角也不同。

在电控点火系统中，根据汽油发动机运行工况的特点，ECU 对点火提前角的控制分为起动时最佳点火提前角的控制和起动后最佳点火提前角的控制两种情况。

1. 起动时最佳点火提前角的控制

发动机起动过程中，发动机转速变化大，且由于转速较低，进气歧管绝对压力传感器信号或空气流量计信号不稳定，使电控点火系统无法实行最佳点火提前角的控制。因此，对于汽油发动机的起动工况，ECU 不实行最佳点火提前角的控制，而是根据起动开关信号和发动机的转速信号，以预先设定的点火提前角点火。当发动机转速超过一定值（一般大于 500 r/min）时，则进入起动后的最佳点火提前角控制程序。

起动时最佳点火提前角的控制方式有两种：一种为固定点火提前角控制方式，另一种为可调点火提前角控制方式。

① 固定点火提前角控制方式　其值因发动机而异，一般为 10°左右。

② 可调点火提前角控制方式　此方式是在发动机起动时，点火提前角随发动机的温度、起动转速等参数而变化，如图 5-26 所示。

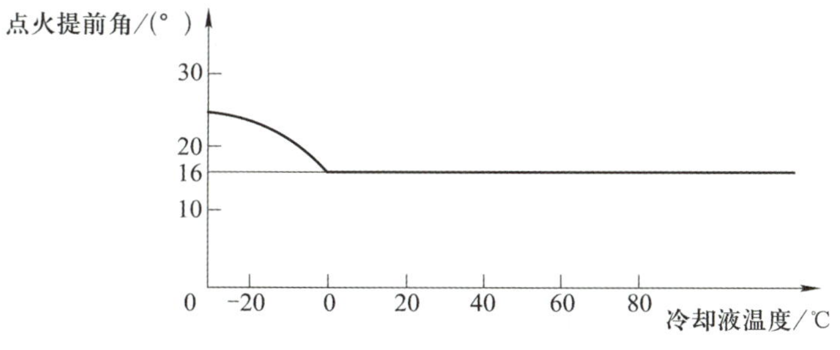

图 5-26　可调点火提前角控制方式

起动时，点火提前角的主要控制信号是发动机转速、起动开关和冷却液温度传感器等。

2. 起动后最佳点火提前角的控制

汽油发动机起动后，电控点火系统对点火正时实行最佳点火提前角控制。最佳点火提前角控制的基本控制过程如下：首先，ECU 根据发动机转速和负荷（空气流量、进气压力或节气门信号）确定基本点火提前角；然后，根据有关传感器的信号确定、修正点火提前角。这两项点火提前角的代数和，再加上作为计算基准的初始点火提前角，得到实际的最佳点火提前角。实际最佳点火提前角可用公式表示为

实际最佳点火提前角＝初始点火提前角＋基本点火提前角＋点火提前角修正值

（1）初始点火提前角

初始点火提前角对最佳点火提前角计算没有实质性影响，它的作用仅为控制点火正时，电控

单元根据上止点位置确定点火提前角，其大小随发动机而异。

在有些电控点火系统中，ECU 把判缸信号出现后的第一个转速信号过零点定为压缩行程上止点前 10°，并以这个角度作为点火提前角计算基准点，称之为初始点火提前角。

(2)基本点火提前角

对于基本点火提前角的确定，ECU 按怠速工况和非怠速工况两种情况分别处理。

(a)怠速工况

汽油发动机处于怠速工况运行时，ECU 根据节气门位置传感器信号确认发动机处于怠速运行工况，然后根据发动机转速信号、空调开关信号，从预先设定的怠速工况基本点火提前角数据表中选出相应的点火提前角，如图 5-27 所示。

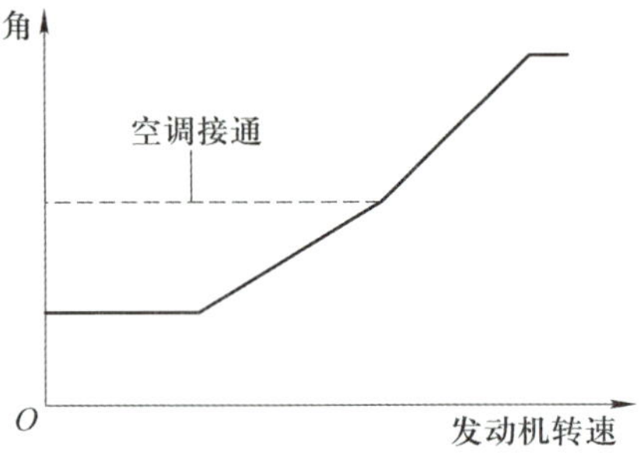

图 5-27　怠速工况的基本点火提前角控制

(b)非怠速工况

汽油发动机处于非怠速工况运行时，ECU 根据发动机转速信号、负荷(空气流量或进气压力或节气门开度)信号，从预先设定的非怠速工况基本点火提前角数据表(也称点火提前角脉谱图 MAP)选出相应的基本点火提前角，如图 5-28 所示。

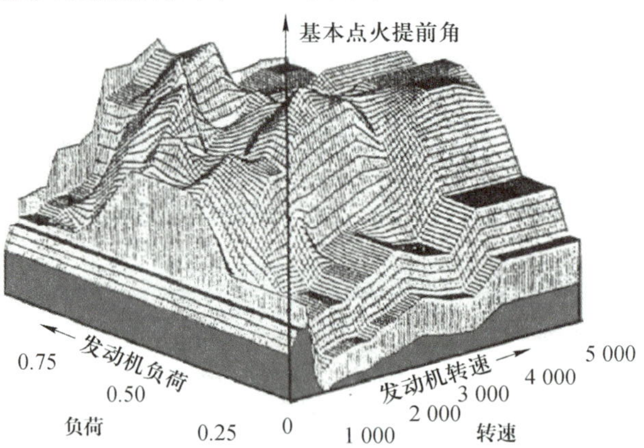

图 5-28　非怠速工况的基本点火提前角控制

基本点火提前角是发动机转速和负荷的函数，呈现十分复杂的变化关系，虽然要遵循“转速越高，点火越早”的原则，但在高负荷区有时反而要回落，通常通过试验的方法来建立此模型，基本点火提前角以 MAP 的形式存于 ECU 的存储器中。发动机工作时，ECU 根据转速和进气压力等信息，从预先存储在 ECU 存储器中的数据表中查出相应工况的基本点火提前角。

(3)点火提前角修正值

点火提前角修正量是指在发动机工作条件变化时对点火提前角进行修正的量。除了转速和负荷这两个主要因素外，其他对点火提前角有影响的因素均归入到点火提前角修正值中。在汽油发动机运转过程中，ECU 根据有关传感器的输入信号分别求出对应的修正值，它们的代数和就是总的点火提前角修正值。在大多数电控点火系统中，总的点火提前角修正值包括暖机工况修正、发动机过热修正、空燃比反馈修正、发动机怠速稳定性修正、爆震传感器反馈修正等。

(a)暖机工况修正

暖机工况修正是指节气门位置传感器的怠速触点 IDL 闭合、发动机冷却液温度变化时，对点火提前角进行的修正。

汽油发动机冷车起动后，发动机进入暖机工况，由于冷却液温度较低时，混合气燃烧速度较慢，应适当增大点火提前角。随着暖机过程的延续，冷却液温度逐渐升高，点火提前角修正值逐渐减小，点火提前角修正曲线如图 5-29 所示。

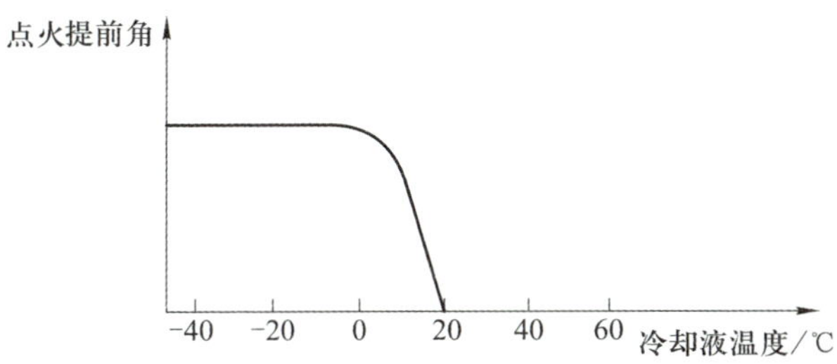

图 5-29　暖机时点火提前角修正曲线

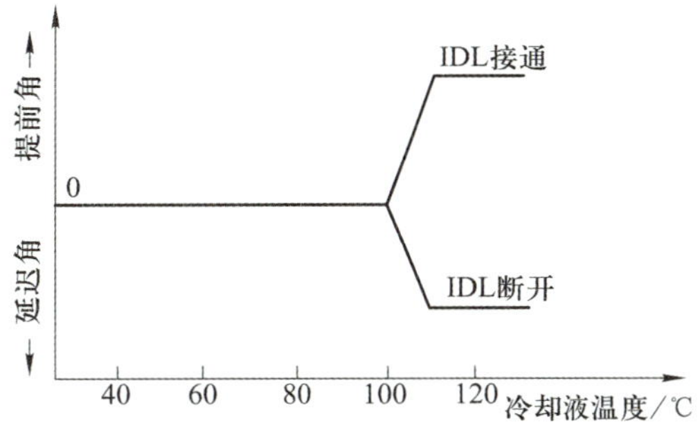

图 5-30　点火提前角过热修正曲线

暖机工况修正值的大小与冷却液温度的对应关系随发动机不同而异，但变化规律基本相同。暖机工况修正的主要控制信号有确认发动机处于暖机工况的节气门位置信号、冷却液温度信号和空气流量信号等。

(b)发动机过热修正

当汽油发动机处于怠速工况运行且冷却液温度过高时，为了避免发动机长时间过热，应适当增大点火提前角。

当汽油发动机处于非怠速工况运行且冷却液温度过高时，为了避免发生爆震，应适当减小点火提前角。

点火提前角过热修正曲线如图 5-30 所示。

发动机过热修正的主要控制信号有 ECU 对怠速或非怠速进行判断的节气门位置信号、冷却液温度信号等。

(c)空燃比反馈修正

装有氧传感器的电控燃油喷射系统进行闭环控制时，ECU 根据氧传感器的反馈信号进行空燃比修正。由于混合气空燃比变化对混合气的燃烧速度有影响，因此发动机转速将随着修正喷油量的增加或减少在一定范围内波动。为了提高转速的稳定性，电控燃油喷射系统进行空燃比反馈控制时，点火提前角需要根据喷油量的变化进行修正。

点火提前角的空燃比反馈修正曲线如图 5-31 所示，在喷油量减少时，混合气会变稀，发动机转速相应降低，为了提高怠速的稳定性，点火提前角应适当地增加；反之，点火提前角应适当地减小。ECU 仅在空燃比大于 14.7 的情况下，才进行空燃比反馈修正，且与喷油量修正呈负相关，即当喷油量逐渐减少，空燃比由 14.7 逐渐变大时，空燃比反馈修正值由零逐渐增大（增大点火提前角）。当喷油量逐渐增加，空燃比由 14.7 逐渐变小时，空燃比反馈修正值由大逐渐减小（减小点火提前角）。在空燃比小于 14.7 时，不进行空燃比反馈修正。采用这种修正方法，不仅考虑混合气的燃烧速度，而且也兼顾提高发动机怠速的稳定性。

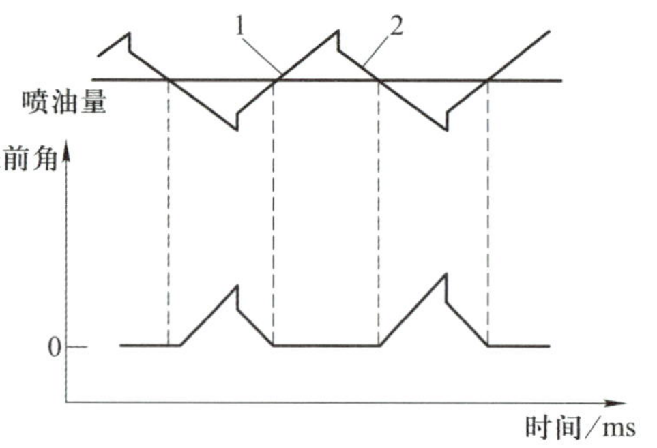

1—喷油量增加；2—喷油量减少。

图 5-31　点火提前角的空燃比反馈修正曲线

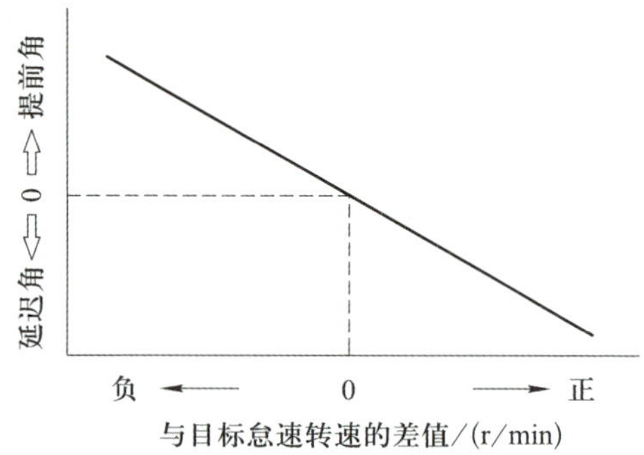

图 5-32　发动机怠速稳定性修正曲线

空燃比反馈修正的主要控制信号有氧传感器的空燃比反馈信号、节气门位置信号、冷却液温度信号等。

(d)发动机怠速稳定性修正

发动机在怠速工况运行时，由于发动机的输出转矩和负荷之间的不平衡，发动机怠速总会在一定转速范围内波动。为了减小怠速的波动幅度，除了在燃油喷射系统、怠速控制系统中采取了相应的控制措施外，还通过对点火提前角的修正来提高发动机的怠速稳定性。

发动机处于怠速工况时，ECU 连续不断地计算发动机的平均转速，当平均转速低于设定的目标怠速转速时，ECU 根据平均转速与目标转速差值的大小相应增大点火提前角；当发动机平均转速高于目标怠速转速时，则减小点火提前角，如图 5-32 所示。通过这种校正，点火正时的变化值最大为±5°。

发动机怠速稳定性修正的主要控制信号有发动机转速信号、节气门位置信号、空调信号、开关量信号等。

(e)爆震传感器反馈修正

爆震是汽油发动机不正常燃烧引起的故障现象，如果汽油发动机发生持续的严重爆震，火花塞电极或活塞就可能因过热而发生熔损，导致发动机损坏，因此在汽油发动机运转过程中不允许发生持续的爆震。此外，为了最大限度地发挥汽油发动机的潜能，应使实际最佳点火提前角尽可能接近理想最佳点火提前角，而理想最佳点火提前角实际上是汽油发动机可能发生爆震的临界点。为了使汽油发动机既具有最佳的点火提前角，又不发生爆震，除了必须采用微机控制点火系统外，还必须对实际最佳点火提前角实行反馈控制，根据汽油发动机是否发生爆震，对实际最佳点火提前角进行实时反馈修正。因此，需要对汽油发动机是否发生爆震进行检测，ECU 根据检测结果做出相应的控制响应。对爆震的检测主要依靠安装在发动机机体上的爆震传感器。

爆震传感器将发动机机体的振动转换成电压信号输送到 ECU，ECU 根据输入电压信号进行爆震判断。按汽油发动机爆震时机体振动特征的检测方法，可分为共振检测法和频率检测法。共振检测法采用共振型爆震传感器，频率检测法采用非共振型爆震传感器。

(4)最大和最小点火提前角控制

在发动机运转期间，如果发动机的实际点火提前角超出一定的范围，发动机将不能正常运转。

在初始点火提前角已固定时，受 ECU 控制的实际点火提前角则只是基本点火提前角与点火提前角修正值之和，该值应保证在某一范围内。最大点火提前角为 35°～45°，最小点火提前角为－10°～0°。

二、闭合角控制

闭合角控制也称点火线圈一次绕组通电时间控制。

1. 通电时间对发动机工作的影响

对于电感储能式点火系统，点火线圈一次绕组产生的击穿电压取决于一次绕组断开瞬间通过线圈的电流大小。如果在一次绕组断开瞬间，通过线圈的电流已达到饱和电流，那么在点火线圈的二次绕组就能感应出最高的击穿电压。由于电感线圈的阻抗作用，在电压不变的条件下，从一次绕组接通开始，通过线圈的电流按指数规律由零开始逐渐增大，需要经过一定的时间后，才能达到饱和电流。为了满足汽油发动机对点火系统在击穿电压和点火能量上的要求，微机控制点火系统的闭合角控制以一次绕组通过电流在断开瞬间达到饱和电流为主要目标。这样不仅能满足汽油发动机对点火系统的要求，同时也能避免一次绕组因通电时间过长而过热，并能节约电能。

2. 影响闭合角的因素

将通电时间转化为发动机曲轴转过的角度，称其为闭合角。

由于闭合角是以曲轴转过的角度来度量的，对于不同的转速，单位曲轴转角所代表的绝对时间各不相同。另外，当电源电压发生变化时，一次绕组达到饱和电流所需的绝对时间也将发生变化。为了达到闭合角控制的主要目标，通过试验把不同的蓄电池电压和不同转速下使一次绕组通过的电流达到饱和所需要的闭合角编制成闭合角数据表（也称闭合角脉谱图），如图 5－33 所示，并储存在 ECU 中。

发动机工作时，ECU 根据输入蓄电池电压信号和发动机转速信号，从闭合角数据表中选出相应的闭合角，对一次绕组通电时间进行控制。

3. 通电时间的控制方法

在传统的汽油发动机点火系统中，由分电器轴上的凸轮来控制断电器触点的开闭，分电器的凸轮决定了断电器触点的闭合角，一般四缸发动机为 50°、六缸发动机为 38°、八缸发动机为 33°。点火线圈一次电路的接通时间（即通电时间）取决于断电器触点的闭合角和发动机转速。对一定的发动机而言，断电器触点的闭合角是一定的，点火线圈一次电路的通电时间随发动机转速的提高而缩短，这必将导致发动机高速时点火能量降低，点火系统工作可靠性下降。因此，传统点火系统已逐渐被电控点火系统所取代。在现代电控点火系统中，用灵敏可靠的传感器（凸轮轴位置

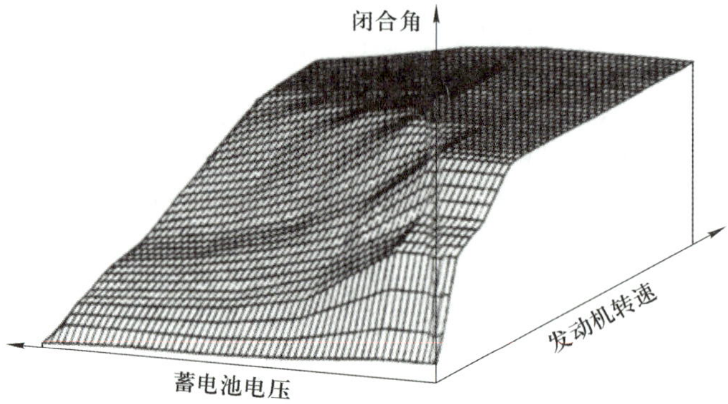

图 5-33　闭合角与发动机转速和蓄电池电压的关系

互动练习

点火提前角和闭合角控制

传感器、曲轴位置传感器)和晶体管开关取代了传统点火系统中的断电器和分电器中的凸轮。闭合角控制模型存储在 ECU 内,发动机工作时,ECU 根据发动机转速信号(Ne 信号)和电源电压信号确定最佳的闭合角,并向点火器输出指令信号(IGt 信号),以控制点火器中晶体管的导通时间。随着发动机转速的提高和电源电压的下降,闭合角增大。

任务 4　检测与分析点火系统波形

任务目标

1. 掌握示波器的应用。
2. 掌握点火系统的基本波形分析方法。

任务引入与分析

一辆轿车由于发动机点火系统有故障,造成发动机起动后立即熄火,要求查明故障原因并进行处理。

随着科学技术的发展,越来越多的新技术、新方法应用于汽车的检测维修中,除了火花塞试火试验这种方法外,还有一种检测方法——点火波形检测与分析。示波器可显示电压随时间变化的波形,是一种多用途的检测设备。示波器显示信号的速度比一般电子检测设备要快得多,是唯一能即时显示瞬态波形的仪器。

示波器一般由传感器(包括夹持器、测试探头和测针等)、中间处理环节和显示器等组成,可用来检测诊断汽油发动机点火系统的技术状况。使用示波器可以查看点火系统的工作波形,并根据点火的波形判断点火系统的故障。当示波器连接在运转的汽油发动机点火系统电路上时,示波器屏幕上将显示出点火系统中电压随时间变化的曲线,即点火波形。示波器屏幕显示的波形,在垂直方向上表示电压,在水平方向上表示时间,基线的上方为正电压,下方为负电压。

示波器可以显示发动机点火过程的三类波形:直列波、重叠波和高压波。通过所显示的波形与标准波形的比较,即可诊断出故障所在部位。

知识链接

一、点火系统信号拾取位置的选取

在汽油发动机各系统中，点火系统对发动机的性能影响最大，统计数据表明有将近一半的故障是因为点火系统工作不良而引起的，因此发动机性能检测往往从点火系统开始。首先使用先进电子技术的当属点火系统，而形式结构和工作原理更新最快的也非点火系统莫属。现用点火系统大体分为以下三类（它们在检测时的接线有所不同，必须区别对待）：

① 无触点点火器，由电磁、红外或霍尔元器件构成的非接触式断电器组成的点火系统，其放大电路又分晶体管电路和电容放电电路两种。

② ECU 控制的点火系统，由 ECU 中的微处理器根据曲轴转角传感器的信号确定点火时刻，因而它没有断电器，只有分电器，根据 ECU 送来的信号直接控制点火线圈一次电路的通断。

③ 无分电器点火系统，是当前最先进的点火系统，曲轴传感器送来的不仅有点火时刻信号，而且还有气缸识别信号，从而使点火系统能向指定的气缸在指定的时刻送去点火信号，这就要求每缸配有独立的点火线圈。无触点点火系统能使用低阻抗电感线圈，从而大幅度提高一次电流，使二次电压高达 30 kV 以上，增强点火能量，以提高点燃稀混合气的能力，在改善燃料经济性的同时也降低排气污染。无分电器点火系统完全由电子器件组成，而无机械运动部件，彻底解决了凸轮和轴承磨损以及触点烧蚀间隙失调所引起的一系列故障。

检测点火系统时，首先将信号提取系统连接到发动机电路上，如图 5-34 所示为电容放电式点火系统信号提取接头连接方法，如图 5-35 所示为机械点火系统和晶体管点火系统信号提取接头连接方法。

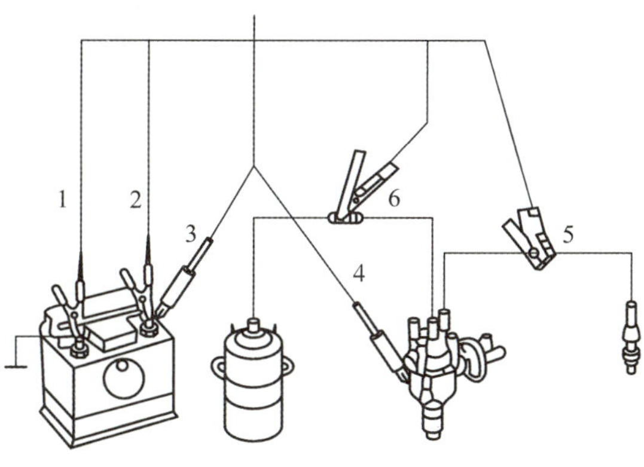

1、2—蓄电池夹（红色正极，黑色负极）；3、4—点火线圈一次侧接线夹；5、6—电感式夹持器。

图 5-34 电容放电式点火系统信号提取接头连接方法

无分电器点火系统是将高压通过独立式点火线圈直接送向火花塞，当高压感应夹难以找到可夹持的位置时，可用一种专用感应夹具（图 5-36）夹持独立式点火线圈，以感应出高压信号。

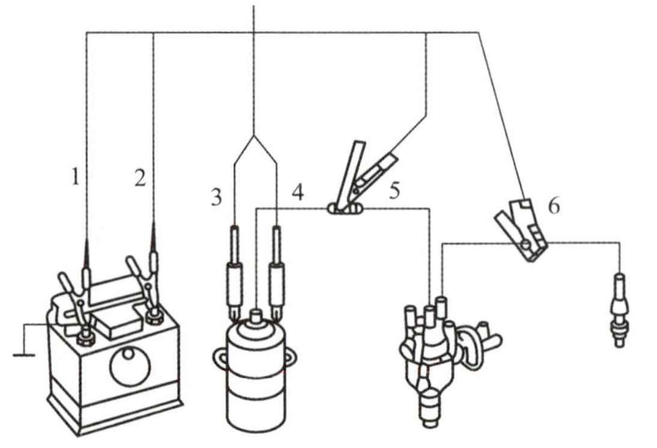

1、2—蓄电池夹(红色正极,黑色负极);3、4—点火线圈一次侧接线夹;5、6—电感式夹持器。

图 5-35　机械点火系统和晶体管点火系统信号提取接头连接方法

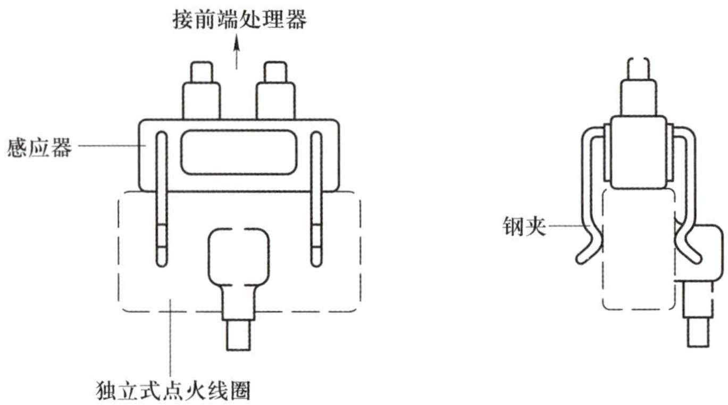

图 5-36　独立式点火线圈的专用感应夹具

二、点火波形分析

1. 次级点火波形的分析

发动机的点火线圈是由两部分的线圈组成:低压部分的初级线圈和高压部分的次级线圈。当初级线圈的电流被截断时,在次级线圈上将产生高达 15～20 kV 的电压,如图 5-37 所示。

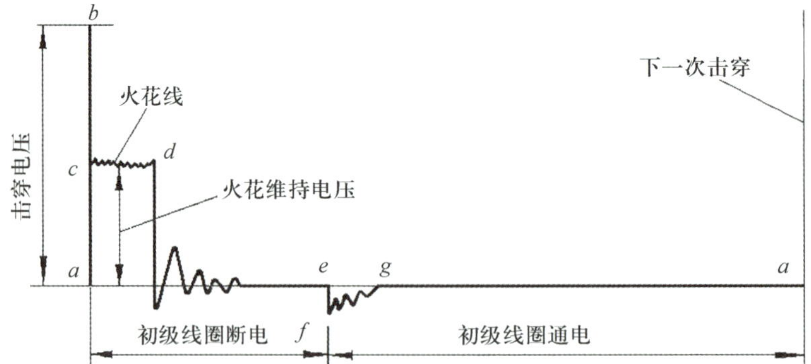

图 5-37　次级点火波形

a 点:断电器的触点断开或电子点火器晶体管没导通,点火线圈初级突然断电,使次级电压急剧上升。

ab 段:为火花塞的击穿电压,即在断电器打开的瞬间,由于初级电流下降至零,磁通量也迅速减小,于是次级产生的高压急剧上升,当次级电压还没有达到最大值时,就将火花塞的间隙击穿。所以 ab 也称为点火线。

bc 段:当火花塞的间隙被击穿时,两电极之间要出现火花放电,同时次级电压骤然下降,bc 为此时的放电电压。

cd 段:火花塞电极间隙被击穿后,通过电极间隙的电流迅速增加,致使两极间隙中的可燃气体粒子发生电离,引起火花放电。cd 的高度表示火花放电的电压,cd 的宽度表示火花放电的持续时间。cd 被称为火花线。

在火花间隙被击穿的同时,储存在次级电容 C_2(指分布电容,即点火线圈匝间、火花塞中心电极与侧电极间、高压导线与机体间等所具有的电容量总和)的能量迅速释放,故 abc 段被称为电容放电。其特点是放电时间极短(1 μs),放电电流很大(可达几十安培),所以 a、c 两点基本是在同一条垂直线上。而电容放电时,伴有迅速消失的高频振荡,频率为 106～107 Hz。但电容放电只消耗磁场能的一部分,其余磁场能所维持的放电称为“电感放电”。其特点是放电电压低,放电电流小,持续时间长,但振荡频率仍然较高。所以整个 $abcd$ 段波形称为高频振荡。

de 段:当保持火花塞持续放电的能量消耗完毕,电火花消失,点火线圈和电容器中的残余能量在线路中维持一段衰减振荡。这段振荡也叫第一次振荡。

ef 点:断电器触点闭合或电子点火器晶体管导通,是点火线圈初级突然闭合,初级电流开始增加,引起次级电压突然增大。值得注意的是:在 a 点,初级电流是急剧减小的,而在 e 点电流是逐渐增加的,所以这两点感应次级电压的方向相反,而且大小也不相同。

fa 段:触点闭合后,因初级电流接通而引起回路电压出现衰减振荡。称为第二次振荡。逐渐变化到零。当至 a 点时,触点又打开,次级电路又产生点火电压。

整个波形中,从 a 点至 e 点,对应于初级电流不导通、次级线圈放电阶段,对于传统点火系为断电器触点张开阶段,即触点打开段;从 e 点至 a 点对应于初级电流导通、线圈储能阶段,也是传统点火系的触点闭合时间,即触点闭合段。打开段加上闭合段等于一个完整的点火循环。

2. 无分电器点火系统的波形

无分电器点火系统中两缸共用一点火线圈,一个缸在循环中将点火两次:一次在做功行程末期(图 5-38a),是有效点火,该工况下因气缸中充满新鲜的可燃混合气,电离程度低,因此击穿电压和火花电压较高;另一次是在排气行程末期(图 5-38b),是无效点火,该工况下因气缸内为燃烧废气,电离程度高,因而击穿电压及火花电压较低,检测时应加以区分。

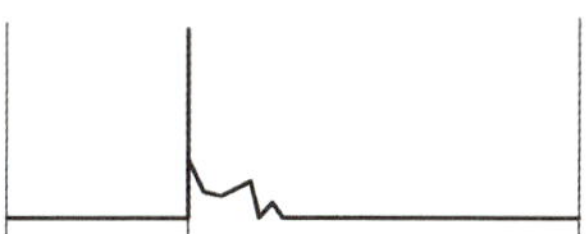
(a) 做功行程点火波形

(b) 排气行程点火波形

图 5-38 无分电器点火系统的两次点火过程

三、点火波形的各种组合

当气缸点火波形采集完成后,检测分析仪将捕获的点火波形进行不同类别的排列与组合,以供检测人员快捷而准确地判断故障的原因。

1. 平列波

按点火次序将各缸点火波形首尾相连排成一字形，称为平列波。如图 5-39 所示为标准四缸发动机二次电压的平列波波形图，其作用主要是分析二次电压的故障。各缸二次击穿电压是否均衡、火花电压是否有差异，在平列波形图上一目了然。

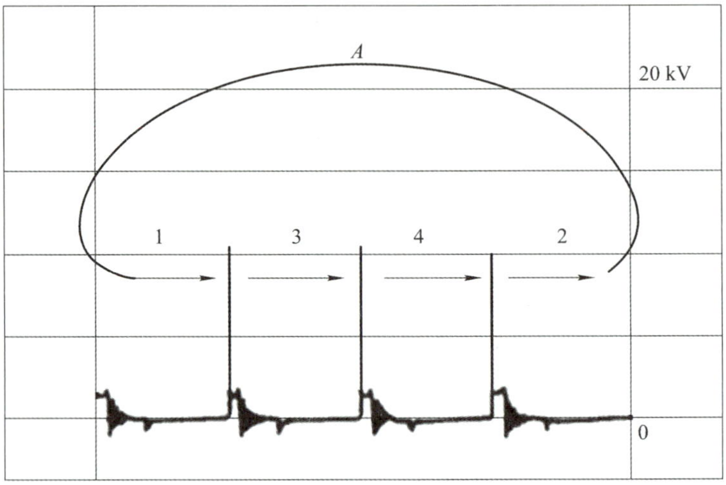

图 5-39　标准四缸发动机二次电压的平列波波形图

2. 并列波

将各缸的点火波形始点对齐，由下而上按点火次序排列就形成了并列波。如图 5-40 所示为标准四缸发动机的二次电压并列波波形图。通过对比分析各缸闭合角、开启角以及各缸的击穿电压值、火花线和火花持续时间是否一致，从异常波形中找出某缸的点火是否存在故障。如使用 TDC 传感器或频闪灯将上止点信号标于一缸电压波形上，则可以检测到点火提前角。

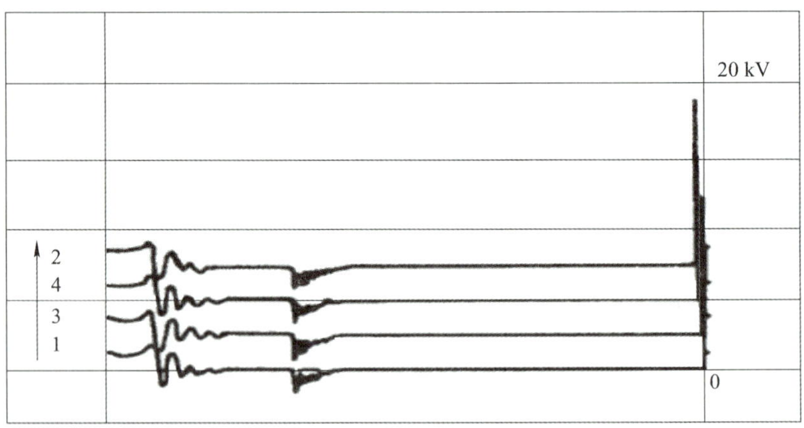

图 5-40　标准四缸发动机二次电压并列波波形图

3. 重叠波

将各缸的点火波形起始点对齐，全部重叠在一个水平位置上就形成了重叠波。如图 5-41

所示为次级电压重叠波波形图。由于重叠波是各缸点火波形的叠加，因而可评价各缸工作的一致性。各缸一致的重叠波就像一个单缸波形，只要其中任何一缸工作不佳，其波形就会偏离重叠波。如果触点式点火系统的分电器凸轮磨损不均匀或凸轮轴磨损严重，将会造成波形重叠不良。一般重叠角不能超过周期的 5%。

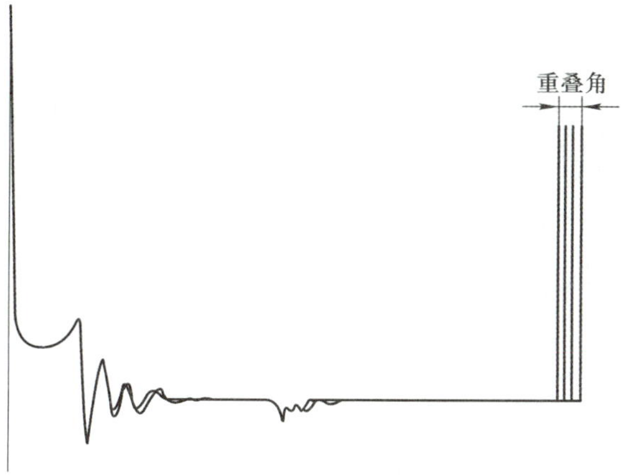

图 5－41　次级电压重叠波波形图

四、故障波形分析

造成故障波形的原因有很多，现场测得的故障波形也十分复杂，以下就一些较常见的典型故障波形进行简单分析。

点火波形故障的 5 个反应区域如图 5－42 所示，A 区为击穿电压故障区域，B 区为火花线故障区域，C 区为点火线圈故障区域，D 和 E 区为低压故障或点火线圈、点火器、点火信号发生器和凸轮位置传感器等故障区域。

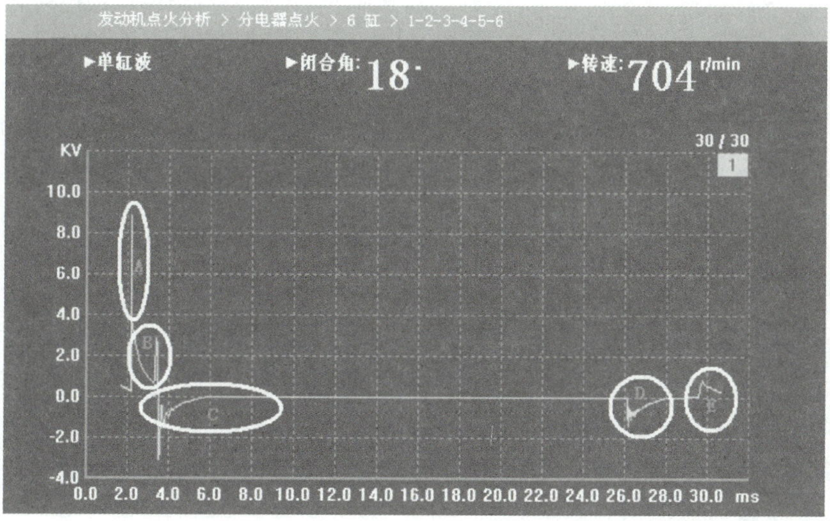

图 5－42　点火波形故障区域

1. 平列波故障分析

通过平列波可以分析各缸二次击穿电压是否均衡，火花击穿电压是否有差异等故障。

如果个别缸点火击穿电压过低，可能是由于该缸的火花塞间隙过小或绝缘体损坏等原因造成的。如图 5-43 所示为三缸火花塞间隙过小造成点火击穿电压过低的平列波波形图。

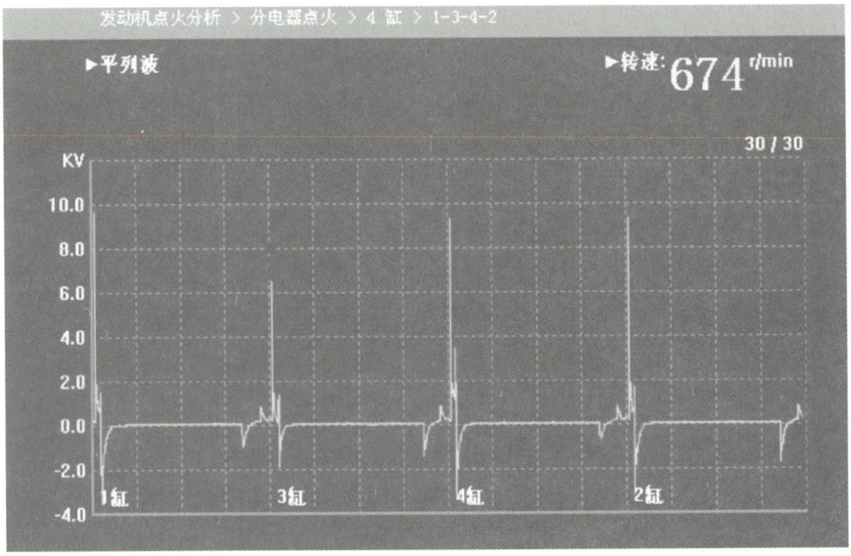

图 5-43　三缸火花塞间隙过小造成点火击穿电压过低的平列波波形图

个别缸点火击穿电压过高，可能是火花塞间隙过大或烧蚀，该缸分电器上的高压线未插到底或分电器盖插孔过脏等原因造成的。如图 5-44 所示为二缸火花塞间隙过大造成点火击穿电压过高的平列波波形图。

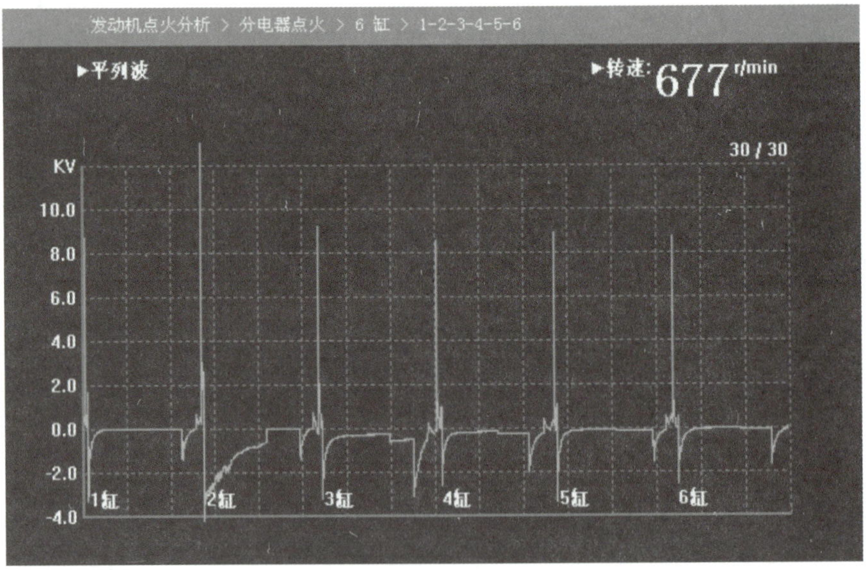

图 5-44　二缸火花塞间隙过大造成点火击穿电压过高的平列波波形图

2. 故障波波形分析

各故障波波形分析如下：

① 将发动机的转速提高到2 500 r/min，各缸点火电压减小，并保持在5 kV以上，说明点火系统在高速运转时正常。

② 各缸点火击穿电压均过高，可能是火花塞间隙过大或烧蚀、混合气过稀、分电器中心高压线端未插到底或分电器盖插孔过脏、分火头与分电器之间连接的电极间隙过大等原因造成的。

③ 各缸点火击穿电压均过低，可能是电源电压过低、火花塞间隙过小、混合气过浓等原因造成的。

④ 拔下某缸高压线，点火击穿电压应在15 kV以上，否则可能是高压线、分电器盖绝缘不良或点火线圈性能不良。

⑤ 发动机转速升高后，个别缸的电压高于其他缸，说明该缸火花塞间隙过大。

⑥ 发动机转速升高后，个别缸的电压低于其他缸，说明该缸火花塞的间隙过小、脏或绝缘体绝缘不良。

⑦ 点火击穿电压太低，且火花线变长，说明该缸火花塞间隙太小或积炭严重。

⑧ 整个二次电压波形上下颠倒，说明点火线圈一次电源极性接反。

思考与练习

一、填空题

1. 点火系统按一次电路的通断方式不同可分为传统点火系统、________和计算机控制的点火系统。

2. 点火系统应按发动机的________进行点火。

3. 传统点火系统主要由电源、点火线圈、________、点火开关、火花塞、附加电阻及附加电阻短接开关、________等组成。

4. 计算机控制的无分电器点火系统由电源、点火开关、________、点火控制器、点火线圈、________、高压线和各种传感器组成。

5. 在火花塞电极间产生火花时所需要的电压，称为________。

6. 影响最佳点火提前角的主要因素是发动机的________和________。

7. 转速越高，点火时间越________；负荷越大________，点火时间越________；汽油标号越高，点火时间应越________。

8. 高压缩比、大功率、高转速的发动机应采用________型火花塞。反之，应采用________火花塞。

9. 采用ECU的发动机在工作时，实际点火提前角由三部分组成，即________、________、________。

10. 修正点火提前角是根据________、________和________的信号所计算的点火提前角的修正角。

二、选择题

1. 火花塞电极间隙一般为(　　)mm，有的增大到1.0～1.2 mm。

A. 0.3～0.4　　B. 0.5～0.6　　C. 0.7～0.9

2. 为保证点火可靠，一般要求点火系统提供的高电压为(　　)V。

A. 150～250　　B. 1 500～2 500　　C. 15 000～20 000

3. 点火线圈由铁心、(　　)、二次绕组、胶木盖、瓷座、接线柱和外壳等组成。

A. 一次绕组　　B. 中央电极　　C. 侧电极

4. 在检查是否有高压电时，高压线对机体的跳火间隙一般为(　　)mm。

A. 0.6～0.8　　B. 6～8　　C. 16～18

5. 汽油发动机点火适当提前，(　　)。

A. 功率减小，油耗增高　　B. 功率略有提高，经济性好

C. 发动机温度高　　D. 发动机摩擦加大，故障增多

6. 下列对霍尔效应信号发生器输出信号的描述正确的是(　　)。

A. 输出的是模拟信号　　B. 发动机转速升高时，信号幅值增大

C. 发动机转速升高，频率减小　　D. 发动机转速升高，周期减小

三、判断题

1. 当发动机转速升高时，其点火提前角应适当减小。(　)
2. 闭磁路点火线圈比开磁路点火线圈的能量转换率高。(　)
3. 当发动机转速一定时，随着负荷的增大，点火提前角应适当减小。(　)
4. 汽油的抗爆性对最佳点火提前角无任何影响。(　)
5. 真空点火提前装置的作用是根据发动机转速的变化自动调整点火提前角。

四、简答题

1. 汽车点火系统的作用是什么？
2. 简述对汽车点火系统的要求。
3. 简述电子点火系统的工作原理。
4. 简述对采用同时点火方式的电控点火系统进行检修的一般步骤。
5. 简述对采用独立点火方式的电控点火系统进行检修的一般步骤。
6. 简述利用示波器对点火系统进行检测的一般方法。

项目 6　汽车照明与信号系统的检修

项目引入

为了保证汽车行驶安全可靠，提醒行人及车辆注意安全，在汽车上必须安装多种照明设备（包括外部照明装置和内部照明装置）和灯光信号装置，不同汽车的照明与信号系统不是完全相同的，但都必须满足以下两个要求：

① 保证运行安全。

② 符合交通法规。

要对汽车照明与信号系统进行检修，首先要掌握汽车照明与信号系统的组成及工作原理，并掌握前照灯、电喇叭等的安装及调整方法。

项目要求

通过本项目的学习，应逐步掌握汽车照明系统、信号系统的作用、组成、结构及工作原理，掌握前照灯和电喇叭的安装及调整方法，能对典型车系照明系统电路进行分析及检修，能够熟练地使用专用工具对照明与信号系统进行调试和检测。

任务 1　认识照明与信号系统

任务目标

1. 掌握汽车照明系统的分类、组成及结构特点。
2. 掌握汽车信号系统主要部件的结构特点和工作原理。
3. 掌握汽车照明与信号系统的工作原理。
4. 能根据所学知识对前照灯光束进行检测与调整。

任务引入与分析

如图 6-1 所示为我国自主品牌的高档轿车红旗 H7 的前、后灯具，你能区分出前照灯、雾灯、小灯、转向灯等灯具吗？它们各自的功能是什么？

图 6-1　红旗 H7 的前、后灯具

知识链接

一、照明与信号系统的作用及灯具

为了保证汽车在各种条件下安全行驶，提高汽车的行驶速度，在汽车上装有各种照明、信号、仪表和报警装置。

汽车灯具按照用途可分为照明灯、信号灯或指示灯。例如，前照灯（俗称大灯）用于夜间照明，转向灯用于向其他车辆和行人发出转弯信号，尾灯及示宽灯则指示自己车辆的存在和位置。

汽车灯具按其安装位置可分为外部灯具和内部灯具，常见的外部灯具有前照灯、雾灯、转向灯、示宽灯、倒车灯等；常见的内部灯具有仪表灯、阅读灯、行李厢灯、驾驶人脚部照明灯和迎宾灯等。

常见的汽车照明与信号系统灯具一览表见表 6-1。

二、照明与信号系统的基本组成电路

照明与信号系统主要由电源、前照灯组合、车后组合灯（含后雾灯）、组合开关（变光开关、转向信号开关）、雾灯开关、继电器等组成。

如图 6-2 所示为汽车照明与信号系统基本组成电路示意图。

三、汽车前照灯的要求、结构及类型

1. 对前照灯的要求

汽车在夜间行驶时必须有近光、远光、闪光（会车）三种工作模式。

① 在会车和城市复杂交通路况行驶时，宜采用近光模式，要求照射距离短、范围广、防眩目。

② 在高速公路上行驶时，宜采用远光模式，要求灯光明亮、均匀，照射距离远（150～200 m，甚至更远）。

③ 闪光模式用于提醒前方的车辆或行人被超越或避让。

表6-1　常见的汽车照明与信号系统灯具

系统		类型	图示	颜色	功率	功用和要求	安装位置
照明系统	外部照明	前照灯又称大灯		白色	远光:40～60 W 近光:20～35 W	在夜间行车时,照亮车前的道路和物体,确保行车安全;同时也可发出远光和近光交替变换的灯光,以便夜间超车和避免会车时使对方驾驶员眩目	前部左右
		雾灯		黄色或玫瑰色	功率 35 W	主要是在雾、雪、雨天气行车时照明车前道路。灯光颜色为黄色或瑰瑰色,是因为其光波较长,透雾性能好。有的车还有后雾灯	它装在前照灯附近,一般比前照灯稍低的
		小灯包括转向灯、制动灯、尾灯、后雾灯、倒车灯等	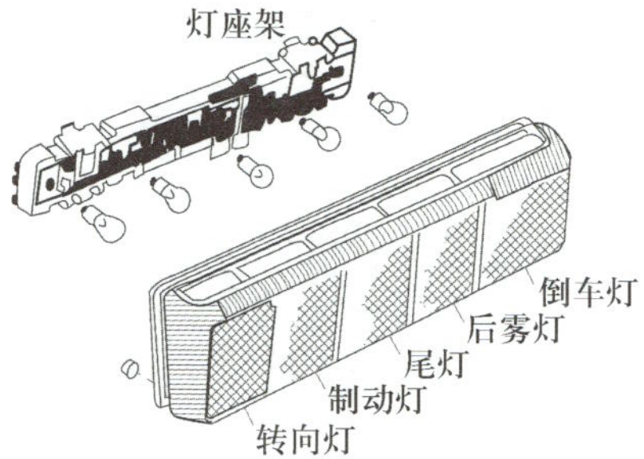	红色	15～25 W	前部小灯与前照灯组合一起,用于标识夜间行驶或停车时的宽度轮廓。后面小灯一般也与其他灯组合在一起,用于夜间行驶时向后面的车辆或行人提供位置信息	装在车辆前面和后面两侧对称位置
		牌照灯		白色	8～10 W	夜间照明车辆牌照。要求亮度好,而且要求光线均匀,夜间在车后 20 m 处应能看清牌照标志	汽车后部牌照上方
		仪表灯		蓝色或其他颜色	1～3 W	夜间照亮仪表	仪表盘内

（续表）

系统		类型	图示	颜色	功率	功用和要求	安装位置
照明系统	内部照明	顶灯		白色	5～15 W	夜间照明车厢内。现代汽车利用定时器电路在车门关闭后，车顶灯持续点亮约10～15 s才熄灭，以方便驾驶人及乘客	车内顶部
		阅读灯		白色	5～8 W	为乘客提供阅读照明	乘客头顶部
	工作灯	行李厢灯	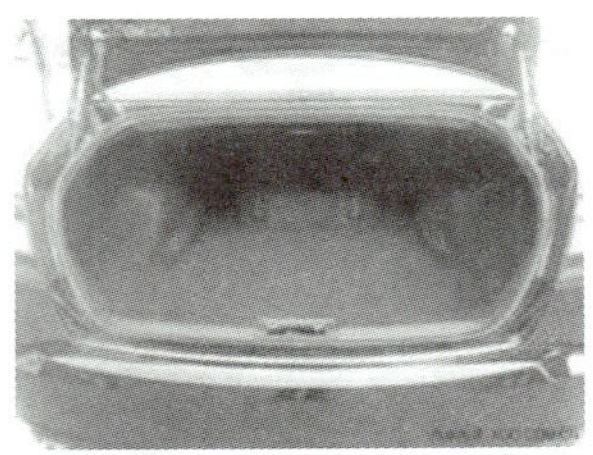	白色	5～8 W	照明行李箱，当行李箱打开时亮	行李箱内顶部
		发动机罩灯		白色	8～10 W	夜间为发动机舱内提供照明	引擎盖上

（续表）

系统		类型	图示	颜色	功率	功用和要求	安装位置
照明系统	其他照明	踏步灯、门灯	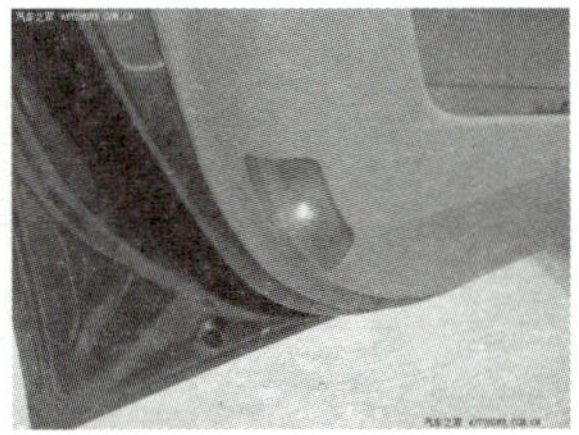	白色或黄色	3～5 W	照亮踏步和地面，为上下车提供照明	门下部或踏步内（大客车）
信号系统	灯光信号	转向灯		琥珀色	8～10 W	表示汽车的运行方向。也有危急报警灯的作用：左右转向灯同时闪亮，表示有紧急情况	前、后、左、右四个角，多数车还有中部转向灯
		倒车灯		白色	25 W	在汽车倒车时照明，灯光为白色	后部左右有的一个倒车灯
		制动灯		红色	20 W	是在汽车制动停车或制动减速行驶时，向后车发出灯光信号，以警告尾随的车辆，防止追尾	后部左右
	声音信号	喇叭	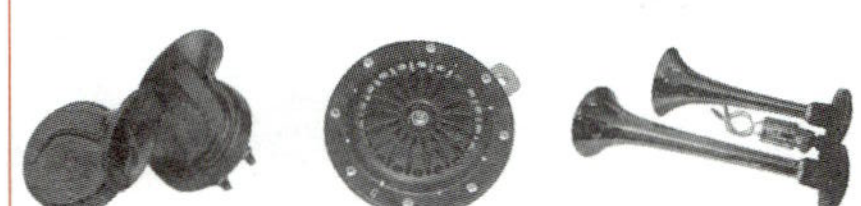		8～10 W	汽车喇叭属于声响信号装置，主要用于警告行人和其他车辆，以引起注意，保证行车安全	

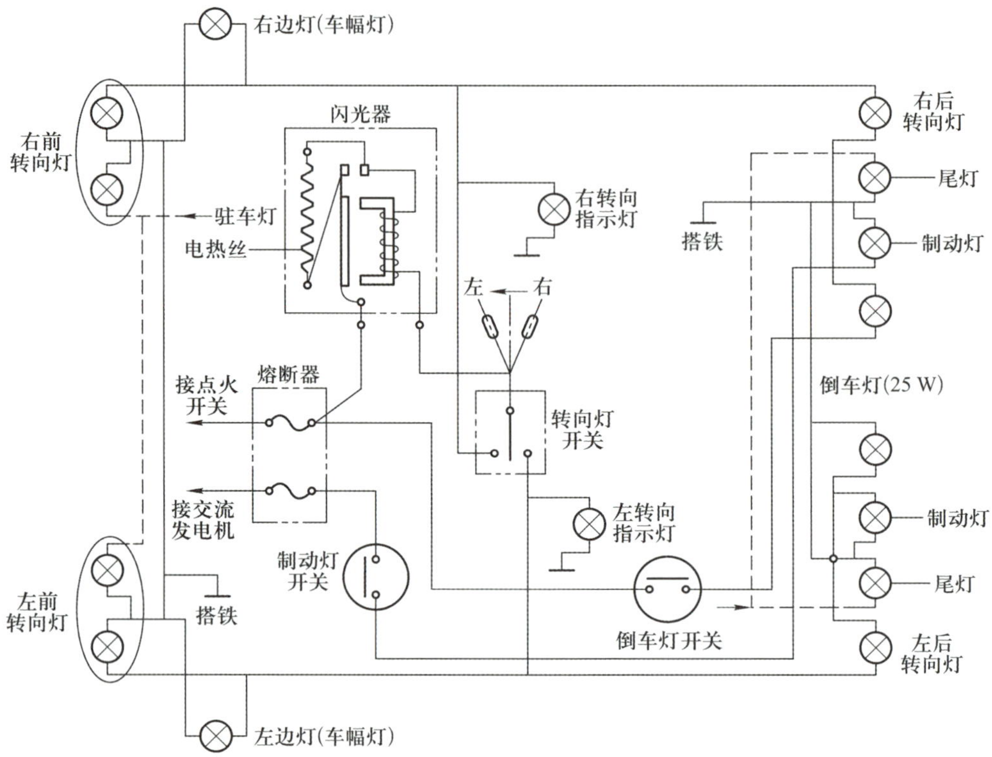

图 6-2　汽车照明与信号系统基本组成电路示意图

2. 前照灯的结构

前照灯的光学组件由灯泡、反射镜和配光镜三部分组成,如图 6-3 所示。

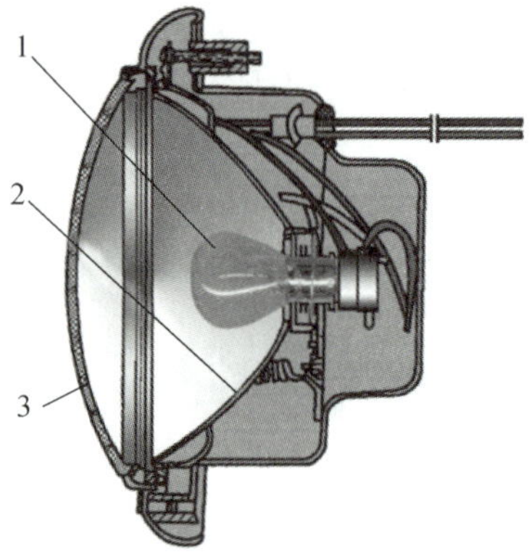

1—灯泡;2—反射镜;3—配光镜。

图 6-3　前照灯的结构

(1)灯泡

(a)普通灯泡

普通灯泡即白炽灯泡,如图 6-4 所示。灯内抽空,充入氩气、氦气、氖气、氮气等混合气体(灯亮后灯丝发热,气体受热膨胀,灯内增压,减小钨丝的蒸发,提高寿命)。

灯丝广泛使用的材料是钨丝,所以又称为钨丝灯泡。它能散发出温暖晕黄的光线,价格便宜,使用广泛。但钨丝灯泡的寿命较短,原因是高温下钨蒸发,使钨丝变细,最后熔断,而且灯泡玻璃壳变黑。

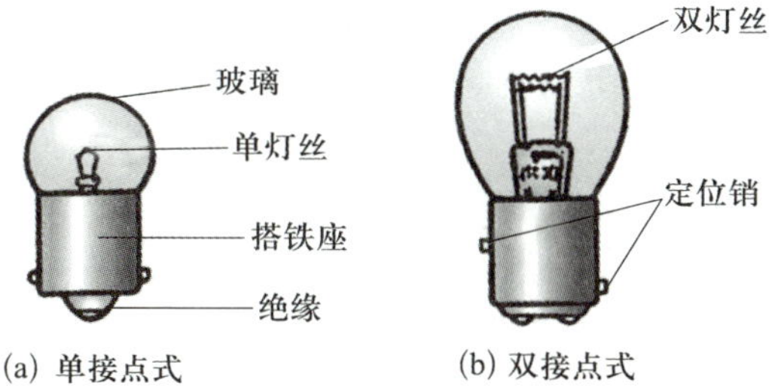

图 6-4　普通灯泡

(b)卤素灯泡

卤素灯泡是在惰性气体中混入碘、氯、氟、溴等卤族元素,其外形为柱形,如图 6-5 所示。灯泡亮时,钨丝上蒸发出的气态钨与卤族元素反应生成卤化钨,它扩散到灯丝高温区后受热分解,钨又重新回到灯丝上。如此周而复始,防止了钨蒸发和灯泡黑化现象。如图 6-6 所示为卤钨循环原理。

卤素灯泡寿命延长,发光效率提高,光度稳定。在相同功率的情况下,卤素灯泡的亮度是普通灯泡的 1.5 倍,使用寿命是普通灯泡的 2～3 倍。

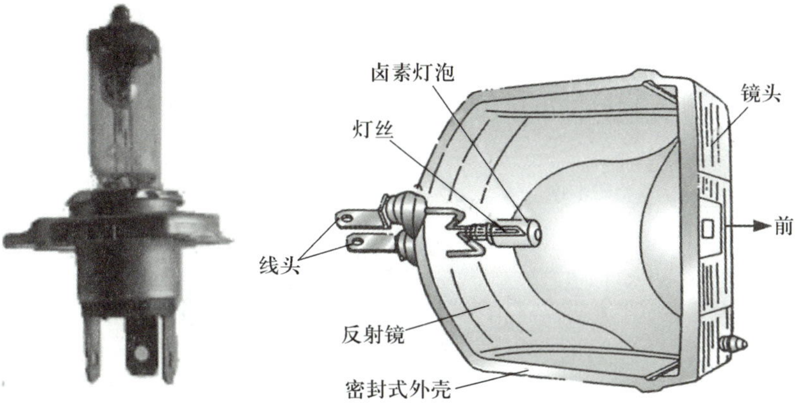

图 6-5　卤素灯泡

(c)氙气灯泡

氙气灯泡是一种含有氙气的新型灯泡,又称高强度放电灯或气体放电灯,如图 6-7 所示。氙气灯泡是不带灯丝的,它是利用正、负电极刺激氙气与稀有金属发生化学反应发光,因此汽车氙气灯泡的灯管里不是金属丝而是一个小玻璃球,里面充满了氙气和稀有金属。

氙气灯泡亮度大,类似白昼的太阳光芒,亮度是卤素灯泡的三倍;消耗功率低(工作时所需的电流量仅为 3.5 A),可靠性高,不受车上电压波动的影响;使用寿命很长,一般可以用五年左右,

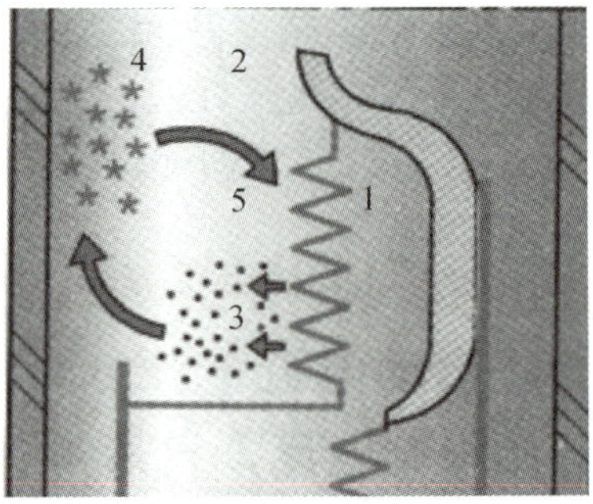

1—钨丝；2—碘或溴等卤族元素；3—钨蒸发物；4—卤化钨；5—钨沉淀物。

图 6-6　卤钨循环原理

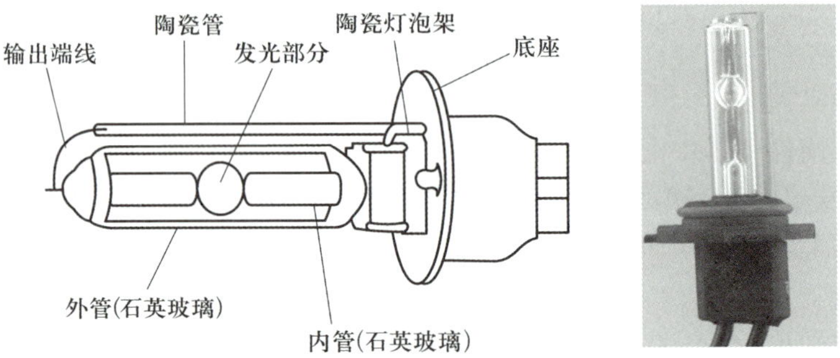

图 6-7　氙气灯泡

是卤素灯泡的 3～5 倍。目前许多高档车都使用了这种新型的氙气前照灯。

氙气灯泡是在两电极间通过高电压产生电弧，从而在灯泡内产生光度，其工作原理如图 6-8 所示。

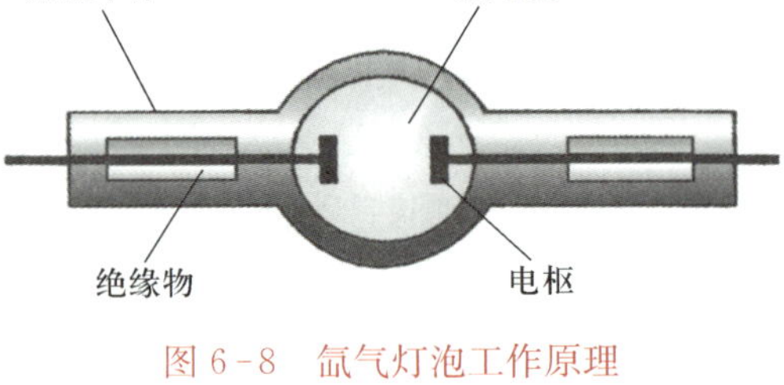

图 6-8　氙气灯泡工作原理

(d)LED(发光二极管)灯泡

汽车前照灯灯泡经历了一个从普通灯泡到卤素灯泡再到氙气灯泡的发展过程，然而这些传统灯具均属于真空或充气的玻璃壳灯具，它们有一个共同的缺点就是寿命不够长。

近年来开始流行用 LED 灯作指示灯，例如刹车灯、转向灯等，甚至前照灯也有采用 LED 灯的趋势。如图 6-9 所示为装有 LED 灯的前照灯总成，右侧灯配置有 5 个 LED 灯。

LED 灯的优点：寿命长，一般可达几万乃至十万小时，如果未来的汽车照明灯使用 LED 灯，

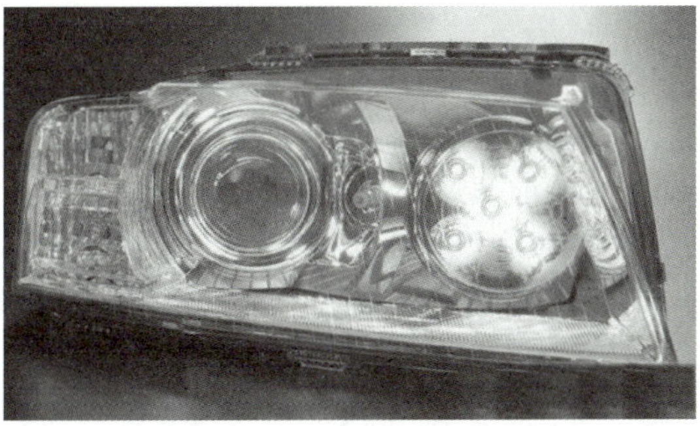

图 6-9　装有 LED 的前照灯总成

整个汽车使用期限内都不需要更换灯具；节能，光线质量高，基本上无辐射，属于“绿色”光源；结构简单；抗震性能好；无须热启动时间，亮灯响应速度快（纳秒级），适用于移动速度快的物体使用；体积小，设计者可以随意变换灯具模式，令汽车造型多样化。

使用 LED 灯作为前照灯，目前还处于概念设计阶段，目前最亮的 LED 灯只有约一般卤素灯泡 1/5 的亮度，要达到前照灯所需的亮度要求，尤其是卤素灯泡的亮度，在技术、法规及成本等方面尚存在诸多问题。

LED 灯将取代普通灯泡，成为现代汽车在指示、定位、室内照明及造型设计方面的主流。

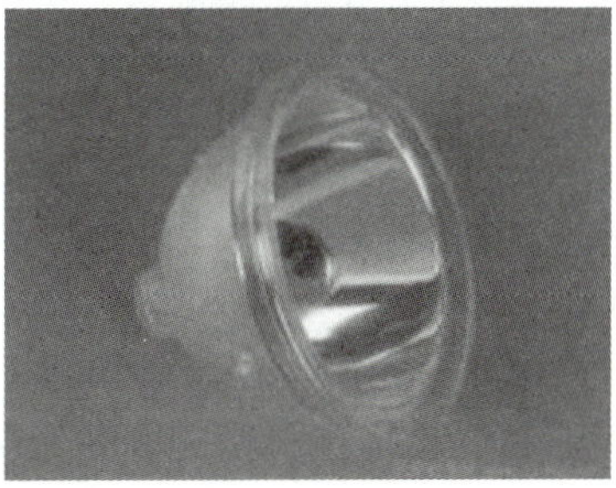

图 6-10　反射镜

（2）反射镜

多数反射镜都是旋转抛物面，其表面镀银、铬、铝等，然后抛光，如图 6-10 所示 。反射镜的作用是将灯泡发出的散光聚合成强光束射向远方。

（3）配光镜

配光镜是由透明玻璃压制而成的多个棱镜和透镜的组合体，如图 6-11a 所示。配光镜的作用是将反射镜反射出的平行光束在水平方向扩散，以扩大光线的照射范围；在竖直方向向下折射，使车前 100 m 内的路面各处都有良好而均匀的照明，如图 6-11b 所示。

(a) 实物图

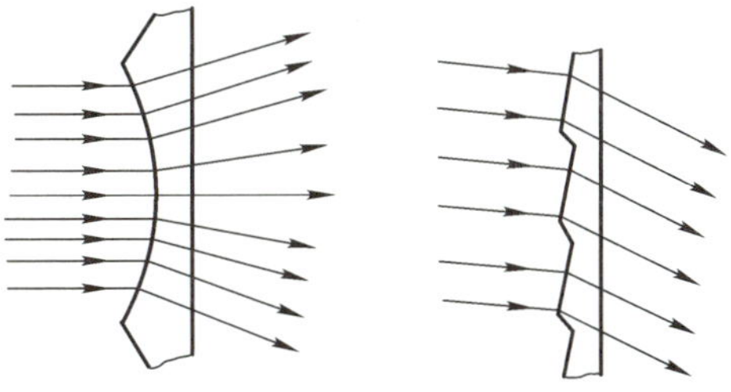

(b) 工作原理示意

图 6-11　配光镜实物图与工作原理

3. 前照灯的防眩目

夜间会车时，前照灯发出的强光束会使迎面来的驾驶员眩目，易发生交通事故，所以必须采取防眩目措施。目前，主要的防眩目措施有采用双丝灯泡、采用带遮光罩的双丝灯泡、采用非对称光制式防眩灯及采用自动变光的前照灯等。

(1)采用双丝灯泡

远光灯丝(45～60 W)位于反射镜的焦点上，近光灯丝(20～50 W)位于反射镜焦点的上方或前方，向斜下方照，防眩目，如图 6-12 所示。

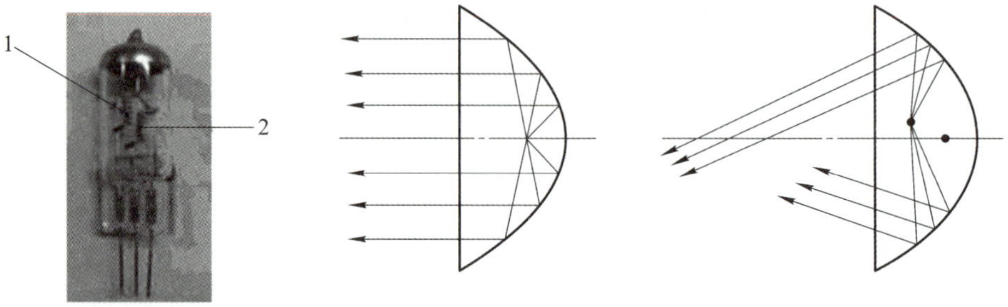

(a) 远光灯光束　　(b) 近光灯光束

1—近光灯丝；2—远光灯丝。

图 6-12　双丝灯泡的远、近光灯光束

(2)采用带遮光罩的双丝灯泡

由于散光和向上反射的光仍会眩目，所以在近光灯丝的下方装有遮光罩，光罩能挡住射向反射镜下部的光线，无法反射，提高防眩目效果，如图 6-13 所示。

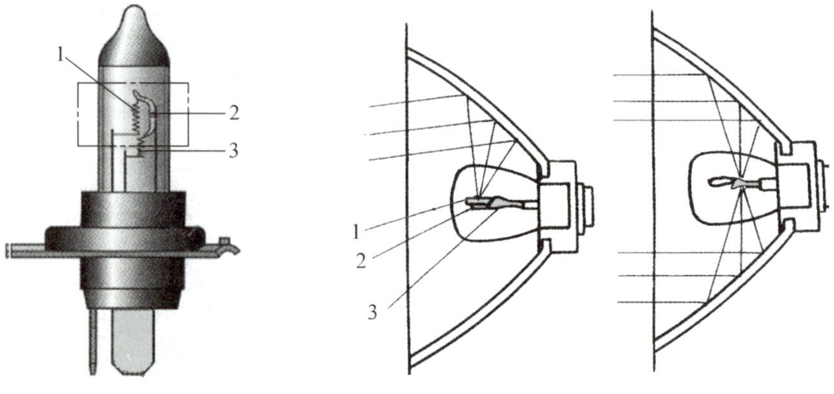

1—近光灯丝；2—遮光罩；3—远光灯丝。

图 6-13　带遮光罩的前照灯

(3)采用非对称光制式防眩灯

安装时将遮光罩偏转一定的角度，使其近光的光形分布不对称，将近光灯右侧光线倾斜升高 15°，如图 6-14 所示。

(4)采用自动变光的前照灯

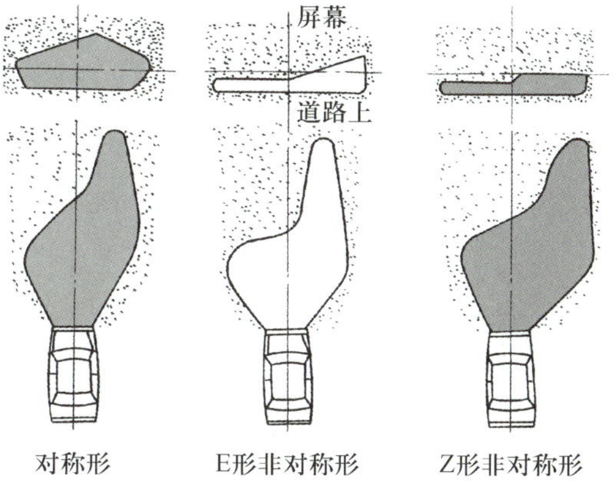

图6-14　前照灯的配光光形

前照灯自动变光器是一种根据对方车辆灯光的亮度自动变远光为近光或变近光为远光的自动控制装置。

在夜间两车相对行驶时，当相距150～200 m时，对方的灯光照射到自动变光器上，即可立即自动变远光为近光，从而有效地避免了远光给对方驾驶员带来的眩目，待两车相会后，变光器又自动变近光为远光，汽车即可恢复原来的行驶速度。自动变光器，不需要驾驶员操纵，体积小，性能稳定可靠，灵敏度高。

典型的汽车自动变光前照灯主要由感光器（即传感器）、电子控制器和控制开关三大部分组成，如图6-15所示。

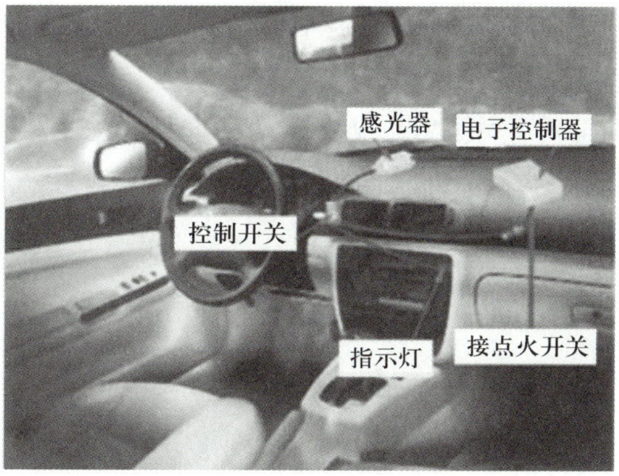

图6-15　自动变光系统的组成

4. 前照灯的类型

（1）封闭式前照灯

封闭式前照灯又称为真空灯，将灯泡、反射镜和配光镜制为一体，如图6-16所示。它的优点是可完全避免反射镜受到污染；缺点是灯丝烧坏后需要更换大灯总成，成本较高。

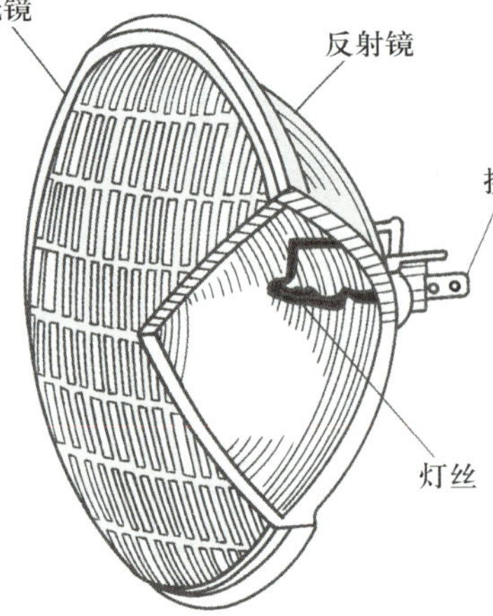

图 6-16 封闭式前照灯

(2)半封闭式前照灯

半封闭式前照灯如图 6-17 所示,灯泡可从反射镜后端进行拆装,维修方便,因此得到广泛使用。

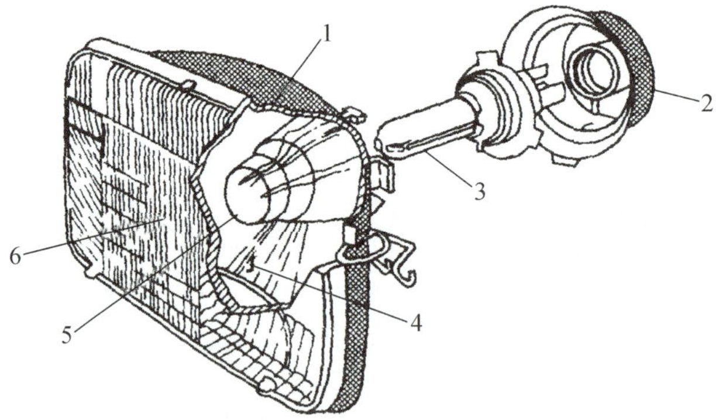

1—灯壳;2—灯泡卡盘;3—灯泡;4—反射镜;5—玻璃球面;6—配光镜。

图 6-17 半封闭式前照灯

(3)投射式前照灯

投射式前照灯采用了凸形配光镜,反射镜为椭圆形,所以其外径很小,如图 6-18 所示。

由于投射式前照灯的反射镜呈椭圆形,所以有两个焦点。在第一个焦点处放置灯泡,光束经反射会聚至第二个焦点。凸形配光镜的焦点与第二焦点重合,灯泡发出的光被反射镜聚成第二焦点,其通过配光镜后将聚集的光投射到远方。投射式前照灯使用的是卤素灯泡。

在第二焦点附近设有遮光板,可用于遮住投向上半部分的光,形成明暗分明的配光。这种配光特性适用于前照灯的近、远光灯,也可用于雾灯。采用投射式前照灯,可利用的光束增多。若将反射镜做成扁长断面,很多光束便可横向扩散,不仅结构紧凑,而且经济实惠。

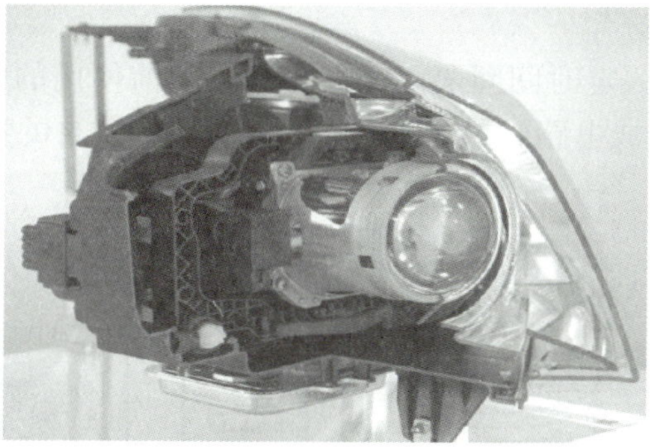

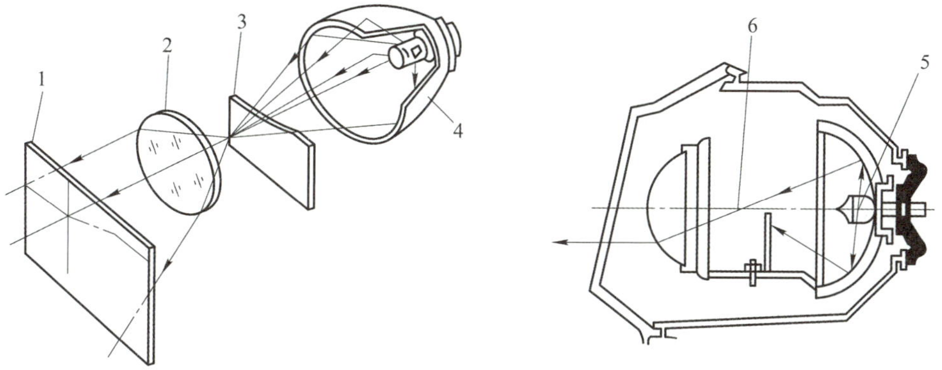

1—屏幕；2—凸形配光镜；3—遮光镜；4—椭圆形的反射镜；5—第一焦点；6—第二焦点。

图 6-18　投射式前照灯

四、转向灯电路的组成

汽车转向灯主要用来指示车辆行驶的方向，其灯光信号采用闪烁的方式来指示车辆左转或右转，以引起其他车辆和行人的注意，提高车辆的安全性。

转向灯电路主要由转向信号灯（白炽灯或 LED 灯）、转向灯开关和闪光器等组成。

1. 转向灯开关

转向灯开关一般为组合开关，如图 6-19 所示，装于转向盘下方，用以控制转向灯。

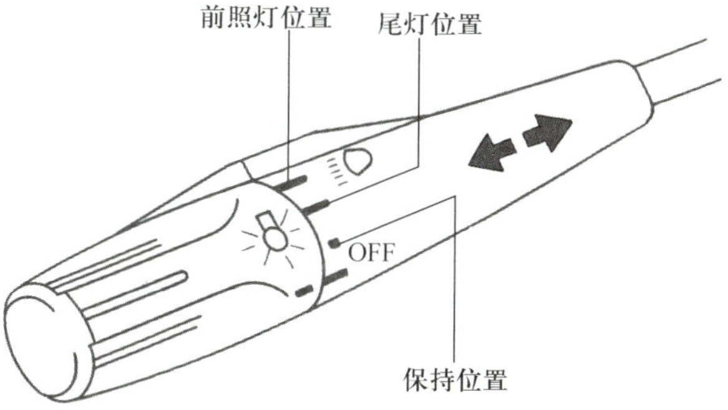

图 6-19　转向灯开关

2. 闪光器

闪光器是使转向灯按一定时间间隔闪烁的器件。目前使用的闪光器主要有翼片式(热丝式)、电容式、晶体管式和集成电路式,如图 6-20 所示。它们各自的特点如下:

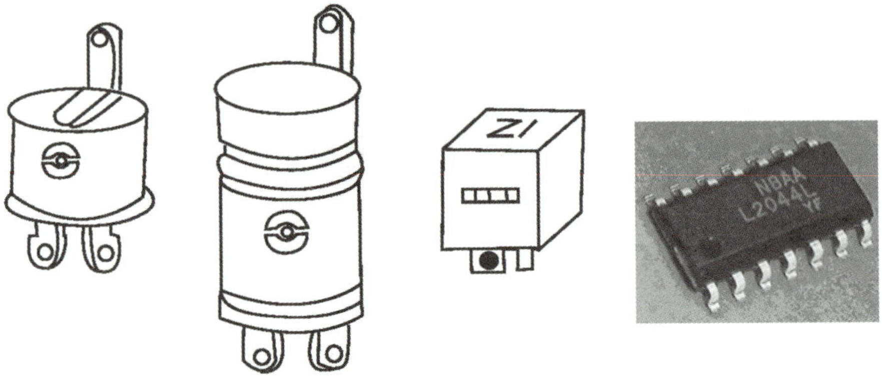

(a) 翼片式　(b) 电容式　(c) 晶体管式　(d) 集成电路式

图 6-20　闪光器的类型

① 翼片式闪光器结构简单、成本低,但闪光频率不够稳定、寿命短,信号明暗不明显,现已被淘汰。

② 电容式闪光器闪光频率较稳定,结构简单,体积小,工作时伴有响声,可起监控作用。

③ 晶体管式闪光器具有性能稳定、可靠性高、寿命长的特点,现已获得广泛应用。

④ 集成电路式闪光器体积小,性能稳定,寿命长,应用越来越广泛。

五、前照灯的检测、拆装与调整

1. 前照灯的检测

汽车前照灯检测是汽车安全性能检测的重要项目。当发光强度不足或光束照射位置偏斜时,会造成夜间行车驾驶员视线不清,或使迎面来车的驾驶员眩目,将极大地影响行车安全。根据 GB 7258—2017《机动车运行安全技术条件》的规定,前照灯检测的主要参数是发光强度和光束照射位置。

(1)检测条件

检测前照灯光束照射位置时,屏幕与场地应平直,被检验的车辆应在空载、轮胎气压正常、乘坐一名驾驶员的条件下进行。

(2)检测标准

① 检验机动车前照灯的近光光束照射位置时,前照灯在距离屏幕 10 m 处,光束明暗截止线转角或中点的高度应为 $0.6\ H \sim 0.8\ H$(H 为前照灯基准中心高度),其水平方向位置向左向右偏移均不得超过 100 mm,如图 6-21 所示。

② 四灯制前照灯的远光单光束灯的调整,在屏幕上光束中心离地高度为 $0.85\ H \sim 0.90\ H$;水平位置左灯向左偏移不得大于 100 mm,向右偏移不得大于 170 mm;右灯向左或向右偏移均不得大于 170 mm。采用四灯制的机动车,其中两只对称的灯达到两灯制的要求时视为合格。

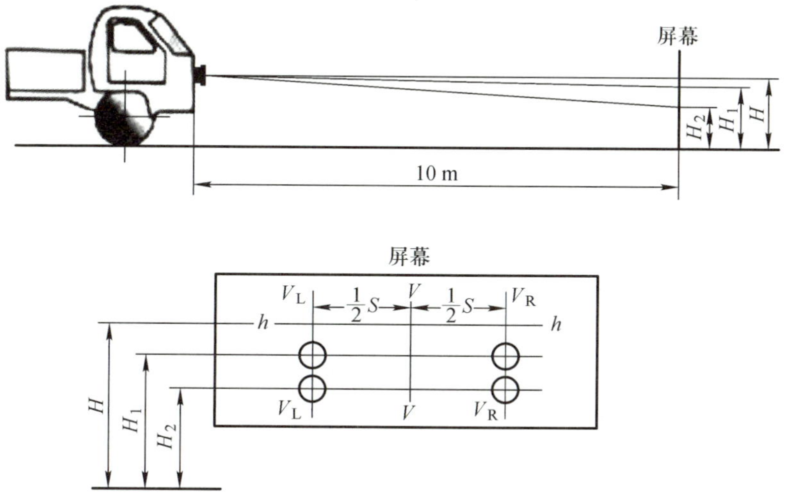

图 6-21　前照灯光束照射位置

③ 机动车装有远光和近光双光束灯时，以调整近光光束为主。对于只能调整远光单光束的灯，则调整远光单光束。

④ 汽车每只前照灯的远光光束发光强度应达到表 6-2 的要求。测试时，其电源系统应处于充电状态。

表 6-2　前照灯远光光束发光强度要求　　cd

车辆类型	新车		在用车	
	两灯制	四灯制	两灯制	四灯制
汽车、无轨电车	15 000	12 000	12 000	10 000
四轮农用运输车	10 000	8 000	8 000	6 000

(3)检测方法

检测方法有屏幕检验法和仪器检验法。

(a)屏幕检测法

将车辆停置于屏幕前，并与屏幕垂直，使前照灯基准中心距屏幕 10 m，在屏幕上确定与前照灯基准中心离地面距离 H 等高的水平基准线及以车辆纵向中心平面在屏幕上的投影线为基准确定的左、右前照灯基准中心位置线，分别测量左、右前照灯光束的水平或垂直照射方位的偏移值，如图 6-21 所示。

(b)仪器检测法

屏幕检测法简单易行，但只能检测出光束的照射位置，不能检测发光强度，且为适应不同的车型，需经常更换屏幕，效率低，占用场地较大。因此，目前广泛采用前照灯校正仪对汽车前照灯进行检测。投影式前照灯检测仪如图 6-22 所示，检测时前照灯与检测仪的距离为 3 m。

前照灯检验仪大多采用光电池感光。把光电池与光度计(电流表)连接起来，用前照灯照射

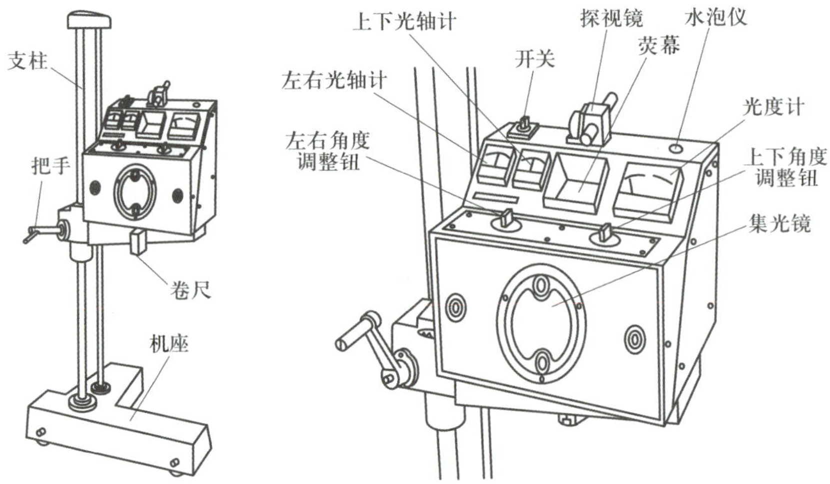

图 6-22　投影式前照灯检测仪

光电池，光电池会产生相应大小的电流，使光度计产生动作，便可测出前照灯的发光强度，如图 6-23a所示。

把光电池分割成上下左右四块，照射后，各块光电池分别产生电动势，其差值可以使上下光轴计或左右光轴计产生动作，从而判断出光轴位置，如图 6-23b 所示。

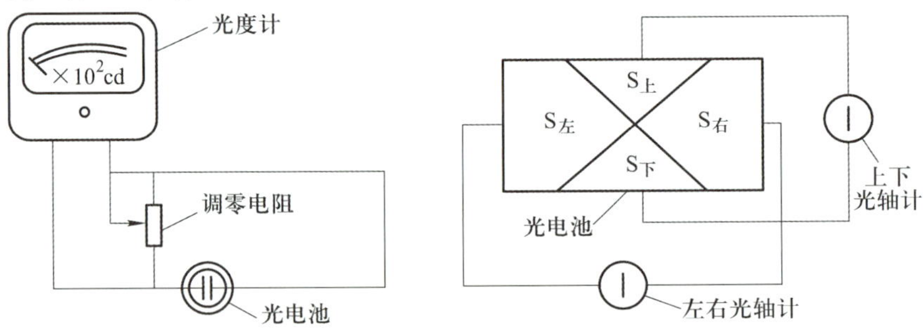

(a) 发光强度的检测原理　　(b) 光轴偏斜量的检测原理

图 6-23　发光强度和光轴偏斜量检测原理

2. 前照灯的拆装与调整

更换大灯灯泡时，如果机油或润滑脂黏在其表面的话，它将会破裂。此外，人体汗液中的盐也可能沾污灯泡表面。因此，在换灯泡时应抓住法兰部分，防止手指接触灯泡表面，如图 6-24 所示。

在安装一只新的近光灯泡之后，应对前照灯的照射角度进行调整，如图 6-25 所示。

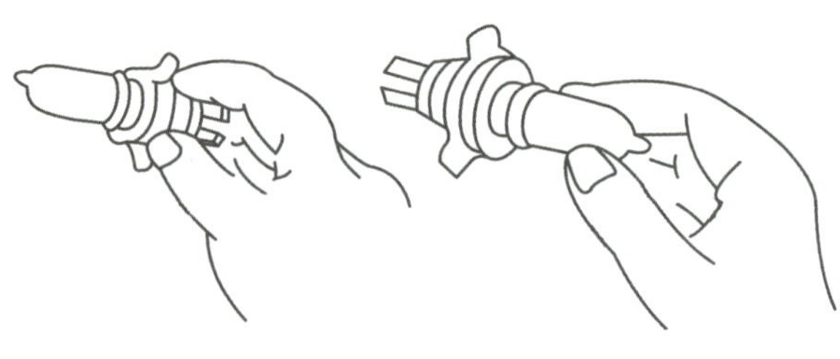

(a) 正确　　(b) 错误

图 6-24　灯泡拆装

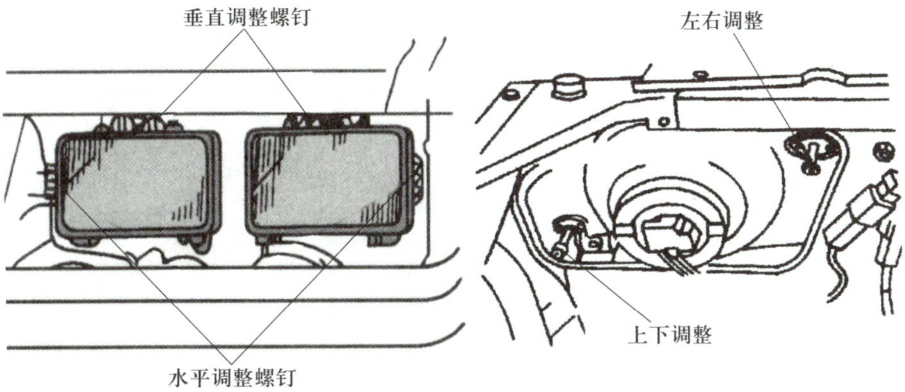

图 6-25　前照灯的照射角度调整

任务 2　分析与检修典型车系照明系统电路

互动练习

照明与信号系统

任务目标

1. 会分析典型车系照明系统的电路。

2. 能根据所学知识对典型车系照明系统电路进行故障分析及检修。

任务引入与分析

一辆汽车的右近光灯不亮，急需修理。

要排除汽车照明系统的故障，必须熟悉汽车照明系统的组成、结构，掌握汽车照明系统电路的特点。根据照明系统电路的特点，主要从以下三个方面进行分析：

① 电气元件故障。

② 线路故障，断路、短路、接触不良等。

③ 复合故障。

知识链接

一、照明系统电路的组成

普通前照灯电路主要由蓄电池、灯光组合开关（灯光开关、变光开关）、继电器（前照灯继电器、变光继电器）、熔断器、灯泡组成，如图 6-26 所示。

1. 灯光开关

灯光开关的形式有拉钮式、旋转式和组合式等多种，现代汽车上使用较多的是将前照灯、尾灯、转向灯及变光开关等制成一体的组合开关。

2. 变光开关

变光开关可以根据需要切换远光和近光，有脚踏式变光开关和手拨式变光开关两种。普通

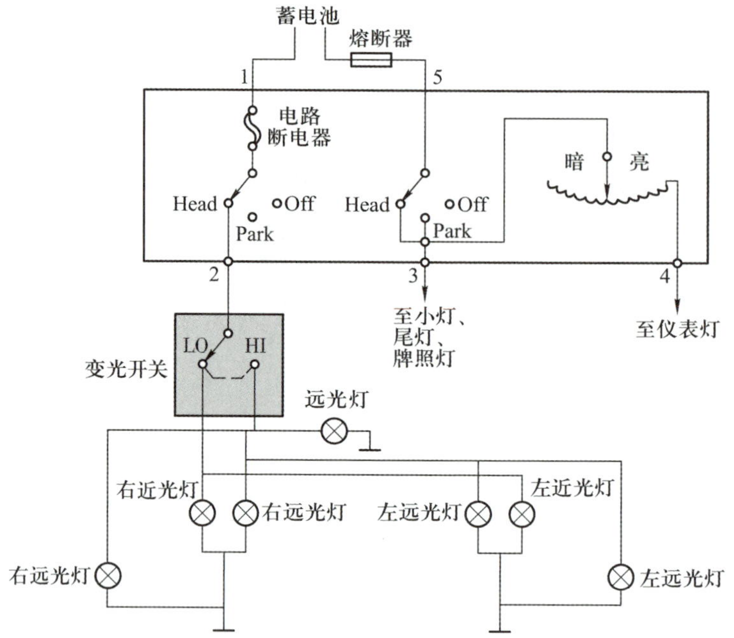

图 6-26　前照灯电路的组成

脚踏式变光开关如图 6-27a 所示，当用脚踏动按钮时，推杆推动转轮向一个方向转动 60°，从而交替接通远、近光。手拨式变光开关如图 6-27b 所示。

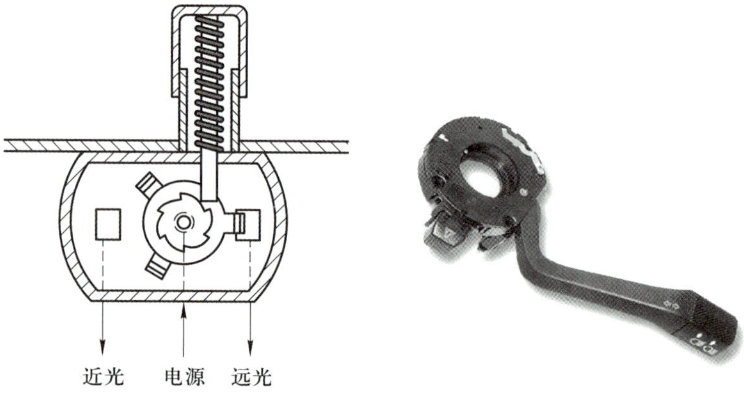

(a) 脚踩式变光开关　　(b) 手拨式变光开关

图 6-27　变光开关

3. 继电器

前照灯的工作电流较大，特别是四灯制的汽车，如用车灯开关直接控制前照灯，车灯开关易烧坏，因此在灯光电路中设有灯光继电器。灯光继电器的结构如图 6-28a 所示，插脚如图 6-28b 所示，实物图如图 6-28c 所示。

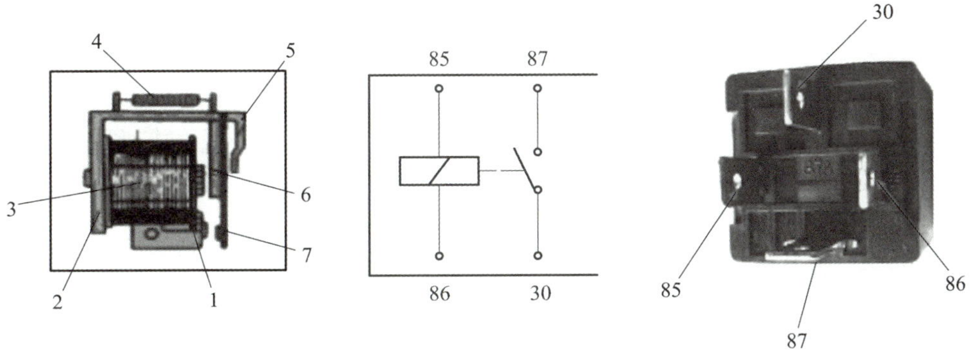

(a) 结构　　(b) 插脚　　(c) 实物图

1—静触点；2—支架；3—线圈；4—弹簧；5—限位卡；6—衔铁；7—动触点。

图6-28　灯光继电器

二、前照灯的控制类型

1. 无前照灯继电器和变光继电器的控制

(1)近光灯状态

灯光开关移动到“HEAD(LOW)”位置时，近光灯点亮，电流流向如图6-29所示。

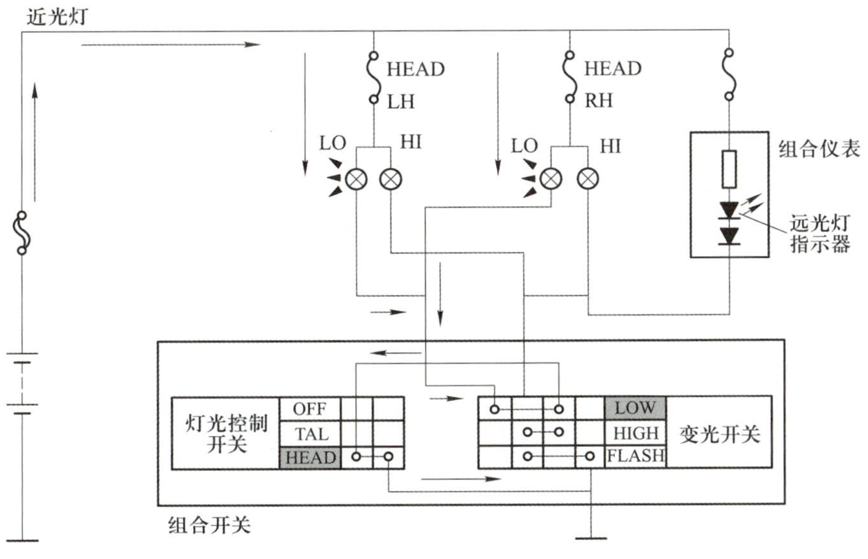

图6-29　近光灯电路电流流向

动画

近光灯电路电流流向

(2)远光灯状态

当灯光开关移到“HEAD(HIGH)”位置时，远光灯点亮，并且仪表板上的远光指示灯点亮，电流流向如图6-30所示。

(3)前照灯闪光状态

当灯光开关移动到“FLASH”位置时，远光灯点亮，电流流向如图6-30所示。

动画

远光灯电路
电流流向

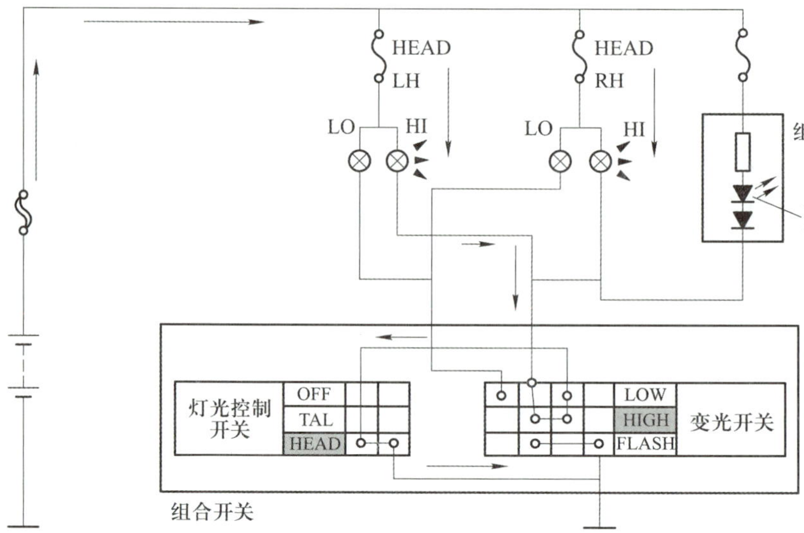

图 6-30　远光灯电路电流流向

2. 带前照灯继电器和变光继电器的控制

因车型不同，带前照灯继电器和变光继电器的前照灯控制电路有控制火线式和控制搭铁线式之分，如图 6-31 所示。

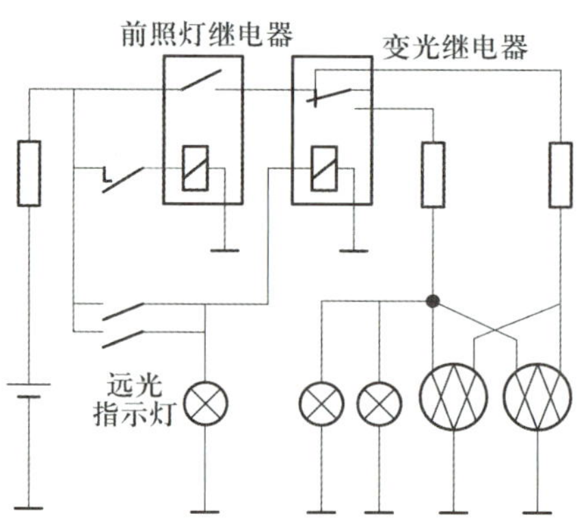

图 6-31　带前照灯继电器和变光继电器的前照灯控制电路

三、捷达汽车前照灯故障分析

捷达汽车照明系统局部电路图如图 6-32 所示，故障只是右前近光灯不亮，左前照灯是亮的，说明大灯继电器 J12、变光继电器 E4 及其之前的电路是完好的，需检测大灯继电器 J12 之后的右前近光灯电路，这样可简化为右前近光灯电路图，如图 6-33 所示。检测步骤如下：先检查熔断丝 S2，再检查灯泡 L2b，检测从熔断丝到灯泡的线路，检测灯泡到搭铁点的线路及搭铁情况。

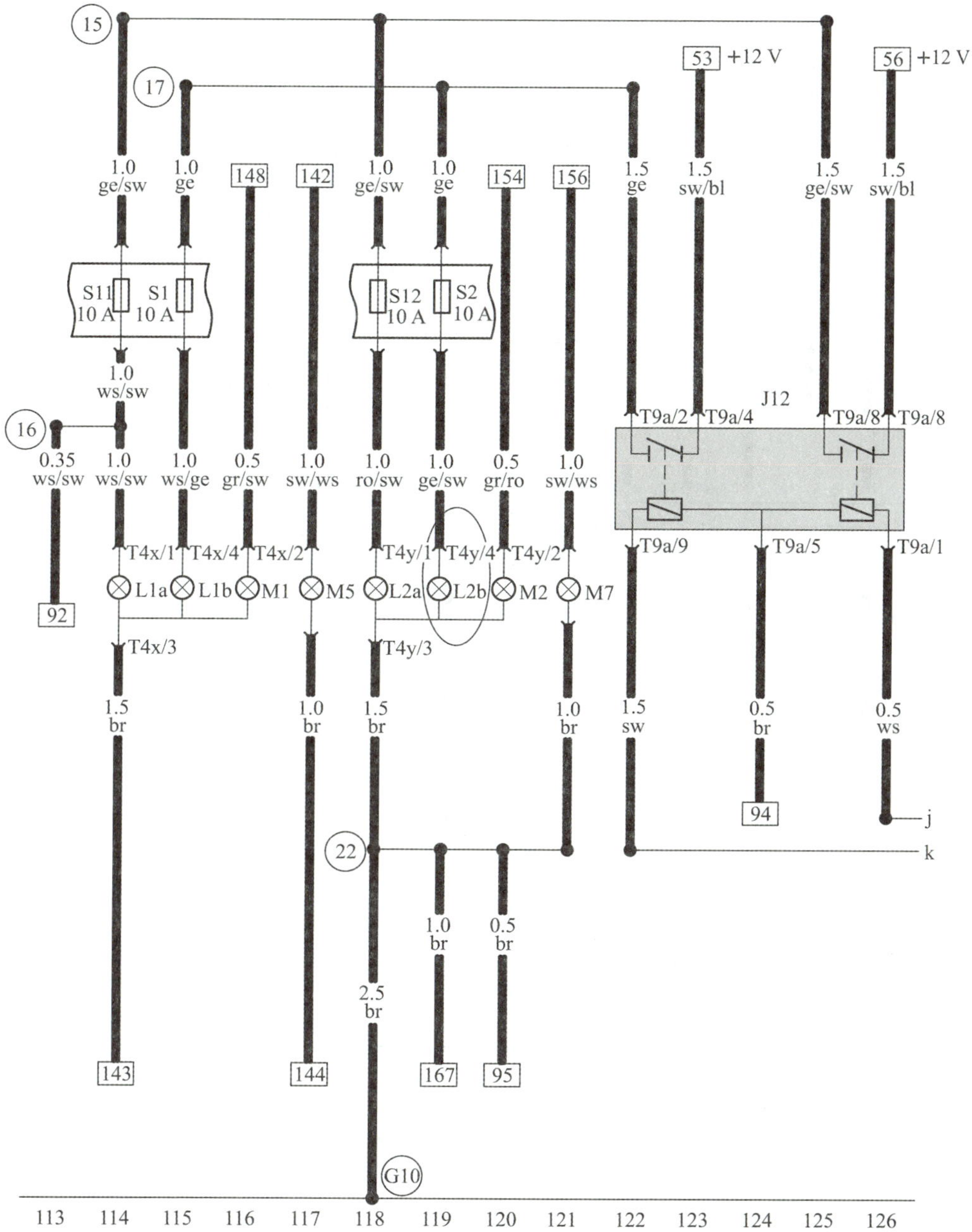

J12—大灯继电器；
L1a—左前大灯(远光灯泡)；
L1b—左前大灯(近光灯泡)；
L2a—右前大灯(远光灯泡)；
L2b—右前大灯(近光灯泡)；
M1—左驻车灯；
M2—右驻车灯；
M5—左前转向灯；
M7—右前转向灯；
T4x—4孔插头(插接左前大灯)；
T4y—4孔插头(插接右前大灯)；
T9a—9孔插头；

(15)—连接点(大灯线束内)；
(16)—连接点(大灯线束内)；
(17)—连接点(大灯线束内)；
(22)—接地连接点(大灯线束内)；
(G10)—接地点(右前纵梁，大灯线束内)；

ws=白色；
sw=黑色；
ro=红色；
br=棕色；
gn=绿色；
bl=蓝色；
gr=灰色；
ge=黄色

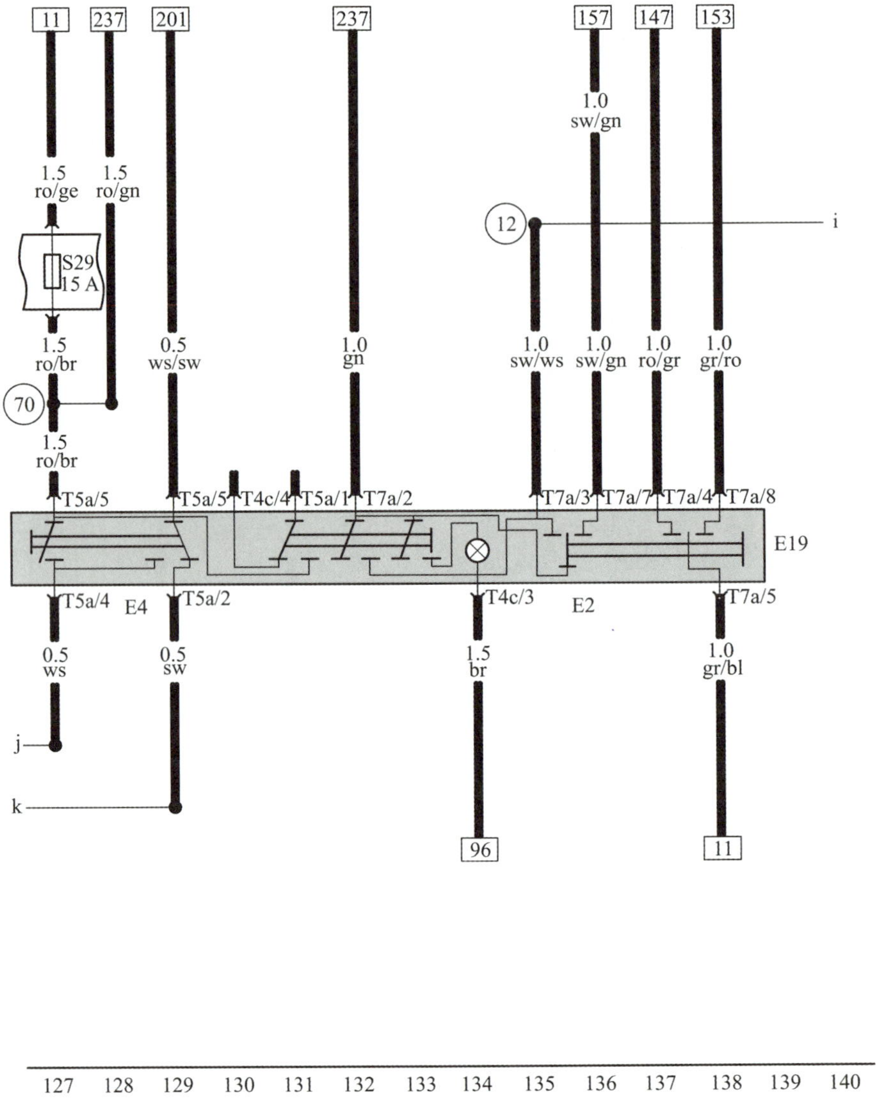

E2—转向灯开关；
E4—变光开关；
E19—驻车灯开关；
T5a—5孔插接件(转向柱开关后)；
T4c—4孔插接件(转向柱开关后)；
T7a—7孔插接件(转向柱开关后)；

(12)—线束连接(在车身线束内)；
(70)—正极连接(30)(车灯线束内)；

ws=白色；
sw=黑色；
ro=红色；
br=棕色；
gn=绿色；
bl=蓝色；
gr=灰色；
ge=黄色

图 6-32 捷达汽车照明系统局部电路图

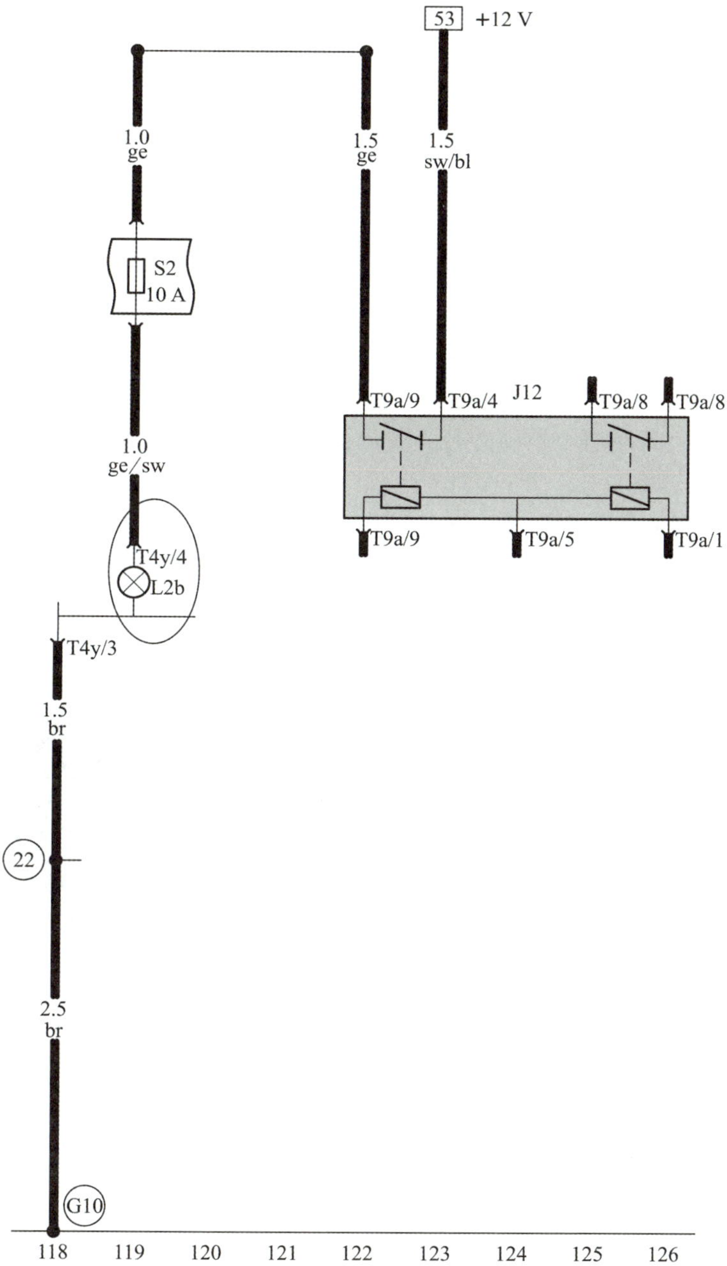

图6-33　捷达汽车右前近光灯电路图

任务3　检查与调整汽车电喇叭

任务目标

1. 掌握电喇叭的作用、结构与工作原理。

2. 能对电喇叭进行检修和调整。

任务引入与分析

一辆汽车的喇叭声音沙哑，车主要求进行维修。

要排除电喇叭的故障，必须熟悉其结构和工作原理，然后才能进行调整、维修。

知识链接

一、汽车电喇叭的作用与分类

1. 汽车电喇叭的作用

汽车电喇叭的作用是发出声响提醒行人和其他车辆，以引起注意并保证行车安全。

2. 汽车电喇叭的分类

汽车喇叭按发音动力不同可分为气喇叭和电喇叭两种。气喇叭是利用气流使金属膜片振动产生声响，多用在具有压缩空气气源的载货汽车上。电喇叭是利用电磁力使金属膜片振动产生声响，广泛应用于各种类型的汽车上。

电喇叭的形式有以下几种：筒形、螺旋形（蜗牛形）和盆形，如图 6-34 所示。

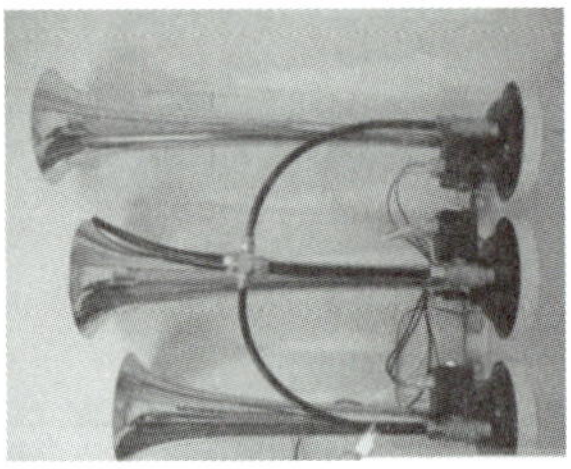
(a) 筒形

(b) 螺旋形

(c) 盆形

图 6-34　电喇叭的形式

二、电喇叭的结构与工作原理

1. 电喇叭的结构

以盆形电喇叭为例，其结构如图 6-35 所示。

2. 工作原理

当按下按钮 10 时，电流流向如下：蓄电池正极→线圈 2→触点 7→按钮 10→搭铁→蓄电池负极。线圈 2 通电后产生电磁吸力，吸动上铁心 3 及衔铁 6 下移，使膜片 4 向下拱曲，衔铁 6 下移中将触点 7 顶开，线圈 2 电路被切断，其电磁力消失，上铁心 3、衔铁 6 在膜片 4 弹力的作用下复位，触点 7 又闭合。如此反复，一通一断，使膜片及共鸣板连续振动，辐射发声。

3. 含喇叭继电器的电喇叭的工作过程

含喇叭继电器的电喇叭电路如图 6-36 所示。继电器可以降低通过喇叭按钮的电流，保护喇叭按钮，喇叭按钮控制喇叭的工作电流；还可以减少喇叭电路的电压降，缩短电源与喇叭的配

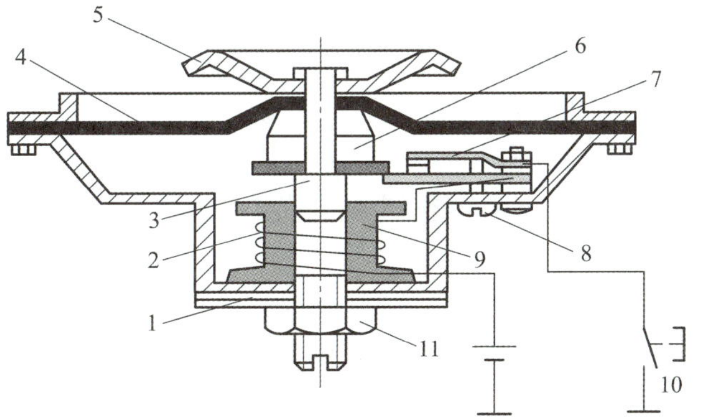

1—底座;2—线圈;3—上铁心;4—膜片;5—共鸣板;6—衔铁;7—触点;8—调整螺钉;9—铁心;10—按钮;11—锁紧螺母。

图 6-35 盆形电喇叭的结构

线长度。一般 12 V 高、低音喇叭需通过 15～20 A 的电流。

当按下喇叭按钮时,喇叭继电器线圈通电,使继电器触点闭合,闭合后电流进入喇叭线圈后搭铁,电流流向如下:蓄电池→保险丝→喇叭继电器触点→喇叭接头→喇叭→搭铁。

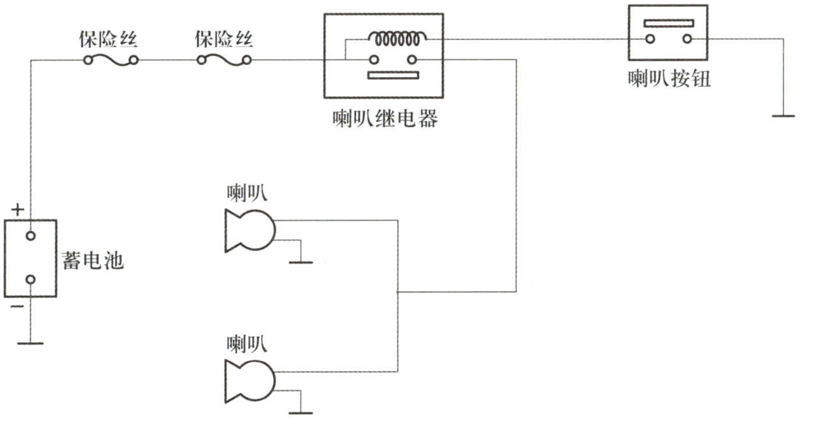

图 6-36 含喇叭继电器的电喇叭电路

三、电喇叭的检修与调整

电喇叭不作刚性安装,在电喇叭与固定架之间装有片状弹簧或橡胶垫。

1. 电喇叭的检修

① 断路检查。用万用表电阻挡检测电喇叭两接线柱之间的电阻,应为 1～5 Ω。如果电阻过大或为无穷大,说明电喇叭内部有断路或触点接触不良故障,需要拆检电喇叭。

② 搭铁检查。用万用表电阻挡检测电喇叭接线柱与壳体之间的电阻,应为无穷大。如果为通路,说明电喇叭内部有搭铁故障,需要更换电喇叭。

③ 电喇叭拆开后,先检查内部线路连接有无松脱,线圈有无烧焦的痕迹,然后再仔细检查电喇叭触点是否烧蚀(电喇叭触点应保持清洁平整,否则应予以修理或更换);再检查衔铁有无歪

斜，锁紧螺母和调整螺母有无松动，衔铁与铁心之间的气隙是否适当，弹簧片有无断裂，若有异常，需予以调整和紧固。

2. 电喇叭的调整

（1）音量的调整（调触点压力）

如图 6-37 所示，逆时针旋转音量调整螺栓→触点压力增大→电流增大→音量增大；反之，音量降低。

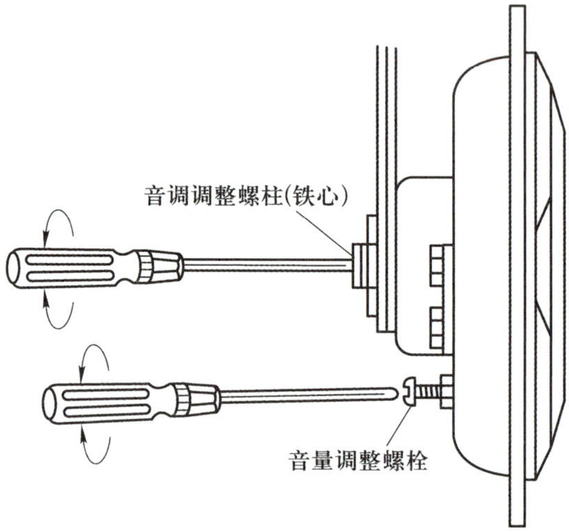

图 6-37　喇叭音量和音调的调整

（2）音调的调整（调铁心间隙）

如图 6-37 所示，顺时针旋转音调调整螺柱（铁心）→间隙变小→振动频率变快→音调变高；反之，音调降低。

3. 电喇叭工作不良故障的诊断

电喇叭工作不良故障的诊断如图 6-38 所示。

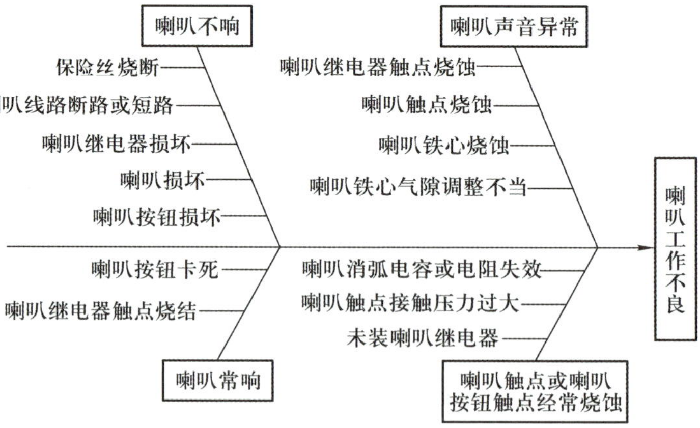

图 6-38　电喇叭工作不良故障的诊断

互动练习

汽车喇叭的检查与调整

知识拓展

汽车前照灯的电子控制装置

一、自动前照灯

自动前照灯，能让行车在需要前照灯照明时，免去驾驶员找前照灯开关的过程，更加方便安全。当汽车行驶中光线变暗时，前照灯会自动亮起，当光线变亮时会自动熄灭。

前照灯自控原理是在灯光开关选用“AUTO”挡时以光敏电阻等电子元件作为传感器，根据外界的光线强度向ECU发出电信号，ECU根据传感器的信号确定开启或关闭前照灯、变远近光，然后通过ECU控制前照灯的继电器开关切换远近光。

二、自适应前照灯

自适应前照灯系统能够根据驾驶员的操作和路况的变化自动调节前照灯的照射角度，根据其功能配置的不同可分为左右角度调节、上下高度调节及上下左右四向调节三种类型。为了自动识别环境，有些车辆上还配有水平/垂直光线传感器。此传感器用来监测不同方向的光线强弱，结合车速来判断车辆是行驶在街区，还是在乡村或其他的道路上，以便自适应前照灯系统采用不同的照明策略。

左右角度调节自适应前照灯系统主要由前照灯开关、前照灯控制模块及前照灯执行器等组成。它可以随着方向盘的转动自动调节前照灯左右照射的角度。车辆在转弯行驶中，前照灯控制模块根据车速、方向盘转角及前照灯开关状态等各种串行数据信息，计算出前照灯所需调节角度，并向左右前照灯执行器发出指令，控制前照灯运行至指令的位置。前照灯控制模块同时监视执行器电机电路是否工作正常，如果检测到故障，故障诊断代码将被保存到存储器中，驾驶员信息中心将显示相应的提示信息。

上下高度调节自适应前照灯系统主要由前照灯开关、前照灯控制模块、高度传感器及高度调节器等组成。当车辆的载荷和行驶状态发生变化时，前照灯控制模块通过前后高度传感器的输入信号，自动保持车辆的俯仰角度。当车辆悬架被压缩和回弹时，前照灯控制模块通过高度传感器接收车辆俯仰角度的变化信息。前照灯控制模块在计算出车辆俯仰角度的差值后，通过高度调节执行器控制前照灯运行至指令的位置。每次接通前照灯开关时，系统都会执行自检。此时前照灯的照射高度将会下降，并随后回升至中间位置。

四向调节自适应前照灯系统中每个前照灯内部都有两个调节执行器，分别调整前照灯左右和上下的照射角度。在车辆起动期间会运行前照灯自检程序，此时前照灯灯光将由远及近地变化，这属于正常现象。

思考与练习

一、选择题

1. (　　)可告知附近其他车辆本车正准备右转弯或左转弯或者准备改变行驶方向。

A. 危险警告灯　　B. 转向灯　　C. 雾灯　　D. 倒车灯

2. (　　)通知后面的车辆本车正在刹车。

A. 停车灯　　B. 转向灯　　C. 刹车灯　　D. 倒车灯

3. 代表(　　)已经开启。

A. 前照灯　　B. 雾灯　　C. 转向灯　　D. 示宽灯

4. 前照灯的远光灯功率一般为(　　)。

A. 20～30 W　　B. 31～40 W　　C. 45～60 W

二、填空题

1. 在车上观察外部照明灯具的安装位置,并指认车上的各种外部灯具(图 6-39)。

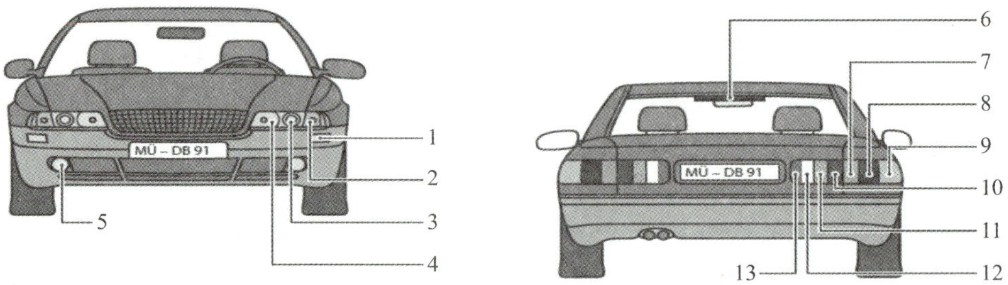

(a)　　(b)

1. ____________　　2. ____________　　3. ____________

4. ____________　　5. ____________　　6. ____________

7. ____________　　8. ____________　　9. ____________

10. ____________　　11. ____________　　12. ____________

13. ____________

图 6-39　练习题

2. 分别写出如图 6-40 所代表元器件的名称,并写出它们在车辆中的作用。

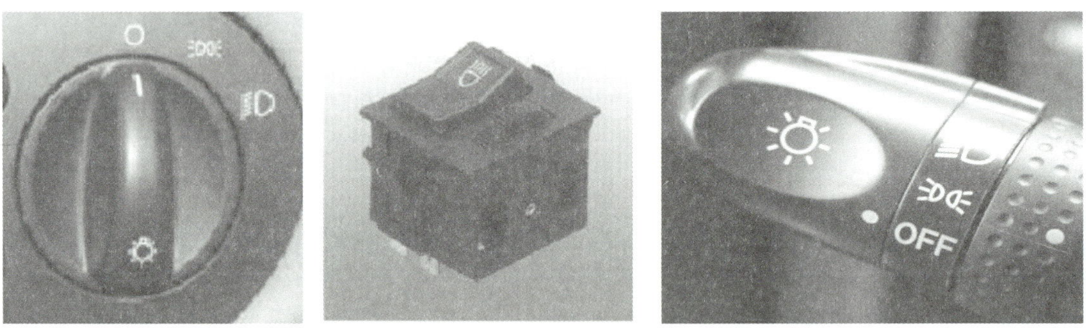

图 6-40　练习题

____

____

3. 检查步骤设计。

作为维修人员,在遇到前照灯不亮故障时,你将通过怎样的检查步骤确定故障的部位?试设计检查步骤,并进行实施。

步骤 1：________________

步骤 2：________________

步骤 3：________________

步骤 4：________________

步骤 5：________________

步骤 6：________________

步骤 7：________________

步骤 8：________________

步骤 9：________________

步骤 10：________________

三、简答题

1. 造成电喇叭不响故障的原因有哪些？通过信息收集完成鱼骨头的绘制(图 6-41)。

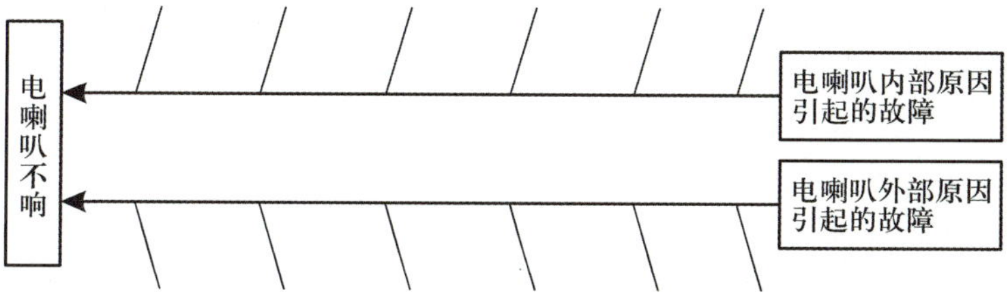

图 6-41　练习题

2. 造成转向灯不亮故障的原因有哪些？通过信息收集完成鱼骨头的绘制，并写出故障排除步骤(图 6-42)。

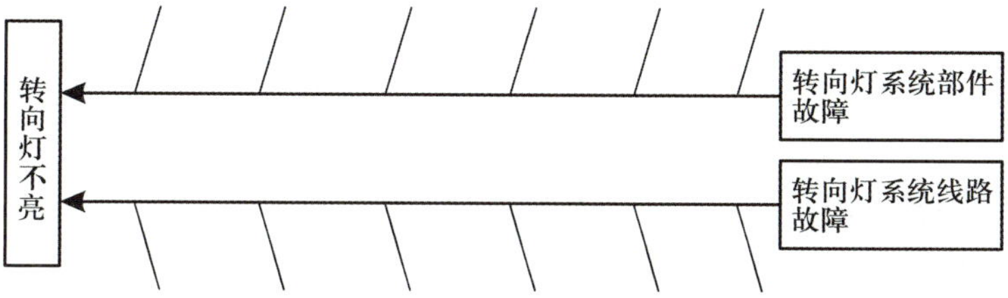

图 6-42　练习题

项目 7 汽车仪表与报警系统的检修

项目引入

某 4S 店接到一辆报修的轿车，车主反映该车发动机转速表指示不准确，维修人员根据故障现象判定可能是转速表传感器损坏，或是转速表损坏，需要对仪表系统进行检修。

项目要求

通过本项目的学习，应能叙述仪表及报警系统的基本组成，描述全车仪表的损伤形式及检测方法，分析汽车仪表及报警系统常见故障的原因、能独立完成汽车仪表及报警系统主要部件的检测与修复，能根据维修手册，正确选用工具和检测设备，在规定时间内安全规范地进行汽车仪表故障的诊断与修复，并选择相应的修复方法和制订相应的工艺流程。

任务 1 认识汽车仪表与报警系统

任务目标

1. 能够熟练认识各仪表及指示灯的名称。
2. 能够叙述各仪表及指示灯的功能。

任务引入与分析

一辆汽车的车主最近发现汽车行驶时仪表板上的冷却液温度表指针在最低端不动，要求维修。经维修技师检查判断为仪表系统线路故障，应怎样维修呢?

为了使驾驶员随时掌握车辆的各种工况，保证行车安全，并及时发现和排除车辆存在的故障，现代汽车上都安装有多种监控仪表和报警系统的装置。

知识链接

一、仪表的组成及作用

一般汽车仪表都具备如车速、里程、发动机转速、冷却液温度、燃油量等信息的指示功能，以及发动机电控、灯光、电源、安全、润滑、制动等系统相关工况信息的指示及报警功能。如图 7－1 所示为某汽车的仪表板。

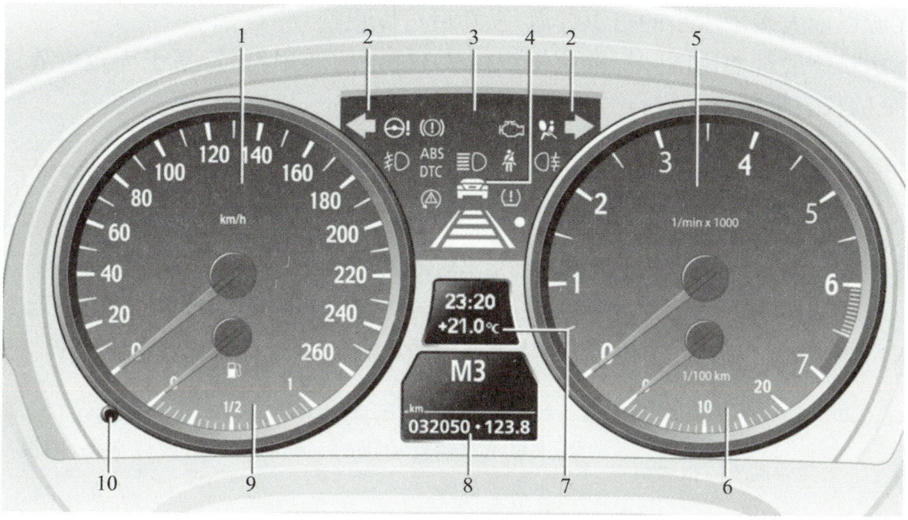

1—车速表；2—转向信号灯的指示灯；3—指示灯和报警灯；4—主动巡航控制显示；
5—发动机转速表；6—能量控制；7—用于显示时间、车外温度、指示灯和报警灯的显示屏；8—用于显示自动变速器挡位、维护需求日期和剩余的行驶里程等的显示屏；9—燃油表；10—里程分表复位。

图 7－1　某汽车的仪表板

二、仪表的分类

1. 按工作原理分类

仪表按工作原理不同可分为传统仪表和数字仪表。

① 传统仪表　是指机械式仪表、电气式仪表和模拟电路电子仪表。

② 数字仪表　是由 ECU 采集传感器的信号，将模拟量转换为数字量，经分析处理后控制显示装置的仪表。

2. 按安装方式分类

仪表按安装方式不同可分为组合式仪表和分装式仪表。

① 组合式仪表　是指将各仪表组合安装在一起。组合式仪表又分为可拆式和不可拆式。可拆式组合仪表的仪表、指示灯等组成部件如果损坏可以单独更换，而不可拆式组合仪表的仪表、指示灯等组成部件如果损坏就要更换总成。

② 分装式仪表　是指将各仪表单独安装。

三、报警信息装置

汽车仪表除了指示基本的车辆行驶工况信息外，还对其他的一些工况进行监控并向驾驶员发出指示或警告信息，这些信息通常以指示灯的形式显示在仪表板上或者以文字信息的形式显示在液晶显示器上，有的还伴随蜂鸣声，以引起驾驶员的注意。

1. 报警指示灯的组成

汽车仪表板上的报警指示灯一般由光源、刻有符号图案的透光塑料板和外电路组成。报警指示灯的光源以前大多采用小的白炽灯泡，损坏后可以更换。

报警指示灯一般都使用国际标准化组织（ISO）规定的通用符号，易于为全世界的人识别和理解，其常见的仪表报警指示灯符号见表7-1。

表7-1 常见的仪表报警指示灯符号

报警指示灯的符号	名称	作用
	转向灯指示灯	用来显示车辆转向灯所在的位置
	远光灯指示灯	用来显示车辆远光灯的状态。当点亮远光灯时，该指示灯会同时点亮
	发动机故障报警灯	用来显示车辆发动机的工作状况。若该灯常亮，则说明车辆的发动机出现了故障
	制动盘磨损指示灯	用来显示车辆制动盘磨损的状况。当制动盘出现故障或磨损过渡时，该灯点亮
	驻车制动器指示灯	用来显示车辆驻车制动器的状态。当驻车制动器被拉起或缺少制动液时，该指示灯自动点亮
	冷却液温度指示灯	用来显示发动机内冷却液的温度。当冷却液温度超过规定值或缺少冷却液时，该灯点亮
	充电指示灯	用来显示充电系统状态。发动机起动后充电指示灯点亮，说明充电系统出现了故障
	安全带指示灯	用来显示安全带是否处于锁止状态。当该灯点亮时，说明安全带没有扣紧，有些车型还会有相应的提示音
	电子油门指示灯	用于显示电子节气门控制系统的工作状态。若车辆起动后该灯不熄灭，说明电子节气门控制系统存在故障
	ABS指示灯	用来显示车辆ABS的工作状况。如果车辆起动后ABS指示灯仍不熄灭，表明该车ABS出现故障。
	玻璃清洁液指示灯	用来显示车辆所装玻璃清洁液的多少。该灯正常情况下为熄灭状态，若灯点亮，说明车辆所装载玻璃清洁液已不足
	VSC指示灯	用来显示车辆VSC（电子车身稳定系统）的工作状态。当该指示灯点亮时，说明VSC系统已被关闭

续表

报警指示灯的符号	名称	作　用
	TCS 指示灯	用来显示车辆 TCS(牵引力控制系统)的工作状态。当该指示灯点亮时,说明 TCS 系统已被关闭
	示宽指示灯	用来显示车辆示宽灯的工作状态。当示宽灯打开时,该指示灯随即点亮
	雾灯指示灯	用来显示前、后雾灯的工作状况。当前、后雾灯点亮时,该指示灯相应的标志就会点亮
	燃油量指示灯	用来显示车辆内剩余燃油的多少。当点火开关打开时,燃油量指示灯会短时间点亮,随后熄灭。若起动后该指示灯点亮,则说明车内燃油已不足
	O/D 挡指示灯	用来显示自动挡的超速挡的工作状态。当该指示灯点亮时,说明 O/D 挡已锁止
	机油压力报警灯	用来显示发动机内机油的压力状况。当点火开关打开时,该指示灯点亮,起动后熄灭。若车辆起动后该指示灯常亮,说明该车发动机机油压力低于规定标准
	安全气囊指示灯	用来显示安全气囊的工作状态。当点火开关打开时,该指示灯点亮数秒后熄灭。如果该灯常亮,则说明安全气囊出现故障
	车门指示灯	用来显示车辆各车门的状况。当任意车门未关上或者未关好时,该指示灯点亮,提示车主车门未关好

2. 报警指示灯的分类

目前汽车仪表上的报警指示灯比较多,一般来说,可分为以下三种类型:

互动练习

汽车仪表与报警系统

① 第一种是状态指示灯,用于指示车辆处在什么工作状态(如转向指示灯),一般灯光颜色为蓝色或绿色。

② 第二种是故障指示灯,用于告知驾驶员车辆某个系统的功能失常,要尽快进行处理,一般不影响行驶(如燃油不足),这类灯光一般为黄色。

③ 第三种是警告灯,主要是在车辆出现故障或异常情况时进行警示(如机油压力警告灯),此类灯亮时应引起驾驶员高度重视,一般采用红色。

任务 2　诊断传统仪表故障

任务目标

1. 能叙述汽车传统仪表的结构和功能。
2. 能叙述汽车传统仪表的工作原理。

3. 能独立或合作完成汽车传统仪表的拆卸和安装。

4. 会分析汽车传统仪表的典型故障。

任务引入与分析

一辆轿车，车主反映燃油表显示不准。因此需要对燃油表电路进行检测，确定故障部位并进行维修。

知识链接

一、传统仪表的结构与工作原理

传统仪表一般是指机械式仪表、电气式仪表和模拟电路电子仪表。仪表安装在仪表板上，通过指针和刻度盘显示数值，主要有机油压力表、燃油表、冷却液温度表、发动机转速表、车速表、里程表等。

1. 电流表

(1)电流表的功能与分类

电流表又称安培表，用于指示蓄电池充电或放电的电流值。电流表刻度盘上中间的示值为“0”，当发电机向蓄电池充电时，其指示值为“+”；当蓄电池向用电设备供电时，其指示值为“−”。

电流表根据结构形式不同分为电磁式和动磁式两种。

(2)电流表结构及工作原理

(a)电磁式电流表的结构及工作原理

电磁式电流表的结构如图 7-2 所示，主要由黄铜板条、永久磁铁、软钢转子、转轴、指针和接线柱组成。黄铜板条 4 固定在绝缘底板上，两端与接线柱 1、3 相连，下面夹有永久磁铁 7，在永久磁铁内侧的转轴 6 上装有带指针 2 的软钢转子 5。

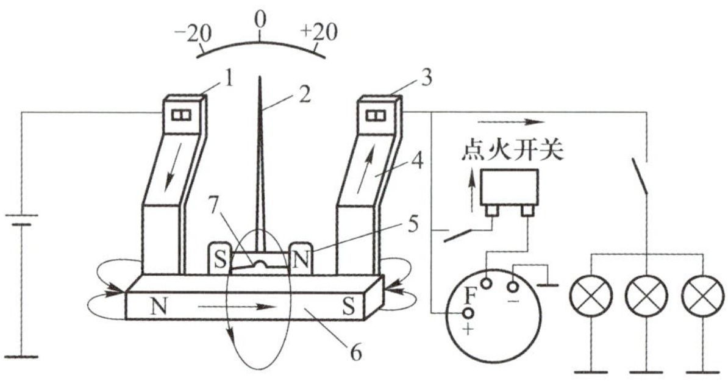

1、3—接线柱；2—指针；4—黄铜板条；5—软钢转子；6—转轴；7—永久磁铁。

图 7-2 电磁式电流表的结构

电磁式电流表的工作原理如图 7-3 所示。当电流表没有电流流过时，由于软钢转子被永久磁铁磁化，且转子磁化后的极性与永久磁铁的极性相反，因此两者互相吸引，使指针保持在“0”的位置，如图 7-3a 所示。

当蓄电池的放电电流流过黄铜板条时，在其周围就会产生磁场，放电电流的磁场（磁通量用 Φ_{d1} 表示）与永久磁铁的磁场（磁通量用中 Φ_m 表示）会产生一个合成磁场（磁通量用 Φ_1 表示），如

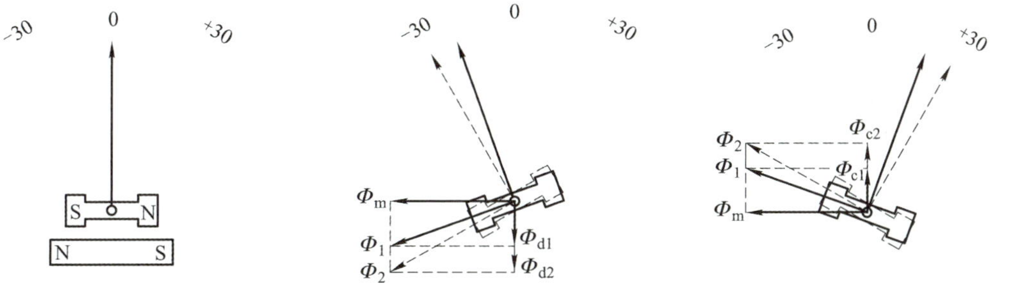

(a) I=0　　(b) I<0　　(c) I>0

图 7-3　电磁式电流表的工作原理

图 7-3b 所示，软钢转子与指针在合成磁场的作用下就会向刻度盘的负值（“－”）方向偏转一个角度，指示充电系统处于放电状态。放电电流越大，电流的磁场就越强（磁通量用 Φ_{d2} 表示），合成磁场也就越强（磁通量用 Φ_2 表示），使软钢转子与指针偏转的角度也就越大，如图 7-3b 中虚线所示。

如果交流发电机向蓄电池充电，则电流方向及其产生的磁场与蓄电池放电时的恰好相反，如图 7-3c 所示。充电电流小时的磁通量用 Φ_{c1} 表示，合成磁场的磁通量用 Φ_1 表示，此时合成磁场使软钢转子与指针向刻度盘正值（“＋”）方向偏转的角度小。充电电流越大，电流的磁场就越强（磁通量用 Φ_{c2} 表示），合成磁场也就越强（磁通量用 Φ_2 表示），使软钢转子与指针偏转的角度也就越大。

电磁式电流表的两个接线柱有正负极之分，标有正极（“＋”）标记的接线柱应与交流发电机的输出端子“B”相连，标有负极（“－”）标记的接线柱应与蓄电池正极端子“BAT”相连。

（b）动磁式电流表的结构及工作原理

动磁式电流表的结构如图 7-4 所示。导电板 2 固装在绝缘底板上，两端与接线柱 1、3 相连，中间夹有磁轭 6。与导电板固装在一起的针轴上装有指针 5 和永久磁铁转子 4，统称为磁钢转子。

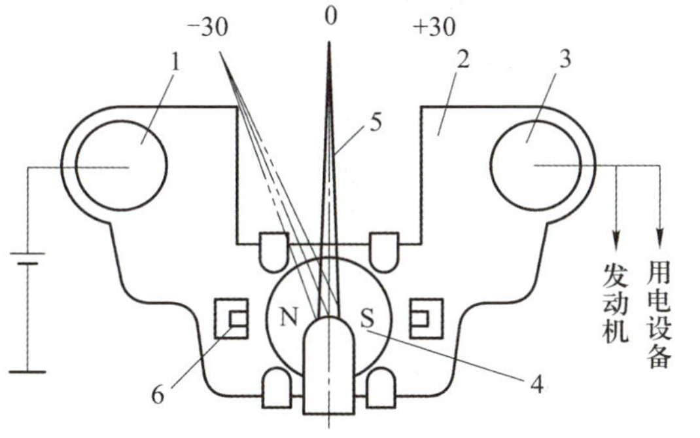

1、3—接线柱；2—导电板；4—永久磁铁转子；5—指针；6—磁轭。

图 7-4　动磁式电流表的结构

无电流流过电流表时，永久磁铁转子通过磁轭构成磁回路，使指针保持在“0”的位置。当放电电流通过导电板时，其周围产生磁场，此磁场与永久磁铁转子的磁场合成动磁场，使浮装在导电板中心的指针向负值（“－”）方向偏转，指示放电电流安培数；当充电电流通过导电板时，则动磁场使磁钢指针向正值（“＋”）方向偏转，指示充电电流安培数。

2. 机油压力表

(1)功能与分类

机油压力表用于指示发动机机油工作压力的大小,一般由指示器和传感器组成。汽车机油压力表的分类见表 7-2。

表 7-2　汽车机油压力表的分类

<table>
<tr><th rowspan="2">分类</th><th colspan="3">指示器和传感器</th></tr>
<tr><th>指示器</th><th>传感器</th><th>附属装置</th></tr>
<tr><td rowspan="4">电气式</td><td>电磁式</td><td rowspan="2">可变电阻式</td><td rowspan="3">—</td></tr>
<tr><td>动磁式</td></tr>
<tr><td rowspan="2">双金属片式</td><td>双金属片式</td></tr>
<tr><td>可变电阻式</td><td>稳压器</td></tr>
<tr><td>机械式</td><td>弹簧管式</td><td>—</td><td>—</td></tr>
</table>

(2)结构及工作原理

(a)双金属片式机油压力指示器与传感器

双金属片式机油压力指示器和机油压力传感器的结构如图 7-5 所示。

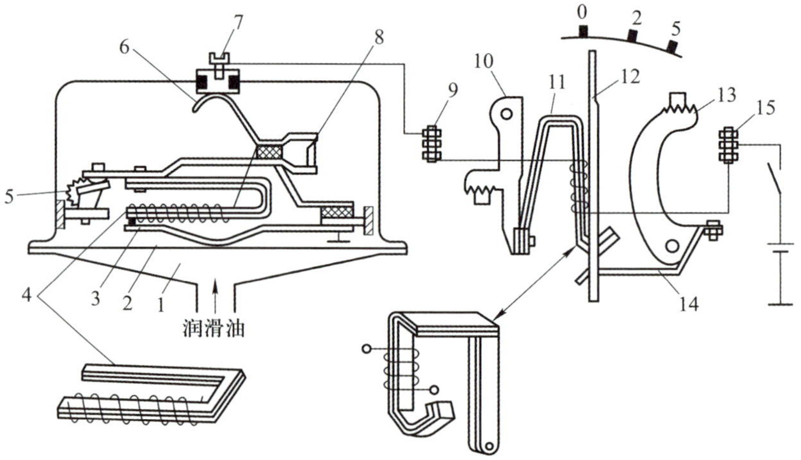

1—油腔;2—膜片;3—弹簧片;4—双金属片;5—调节齿轮;6—接触片;7—传感器接线柱;8—校正电阻;9—机油压力表接线柱;10、13—调节齿扇;11—双金属片;12—指针;14—弹簧片;15—机油压力表电源接线柱。

图 7-5　双金属片式机油压力指示器与机油压力传感器的结构

① 机油压力传感器　机油压力传感器为圆盒形,内部有可感受机油压力的膜片 2,膜片的下方与主油道相通,膜片的上方顶着弯曲的弹簧片 3,弹簧片的一端焊有触点,另一端固定并搭铁。双金属片 4 上绕有电热线圈,线圈的一端焊在双金属片上,另一端与传感器接线柱 7 相连。

② 机油压力指示器　机油压力指示器内装有双金属片 11,其上绕有电热线圈,电热线圈一端经机油压力表接线柱 9 和传感器的触点串联,另一端接电源正极。双金属片一端弯成钩形,扣在指针 12 上。

机油压力指示器的工作有以下三种情况：

① 当无机油压力时，传感器中的双金属片的触点断开，无电流经过触点，故指针保持在“0”位不动，如图 7-6a 所示。

② 当机油压力低时，膜片推动触点而产生轻微接触，电流经过机油压力指示器和传感器中的电热丝。由于触点的接触压力很小，极弱的电流便可使传感器的双金属片发生翘曲而断开触点。因此，机油压力指示器的双金属片只会轻微翘曲，指针偏转量很微小。

③ 当机油压力高时，膜片会强力推动触点，使双金属片与触点的接触压力增大，需要很强的电流才能断开触点，所以整个线路的平均电流增大，机油压力指示器的双金属片翘曲度增大，从而带动指针大幅度偏转，如图 7-6b 所示。

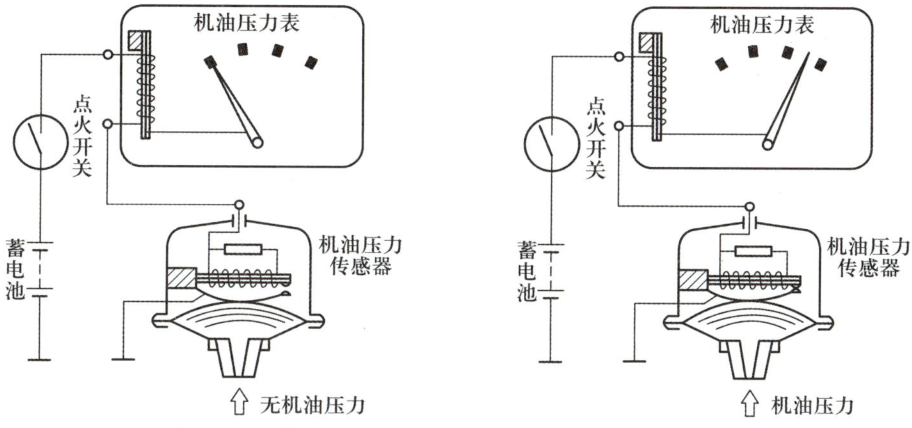

(a) 无机油压力时的工作情况　　(b) 机油压力高时的工作情况

图 7-6　机油压力指示器的工作情况

(b)电磁式机油压力指示器与可变电阻式机油压力传感器

电磁式机油压力指示器与可变电阻式机油压力传感器的结构及电路连接如图 7-7 所示，传感器利用油压大小推动滑臂来改变可变电阻的阻值，当压力增大时，其电阻值减小。机油压力指示器中有两个线圈，即 L_1 和 L_2，中间置有铁磁转子，转子上连有指针。

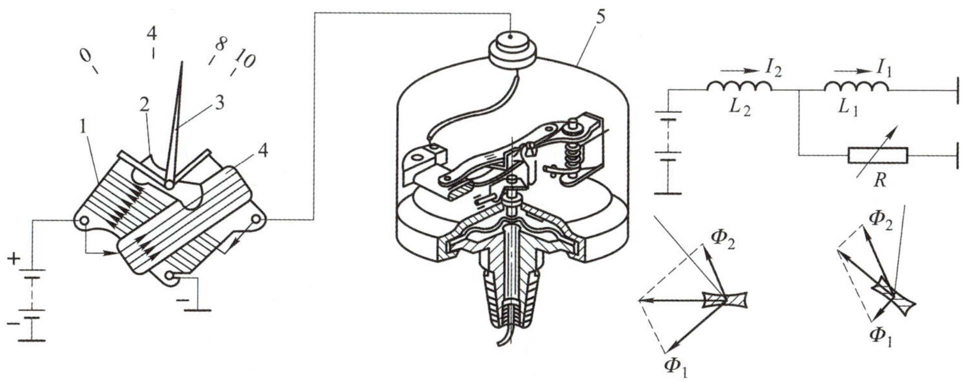

1—L_1 线圈；2—铁磁转子；3—指针；4—L_2 线圈；5—可变电阻式机油压力传感器。

图 7-7　电磁式机油压力指示器与可变电阻式机油压力传感器的结构及电路连接

当机油压力较低时，传感器的电阻值变大，线圈 L_2 中的电流相对减小，L_1 中的电流相对增大，铁磁转子转向合成磁场的方向，带动指针指向机油压力较低一边；当机油压力升高时，传感器中的电阻值减小，线圈 L_2 中的电流相对增大，L_1 中的电流相对减小，铁磁转子仍随合成磁场方向变动，使指针指向机油压力较高的一边。这种电磁式机油压力指示器的优点是当电源电压变动时，通过线圈 L_1 和 L_2 的电流成比例地增大或减小，机油压力指示器的指示值不受影响。

3. 冷却液温度表

（1）功能与分类

冷却液温度表用来指示发动机冷却液的工作温度，一般由指示器和传感器组成。冷却液温度表的分类见表 7－3。

表 7－3　冷却液温度表的分类

<table>
<tr><th rowspan="2">分类</th><th colspan="3">指示器和传感器</th></tr>
<tr><th>指示器</th><th>传感器</th><th>附属装置</th></tr>
<tr><td rowspan="4">电气式</td><td>电磁式</td><td rowspan="2">可变电阻式</td><td rowspan="3">—</td></tr>
<tr><td>动磁式</td></tr>
<tr><td rowspan="2">双金属片式</td><td>双金属片式</td></tr>
<tr><td>可变电阻式</td><td>稳压器</td></tr>
<tr><td>机械式</td><td>弹簧管式</td><td>—</td><td>—</td></tr>
</table>

在实际应用中，当指示器采用双金属片式、传感器采用可变电阻式时，必须在电路中串接一个仪表稳压器。

（2）仪表稳压器的功能及分类

仪表稳压器的功能是当电源电压波动时，向指示器和传感器电路提供一个稳定的电压，保证指示器指示的读数准确。

常用的仪表稳压器分为双金属片式和电子式两种。

（a）双金属片式仪表稳压器

双金属片式仪表稳压器主要由双金属片、加热线圈和一对动断触点组成，其结构如图 7－8

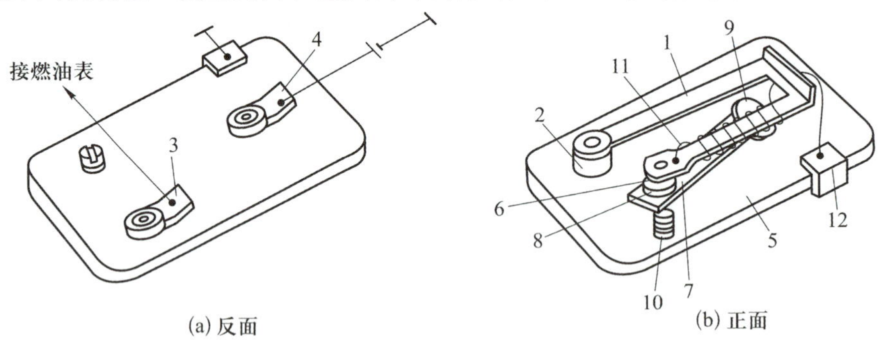

(a) 反面　(b) 正面

1—双金属片；2、3—输出端；4、9—输入端；5—稳压器底板；6—活动触点；7—固定触点臂；8—固定触点；10—调整螺钉；11—加热线圈；12—搭铁。

图 7－8　双金属片式仪表稳压器的结构

所示。加热线圈绕在双金属片上，一端搭铁，另一端焊接在双金属片上。双金属片的一端固定并与输出端相连，另一端铆有活动触点，固定触点与电源端子"+"连接。

双金属片式仪表稳压器及冷却液温度表的工作原理如图7-9所示，当点火开关接通、仪表稳压器触点处于闭合状态时，输出端子输出的电压U_o与输入电压U_i相等(即$U_o=U_i$)。此时双金属片上的加热线圈有电流流过，并产生热量对双金属片进行加热。

当双金属片受热时会向上弯曲，使触点断开，输出电压$U_o=0$。此时加热线圈电流切断，双金属片逐渐冷却复位，触点将重新闭合。触点如此循环断开与闭合，仪表稳压器不断输出脉冲信号电压，并使输出电压保持在某一平均值。

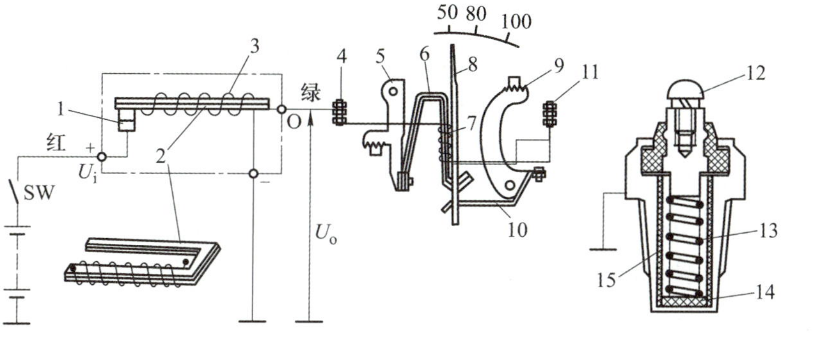

1—稳压器触点；2、6—双金属片；3、7—加热线圈；4、11、12—接线端子；5、9—调整齿扇；8—指针；10—弹簧片；13—弹簧；14—热敏电阻；15—金属壳体。

图7-9　双金属片式仪表稳压器及冷却液温度表的工作原理

仪表稳压器工作时的电压波形如图7-10所示。由此可见，虽然电源电压升高会使输入稳压器的电压U_i有所升高，但触点闭合时间缩短，使得稳压器输出电压的平均值将基本保持不变。同理，当汽车电源电压降低时，由于触点闭合时间增长，因此输出电压的平均值将基本保持稳定。

(b)电子式仪表稳压器

电子式仪表稳压器采用集成电路，具有体积小、外接线路简单、使用方便、工作可靠和通用性高等优点。

三端式电子仪表稳压器，如图7-11所示，其中A或1脚为输出端，2脚为搭铁，E为电源输入端，该稳压器输出电压为9.5～10.5 V。

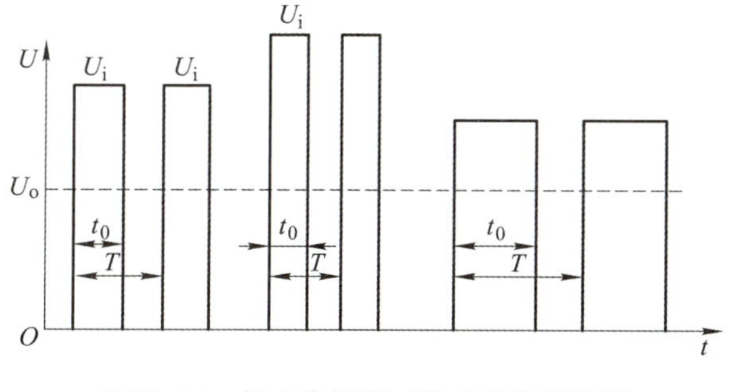

图7-10　仪表稳压器工作时的电压波形

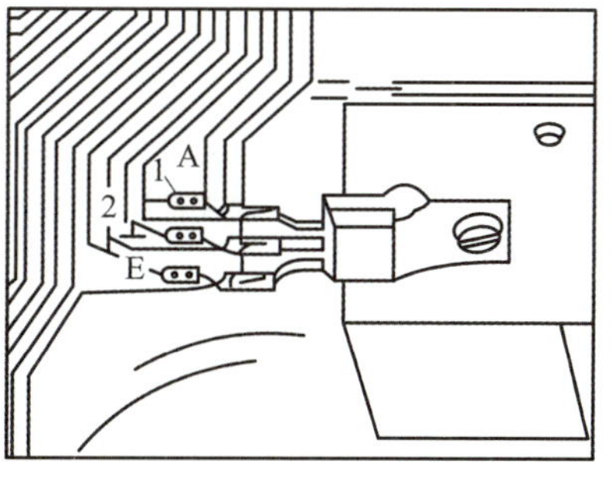

A、1—输出端；2—搭铁；E—电源输入端。

图7-11　三端式电子仪表稳压器

如果仪表稳压器的输出电压不符合规定值，对于双金属片式仪表稳压器，可调节图 7-8 中的调整螺钉 10 进行调整，拧入调整螺钉时输出电压升高，拧出调整螺钉时输出电压降低。电子式稳压器不能调整，只能更换新品。

(3)双金属片式冷却液温度指示器与可变电阻式冷却液温度传感器

双金属片式冷却液温度指示器与可变电阻式冷却液温度传感器的工作原理如图 7-9 所示。当点火开关 SW 接通时，仪表稳压器向冷却液温度指示器和可变电阻式冷却液温度传感器提供一个稳定的平均电压。

当发动机冷却液温度较低时，传感器的热敏电阻阻值较大，指示器加热线圈流过的电流较小，指示器双金属片受热产生的变形量小，指针向右偏摆角度较小，从而指示冷却液液位较低。

当发动机冷却液温度升高时，传感器的热敏电阻阻值较小，指示器加热线圈流过的电流增大，指示器双金属片受热产生的变形量大，指针向右偏摆角度较大，从而指示冷却液液位升高。

(4)电磁式冷却液温度指示器与可变电阻式冷却液温度传感器

电磁式冷却液温度指示器的结构及电路连接如图 7-12 所示，传感器采用热敏电阻传感器。当温度较低时，热敏电阻阻值增大，经过线圈 W_1 的电流相对增大，而经过线圈 W_2 的电流相对减小，其合成磁通通过转子轴线，转子带动指针指向低温。随着温度的升高，热敏电阻阻值减小，此时流过线圈 W_2 的电流增大，流过线圈 W_1 的电流相对减小，其合成磁通使转子带动指针指向高温。

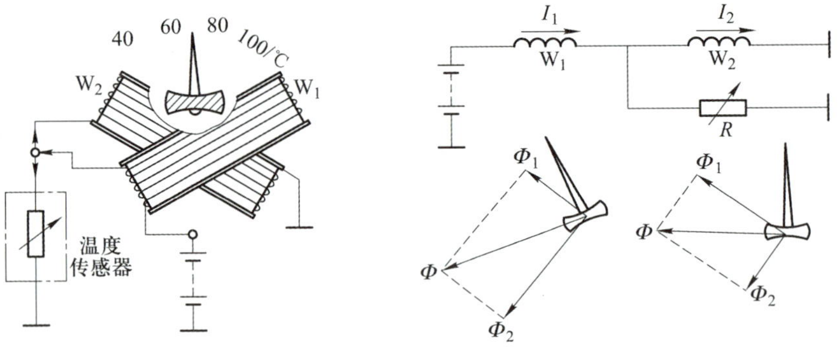

图 7-12　电磁式冷却液温度指示器的结构及电路连接

4. 燃油表

(1)功能与分类

燃油表的功能是用来指示汽车燃油箱内的储油量，一般由指示器和传感器组成，它们的分类见表 7-4。

表 7-4　燃油表指示器和传感器的分类

指示器	传感器	附属装置
电磁式	可变电阻式	—
动磁式	可变电阻式	—
双金属片式	双金属片式	—
双金属片式	可变电阻式	稳压器

(2)电磁式燃油量指示器与可变电阻式燃油量传感器

如图7-13所示为电磁式燃油量指示器的电路,内装有左、右两个线圈,铁磁转子与指针相连,并位于两个线圈之间。传感器为带浮子的滑片电阻,浮子随燃油箱油面浮动时,带动滑片移动使其阻值改变。

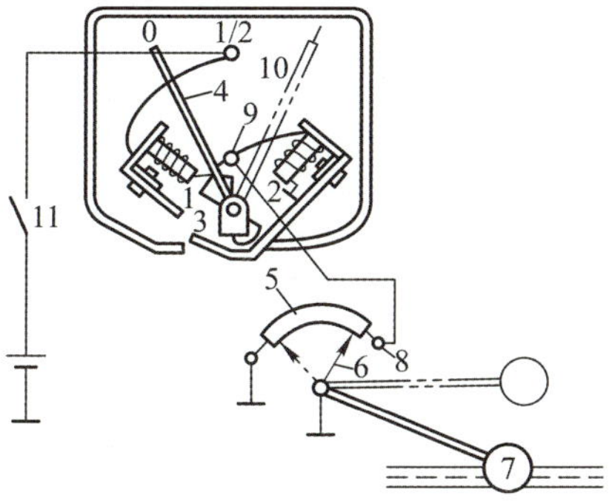

1—左线圈;2—右线圈;3—转子;4—指针;5—可变电阻;6—滑片;7—浮子;
8—传感器接线柱;9、10—燃油表接线柱;11—点火开关。

图7-13　电磁式燃油量指示器的电路

当点火开关置于“ON”时,电流流经路线为蓄电池正极→点火开关11→燃油表接线柱10→左线圈1→燃油表接线柱9→右线圈2→搭铁→蓄电池负极。同时电流的另一流经路线为燃油表接线柱9→传感器接线柱8→可变电阻5→滑片6→搭铁→蓄电池负极。左线圈1和右线圈2形成合成磁场,转子3在合成磁场的作用下转动,使指针指在某一刻度上。

当燃油箱内无燃油时,浮子下沉,可变电阻5上的滑片6移至最右端,可变电阻5被短路,右线圈2也被短路,左线圈1的电流达到最大值,产生的电磁吸力最强,吸引转子3,使指针停在最左边的“0”位上。

随着燃油箱中燃油量的增加,浮子上浮,带动滑片6沿可变电阻5滑动,可变电阻5部分接入电路,左线圈1中的电流相应减小,而右线圈2中的电流增大。转子3在合成磁场的作用下向右偏转,带动指针指示燃油箱中的燃油量。当燃油箱半满时,则指针指在“1/2”位;当油箱全满时,则指针指在“1”位。

(3)动磁式燃油量指示器与可变电阻式燃油量传感器

动磁式燃油量指示器与可变电阻式燃油量传感器的电路如图7-14所示,左、右线圈1和2互相垂直地绕在一个矩形塑料架上,塑料套筒轴承和金属轴穿过交叉线圈,金属轴上装有永久磁铁转子3,转子上连有指针4。

动磁式燃油量指示器的工作原理与电磁式燃油量指示器基本相同。

5. 车速里程表

车速里程表的功能是指示汽车行驶速度和累计行驶里程数。按工作原理不同,车速里程表可分为磁感应式和电子式两种。

(1)磁感应式车速里程表

磁感应式车速里程表由车速表和里程表两部分组成,其结构如图7-15所示,主要由永久磁铁、感应罩、磁屏(铁护罩)、游丝、指针、计数轮、蜗轮蜗杆机构和主动轴等组成。主动轴由变速

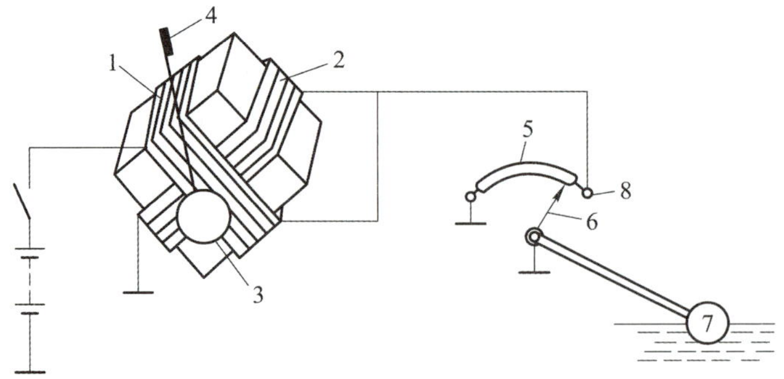

1—左线圈；2—右线圈；3—永久磁铁转子；4—指针；5—可变电阻；6—滑片；7—浮子；8—接线柱。

图 7-14　动磁式燃油量指示器与可变电阻式燃油量传感器的电路

器(或分动器)传动蜗杆经钢缆软轴驱动。

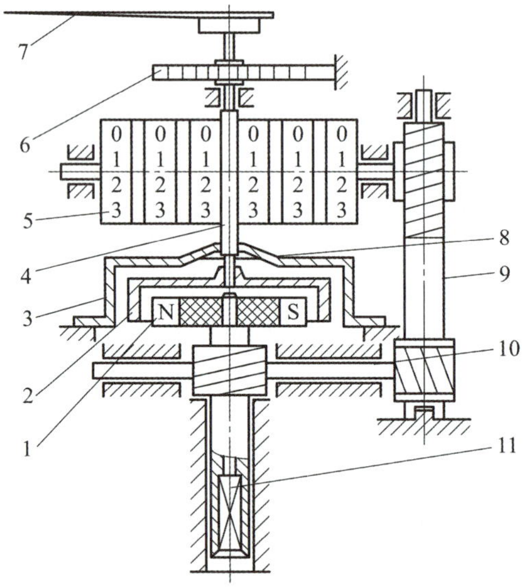

1—永久磁铁(磁钢)；2—感应罩；3—磁屏(铁护罩)；4—针轴；5—计数轮；6—游丝；
7—指针；8—卡簧；9—竖直涡轮轴；10—水平涡轮轴；11—主动轴。

图 7-15　磁感应式车速里程表的结构

(a)车速表的结构及工作原理

车速表由与主动轴紧固在一起的永久磁铁 1、带有针轴 4 和指针 7 的感应罩 2、磁屏(铁护罩)3 和紧固在车速里程表外壳上的刻度盘等组成。

当汽车行驶时，主动轴带着永久磁铁 1 旋转，永久磁铁的磁感应线穿过感应罩 2，在感应罩 2 上感应出涡流，涡流产生的磁场与永久磁铁的旋转磁场相互作用就会产生转矩，感应罩 2 在此转矩的作用下克服盘形弹簧的弹力，向永久磁铁 1 转动的方向旋转，直至与盘形弹簧的弹力相平衡。由于涡流的强弱与车速成正比，指针转过角度与车速成正比，指针便在刻度盘上指示出相应的车速。

(b)里程表的结构及工作原理

里程表由蜗轮蜗杆机构和十进制计数轮组成。计数轮上制作有传动齿轮和进位齿轮。蜗轮蜗杆具有一定的传动比，汽车行驶时，钢缆软轴带动主动轴转动，并经三对蜗轮蜗杆驱动里程表右边的第一计数轮转动。第一计数轮上所刻的数字为 1/10 km。每两个相邻的计数轮之间通过本身的内齿和进位计数轮传动齿轮形成 1/10 的传动比，即在右侧的计数轮转动一周，数字由“9”翻转到“0”时，其进位计数轮便使左侧相邻的计数轮转动 1/10 周，形成十进位递增关系。这样汽车行驶时，就可累计出其行驶里程数，最大读数为 99 999.9 km。

(2)电子式车速里程表

电子式车速里程表通过安装在变速器上的传感器获取车速信号，并通过导线传输信号，能够克服磁感应式车速里程表用钢缆软轴传输转矩带来磨损等缺点。

电子式车速里程表的组成如图 7-16 所示，主要由车速传感器、电子电路、车速表和里程表四部分组成，既能指示汽车的行驶速度，又能记录行驶里程(包括累计里程和单程里程)，并具有复零功能。

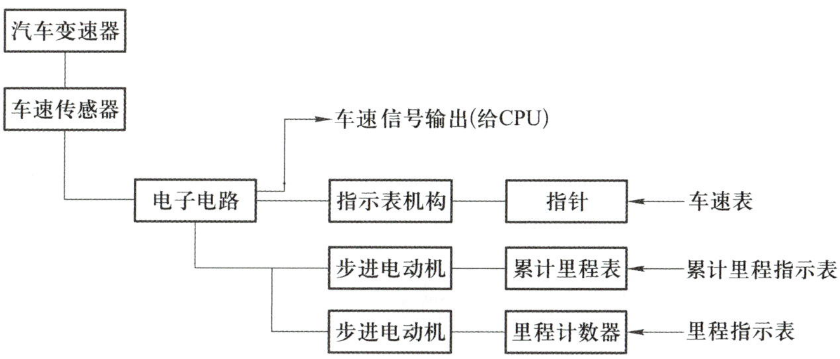

图 7-16　电子式车速里程表的组成

(a)车速传感器

车速传感器一般采用舌簧开关式或霍尔式传感器，由变速器驱动，能够产生与汽车行驶速度成正比的电信号。

① 舌簧开关式车速传感器　舌簧开关式车速传感器如图 7-17 所示，它由一个舌簧开关和一个含有 4 对磁极的转子组成。转子每转一周，舌簧开关中的触点闭合 8 次，产生 8 个脉冲信号，该脉冲信号频率与车速成正比。

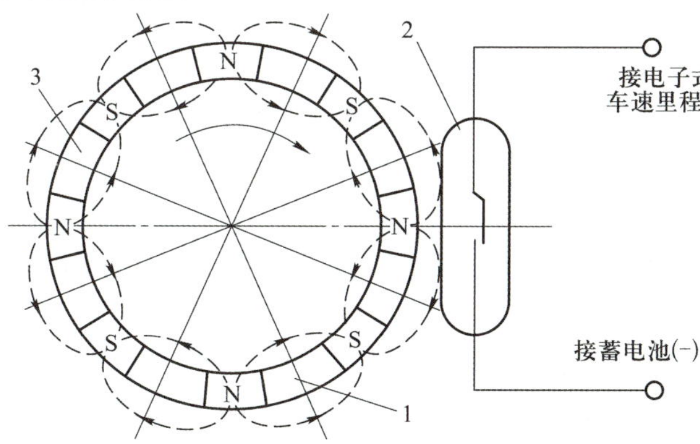

1—塑料环；2—舌簧开关；3—转子。

图 7-17　舌簧开关式车速传感器

②霍尔式车速传感器　霍尔式车速传感器的工作原理如图 7-18 所示，是利用霍尔效应的原理进行工作的。当一个矩形半导体薄片上有电流通过时，此时如有一磁场也作用于该半导体材料上，则在垂直于电流方向的半导体两端会产生一个很小的电压，该电压就称为霍尔电压。当磁性材料制成的传感器转子上的凸齿交替经过永久磁铁的空隙时，就会有一个变化的磁场作用于霍尔元件（半导体材料）上，产生脉冲信号，根据所产生的脉冲数目即可检测转速。

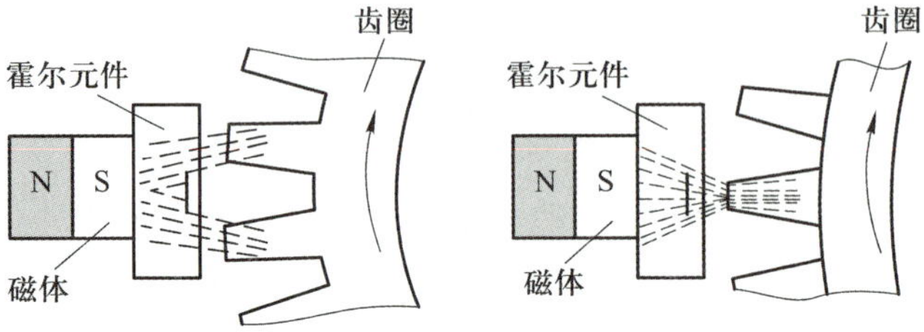

图 7-18　霍尔式车速传感器的工作原理

（b）电子电路

电子电路的作用是将车速传感器输入的与车速成正比的频率信号，经过整形、触发，输出一个与车速成正比的电流信号。电子电路主要包括稳压电路、单稳态触发电路、恒流源驱动电路、64 分频电路和功率放大电路，如图 7-19 所示。

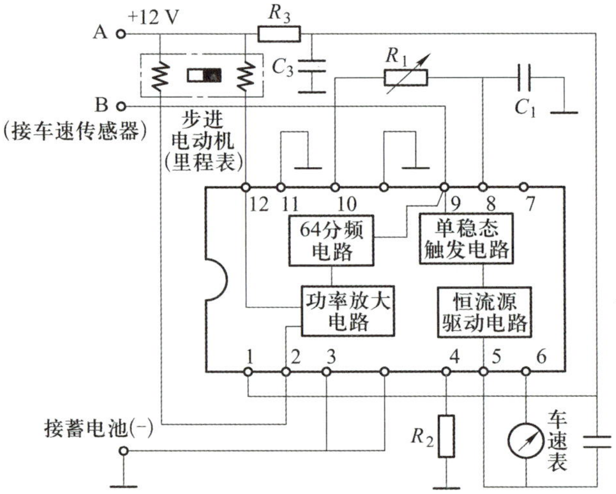

图 7-19　电子电路

（c）车速表

车速表实际上是一个电磁式电流表。如图 7-19 所示，当汽车以不同车速行驶时，从电子电路接线端子 6 输入与车速成正比的电流信号，驱动车速表指针偏转，从而指示相应的车速。

（d）里程表

里程表由一个步进电动机及六位数字的十进位齿轮计数器组成。如图 7-19 所示，车速传感器输出的频率信号经过 64 分频电路后，再经功率放大电路放大到具有足够的功率去驱动步进电动机，带动六位数字的十进位齿轮计数器工作，从而记录累计里程和单程里程。

6. 发动机转速表

为了检查、调整和监视发动机的工作状况，更好地掌握换挡时机，利用经济车速行驶等，在汽车仪表板上装有发动机转速表。

(1)发动机转速表的分类

发动机转速表分为机械式和电子式两种。机械式转速表的结构及工作原理与上述磁感应式车速表基本相同。电子式转速表获取转速信号的方式有三种，即取自点火系统、发动机的转速传感器和发电机。

(2)磁感应式发动机转速表

磁感应式发动机转速表是指采用磁感应式传感器检测发动机转速信号的电子式转速表。

磁感应式转速表由磁感应式传感器、电子电路和毫安表组成。由于转速信号一般取自发动机曲轴信号，因此传感器一般都安装在飞轮壳上。

磁感应式发动机转速表的电路如图 7-20a 所示，电子电路的核心部件是频率电压转换器 LM2907 或 LM2917。经过频率电压转换器 LM2907 或 LM2917 内部电路进行处理，即可将反映发动机转速的频率信号转换为电压信号，从而得到如图 7-20b 所示的输出特性曲线，这样毫安表便能随传感器输入信号频率增加，平稳地指示发动机转速。

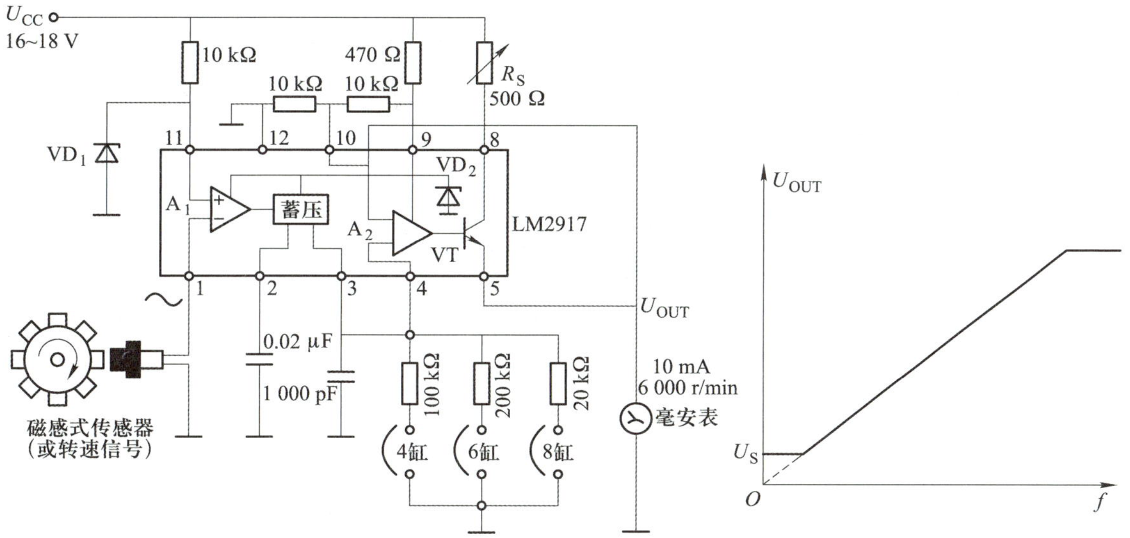

(a) 电路　　(b) 输出特性曲线

图 7-20　磁感应式发动机转速表的电路及输出特性曲线

二、汽车报警指示灯

1. 冷却液温度指示灯

冷却液温度指示灯电路如图 7-21 所示，核心元件为双金属片，当冷却液温度低于 95～98 ℃时，双金属上的动触点与静触点保持分离状态，指示灯不亮；当冷却液温度高于 95～98 ℃时，双金属片受热变形，动触点与静触点接触，将指示灯电路接通，指示灯点亮，提醒驾驶员注意。

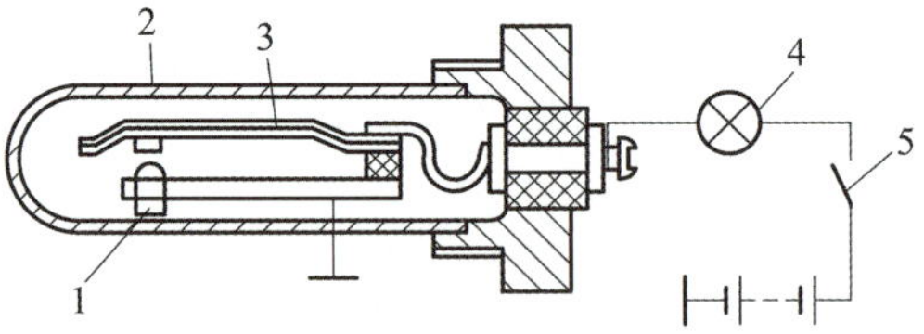

1—双金属片触点；2—传感器外壳；3—双金属片；4—指示灯；5—点火开关。

图 7-21　冷却液温度指示灯电路

2. 机油压力报警灯

机油压力报警灯用于提醒驾驶员注意发动机的机油压力异常。该灯由位于发动机润滑系统中的机油压力开关控制，机油压力报警灯开关一般装在主油道上。

目前汽车上使用的机油压力报警灯有弹簧管式和膜片式两种。

(1)弹簧管式机油压力报警灯

弹簧管式机油压力报警灯电路如图 7-22 所示。传感器金属壳体内有一弹簧管，弹簧管一端经管接头与发动机润滑系统主油道相通，另一端则焊接动触点。静触点经接触片与接线柱相连。

当发动机润滑系统主油道的机油压力低于 0.05～0.09 MPa 时，弹簧管变形小，动、静触点接触，接通报警灯电路，使报警灯点亮，以提请驾驶员注意并及时停止发动机运转。当润滑系统主油道的机油压力高于 0.05～0.09 MPa 时，弹簧管变形大，动、静触点分离，切断报警灯电路，使报警灯熄灭，说明润滑系统工作正常。

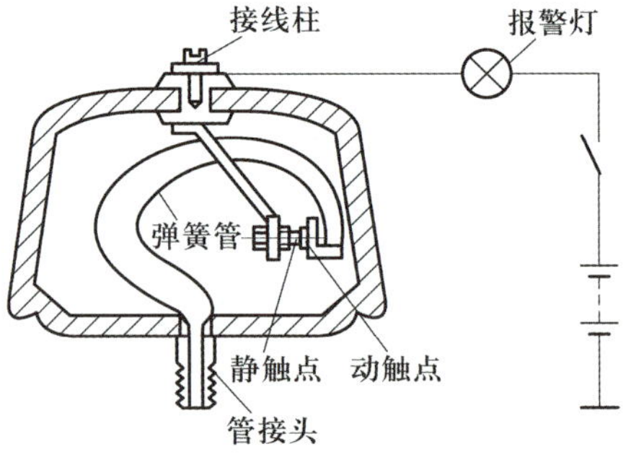

图 7-22　弹簧管式机油压力报警灯电路

(2)膜片式机油压力报警灯

膜片式机油压力警告灯的结构如图 7-23 所示。钢制的膜片将金属壳体分割成两个互不相通的腔室，上腔室内设有一弹簧，弹簧上焊有动触点，静触点固定在壳体上。下腔室与发动机润滑系统主油道相通。当发动机主油道的机油压力低于某一规定值时，膜片承受机油压力小，弹簧使触点开关闭合，接通报警灯电路，使报警灯点亮。当压力达到正常值时，膜片向上拱曲，推动弹簧使触点开关断开，切断报警灯电路，使报警灯熄灭。

3. 充电指示灯

充电指示灯用于指示充电系统的状况，其电路如图 7-24 所示。

当点火开关置于“ON”时，发电机的励磁电流由蓄电池提供，电流经充电指示灯、调节器 L

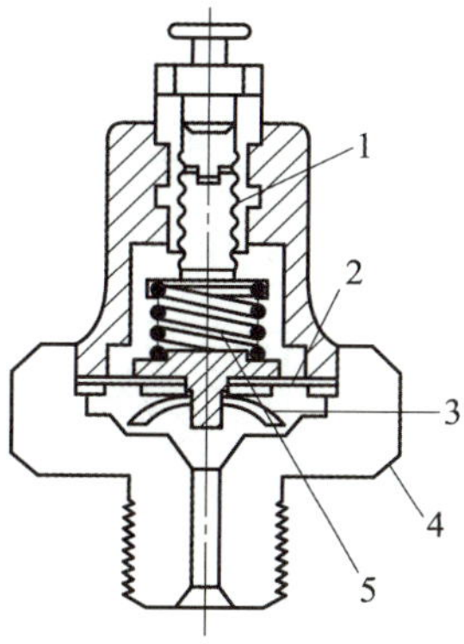

1—调整螺钉；2—膜片；3—动触点；4—壳体；5—弹簧。

图 7-23　膜片式机油压力报警灯

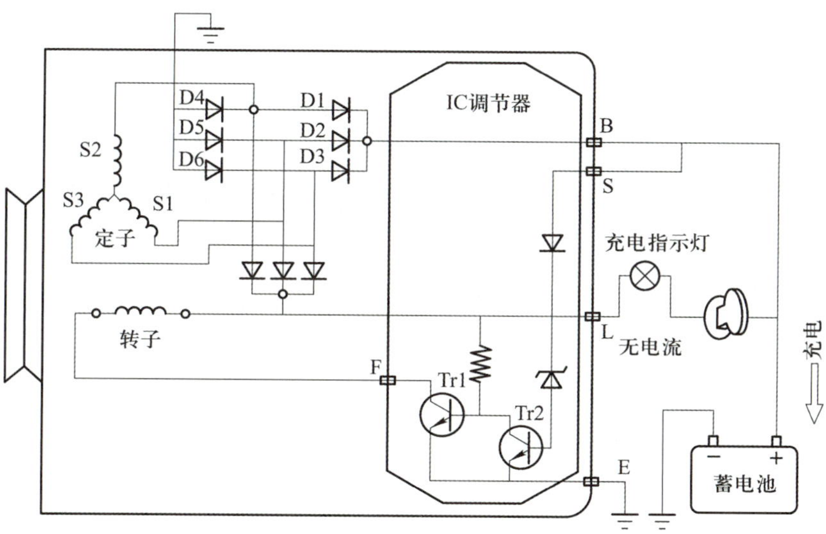

图 7-24　充电指示灯电路

端子、转子线圈、电压调节器流至端子 E，接通充电指示灯电路，充电指示灯点亮。当发动机起动后，此时发电机的励磁电流已经由发电机本身发出的电流来供应。L 端子处的电压升高，蓄电池与 L 端子之间的电位差消失，充电报警灯熄灭。如果充电系统存在故障，在发动机运转时充电指示灯会点亮。

4. 燃油量指示灯

燃油量指示灯用于监视燃油箱中的燃油量，当燃油液位降至低于规定值时，该指示灯点亮。目前汽车上常用的燃油量指示灯的形式主要有热敏电阻式和电子式两种。

（1）热敏电阻式燃油量指示灯

热敏电阻式燃油量指示灯电路如图 7-25 所示。该装置是由负温度系数的热敏电阻式燃油量传感器和指示灯组成的。当燃油箱内的燃油量较多时，热敏电阻元件浸没在燃油中，散热快，温度较低，电阻值较大，因此电路中电流很小，指示灯不亮；当燃油减少到规定值以下时，热敏电阻元件露出油面,散热慢,温度较高,电阻值较小,因此电路中电流增大,指示灯点亮。

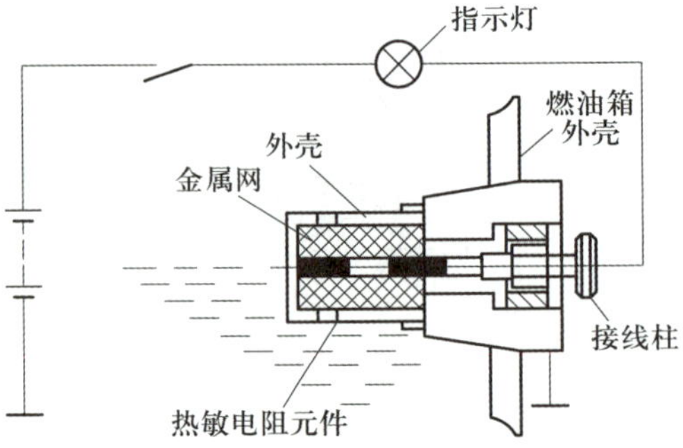

图 7-25　热敏电阻式燃油量指示灯电路

(2)电子式燃油量指示灯

电子式燃油量指示灯只适用于与电磁式燃油表一起工作,其电路如图 7-26 所示。当燃油箱全满时,浮子浮起带动滑片位于可变电阻下端,使串联在指示器电路中的电阻值增大,电阻 R_1 上的电压升高,晶体管 VT_1 的基极电势升高而导通,晶体管 VT_2、VT_3 截止,指示灯不亮。当燃油箱内的燃油液位下降到规定值时,浮子下沉带动滑片位于可变电阻上端,使串联在指示器电路中的电阻值减小,电阻 R_1 上的电压降低,晶体管 VT_1 的基极电势降低而截止,晶体管 VT_2、VT_3 导通,接通指示灯电路,使指示灯点亮,以示警告。

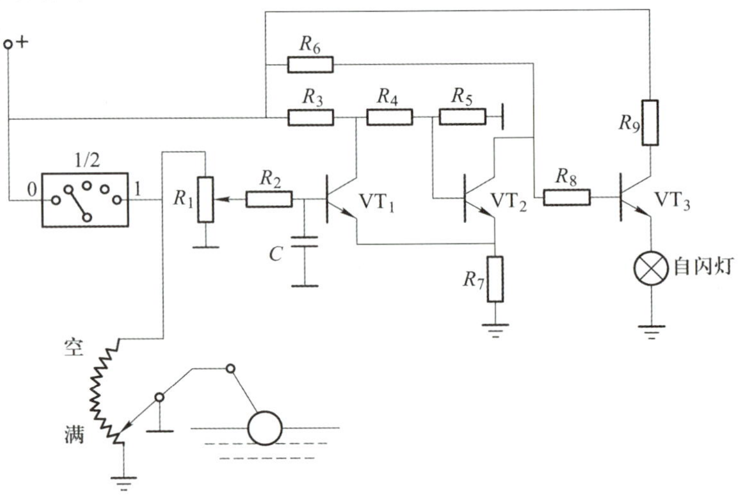

图 7-26　电子式燃油量指示灯电路

5. 发动机故障报警灯

发动机电控系统具有自检功能,一旦检测到发动机电控系统有故障,仪表上的"Check Engine(发动机故障)"报警灯就会由 PCM 点亮,提示驾驶员及时进行维修,并在发动机 ECU 中存储故障码。

6. 制动液液面指示灯

制动液液面指示灯的传感器安装在制动液储液筒上,其电路如图 7-27 所示。传感器外壳 5 内装有舌簧开关3,两接线柱中的其中一个接12 V电源,另一个接指示灯,浮子1上固装着永久磁铁2。

当浮子随着制动液液面下降到规定值时,永久磁铁的吸力作用使舌簧开关触点闭合,接通指示灯电路,使指示灯点亮,以示警告。当补充制动液而使制动液液面上升时,浮子带动永久磁铁上升,对舌簧开关的吸力作用减弱,舌簧开关在自身弹力作用下使触点张开,切断了指示灯电路,使指示灯熄灭。

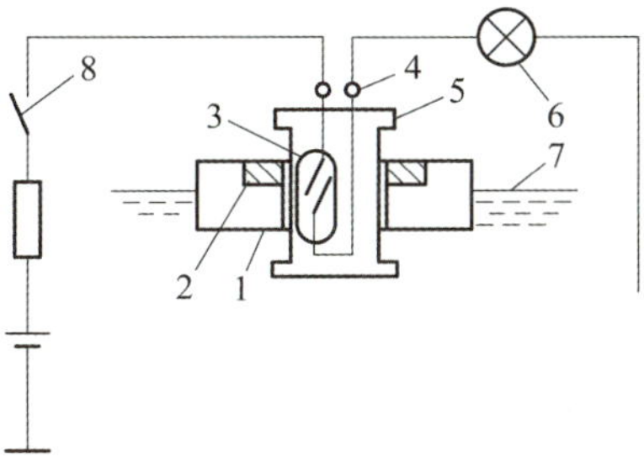

1—浮子;2—永久磁体;3—舌簧开关;4—接线柱;5—外壳;6—指示灯;7—制动液液面;8—点火开关。

图7-27 制动液液面指示灯传感器电路

7. 制动盘磨损指示灯

制动盘磨损指示灯的作用是在制动摩擦片磨损到使用极限厚度时点亮,发出报警信号。摩擦片磨损情况的检测方法有两种:一种方法是使磨损检测传感器本身磨损;另一种方法是使其接触制动盘。

如图7-28a所示,是将一个金属触点埋在制动摩擦片内部。当制动摩擦片磨损至使用极限厚度时,金属触点就会与制动盘(或制动鼓)接触而使指示灯与搭铁接通,仪表板上的指示灯便会亮起,以示警告。

如图7-28b所示,是将一段导线埋设在制动摩擦片内部,该导线与电子控制装置相连。当接通点火开关后,电子控制装置便向制动摩擦片内埋设的导线通电数秒钟进行检查。如果制动摩擦片没有磨损到极限位置,输出电压为0。当制动摩擦片磨损到使用极限厚度时,U形金属丝部分被磨断,电路断开,这时输出电压为高电平,异常信号输入电控单元中或通过电阻 R 接通指示灯电路,使指示灯点亮,以示制动摩擦片需要更换。

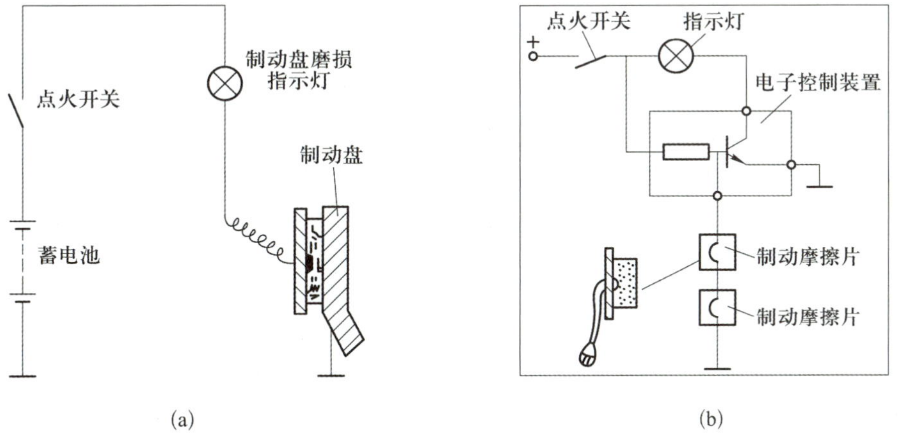

图7-28 制动盘磨损指示灯

三、传统仪表的检修

1. 传统仪表检修的注意事项

① 拆装时注意以下事项：

a. 拆装仪表系统时，应先拆下蓄电池负极电缆，以免手触摸仪表板后面时造成线路短路。

b. 拆卸装饰面板时，由于固定螺钉一般是隐蔽的，因此要仔细查找固定螺钉，否则强行拆卸将会损坏装饰面板。

c. 拆装仪表系统时，应注意仪表板后面的线束插接器及车速里程表软轴接头，一般都带有锁止机构，切忌强拆，安装时要确保到位。

d. 从电路板上拆下仪表表芯、电源稳压器、照明及指示灯时，小心不要损坏印制电路板。

② 单独更换表芯或传感器时，注意仪表与传感器必须配套使用。

③ 拆装仪表及传感器时，注意动作要轻，不要敲打。

④ 电热式机油压力传感器安装时有方向要求。

⑤ 仪表与传感器的接线、传感器的搭铁必须可靠。

⑥ 电磁式仪表的接线柱有极性之分，不得接错。

2. 传统仪表常见故障诊断与排除

在所有汽车仪表电路中，大部分都配有电源稳压器，而不论是电磁式还是电热式仪表，又都配有传感器。因此，在诊断仪表故障时，若两个或两个以上仪表同时不工作，应先检查仪表熔断器、电源稳压器是否有故障；若单个仪表不工作，应首先确定故障是在传感器还是在仪表。

(1)冷却液温度表不工作

(a)故障现象

冷却液温度表不工作。发动机工作时，冷却液温度表指针不动，反应不出发动机冷却液温度。

(b)故障原因

① 冷却液温度表传感器故障。

② 冷却液温度表指示器故障。

③ 稳压器工作不正常，线路有断路。

(c)故障诊断

将传感器的接线插头拔下，使该导线直接搭铁，打开点火开关，观察冷却液温度表的指针情况。

① 若指针开始移动，则说明故障在传感器。

② 若表针仍无指示，则说明故障在仪表自身，或是稳压器及线路有断路。

③ 若冷却液温度表与燃油表同时出现故障，稳压器或线路出现故障的可能性较大，应首先检查稳压器工作是否正常。

(2)冷却液温度指示灯常亮

(a)故障现象

冷却液温度指示灯常亮。汽车在行驶中，发动机无论冷态还是热态，冷却液指示灯常亮。

(b)故障原因

① 储液罐中冷却液液面过低。

② 冷却液液位开关故障。

③ 冷却液温度报警开关故障。

④ 线路有搭铁处。

(c)故障诊断

① 首先检查发动机冷却液温度是否过高，储液罐液面是否过低。

② 如果冷却液温度及储液罐液面都正常但仍然报警的话，可拔下储液罐液位开关插头。如果指示灯熄灭，则说明故障在液位开关。

③ 如果指示灯仍然点亮，则接好液位开关插头，拔下冷却液温度报警开关插头。如果指示灯熄灭，则说明故障在冷却液温度报警开关。

④ 如果指示灯仍然点亮，则说明线路有搭铁处。

3. 燃油表指示不准

(a)故障现象

燃油表指示不准。接通点火开关后，指针指向“无油”位置。

(b)故障原因

① 传感器内部搭铁或浮子损坏。

② 燃油表至传感器的导线搭铁。

③ 燃油表电源线断路。

④ 燃油表内部故障。

互动练习

传统仪表的故障诊断

(c)故障诊断

① 检查燃油泵传感器内部是否搭铁，浮子是损坏。

② 检测燃油表到传感器的线路是否有搭铁现象。

③ 检测燃油表电源线路是否断路。

④ 检测仪表内部故障。

任务 3　诊断数字仪表故障

任务目标

1. 能叙述数字仪表的组成及工作原理。
2. 掌握数字仪表的构造及故障检测方法。

任务引入与分析

某汽车 4S 店接到一辆轿车，车主反映该车发动机转速表指示不准确，维修人员根据故障现象判定是转速表传感器或指示器损坏，因此需要对仪表系统进行检修。

数字仪表为驾驶员提供汽车行驶过程中的最基本操作信息，这些信息可在仪表板上显示出来，包括汽车行驶速度、已行驶里程、发动机转速、机油压力及温度、冷却液温度、燃油量等。数字仪表与传统仪表采用的传感器的结构和工作原理基本相同，两者的本质区别在于显示装置的结构和工作原理不同。数字仪表借助于各种电子显示器件和有关电路，实现数字显示、模拟指针显示、图像和曲线显示等不同的显示形式。

知识链接

一、数字仪表的基本组成

如图 7-29 所示，数字仪表由传感器、控制单元和显示装置组成。各种传感器产生的信号(模拟信号和数字信号)经输入电路预处理，再送至计算机控制单元分析和计算，然后控制信号从输出电路输出，控制数字仪表显示装置以数字、字母与数字混合、曲线图和柱状图表等形式显示，并配以国际标准符号向驾驶员发出汽车各种工作状态的信号和故障警告信号，如图 7-30 所示。

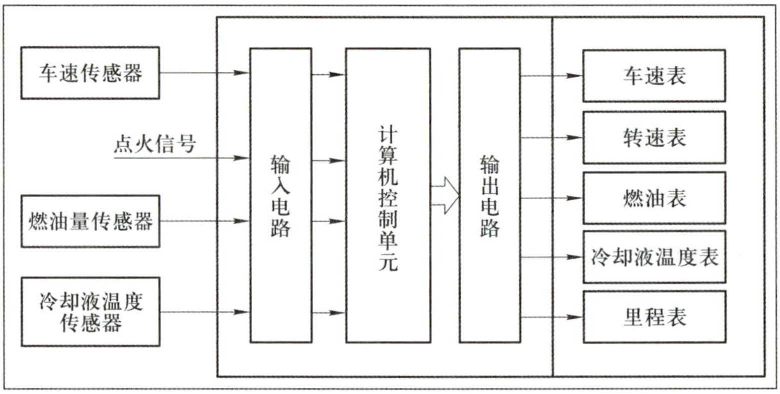

图 7-29　数字仪表的组成

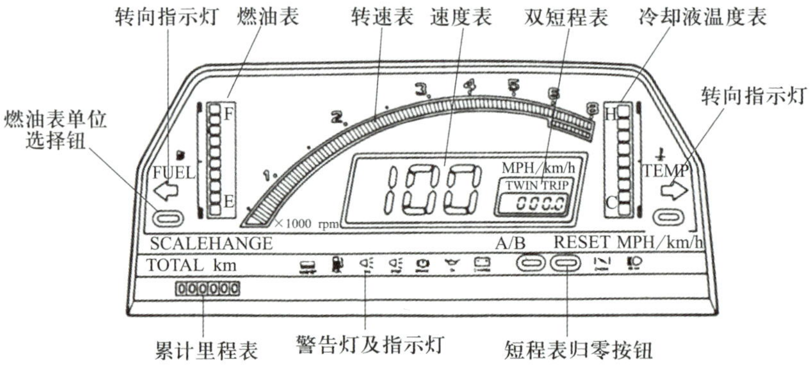

图 7-30　数字仪表信息显示方式

一般情况下，数字仪表板有 3 组由计算机控制的独立液晶显示器，分别用来显示车速、油耗及发动机转速等信息，仪表板中央有 1 个驾驶员信息中心，用来显示燃油存量、机油压力、冷却液温度、累计行驶里程及平均油耗等信息，同时驾驶员信息中心还有 1 套报警灯系统，用来指示机油压力、冷却液温度、冷却液液面高度、蓄电池充电电压、制动盘磨损、灯泡故障及车门未关等异常情况。

1. 汽车数字仪表显示装置

目前，汽车上使用的仪表显示装置主要有发光二极管(LED)、液晶显示器(LCD)、真空荧光显示屏(VFD)、电致发光显示器(DCEL)、阴极射线管(CRT)。

(1)发光二极管(LED)

发光二极管是显示装置中最简单的一种,具有体积小、结构简单、耐用、使用寿命长等特点。发光二极管的结构如图7-31a所示。发光二极管的颜色有红、绿、黄、橙等,不同颜色的发光二极管所用的材料不同。

汽车数字仪表中常用发光二极管作为数字符号段或不太复杂的图符显示,如图7-31b所示为由发光二极管组成的数码显示器。发光二极管还常用作汽车仪表板上的警告指示灯,取代了过去仪表板上常用的白炽灯泡。

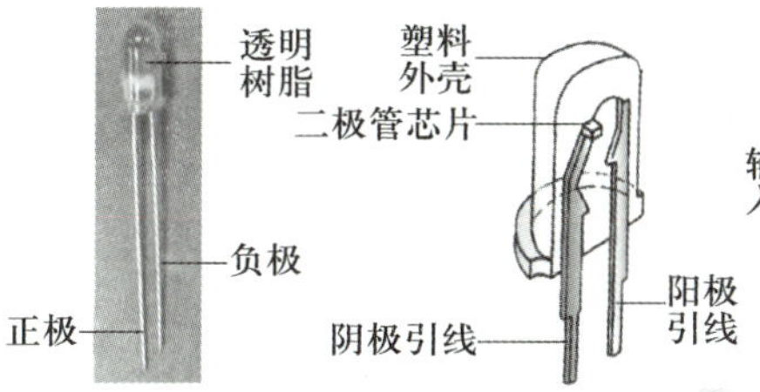

(a) 发光二极管的结构

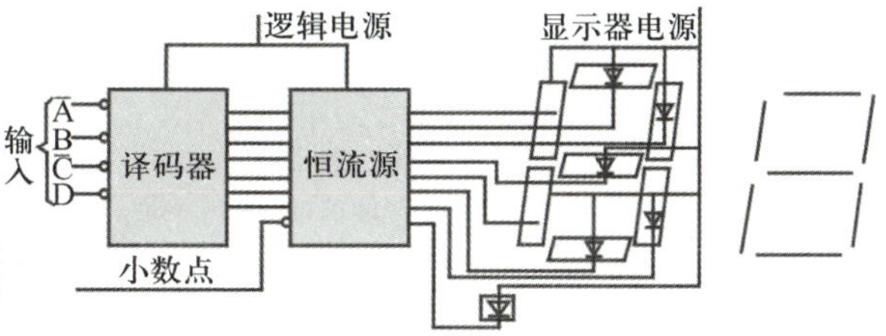

(b) 由发光二极管组成的数码显示

图7-31　发光二极管的结构及数码显示

(2)液晶显示器(LCD)

液晶是一种有机化合物,在一定温度范围和条件下,既具有普通液体的流动性,又具有晶体的某些光学特性。液晶显示器的结构如图7-32a所示,有两块厚约1 mm的玻璃基板,基板上涂有透明的导电材料作为电极,一面电极为字符段图形,每个字符段由电子开关单独控制通电状态。两玻璃基板间注入10 μm厚的液晶,在两玻璃基板的外表面分别贴有偏光板,四周密封。当两电极通一定电压时,位于通电电极范围内的液晶分子重新排列,这样通电部分电极就形成了在发亮背景下的字符或图形。分别控制每个字符段的通电状态,即哪些字符段呈亮的状态,哪些字符段呈暗的状态,便可在液晶显示器上看到字符。液晶显示器上的字符显示如图7-32b所示。

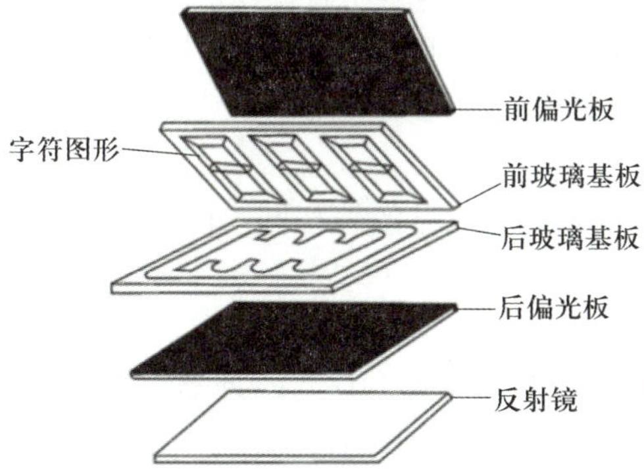

(a) 液晶显示器的结构

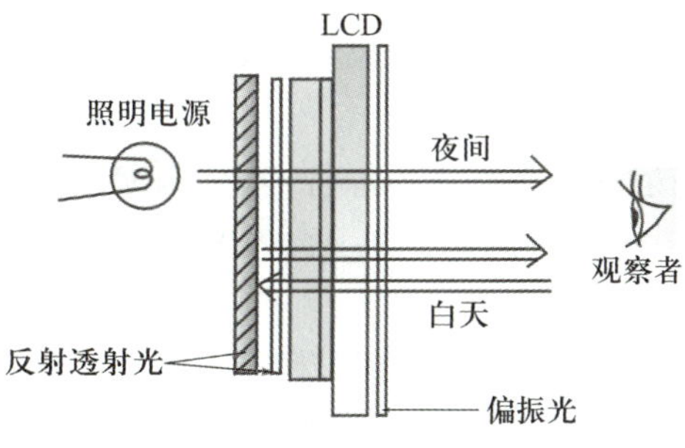

(b) 液晶显示器上字符显示

图7-32　液晶显示器的结构及字符显示

液晶显示与发光二极管、真空荧光显示的主要区别是发光二极管和真空荧光显示在电源的作用下自己能发光，液晶显示本身不能发光，只能起到吸收、反射或透光的作用，因此液晶显示装置需要日光或某种人造光线作为外来光源（汽车上通常用白炽灯作为背景光源）。

（3）真空荧光显示器（VFD）

真空荧光显示器实际上是一种低压真空管，其结构如图 7-33 所示，主要由灯丝、栅格、阳极和玻璃罩等构成。其中灯丝为阴极，与电源"－"极相接；阳极为涂有磷光物质的屏幕，与电源"＋"极相接，采用的是 7 字符段图形（也有采用 14 或 20 字符段图形的），每个字符段由电子开关单独控制通电状态；在灯丝与阳极之间有栅格，整个装置密封在被抽真空的玻璃罩内。

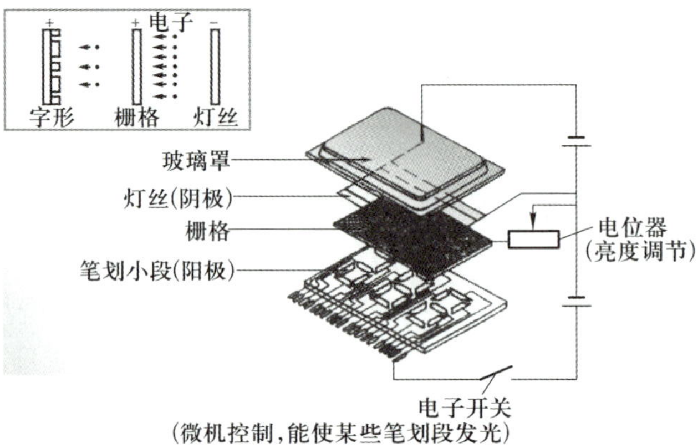

图 7-33　真空荧光显示器的结构

当阴极有电流通过时，灯丝便产生热量，当它被加热到 600 ℃左右时，其表面释放电子。由于栅格的电位比阴极高，电子被栅格吸引，而阳极的电压更高，这样一些电子穿过栅格，均匀地打在阳极的字符段上。凡是由电子开关通电的字符段，受电子轰击后发亮；否则，发暗。这样通过控制字符段的通电状态，便可在真空荧光显示器上形成不同的数字。

（4）电致发光显示器（DCEL）

电致发光显示器的结构和液晶显示器类似，只是其活性材料用硫化锌层代替了液晶层。

电致发光显示器与液晶显示器一样，具有很多优点，不同的是它在电场作用下能够发光，而不像液晶显示器要依赖于反射光，因此在无外部光照条件下也可使用。

（5）阴极射线管（CRT）

阴极射线管也称为显像管，其结构和工作原理与电视机显像管相同。阴极发射的电子被阳极吸收，电子束轰击到屏幕上而发光。

2. 计算机控制单元

数字仪表的计算机控制单元包括 A/D 转换器、多路传输、中央处理器（CPU）、只读存储器（ROM）、随机存取存储器（RAM）、输出接口等组成。来自不同传感器的模拟信号或数字信号，通过接口电路、多路传输、中央处理器、输出电路，最后控制电子仪表板的显示器。有的车型采用车身计算机来控制数字仪表，而有些车型采用单独的计算机来控制数字仪表。

大多数数字仪表板都具有自诊断功能，进行自诊断时，按下仪表板上的选择按钮，当点火开关转到 ACC 挡或 RUU 挡时，仪表板便开始一次自检（每次自检大约 3 s），检验时通常是整个仪表板发亮。与此同时，各显示器的每段字符段都发亮。在自检过程中，数字仪表板上用来监测各系统的国际标准符号，一般都闪烁，检验完成时，所有仪表都显示当时的读数。若发现故障，便显示一个提醒驾驶员的代码。

3. 传感器

传感器主要用于监测汽车状态的极限值，数字仪表采用的传感器的结构和工作原理与传统仪表的基本相同。常用的传感器有以下几种：

① 液位传感器　监测燃油箱液位、制动液液位、冷却液液位、清洗液液位等。

② 压力传感器　监测机油压力、制动系统压力、轮胎压力等。

③ 温度传感器　监测冷却液温度、机油温度等。

④ 车灯传感器　监测各种车灯故障等。

二、数字仪表的检修

现代汽车数字仪表显示系统的故障一般都出在传感器、连接器、导线、个别仪表及显示器上，检修时应先将传感器电路断开或拆下，用检测设备逐个进行检查。

1. 传感器的检测

首先将传感器的电路断开或拆下传感器，用仪器逐个进行检查。对各种电阻式传感器的检查，通常是采用测量其电阻值的方法来判断它的好坏，即把所测得的电阻值与其规定的标准电阻值相比较，判断传感器有无故障。若所测得的值小于规定的数值，表明传感器内部短路；否则，表明传感器内部短路或接触不良。传感器一般是不可拆、不可维修的元件，若有故障只能更换新件。

2. 连接器的检查

采用数字仪表的汽车，往往需要很多连接器把电线束连到仪表板上去。这些连接器一般都采用不同的颜色，以便辨认它属于哪一部分的连接。为保证其连接牢固、可靠，连接器上都设有闭锁装置。检查时可用眼看或手摸的方法，连接器装置要齐全、完好，插头、插座应接触可靠、无锈蚀。用手触摸连接器，应没有明显的温度感觉，若温度过高，则说明该连接器接触不良，应查明原因，予以排除。

3. 个别仪表故障诊断

若数字仪表板上个别仪表发生故障，应检查与此仪表相关的各个部分。首先应检查各导线的连接情况，包括各连接器的接触状况，线路是否破损、搭铁、短路或断路等；然后再用检测设备分别对该仪表及传感器进行检测，查明故障原因，予以修复，必要时更换新的元件。

4. 显示器故障检修

一旦数字仪表板上的显示器部分笔画、线路出现故障，应将仪表板上显示器件调整到静态显示状态，仔细观察是否还有别的故障，就此时出现的故障，使用检测设备对与此相关的电路或装置进行认真检查。若仅有一、二笔画或线段不发亮或不显示，则说明逻辑电路板通过多路传输的脉冲信号正确，可能是显示装置的部分线段工作不正常。遇此情况应作进一步检查，属于接触不良的应加以紧固，确保其电路畅通。若是电子器件本身的问题，通常应更换显示器件或电路板。

互动练习

数字仪表的故障诊断

知识拓展

现代汽车数字仪表

一、现代汽车数字仪表的特点

(1)仪表指示形式演变为大屏显示器。汽车组合仪表充分应用多媒体显示技术,并突出现代信息技术和网络技术的应用,仪表的形式发生根本改变,指示形式演变成一个高清晰度的大屏显示器。更多的指示灯被拟物化设计,从而有效降低用户的接受过程,数字仪表集中显示有助于提升驾驶安全,驾驶员的视距也不必在多个位置频繁切换,如图 7-34 所示为数字全液晶仪表。

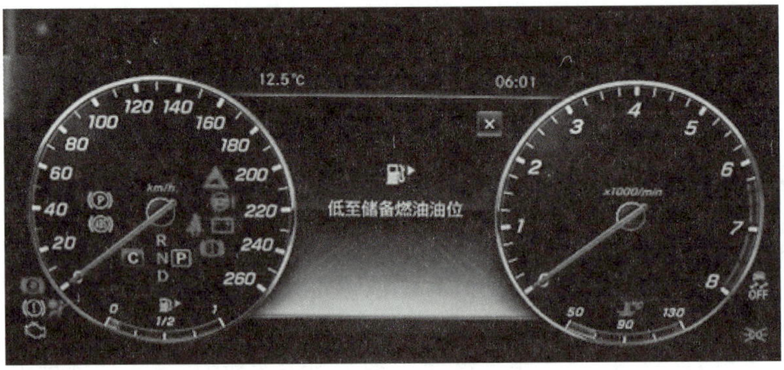

图 7-34　数字全液晶仪表

(2)仪表功能拓宽。汽车组合仪表的功能不再局限于车速、里程、转速、油量、冷却液温度和方向灯指示,还增添了如下功能。

① 带电子控制单元的智能化汽车仪表。能指示安全系统运行状态,如轮胎气压、制动装置、安全气囊状态、安全带状态等。这些信号传输形式,将不再是简单的开关接通和断开的直流信号,而是通过车载局域网将包含这些安全装置工作状态的信息进行传输,供各控制单元读取,以便控制单元能准确判断这些安全装置的工作状态,并给出故障显示,提醒驾驶人或指导维修人员排除故障。

② 将防盗系统纳入汽车仪表控制单元的监管下。如在车门、后行李箱等处安装防盗锁指纹识别开启系统、防盗点火起动装置等。

③ 互联网技术。汽车上的计算机系统与公共互联网相连,以便充分共享信息资源,处理通信作业。汽车组合仪表的计算机系统具备对娱乐、空调等舒适性设备进行监管的功能,可以自动控制这些设备或支持驾驶人远程操纵。

④ 网关。集成了车载网络系统的网关,为不同通信协议或不同传输速度的控制单元之间建立通信。

(3)数字仪表广泛应用高效冷光源发光器件,导光系统更多体现出光学领域的新技术。自动导航和影音娱乐系统是汽车数字仪表上不可缺少的部分,包括卫星定位系统、电子地图、多媒体显示等。

二、数字组合仪表的组成

如图 7-35 所示,典型数字组合仪表主要仪表总成前底座、组合仪表主板、支架、显示屏、仪表总成前面板等组成。其电路部分又可分为:仪表系统、显示系统及综合信息系统。

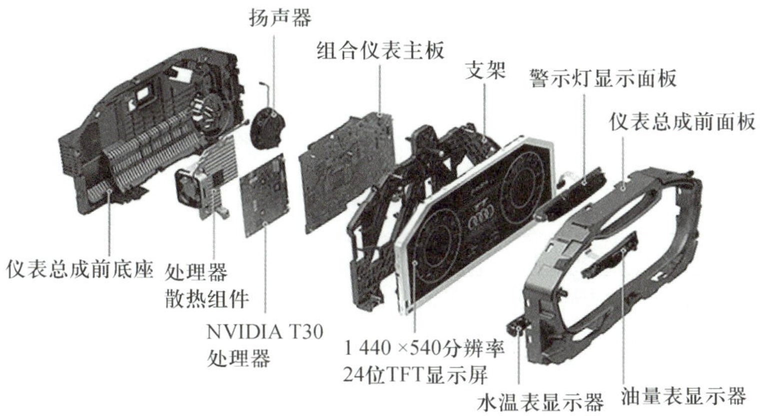

图 7-35　数字组合仪表的组成

与传统仪表相比,全液晶仪表多了与显示相关的部件,比如:显示屏、GPU处理器、专用的内存,甚至增加了以太网的接口等。整体看成本要高于传统的机械仪表。

三、HUD抬头数字显示

如今不少车型配备了曾在战斗机上使用的HUD(Head Up Display)抬头数字显示系统。该系统通过利用投影技术把车辆动态信息等直接投放在前风挡玻璃上,使驾驶员不必低头就可以看到行车信息,避免分散对前方道路的注意力,如图7-36所示。

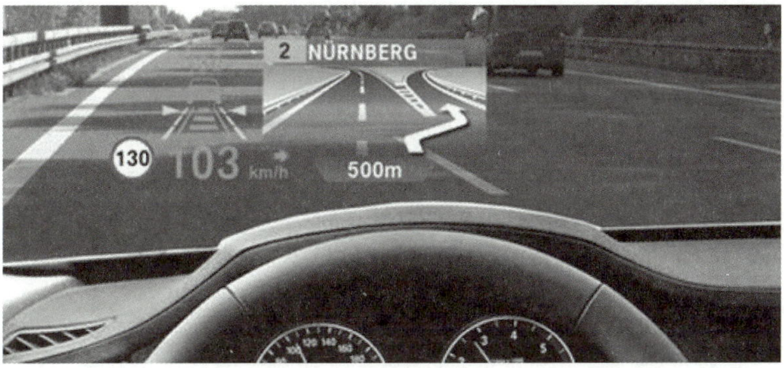

图 7-36　HUD(Head Up Display)抬头数字显示系统

思考与练习

一、填空题

1. 车用组合仪表由________、________、________和行车电脑信息显示屏组成。

2. 电磁式冷却液温度表的指针偏转是由于________的改变导致合成磁场的________改变而引起的。

3. 冷却液温度传感器一般采用________温度系数的热敏电阻。

4. 电子式车速里程表主要由________、________、车速表和里程表四部分组成。

5. 汽车仪表板上常用的仪表有________、________、________和________等。

6. 机油压力表用来检测和显示发动机________的机油压力值。

二、填图题

1. 回答下列仪表标识所表示的报警指示灯及其作用。

(1)

____________________灯

作用：____

____

(2)

____________________灯

作用：____

____

(3)

____________________灯

作用：____

____

(4)

____________________灯

作用：____

____

(5)

____________________灯

作用：____

____

(6)

____________________灯

作用：____

____

(7)

____________________灯

作用：____

____

(8)

____________________灯

作用：____

____

(9)

__________灯

作用：______________________________

____

(10)

__________灯

作用：______________________________

____

2. 指出如图 7-37 所示仪表板各部分的名称。

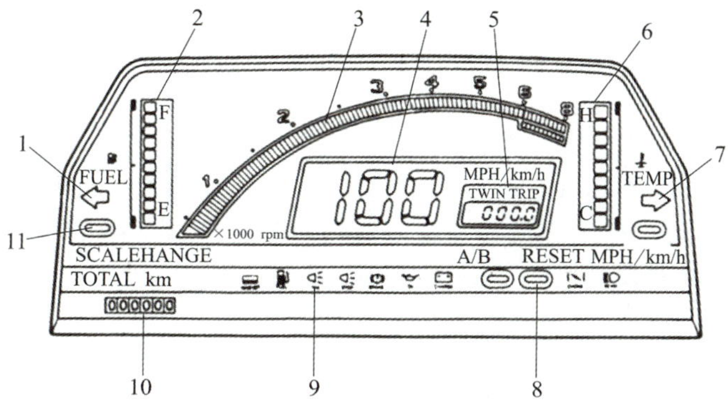

1—________　2—________

3—________　4—________

5—________　6—________

7—________　8—________

9—________　10—________

11—________

图 7-37　练习题

三、简答题

1. 简述电热式冷却液温度表与热敏电阻式传感器的工作原理。

2. 造成仪表工作不良的原因有哪些？通过收集信息完成鱼骨头的绘制，并在鱼骨头中对应的地方填写相应内容的标号(图 7-38)。

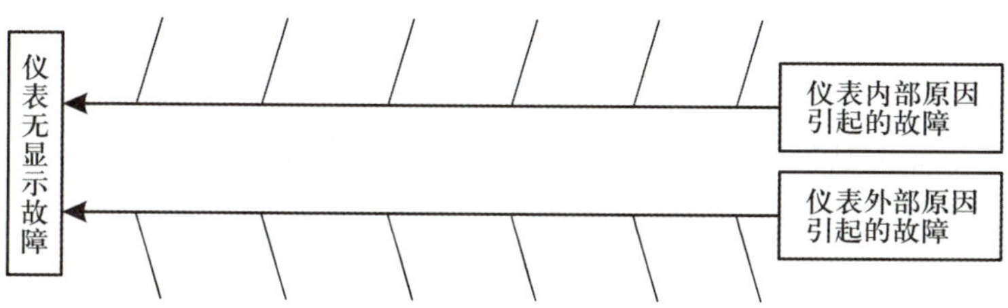

图 7-38　练习题

3. 数字仪表常用的检测方法有哪些？

知识拓展

数字仪表

项目 8　汽车辅助电气设备的检修

项目引入

随着现代汽车工业的发展，辅助电气设备在汽车上的应用越来越多，充分提升了汽车的舒适性、娱乐性和安全性。目前，已广泛应用的辅助电气设备包括电动刮水器、挡风玻璃洗涤装置、电动车窗挡风玻璃升降器、电动后视镜和电动座椅等。

项目要求

通过本项目的学习，应能独立完成各种汽车辅助电气设备的解体、检测、装复与调整，并能按正确的工序流程与操作规范完成作业。该项目主要考查学生对于各种汽车辅助电气设备的认知及故障的检修能力，培养学生的动手操作能力及遵守安全规范、解决问题的职业素质。

任务 1　诊断与维修电动刮水器故障

任务目标

1. 知道电动刮水器的功能、组成、工作过程，了解其控制电路。
2. 知道挡风玻璃洗涤装置的功能、组成及工作原理。
3. 能识读常见车型刮水系统电路，并能分析其常见故障。
4. 能更换电动刮水器的元件。

任务引入与分析

前几天下小雨时，某车主想打开其车辆刮水器的间歇挡，但刮水器不工作，只能用低速挡。今天车主将车送来维修，作为维修人员，你知道应怎样排除该故障吗？

知识链接

电动刮水器的功能是清除掉附着在挡风玻璃上的霜、雨、雪、泥、尘埃及其他污物，如图 8-1 所示，使驾驶员具有良好的视野，以保障行车安全。

刮水器和洗涤装置在车上的布置如图 8-2 所示。一般汽车的前挡风玻璃上都装有两个刮

图 8-1　电动刮水器的功能

水刷，部分汽车在后挡风玻璃上也装有一个刮水刷，而有些豪华轿车的前照灯也有清洗装置，这样能更有效地保证雨雪天气尤其是夜间行车的安全。

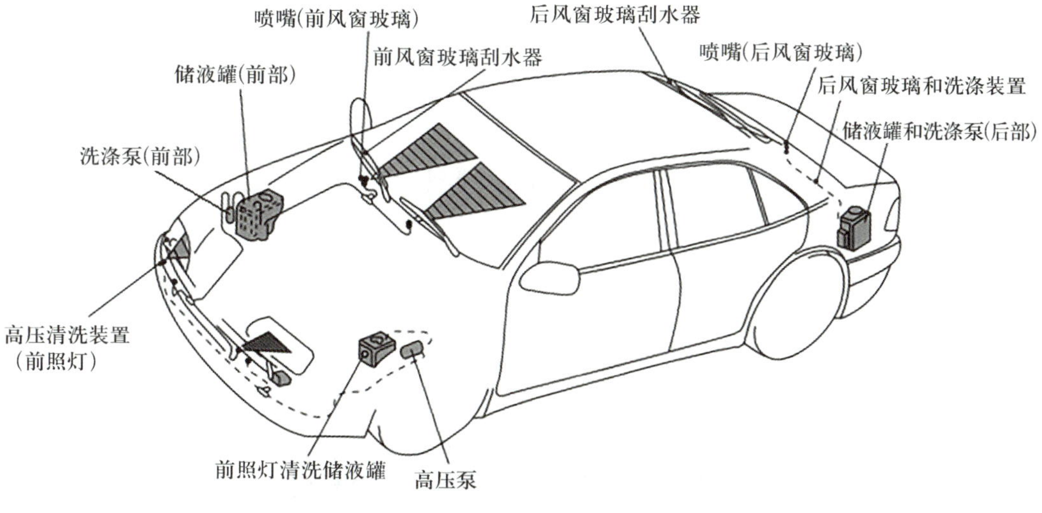

图 8-2　刮水器和洗涤装置在车上的布置

一、刮水器的类型

① 根据刮水器安装位置的不同分为前挡风玻璃刮水器和后挡风玻璃刮水器两种，如图 8-3 所示。

② 根据刮水器驱动机构的不同分为机械式、真空式、气压式、液压式和电动式。由于电动刮水器相对于其他动力源来讲具有低噪声、低能耗、工作可靠、控制方便等优点，因此电动刮水器是目前普遍采用的一种刮水器。

③ 按刮水臂总成的数量不同分为单刮水臂、双刮水臂和三刮水臂式。

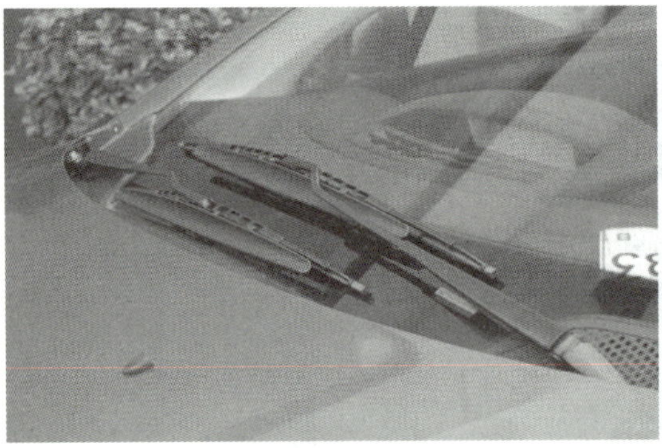

(a) 前挡风玻璃刮水器

(b) 后挡风玻璃刮水器

图 8-3　刮水器在车上的安装位置

④ 根据刮水臂的摆动方向不同分为平行连动式、对向连动式和单臂式三种，如图 8-4 所示。

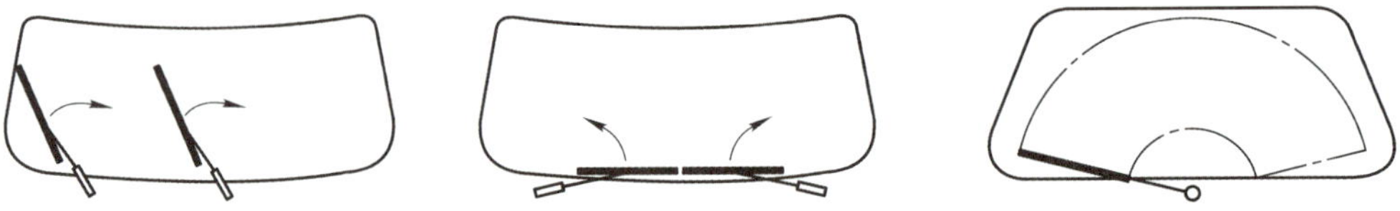

(a) 平行连动式　(b) 对向连动式　(c) 单臂式

图 8-4　刮水臂的摆动方向

二、汽车电动刮水器的功能

为了满足不同情况下的使用，刮水器控制开关一般设有低速（LO）、高速（HI）、间歇（INT）、空挡（OFF）、喷水刮水（PULL）及点动刮水（MIST）共 6 个挡位，其控制开关如图 8-5 所示。

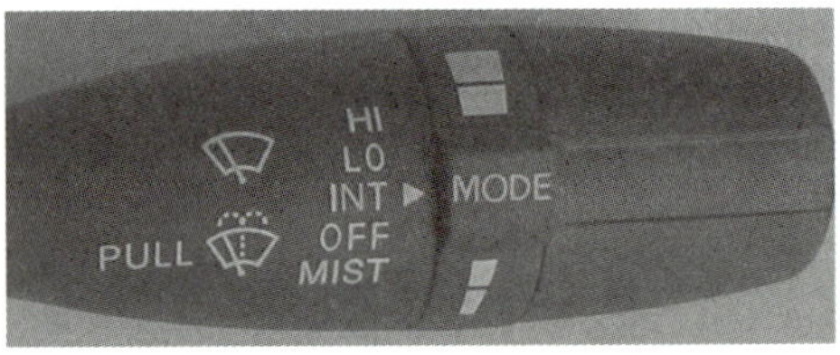

图 8-5　刮水器控制开关

三、电动刮水器各部件的构造、功能与工作情况

雨刮系统的组成如图 8-6 所示，主要由雨刮直流电动机、减速机构、传动机构（包括蜗轮箱、曲柄、连杆和摆杆）、刮水臂、刮水刷组成。此外，还包括开关、间歇继电器等附属件。

一般电动机和蜗杆箱结合成一体，组成刮水器电机总成，是刮水器的动力来源。蜗轮蜗杆机构的作用是减速增扭，其输出轴带动传动机构运动。传动机构中的曲柄、连杆和摆杆等杆件可以

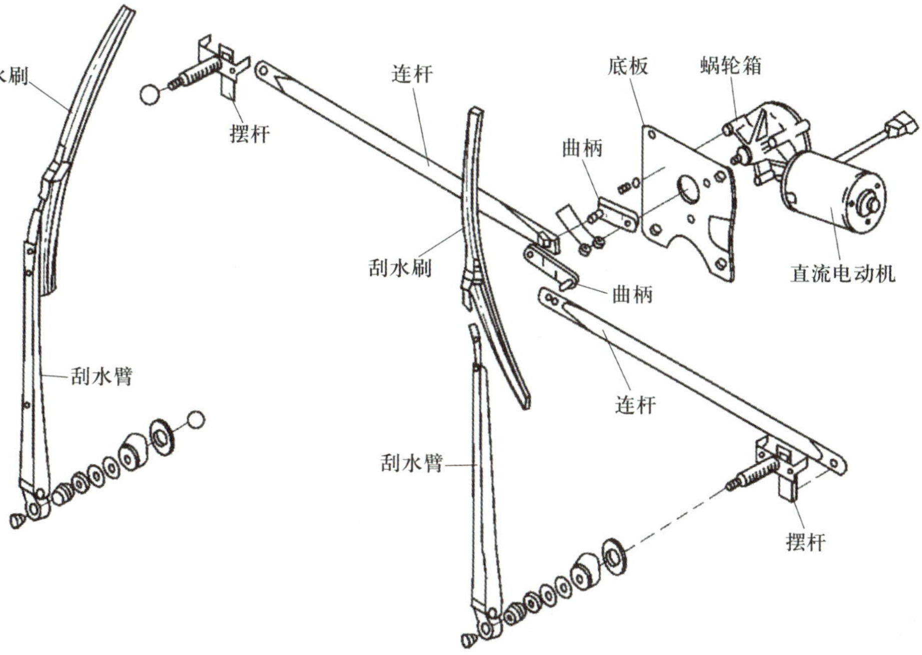

图 8-6　电动刮水器的组成

把蜗轮的旋转运动转变为刮臂的往复摆动，使刮臂上的刮水刷实现刮水动作。

1. 刮水电动机总成

(1)刮水电动机总成的安装位置

刮水电动机总成一般安装于前挡风玻璃空调进气格栅的下面，如图 8-7 所示。

图 8-7　刮水电动机总成的安装位置

(2)刮水电动机总成的组成

刮水电动机总成是由直流电动机、减速机构、复位机构组成的一个整体，如图 8-8 所示。

直流电动机由永久磁铁、电枢、碳刷等组成，如图 8-9 所示。按励磁方式来分，电动机有绕线式(激磁式)和永磁式两种，永磁式电动机具有体积和质量小、结构简单的特点，被广泛地应用在轿车上。

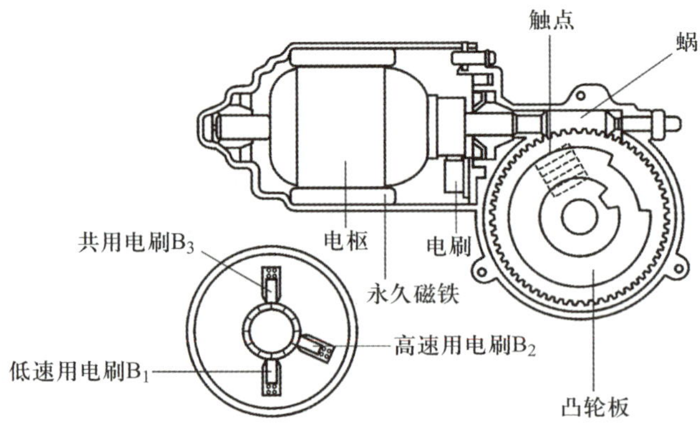

图 8-8　刮水电动机总成的组成

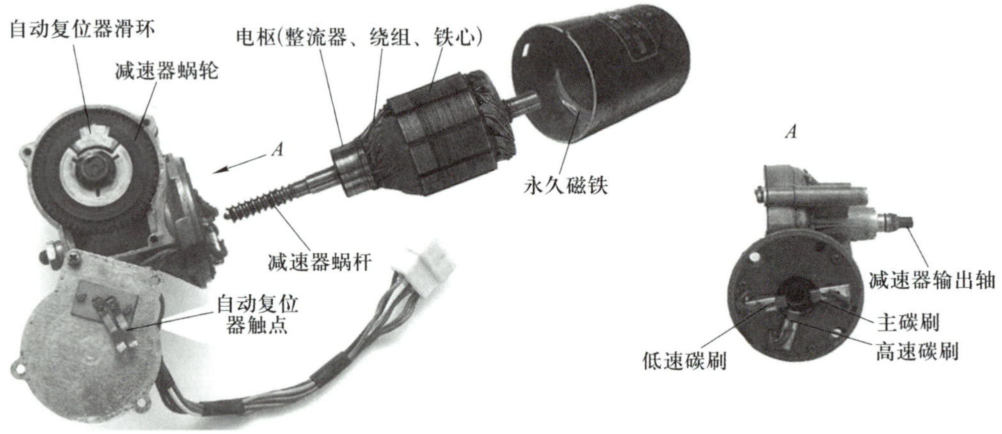

图 8-9　直流电动机的结构

(3)永磁式直流电动机的变速原理

直流电动机应能根据雨雪的大小来调整刮水刷的刮水速度，在雨小时使用低速刮水，雨大时使用高速刮水，因此要求电动机能够改变转速，以调整刮水刷刮水的速度。

如图 8-9 所示，永磁式电动机的磁场由永久磁铁产生，磁场的强弱不能改变，为了改变工作速度采用三刷式电动机，利用三个碳刷改变正负碳刷之间串联的电枢线圈个数，以实现变速。

三刷永磁式直流电动机工作时，电枢绕组产生的反电动势的方向如图 8-10a 中的箭头所示。当刮水器开关拨至低速挡时，电源电压加在"＋"与"－"碳刷之间，使其内部形成两条对称的并联支路，一条支路由线圈 1、2、3、4 串联组成，另一条支路由线圈 5、6、7、8 串联组成，各线圈反向电动势方向如图 8-10a 中箭头所示。由于各线圈反向电动势方向相同，互相叠加，相当于 4 对线圈串联，电动机以较低转速稳定旋转。

当刮水器开关拨至高速挡时，电源电压加在"－"碳刷与偏置碳刷之间，从图 8-10b 中可以看出电枢绕组的一条支路由五个线圈 1、2、3、4、8 串联，另一条支路由三个线圈 5、6、7 串联，其中线圈 8 与线圈 1、2、3、4 的反电动势方向相反，互相抵消后，相当于只有三对线圈串联，因而只有

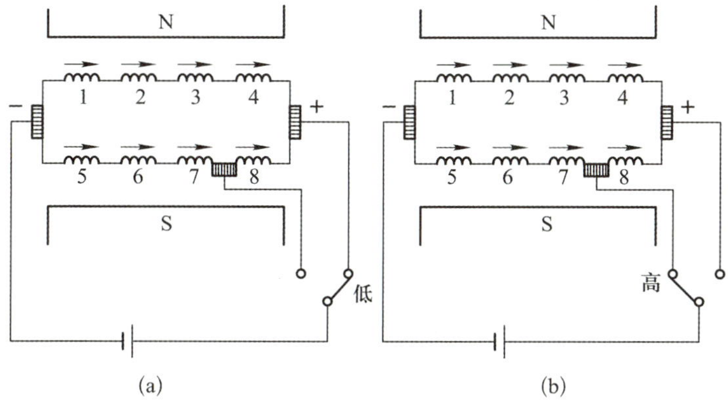

图 8－10　三刷永磁式直流电动机的变速原理

转速升高才能使反电动势达到与运转阻力矩相应的值，形成新的平衡，故此时转速较高。

（4）自动复位器的组成及控制电路

自动复位器的组成和电路连接如图 8－11 所示，自动复位器能保证刮水器开关在任何时候断开时，使刮水刷自动停止在挡风玻璃的底部，避免遮挡驾驶员的视线。

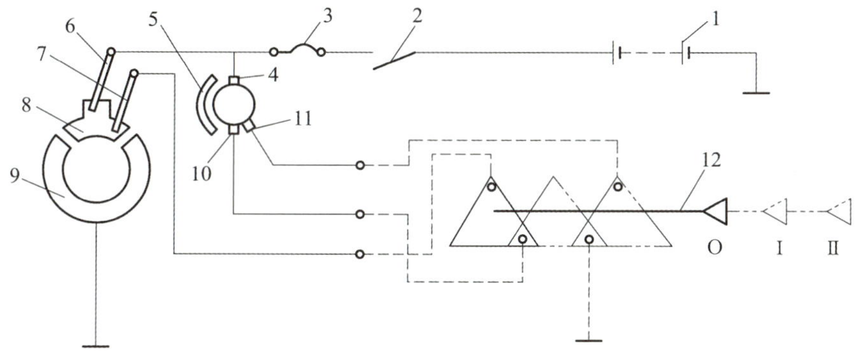

1—蓄电池；2—总开关 3—保险丝；4、10、11—电刷；5—永久磁铁；6、7—自动复位触片；8、9—滑片；12—刮水器变速开关。

图 8－11　自动复位器的组成与电路连接

当刮水器变速开关 12 置于“0”挡时，如果刮水刷没有停到适当位置，则自动复位触片 7 与滑片 9 接触，维持刮水器电动机电路接通，以低速运行，电路为蓄电池正极→总开关 2→保险丝 3→电刷 4→电枢绕组→电刷 10→刮水器变速开关 12→自动复位触片 7→滑片 9→搭铁→蓄电池负极。由此可见，电动机仍以低速运转直至蜗轮旋转到特定位置，自动复位触片 7 与滑片 9 脱开，切断电动机的搭铁线。但由于电枢的运动惯性，电动机不能立即停止转动，电动机断电后以发电机方式减速运行。为使其尽快停止，此时电枢绕组通过滑片 8 将自动复位触片 6、7 短接，使电枢通过滑片 8、自动复位触片 6、7 构成回路形成电流，产生制动作用，使刮水片停到适当位置（挡风玻璃的下部），电路为电枢绕组“＋”极—电刷 4—自动复位触片 6—滑片 8—自动复位触片 7—刮水器变速开关 12—电刷 10—电枢绕组“－”极。

（5）电动刮水器的间歇控制

当汽车在毛毛细雨或浓雾天气行驶时，如果刮水器的刮水刷按一定速度连续刮拭，微量的水分和灰尘就会形成发黏的表面，不仅不能将挡风玻璃刮拭干净，相反会使玻璃模糊不清，留下污斑，影响驾驶员的视线。因此，现代汽车电动刮水器上都加装了电子间歇控制系统，在遇到上述行驶条件时，只需将刮水开关拨至间歇工作挡位，刮水器便能按照一定的周期自动停止和刮水，使挡风玻璃洁净，从而使驾驶员获得良好的视野。

电动刮水器的间歇控制按照间歇时间是否可调分为不可调节式和可调节式。

(a)不可调节式间歇控制

不可调节式间歇刮水器的间歇控制电路是利用自动复位装置和电子振荡电路来实现的，如图 8-12 所示，主要是利用电容器的充放电作用，实现刮水刷的间歇动作，其间歇时间的长短取决于 R_1、C 电路充电时间的大小。

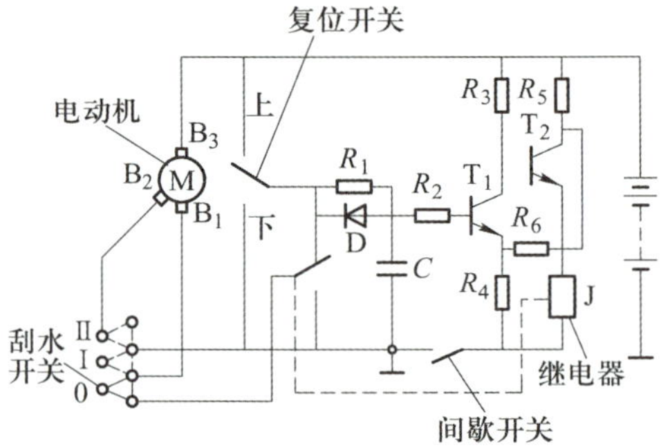

图 8-12　不可调节式间歇刮水器的间歇控制电路

(b)可调节式间歇控制

可调节式间歇控制电路是在不可调节式控制电路的基础上增加了一个由驾驶员控制的可变电阻，通过调整电阻大小来改变电容充电时间的长短，从而实现间歇时间的控制。如图 8-5 所示，旋转 MODE 旋钮即可调整刮水器的间歇时间。

2. 传动机构

刮水器的传动机构有钢索式和连杆式两种形式，现广泛采用的是四连杆机构中的曲柄摇杆机构，如图 8-13 所示。

图 8-13　曲柄摇杆机构

四连杆式传动机构的优点：连杆机构的效率高达 90%，同时具有结构简单、制造容易、工作可靠和价格便宜等优点。

3. 刮水臂

刮水臂如图 8-14 所示。

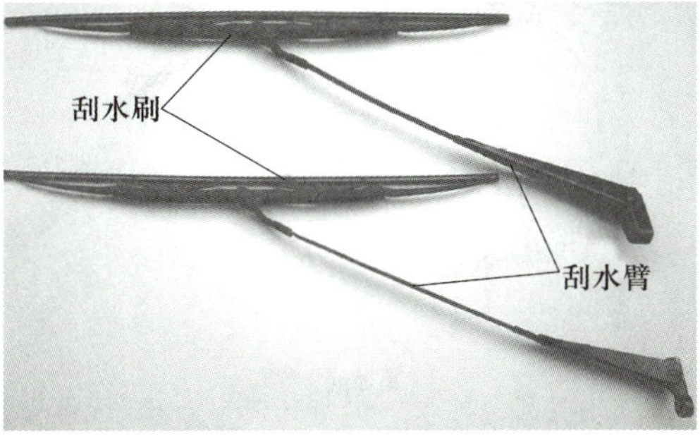

图 8-14　刮水臂

刮水臂与输出轴的连接方式有两种：一种是用细齿花键连接，这种方法装卸简便，但不能进行微调；另一种是用锥形头连接，可对刮水臂进行微调。

4. 刮水刷

刮水刷是刮水系统的执行器件，由刷水臂来带动刮刷挡风玻璃。其功能不是将玻璃上的水刮掉，而是将玻璃表面的水抹平形成均匀的水膜层，允许光线顺利穿过而不会产生折射和弯曲变形，如图 8-15 所示。

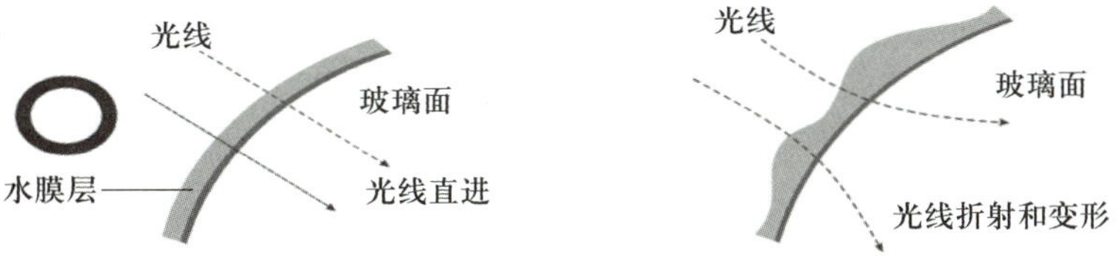

(a) 挡风玻璃面均匀的水层允许光线顺利通过，不会产生折射　(b) 挡风玻璃面未刮拭均匀的水珠导致光线产生折射，影响驾驶员的视野

图 8-15　刮水刷的功能

(1)刮水刷的分类

刮水刷按照有无骨架可分为有骨刮水刷(图 8-16a)与无骨刮水刷(图 8-16b)。

有骨刮水刷由支架与橡胶刮片组成的，支架则包括主支架与副支架，其目的是使刮水刷与挡风玻璃间的压力分布均匀。

无骨刮水刷与有骨刮水刷相比，没有支架部分，主要由刮片、无骨钢片、刮水刷接口和塑料件(导风翼和固定端盖)四部分组成。

(2)刮水刷的尺寸

刮水刷的尺寸见表 8-1。

表 8-1　刮水刷的尺寸

in	14	16	18	20	21	22	24	26	28
mm	350	400	450	500	525	550	600	650	700

注：1 in=2.54 cm；1 cm=0.4 in

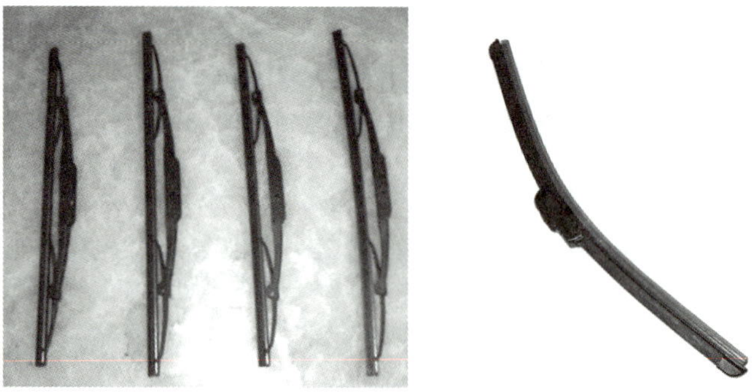

(a) 有骨刮水刷　　(b) 无骨刮水刷

图 8-16　刮水刷的分类

四、挡风玻璃洗涤装置

1. 挡风玻璃洗涤装置的作用

汽车在灰尘较多的环境中行驶时，会有一些灰尘飘落在挡风玻璃上影响驾驶员的视线，此时如果只有刮水器工作，会引起刮水刷的颤动，同时也会损伤玻璃。因此，汽车的刮水系统中增设了挡风玻璃洗涤装置，必要时向挡风玻璃表面喷洒专用清洗液或水，它与刮水器配合使用，可更好地清除附在挡风玻璃上的灰尘等污物，保持挡风玻璃表面洁净，保证驾驶员有良好的视线，同时还可避免划伤玻璃。

2. 挡风玻璃洗涤装置的组成

挡风玻璃洗涤装置主要由喷嘴、软管接头、三通接头、软管、储液罐、密封套和洗涤泵等组成，如图 8-17 所示。

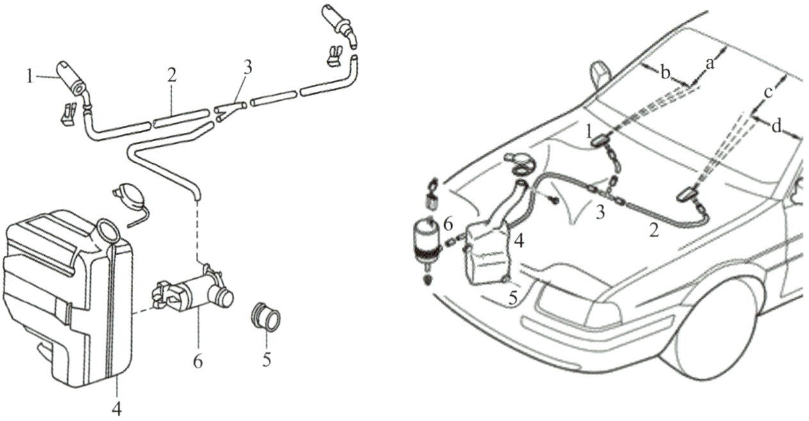

1—喷嘴；2—软管接头；3—三通接头；4—储液罐；5—密封套；6—洗涤泵。

图 8-17　挡风玻璃洗涤装置的组成

① 储液罐　由塑料制成，其内盛有用水、酒精或洗涤剂等配制的清洗液。有些储液罐上装

有液面传感器，以便监测储液罐中清洗液的多少。

② 洗涤泵　俗称喷水电动机，安装在清洗液罐上。由一个直流永磁式电动机和离心式液片泵组成，其作用是将清洗液加压（喷射压力达 70～88 kPa），通过输液管和喷嘴喷洒到挡风玻璃表面。

③ 喷嘴　安装在挡风玻璃前方，其喷射方向可以调整，以保证将清洗液喷射到挡风玻璃的合适位置。

五、前照灯清洗装置

1. 作用

汽车在夜晚或光线较暗的环境中行驶时，雨水或尘埃会使前大灯的照明度减少 90%，驾驶员的视线将受到严重影响，存在较大的安全隐患。因此，一些高档车在前照灯的前方设置有清洗装置，如图 8－18 所示，可随时清洗前照灯的灰尘及污垢。

图 8－18　前照灯清洗装置

2. 分类

目前，前照灯清洗装置主要有以下两种结构形式。

（1）擦洗式前照灯清洗装置

擦洗式前照灯清洗装置如图 8－19 所示。这种装置是在前照灯玻璃前设置一个喷嘴和一个刷水刷，工作原理与刮水器一样。此类装置只能用于玻璃配光镜，因为塑料配光镜尽管有耐磨擦涂层，但对机械清洗还是比较敏感。

图 8－19　擦洗式前照灯清洗装置

(2)高压清洗式前照灯清洗装置

高压清洗式前照灯清洗装置如图 8-20 所示,它是将一定压力的清洗液喷射到前照灯前方的玻璃上进行清洗,可以用于玻璃和塑料配光镜。

目前大部分前照灯清洗装置都采用高压清洗式,主要由水箱、高压清洗电动机和清洗泵组成。清洗泵(图 8-21)一般安装在前照灯附近的前保险杠上,且采用的是隐藏式设计,保证了前照灯的美观。

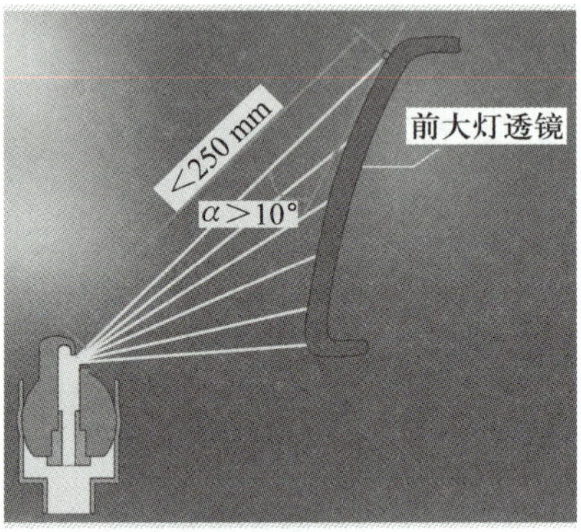

图 8-20 高压清洗式前照灯清洗装置

图 8-21 清洗泵

当前大灯打开并且前挡风玻璃刮水器启用时,前照灯清洗装置的高压清洗电动机开始工作,对清洗液进行加压(压力≥200 kPa)。在高压清洗液压力的作用下,将前照灯清洗装置的清洗泵的主活塞和拖尾塞从保险杠中推出,当主活塞快完全伸出时,拖尾塞打开主活塞的出水孔,高压清洗液在极短的时间内通过主阀门喷出,完成清洗去污作业。喷射完成后,主活塞在回位弹簧的作用下自动回缩。

六、后挡风玻璃除霜(雾)装置

1. 作用

在雨雪天气,由于气温较低,挡风玻璃上易结霜,同时由于车厢内外温差较大,车厢内的水蒸气也易凝结于挡风玻璃上而结霜。霜层会严重影响驾驶员的视线，必须及时对其进行清除，因此为了防止水蒸气在挡风玻璃上凝结，设置了挡风玻璃除霜（雾）装置，需要时可以对挡风玻璃加热。前、侧挡风玻璃上的霜层通常是在汽车空调系统的风道中加设除霜器风门，利用空调系统中产生的暖气或流动的空气，达到清除结霜的目的。由于汽车在行驶过程中，前挡风玻璃上的风速较大，其上的霜层消除较容易，而后挡风玻璃因为风不易吹到，所以多使用除霜装置。

2. 组成及工作原理

手动控制的后挡风玻璃除霜（雾）装置的组成及工作原理如图 8-22 所示，主要由控制开关、指示灯及窗户上的除霜电热丝组成。

除霜电热线是把数条镍铬丝均匀地黏在后挡风玻璃内表面或双层玻璃中间，以两端相接成并联电路。当两端加上电压后，即可产生热量加热玻璃，其加热温度可达 70～90 ℃，从而达到防止或清除结霜的目的。

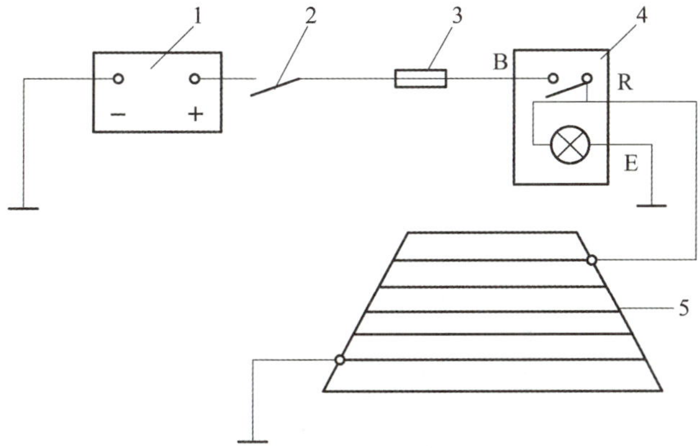

1—蓄电池；2—点火开关；3—保险丝；4—控制开关及指示灯；5—电栅（电热丝）。

图 8-22　手动控制的后挡风玻璃除霜（雾）装置的组成及工作原理

七、一汽丰田花冠轿车刮水器、清洗器电路解读及检修

一汽丰田花冠轿车刮水器及喷洗器电路如图 8-23 所示。

1. 电路组成

（1）电源

电源由蓄电池或发电机经点火开关、IG1 继电器（图中未画出）提供。

（2）熔断器

25A 刮水器熔断器及 15A 喷洗器熔断器均位于仪表板接线盒内。

（3）刮水器及喷洗器控制开关

刮水器及喷洗器控制开关有 6 个挡位，分别为除雾挡（MIST）、停止复位挡（OFF）、低速挡（LO）、高速挡（HI）、间歇刮水挡（INT）和喷洗器挡。此外，间歇继电器集成在控制开关中。

（4）刮水器电动机总成

刮水器电动机总成包括电动机、减速机构、复位开关、断路器、电容 C_3 和 C_4、电感 L，共有 5 根线，分别为高速线 4（+2）、低速线 1（+1）、电源线 2（+B）、复位线 3（S）及搭铁线 5（E）。

(5)喷洗器电动机

喷洗器电动机位于喷水器储液罐内。

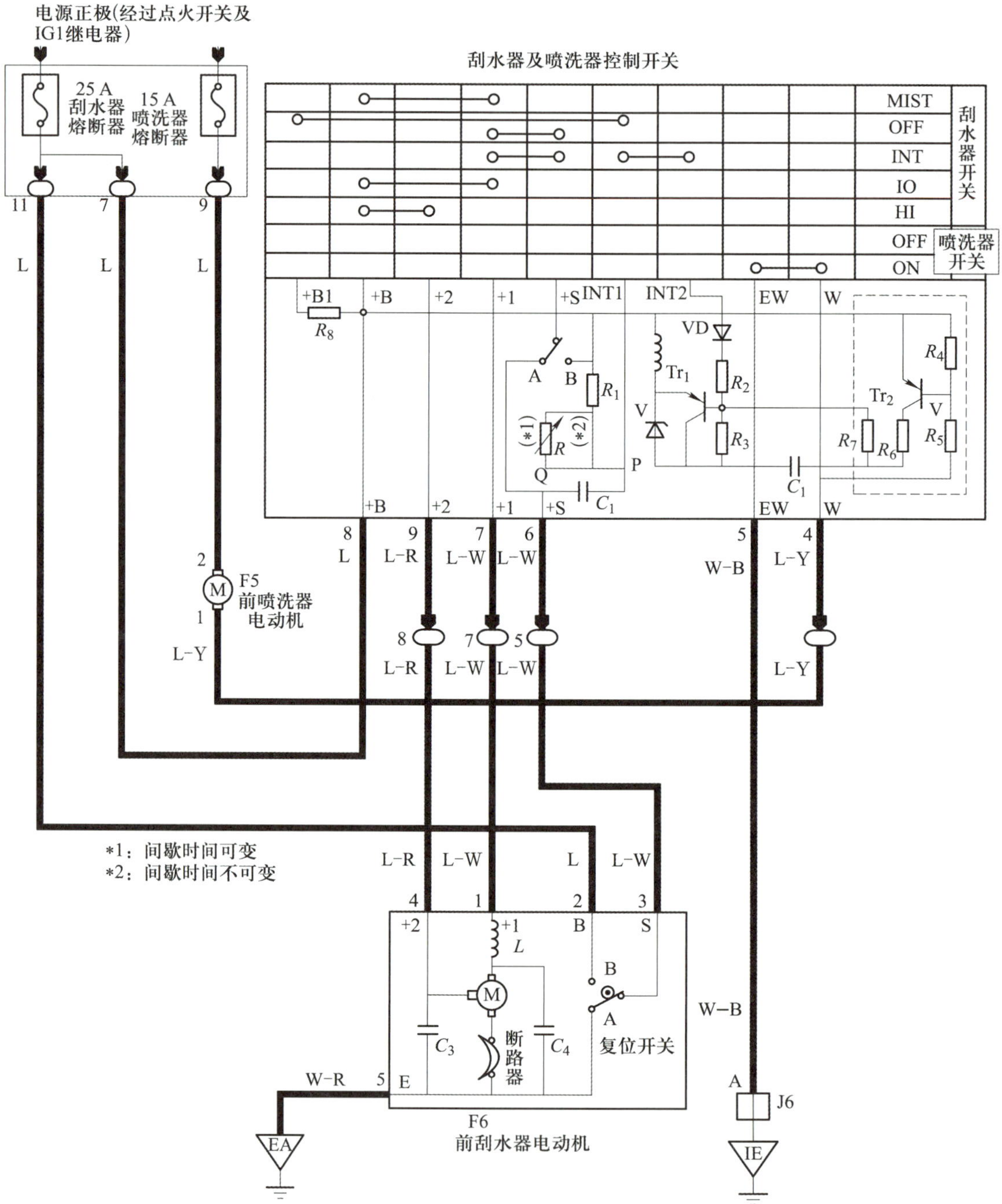

图 8-23　一汽丰田花冠轿车刮水器及喷洗器电路

2. 工作原理

(1)HI 挡电路

当刮水器开关置于“HI”挡时，电流的回路如下：电源正极→25 A 刮水器熔断器→刮水器及喷洗器开关端子 8(+B)→刮水器及喷洗器开关“HI”触点→刮水器及喷洗器开关端子 9(+2)→刮水器电动机端子 4(+2)→高速电刷→公共电刷→搭铁→电源负极。

(2)LO/MIST 挡电路

当刮水器开关置于“LO”挡时，电流的回路如下：电源正极→25 A 刮水器熔断器→刮水器及喷洗器开关端子 8(+B)→刮水器及喷洗器开关“LO/MIST”触点→刮水器及喷洗器开关端子 7(+1)→刮水器电动机端子 1(+1)→低速电刷→公共电刷→断路器→搭铁→电源负极。

MIST 挡与 LO 挡的区别在于 MIST 挡为点动挡，松开手后，刮水器开关会自动回到 OFF 挡。

(3)INT 挡电路

(a)低速刮水

当刮水器开关置于“INT”挡时，电源将通过复位开关向电容 C_1 充电，电流的回路如下：电源正极→25 A 刮水器熔断器→刮水器及喷洗器开关端子 8(+B)→电阻 R_1→电容 C_1→刮水器及喷洗器开关端子 6(+S)→刮水器电动机端子 3(+S)→复位开关 A 触点→刮水器电动机端子 5(E)→搭铁→电源负极。

随着充电时间的增长，电容 C_1 的对地电压逐渐升高，当电容电压升高到一定值时，晶体管 Tr_1 因基极电位(U_O)升高而导通，从而接通继电器线圈电路，其电流回路如下：电源正极→25 A 刮水器熔断器→刮水器及喷洗器开关端子 8(+B)→继电器线圈→晶体管 Tr_1(c→e)→刮水器及喷洗器开关端子 5(EW)→搭铁→电源负极。

在电磁力的作用下，继电器动合触点 B 闭合，动断触点 A 断开，从而接通刮水器电动机电路，其电流回路如下：电源正极→25 A 刮水器熔断器→刮水器及喷洗器开关端子 8(+8)→继电器触点 B→刮水器开关 INT 触点(+S→+1)→刮水器及喷洗器开关端子 7(+1)→刮水器电动机端子 1(+1)→低速电刷→公共电刷→断路器→搭铁→电源负极。此时刮水器电动机低速旋转。

刮水器电动机一旦旋转，自动复位开关触点 B 闭合，触点 A 断开，因为在此之前 C_1 的两端有电位差，即 $U_P>U_Q$，而此时 $U_Q=12$ V，所以 U_P 电位迅速提高，电容 C_1 放电，其放电回路主要有两条：一条经 R_1 构成回路；另一条为电容 C_1 正极→INT 触点(INT1→INT2)→二极管 VD→R_2→R_3→搭铁→电源正极→电容 C_1 负极。随着放电时间的增长，U_{PQ}电势差下降。

(b)停止刮水

当刮水刷在下方时，自动复位开关触点 A 闭合，触点 B 打开。由于 U_Q 瞬间降为 0 V，致使 U_P 电位迅速下降，晶体管 Tr_1 因基极电位(U_O)降低而截止，继电器线圈断电，动合触点 B 断开，动断触点 A 闭合，此时刮水器电动机停止旋转。电容 C_1 被再次充电，充电回路同上。随着充电时间的增长，电容 C_1 的对地电位升高，晶体管 Tr_1 再次导通，刮水器电路再次接通，刮水器电动机又低速旋转。如此反复，实现间歇刮水。

间歇时间的长短取决于电容 C_1 的充电时间常数，故只需改变与电容串联的可变电阻 R 的大小，即可改变间歇时间。对于间歇时间不可变的花冠轿车，其间歇时间为 3.3±1 s；对于间歇时间可调的花冠轿车，FAST 挡的间歇时间为 1.6±1 s，SLOW 挡的间歇时间为 10.7±5 s。

(4)喷洗器挡

当喷洗器开关位于“ON”位(向上推)时，喷洗器电动机运转，喷出清洗液，其电路回路如下：电源正极→15 A 喷洗器熔断器→刮水器控制开关端子 4(W)→喷洗器开关“ON”触点→刮水器及喷洗器控制开关端子 5(EW)→搭铁→电源负极。

与此同时，由于刮水器及喷洗器控制开关端子 4 搭铁，晶体管 Tr_2 因基极电位 U_V 下降而导通，电容 C_2 被充电，其电流回路如下：电源正极→15 A 熔断器→刮水器及喷洗器控制开关端子 8(+B)→晶体管 Tr_2(e→c)→电阻 R_6→电容 C_2→搭铁→电源负极。

随着充电时间的增长，U_{C2} 上升，从而使 U_O 上升，晶体管 Tr_1 导通，刮水器电动机低速运转 1 或 2 次，通电回路与 INT 挡相同。松开喷洗器开关后，U_V 上升，Tr_2 截止，C_2 经 R_7 和 R_3 放电。随着放电时间的增长，U_{C2} 下降，从而使 U_O 下降，晶体管 Tr_1 截止，刮水器电动机最终停止运转。

由此可知，在喷洗时，刮水刷的刮水时间取决于电容 C_2 的充电时间，即喷洗器开关的接通时间。

(5)OFF 挡

若刮水刷没有停在挡风玻璃的最低位置，刮水器电动机继续低速运转，其电流回路如下：电源正极→25 A 刮水器熔断器→刮水器电动机端子 2(+B)→自动复位开关触点 B→刮水器电动机端子 3(S)→刮水器及喷洗器控制开关端子 6(+S)→刮水器继电器动断触点 A→OFF 触点(+S→+1)→刮水器及喷洗器控制开关端子 7(+1)→刮水器电动机端子 1(+1)→低速电刷→公共电刷→断路器→搭铁→电源负极。

若刮水刷回到挡风玻璃的最低位置，则刷水器电动机停转。由于电枢的运动惯性，电动机不能立即停止转动，此时电动机以发电机的方式运行，电枢产生强大的制动力矩，使电动机迅速停止运转，刮水刷复位到挡风玻璃最低位置。形成的制动电流的回路如下：电枢绕组→低速电刷→电感 L→刮水器电动机端子 1(+1)→刮水器及喷洗器控制开关端子 7(+1)→OFF 触点(+1→+S)→刮水器继电器动断触点 A→刮水器及喷洗器控制开关端子 6(+S)→刮水器电动机端子 3(S)→自动复位开关触点 A→断路器→电枢绕组。

3. 元件检测

(1)刮水器及喷洗器开关的检测

(a)检测端子间的导通情况

如图 8-24 所示为刮水器及喷洗器开关连接器端子，用万用表测量各挡位相应端子间的导通情况，检测结果应与表 8-2 相符合。

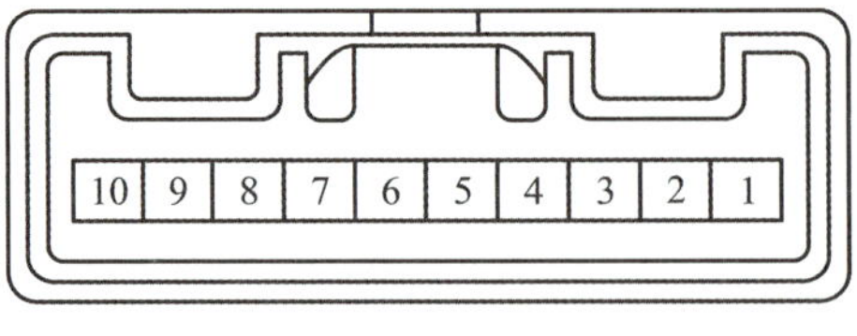

图 8-24　刮水器及喷洗器开关连接器端子

(b)检测间歇动作(开关内部继电器的间歇动作)

将电压表正极与端子 7(+1)相连，负极与端子 5(EW)相连；将蓄电池正极与端子 8(+B)相连，负极与端子 5(EW)相连，刮水器开关旋至“INT”位置；将蓄电池正极与端子 6(+S)连接 5 s，然后将蓄电池负极与端子 6(+S)相连，检测端子 7(+1)与端子 5(EW)之间的电压，此时电压应由蓄电池电压下降至 0 V，然后又由 0 V 上升至蓄电池电压，检测结果应与表 8-3 相符合。

表 8-2　刮水器及喷洗器开关连接器端子检测

开关位置	端子号					
	8(+B)	9(+2)	7(+1)	6(+S)	5(+EW)	4(+W)
刮水器	MIST	○		○		
	OFF			○	○	
	INT			○	○	
	L_O	○		○		
	H_I	○	○			
喷洗器	OFF					
	ON				○	○

表 8-3　间歇动作检测

间歇时间控制开关位置	电　压
FAST(快速)	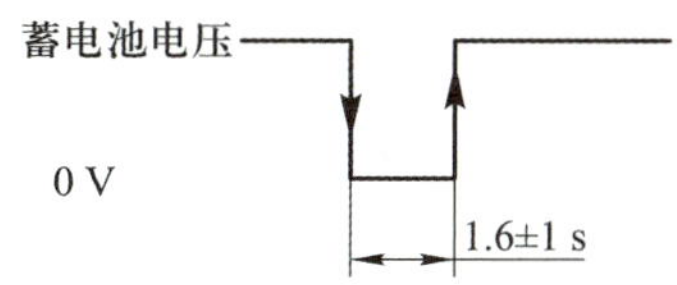
SLOW(慢速)	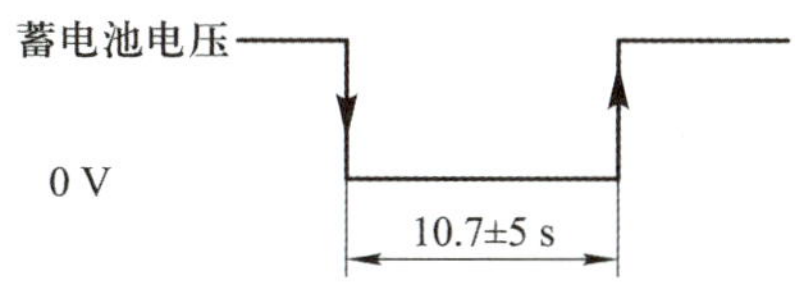
Ion-Varible(不可变型)	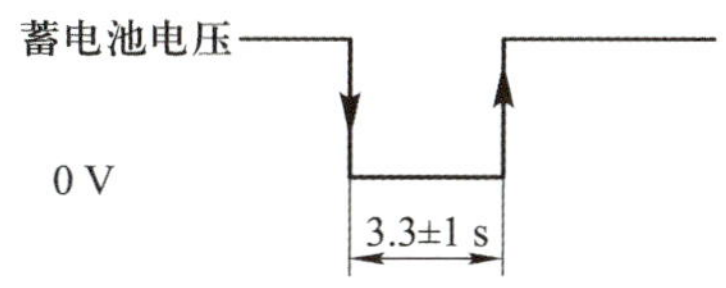

(c)检测喷洗器联动开关

将刮水器开关旋至“OFF”挡，将蓄电池正极与端子 8(+B)相连，负极与端子 5(EW)相连，将电压表正极与端子 7(+1)相连，负极与端子 5(EW)相连，将喷洗器开关推入“ON”位置，然后松开(回到“OFF”位置),检查结果应与图 8-25 相符合。

(2)刮水器电动机的检测

(a)低速检测

拆下刮水器电动机连接器(图 8-26):将蓄电池正极与端子 1(+1)相连,负极与端子 5(E)相连,观察刮水器电动机是否低速运转。

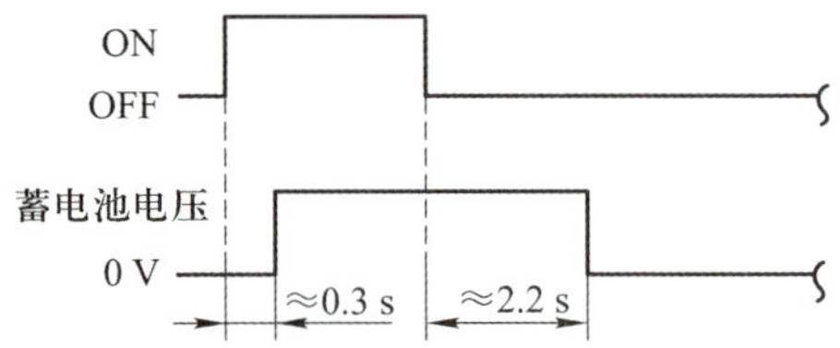

图 8-25　喷洗器联动检测

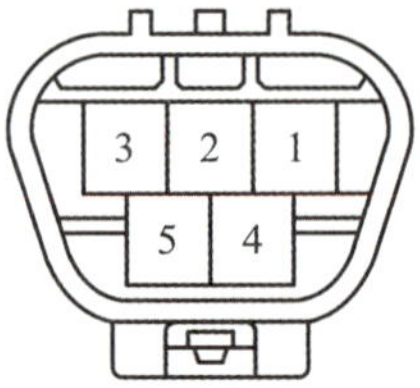

图 8-26　刮水器电动机连接器

(b)高速检测

拆下刮水器电动机连接器,将蓄电池正极与端子 4(+2)相连,负极与端子 5(E)相连,观察刮水器电动机是否高速运转。

(c)自动复位检测

拆下刮水器电动机连接器,将蓄电池正极与端子 1(+1)相连,负极与端子 5(E)相连,使刮水器电动机低速运转,断开蓄电池正极与端子 1(+1)的连线,使刮水器电动机停在除自动停止位置以外的任意点,用导线连接端子 1(+1)和端子 3(S),然后将蓄电池正极与端子 2(+B)相连,电动机应能继续低速运转,然后自动回到原位并停止。

(3)喷洗器电动机的检测

拆下喷洗器电动机连接器,将蓄电池正极和负极分别与端子 2 和端子 1 相连,如图 8-27 所示,此时喷洗器电动机应运转,喷嘴开始喷水。

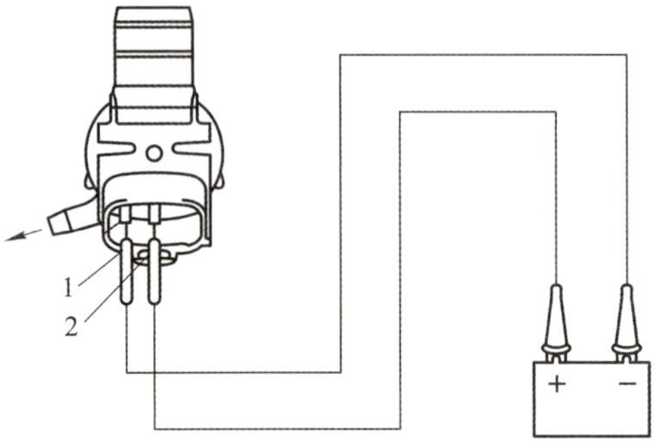

图 8-27　喷洗器电动机的检测

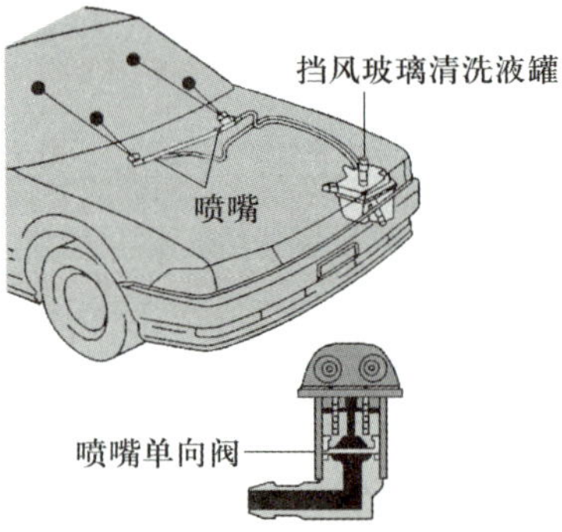

图 8-28　挡风玻璃洗涤装置

4. 挡风玻璃洗涤装置的检查与调整

(1)检查挡风玻璃洗涤装置管路的连接情况

挡风玻璃洗涤装置如图 8-28 所示。若有松动或脱落,应予安装并固定好;若塑料管路老化、折断或破裂,应更换。

(2)检查刮水器性能

检查刮水器性能如图 8－29 所示。打开刮水器开关，刮水臂应摆动正常；转换开关工作挡位，刮水器电动机应以相应的转速工作。否则，应检查刮水器电动机与线路。

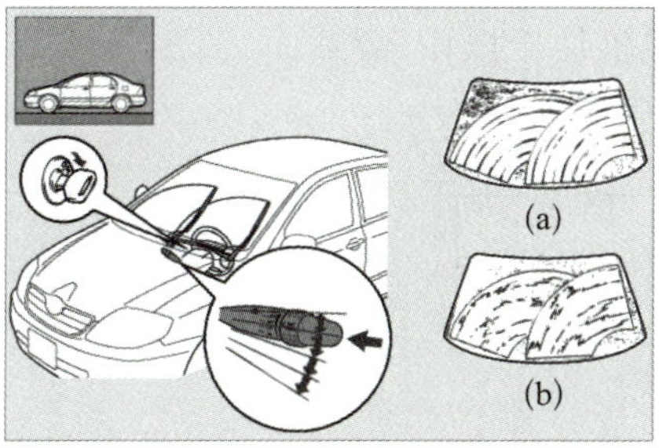

图 8－29　检查刮水器性能

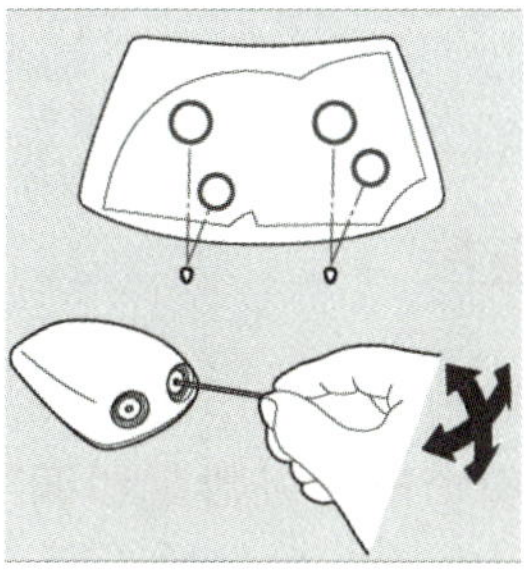

图 8－30　喷嘴喷射角度的调整

(3)检查停止位置

当刮水器开关关闭时，检查刮水刷是否自动停止在其停止位置。

(4)检查刮水状况

按动喷液开关，待刮水刷停止工作后检查刮水效果，效果应如图 8－29a 所示，即出现条纹式的刮水痕迹。如果出现图 8－29b 所示的刮水效果，应更换刮水刷或采用下列方法进行修复；当刮水刷刮水不良时，先将刮水刷与挡风玻璃分离，用水浸湿刮水刷，用 800 号水砂纸将刮水刷来回磨 4 或 5 次，再用清水清洗干净后放回即可。这种方法的原理主要是利用水砂纸将刮水刷因灰尘、冷暖温度变化所造成的小变形磨平。

(5)检查喷洗器

① 起动发动机(发动机关闭时，蓄电池的电量难以提供足够的喷洒动力)。

② 检查喷洗器喷洒压力是否足够，并且检查刮水器是否协同工作。

③ 检查喷洒区是否集中在刮水器工作范围内，必要时进行清洁调整。

喷嘴喷射角度不合适时，可在喷嘴内插入一根与挡风玻璃喷洗器喷嘴的孔相匹配的钢丝，如图 8－30 所示，然后上下左右调整喷洒方向，使喷洗器喷洒范围大约落在刮水器的刮水范围中间。

互动练习

电动刮水器的故障诊断与维修

任务 2　诊断与维修电动座椅故障

任务目标

1. 掌握电动座椅的结构。
2. 会识读电动座椅电路图。
3. 会检测电动座椅相关线路。
4. 会诊断与维修电动座椅的故障。
5. 能正确选择、使用工具和检测设备。

任务引入与分析

一辆轿车的车主反映，驾驶员电动座椅不能前后移动调整，所以需要电动座椅进行检测，确定故障部位并进行修理。

汽车电动座椅的主要功能是为驾驶员及乘坐人员提供便于操作、舒适而又安全的驾乘位置，通过调节还可以变动坐姿，减少乘坐人员长时间乘车的疲劳。

知识链接

一、汽车电动座椅的分类

1. 根据座椅电动机数量和调节方向数量的不同分类

根据使用电动机数量的不同，可分为单电动机式、双电动机式、三电动机式和四电动机式等；根据调节方向数量的不同，可分为两向、四向、六向、八向和多向可调等。

（1）单电动机式

单电动机式只能对电动座椅的前后两个方向进行自动调整。

（2）双电动机式

双电动机式可以对电动座椅的 4 个方向进行调整，不仅前后两个方向可以进行自动调整，其高低也可以进行自动调整。

（3）三电动机式

三电动机式可以对电动座椅的 6 个方向进行调整，不仅前后两个方向可以进行自动调整，还可分别对座椅的前部和后部的高低进行自动调整。

（4）四电动机式

四电动机式除了具有三电动机式的调整功能以外，还可对靠背的倾斜度进行调整。

电动座椅最多可安装 8 个电动机，除了保证上述基本运动外，还可对头枕高度、座椅长度和扶手位置进行自动调整。此外，在自动座椅中还可附加一些特种功能的装置，如在气垫座椅上使用电动气泵，对各个专用气囊（腰椎支撑气囊、侧背支撑气囊、座位前部的大腿支撑气囊）进行充气，起到调节支撑腰椎、侧背、大腿的作用。具有全方位可调节功能的电动座椅如图 8-31 所示。

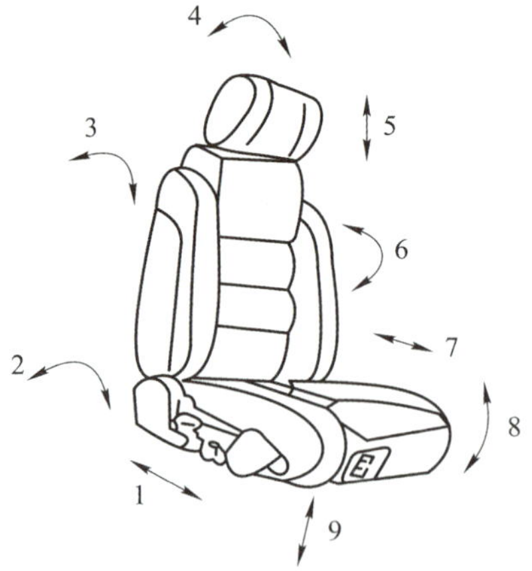

1—座椅前后移动调节；2—靠背倾斜度调节；3—靠背上部调节；4—靠枕前后调节；5—靠枕上下调节；6—侧背支撑调节；7—腰椎支撑气垫调节；8—座椅前部支撑调节；9—座椅高度调节。

图 8-31　具有全方位可调节功能的电动座椅

2. 根据有无加热器分类

根据有无加热器，电动座椅可分为无加热器式与有加热器式两种。有加热器式电动座椅可以在冬季寒冷的时候对座椅的坐垫进行加热，以使驾驶员或乘坐人员乘坐更舒适。

3. 根据有无存储功能分类

根据有无存储功能，电动座椅可分为无存储功能与有存储功能两种。

二、普通电动座椅

普通电动座椅主要由双向电动机、传动装置和控制电路(包括控制开关)组成。双向电动机用于产生动力，传动装置可以把动力传至座椅，通过控制开关实现座椅不同位置的调节。普通电动座椅的结构及电动机的安装位置分别如图 8-32 和图 8-33 所示。

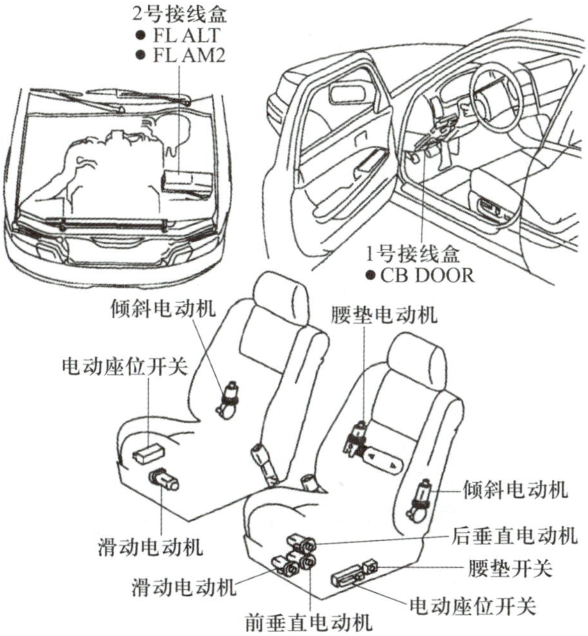

图 8-32 普通电动座椅的结构

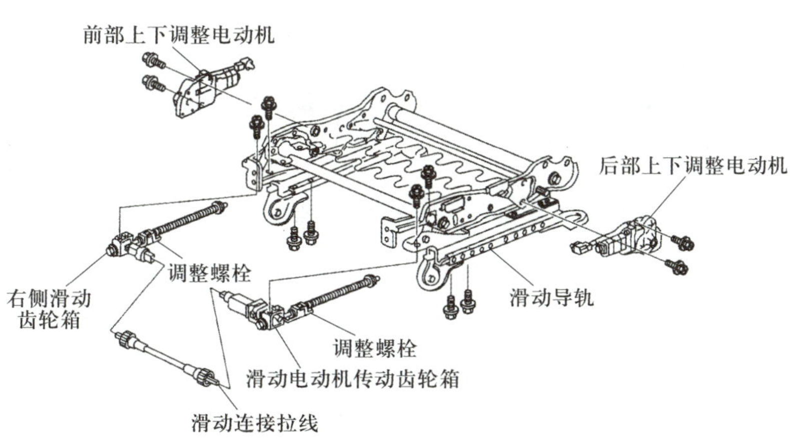

图 8-33 普通电动座椅电动机的安装位置

1. 电动机

大多数电动座椅采用永磁式双向电动机，即电枢的旋转方向随电流方向的改变而改变。为了防止电动机过载，电动机内装有热过载保护断路器。

2. 手动调节开关

手动调节开关是用控制开关控制电动机的电流方向，使某一电动机按不同方向旋转，为调节机构提供动力，以按照驾驶员的要求调整座椅的位置。

电动座椅调节开关一般包括滑动与垂直调节开关、靠背与头枕调节开关、腰部支撑调节开关等，如图 8-34 所示。

(1)滑动与垂直调节开关

如图 8-34a 所示，当此开关置于①或②方向时，座椅向前或向后移动；当此开关向③或④方向转动时，可调节座椅前端的高度；当此开关向⑤或⑥方向移动时，可调节座椅后端的高度。当此开关整个向上拉或向下压时，可进行整个座椅垂直高度的调节（即座椅前、后垂直调节的电动机同时工作）。

(2)靠背与头枕调节开关

如图 8-34b 所示，当此开关按照①方向转动时，可调节座椅靠背的角度；当此开关按照②方向滑动时，可调节头枕的高度（只限带头枕自动调节系统的车）。

(3)腰部支撑调节开关

如图 8-34c 所示，压下开关 1 可增加腰部的支撑力；压下开关 2，则能减小腰部的支撑力。

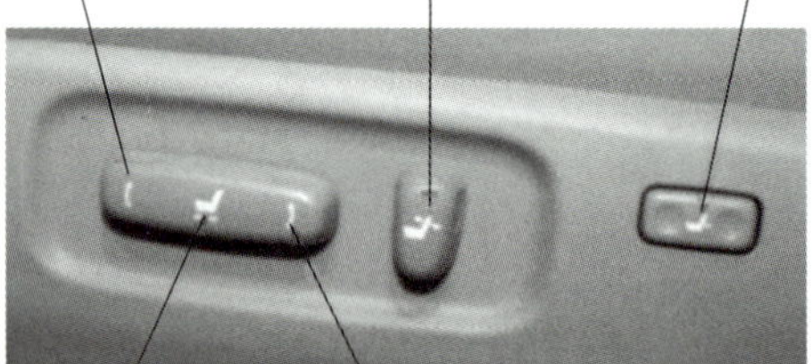

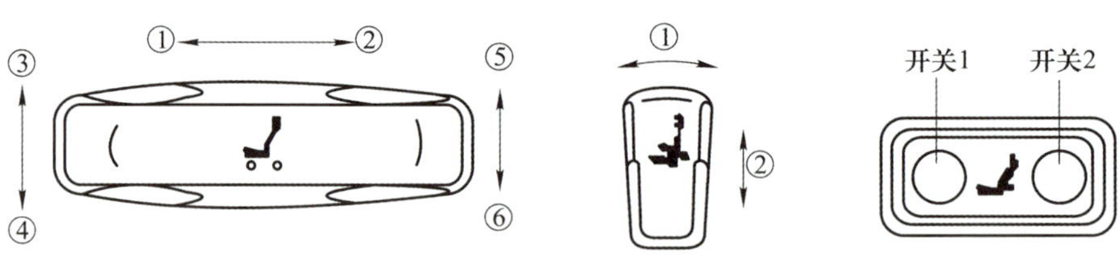

(a) 滑动与垂直调节开关　(b) 靠背与枕调节开关　(c) 腰部支持调节开关

图 8-34　普通电动座椅手动调节开关

3. 传动装置

普通电动座椅的传动装置如图 8-35 所示，主要包括变速器、驱动软轴及齿轮传动机构等。变速器的作用是降速增扭。电动机轴与驱动软轴相连，驱动软轴再与变速器的输入轴相连，动力经过变速器的降速增扭后，从变速器的输出轴输出，变速器的输出轴与蜗杆轴或齿轮轴相连，最终通过蜗轮蜗杆或齿轮齿条带动座椅支架产生位移。

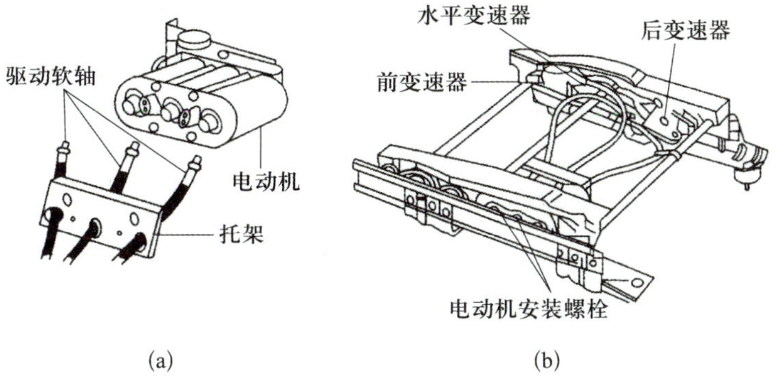

图 8-35　普通电动座椅的传动装置

4. 控制电路

如图 8-36 所示为雷克萨斯 LS400 型轿车电动座椅控制电路，该电动座椅包括滑动电动机、前垂直电动机、倾斜电动机、后垂直电动机和腰垫电动机，可以实现座椅的前后移动、前部高度调节、靠背倾斜程度调节、后部高度调节及腰垫前后调节。电路中有 5 个开关，分别控制 5 个电动机。开关有一个共同特点，均为常搭铁型结构，即电动机没有动作时，电动机两端均通过开关搭铁。

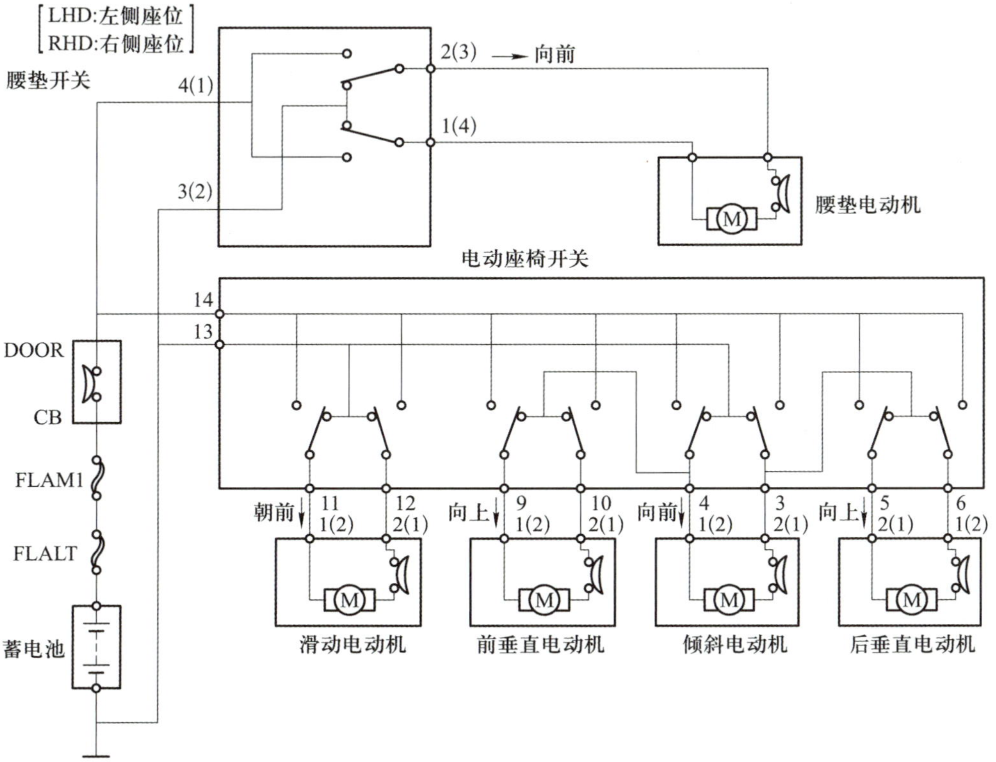

图 8-36　雷克萨斯 LS400 型轿车电动座椅控制电路

下面以座椅靠背的倾斜调节为例来介绍电路的控制过程。

当调整靠背向前倾斜时，则闭合倾斜电动机的前进方向开关，即端子 4 置于左位，电路如下：蓄电池正极→FLALT→FLAM1→DOOR CB→端子 14→(倾斜开关“前”)→端子 4→1(2)端子→倾斜电动机→2(1)端子→端子 3→端子 13→搭铁。此时，座椅靠背前移。

当端子 3 置于右位时，倾斜电动机反转，座椅靠背后移。此时的电路如下：蓄电池正极→FLALT→FLAM1→DOOR CB→端子 14→(倾斜开关“后”)→端子 3→2(1)端子→倾斜电动机→1(2)端子→端子 4→端子 13→搭铁。

三、自动电动座椅

1. 自动电动座椅的基本组成

自动电动座椅是带存储功能的电动座椅，其基本结构及驱动方式与普通电动座椅相似，不同之处是附加了一套电子控制系统，如图 8-37 所示。电子控制系统主要由电动座椅开关、位置传感器、ECU、执行机构三大部分组成。

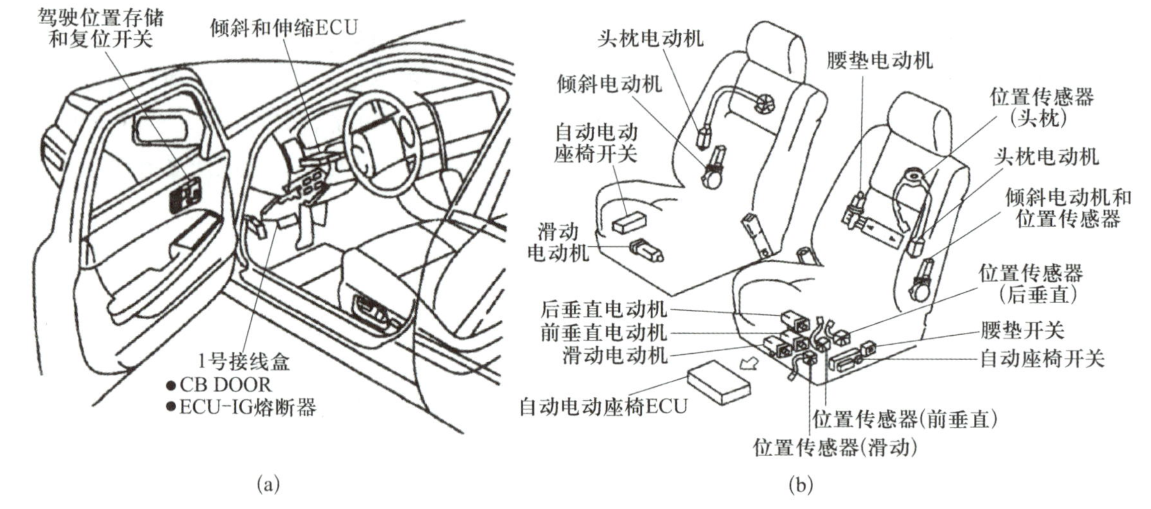

图 8-37　自动电动座椅的基本组成

(1)电动座椅开关和位置传感器

电动座椅开关和位置传感器主要包括座椅各位置的电动开关、座椅位置传感器、安全带扣环传感器及转向盘倾斜传感器等。

(a)手动调节开关

用来调整座椅的各种位置。当按下此开关后，ECU 就会控制相应电动机运转，按照驾驶员的要求调整座椅的位置。

(b)存储和复位开关

用于存储或恢复驾驶员已经调整好的座椅位置。

(c)座椅位置传感器

自动座椅要实现座椅位置的记忆与恢复，则必须安装座椅位置传感器，以检测座椅的各种位置。根据检测原理不同，座椅位置传感器可分为滑动电位器式和霍尔式两种类型。

① 滑动电位器式座椅位置传感器　如图 8-38 所示，其工作原理和一般电位计相似。在电动机驱动座椅的同时，也驱动齿轮 2 通过螺杆机构带动滑块 1 在电阻丝 3 上滑动，使输出电压信号发生变化，从而将座椅位置转变成电压信号输入给 ECU。

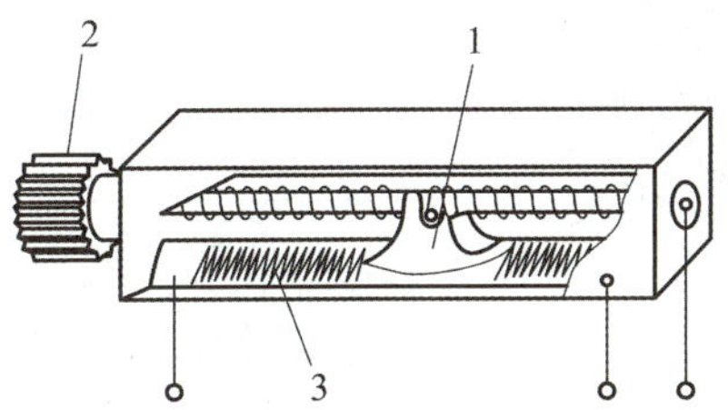

1—滑块；2—齿轮(电动机驱动)；3—电阻丝。

图 8-38　滑动电位器式座椅位置传感器

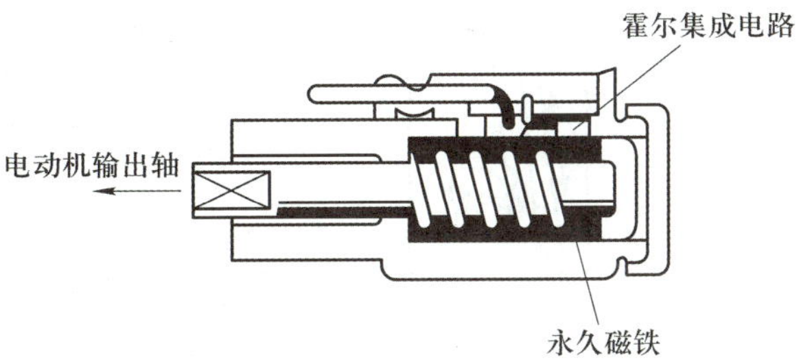

图 8-39　霍尔式座椅位置传感器

② 霍尔式座椅位置传感器　如图 8-39 所示，主要由永久磁铁、霍尔集成电路等组成。永久磁铁安装在由电动机驱动的转轴上，由于转轴的旋转而引起通过霍尔元件磁通量的变化，从而使霍尔元件产生霍尔电压，再经霍尔集成电路进行放大并处理，然后将信号(此信号为脉冲信号)输入 ECU。

(2)ECU

ECU 包括转向柱倾斜与伸缩 ECU 和电动座椅 ECU，主要用于控制自动座椅的电流通断和执行存储、复位动作。

当 ECU 接收到来自电动座椅手动调节开关的输入信号后，在 ECU 内的继电器开始动作，控制电动座椅运动，同时接收转向柱倾斜与伸缩 ECU、位置传感器等送来的位置信号。当座椅位置调整好后，按下储存和复位开关，ECU 就把各位置传感器的信号储存起来，在下次使用时，只要一按位置储存和复位开关，ECU 便驱动座椅电动机将座椅恢复到原来位置。

(3)执行机构

执行机构主要包括座椅调整、安全带扣环及转向盘倾斜调整的驱动电动机及传动装置，其结构及工作原理与普通电动座椅相同，都是采用双向永磁式电动机。

2. 自动座椅位置记忆与复位操作

如图 8-40 所示为自动座椅控制装置在车上的布置。

(1)信息存储

① 接通点火开关(ON)，将变速杆置于 P 位。

② 利用适当的手动开关，将自动座椅、外后视镜、安全带、倾斜与伸缩转向柱置于所期望的位置。

③ 推入(压下)存储与复位开关 L1 或 L2，再推入(压下)SET 开关，如图 8-41 所示，此时由各种位置传感器将信号送至转向柱倾斜与伸缩 ECU 进行储存。

(2)座椅位置的复位控制

接通点火开关(ON)，将变速杆置于 P 位，只要按住存储与复位开关 L1 或 L2，即可复位被存

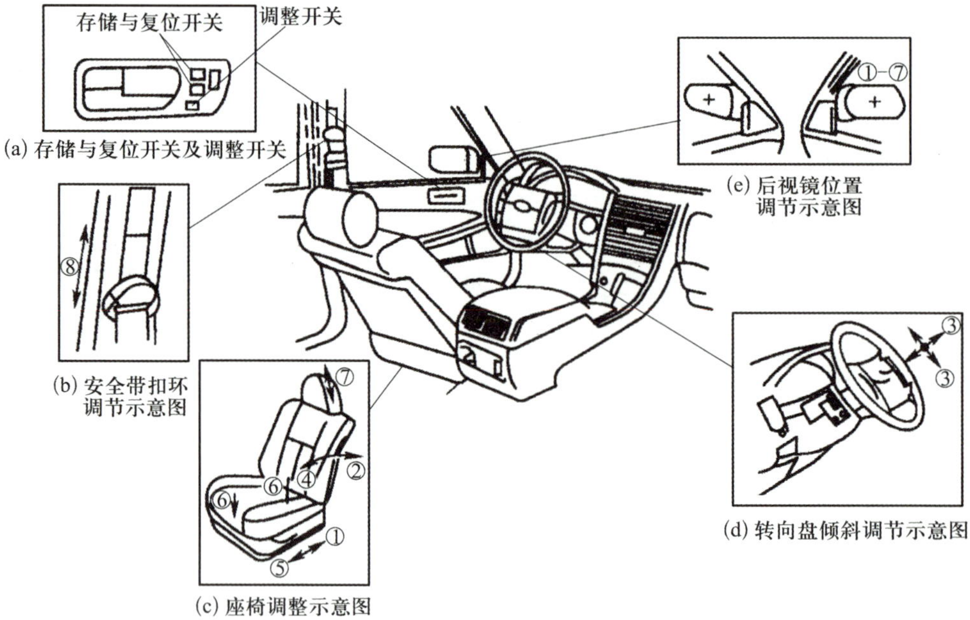

图 8-40　自动座椅控制装置布置

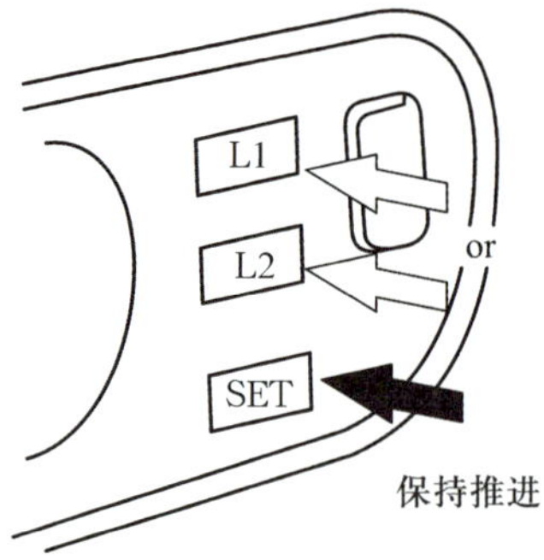

图 8-41　自动座椅选择存储位置图

储的信息(或状态),复位过程如图 8-42 所示。

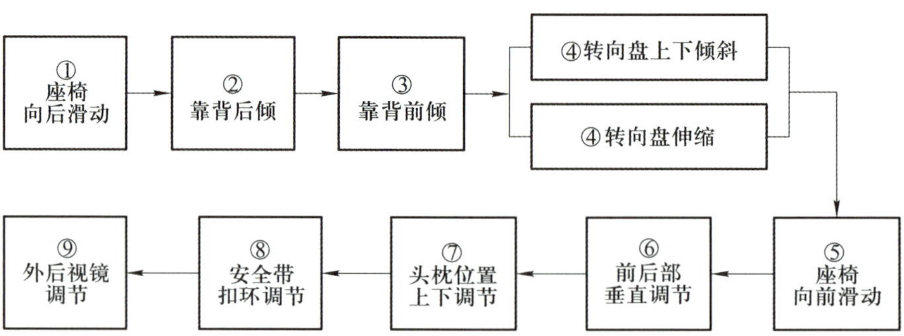

图 8-42　自动座椅的复位过程

四、座椅加热系统

座椅加热系统可以对驾驶员和乘客的座椅进行加热，使乘坐更加舒适。按照加热速度是否可以调节，可将座椅加热系统分为加热速度不可调式和加热速度可调式两种。

1. 加热速度不可调式座椅加热系统

如图 8-43 所示为北京现代索纳塔轿车座椅加热电路图。该电路可以对驾驶员座椅和副驾驶员座椅同时进行加热，也可以分别加热。其中，座椅加热线圈和靠背加热线圈是串联连接的，其工作过程如下：

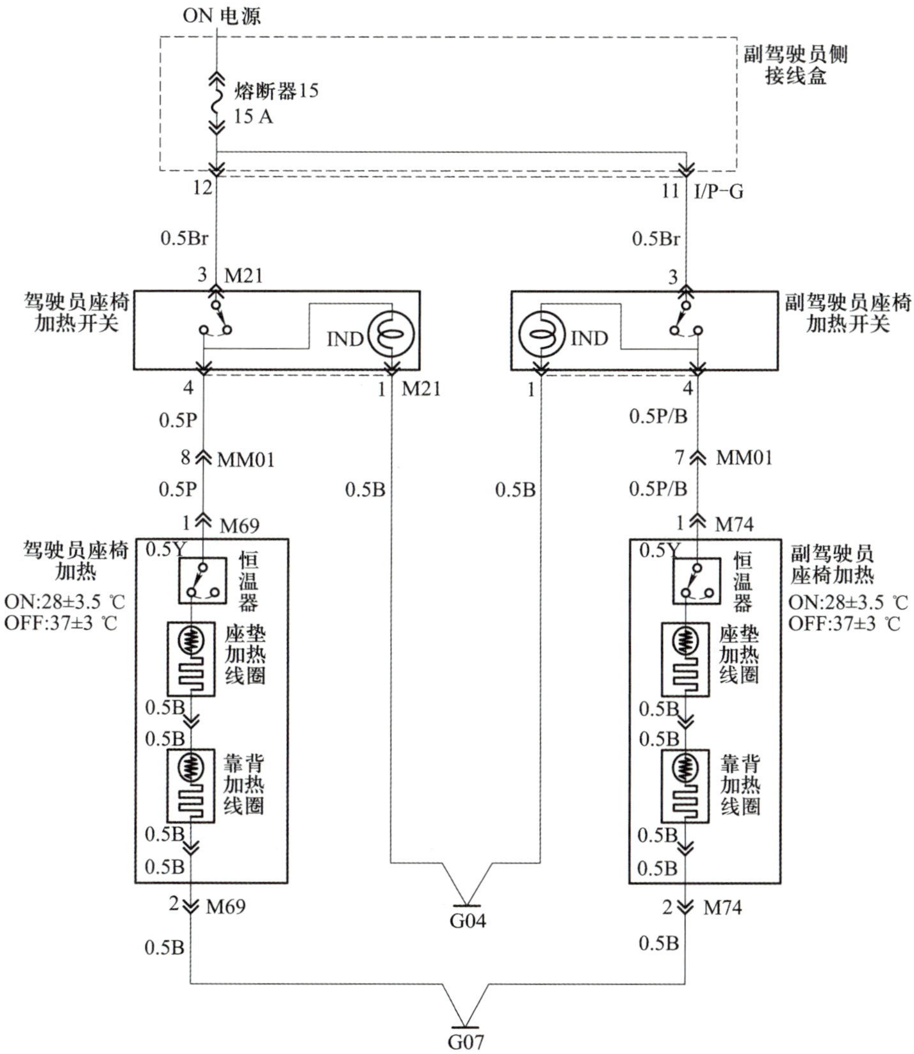

图 8-43 北京现代索纳塔轿车座椅加热电路图

① 若只需对驾驶员座椅进行加热，则只需接通加强驾驶员座椅加热开关。电路如下：电源→熔断器 15→端子 12→端子 M21→驾驶员座椅加热开关→端子 4→恒温器→座垫加热线圈→

靠背加热线圈→搭铁。此时只对驾驶员座椅进行加热，同时驾驶员座椅加热指示灯（IND）点亮。

② 若要对两个座椅同时加热，则两座椅的加热开关同时接通，此时两座椅的座热加热线圈和靠背加热线圈串联以后再并联，两指示灯同时点亮，电路分析不再赘述。

2. 加热速度可调式座椅加热系统

加热速度可调式座椅加热系统电路如图 8－44 所示，其中 HI 表示高位加热，LO 表示低位加热。

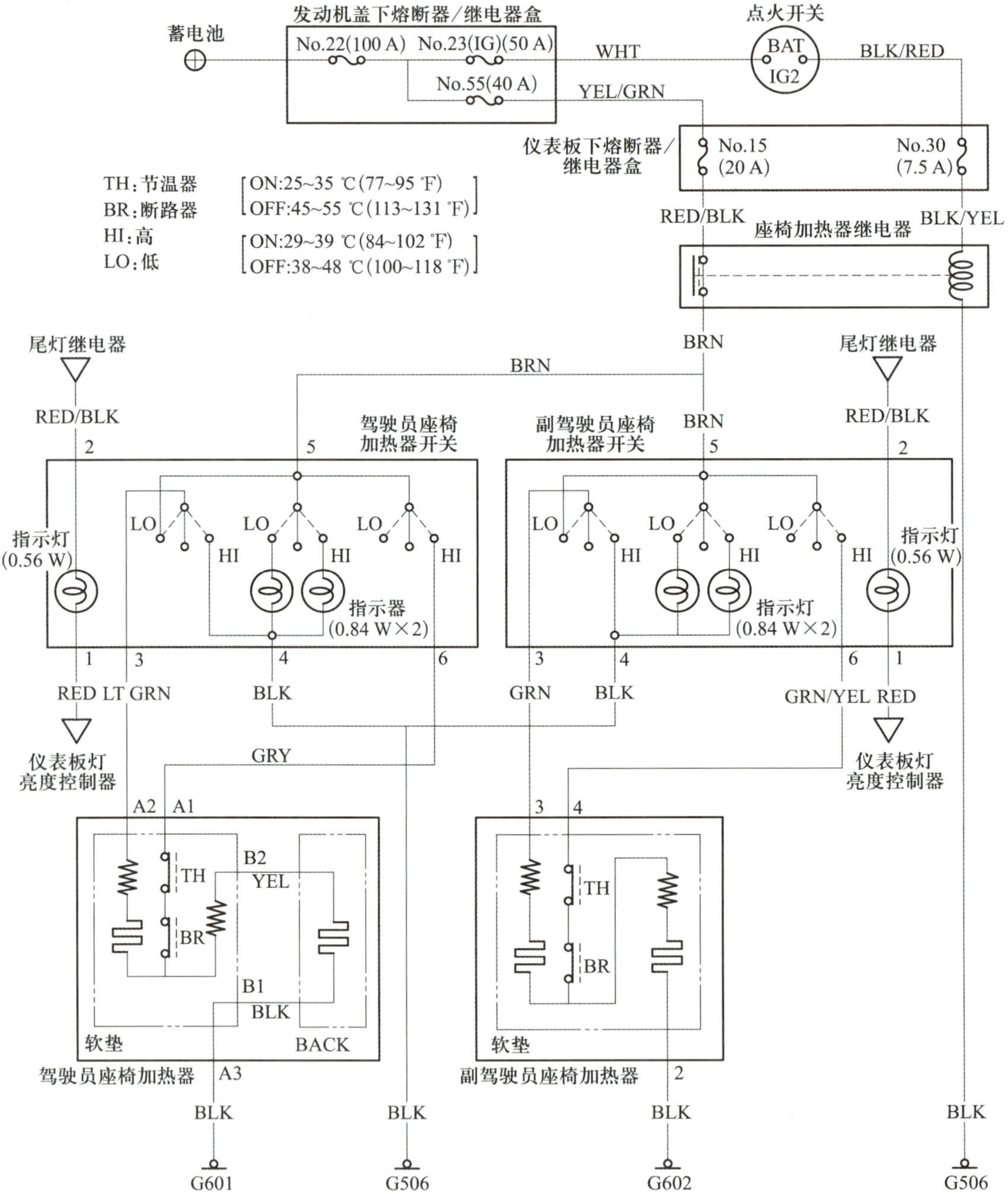

图 8－44　加热速度可调式座椅加热系统电路

① 当加热器开关断开时，加热系统不工作。

② 当加热器开关处于“HI”位置时，电流首先经过点火开关给座椅加热器的继电器线圈通电，线圈产生磁场使继电器开关闭合。此时，加热器的电路如下：蓄电池“＋”极→熔断器→继电器开关→加热器开关端子 5。然后电流分为三条支路：一路经高位指示灯→端子 4→搭铁，使高位指示灯点亮；一路经加热器开关端子 6→加热器端子 A1→节温器→断路器→靠背线圈→搭铁；还有一路经加热器开关端子 6→加热器端子 A1→节温器→断路器→坐垫加热线圈→加热器端子 A2→加热器开关端子 3→加热器开关端子 4→搭铁。此时，靠背加热线圈和坐垫加热线圈并联加热，加热速度较快。

③ 当加热器开关处于“LO”位置时，电流流向如下：蓄电池“＋”极→熔断器→继电器开关端子 5。然后分为两条支路：一路经低位指示灯→端子 4→搭铁，使低位指示灯点亮；一路经加热器开关端子 3→加热器端子 A2→加热器坐垫加热线圈→加热器靠背加热线圈→搭铁。此时，靠背线圈和坐垫线圈串联加热，电路中电流较小，因此加热的速度较慢。

五、电动座椅的故障检修

以雷克萨斯 LS400G 型轿车电动座椅为例来讲解电动座椅故障检修的方法。

若电动机运转而座椅不动，首先判断是否已到极限位置，然后检查电动机与变速器之间的相关轴是否磨损过大或损坏，必要时应更换。若电动机不工作，应检查电路中的熔断器是否烧损，开关线路、电动机控制线路是否断路，搭铁是否良好。然后再进行下列单件的检测：

1. 电动座椅开关的检修

首先拔出控制开关的连接器，开关各端子如图 8-45 所示，然后用万用表按表 8-4 检测各端子间的导通性能。若有不导通的情况，应更换控制开关。

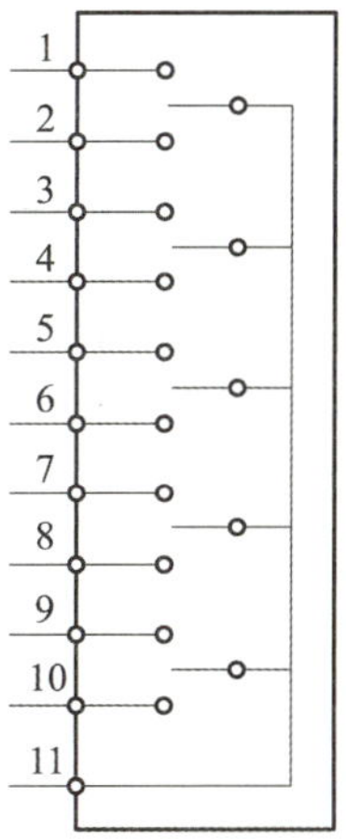

图 8-45　电动座椅控制开关各端子

2. 腰垫开关的检测

腰垫开关共有四个端子，如图 8-46 所示，各端子的导通情况见表 8-5。

3. 座椅电动机的检测

座椅电动机检查的基本思路如下：拆下电动机连接器，用蓄电池的正、负极分别接某电动机的两个端子，观察电动机的运转情况；然后颠倒正、负极的接法，再观察反转的情况。

注意：当电动机通电后不转或有异常响声时，均应立即停止检测。

4. 位置传感器的检修

用万用表分别检查座椅移动时各传感器信号的变化。如果位置传感器的信号随座椅移动的信号变化不正常，则需更换位置传感器。

表 8-4　电动座椅控制开关各端子间的导通情况

开关位置	端子										
	1	2	3	4	5	6	7	8	9	10	11
头枕向上	○	—	—	—	—	—	—	—	—	—	○
头枕向下		○	—	—	—	—	—	—	—	—	○
滑动向前			○	—	—	—	—	—	—	—	○
滑动向后				○	—	—	—	—	—	—	○
前垂直向上					○	—	—	—	—	—	○
前垂直向下						○	—	—	—	—	○
前端向上							○	—	—	—	○
前端向下								○	—	—	○
后端向上									○	—	○
后端向下										○	○

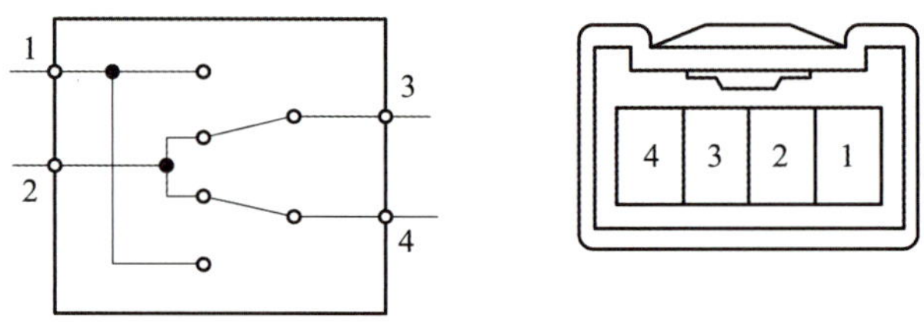

图 8-46　电动座椅腰垫开关示意图

表 8-5　电动座椅腰垫开关各端子的导通情况

开关位置	端子			
	1	2	3	4
向前		○	—	○
	○	—	○	
关闭		○	○	○
向后	○	—	—	○
		○	○	

任务 3　诊断与维修电动车窗故障

任务目标

1. 知道电动车窗的组成与工作原理。
2. 会诊断及维修电动车窗的故障。
3. 能正确地使用工具和设备。

4. 能规范地检查电动车窗电路。

任务引入与分析

电动车窗是指以伺服电动机驱动玻璃升降的门窗，它取代了传统的转动摇柄升降玻璃，使得玻璃的升降轻便化、舒适化、自动化。

知识链接

一、电动车窗的组成

电动车窗主要由车窗玻璃、车窗玻璃升降器、电动机、继电器和车窗控制开关等组成，如图8-47所示。其中电动机一般采用双向转动的永磁式电动机，驾驶员或乘员通过车窗控制开关控制电动机正、反转，电动机带动车窗玻璃升降器驱动玻璃升降，如图8-48所示。

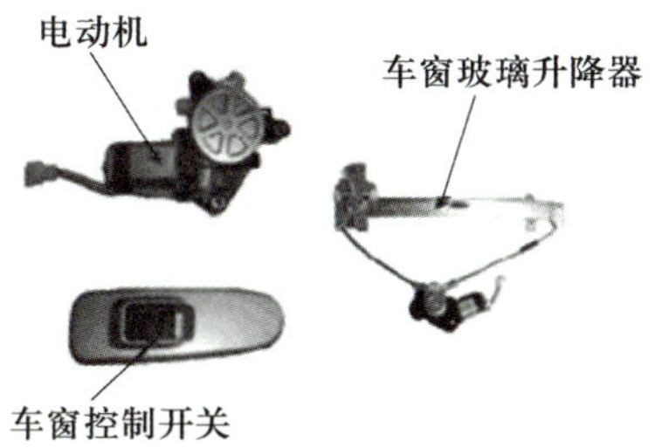

图8-47　电动车窗的组成

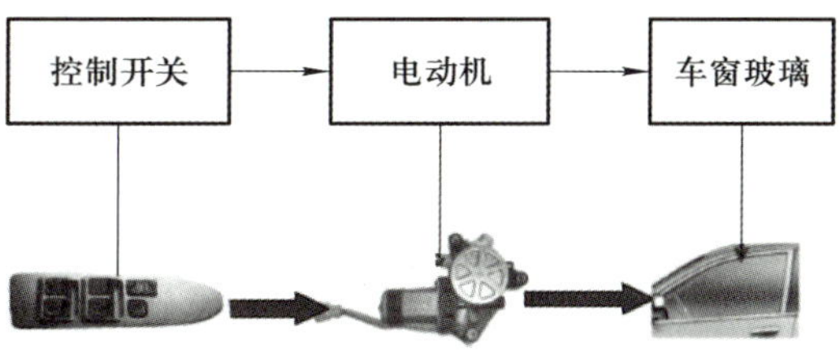

图8-48　电动车窗的工作原理

1. 车窗控制开关

车窗控制开关一般有两套：一套为总开关，装在仪表板或驾驶员侧的车门上，如图8-49a所示，驾驶员不仅可以通过总开关控制所有车窗玻璃的升降，还可以控制中控锁的开闭及禁止分开关的使用；另一套为分开关，如图8-49b所示，分别安装在每个车窗上，乘客可以通过分开关对各个车窗进行升降控制，且所有车窗的电动机都通过总开关搭铁，如果总开关断开，分开关则不起作用。因此，一般在主开关上还装有车窗锁止开关，其关闭时，分开关不起作用。

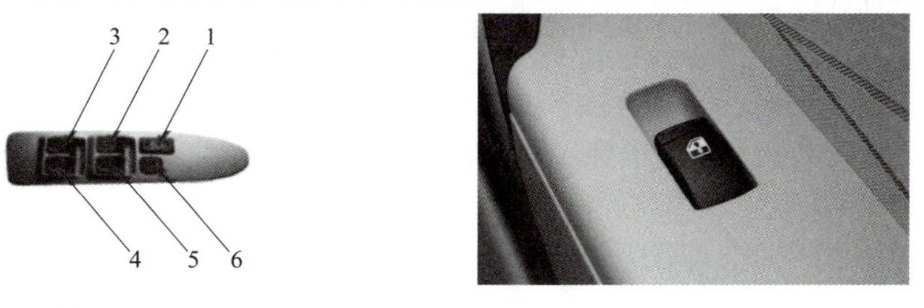

(a) 总开关　　(b) 分开关

1—中控锁按钮；2—左前门车窗开关；3—左后车窗开关；4—右后车窗开关；5—右前车窗开关；6—锁止开关。

图8-49　车窗控制开关

2. 车窗玻璃升降器

车窗玻璃升降器一般由操纵机构（摇臂或电动控制系统）、传动机构、升降机构（升降臂）、玻璃托架及止动弹簧、平衡弹簧等组成。车窗玻璃升降器的基本工作路线如下：操纵机构→传动机构→升降机构→玻璃托架。其中平衡弹簧用以平衡玻璃的重力，当车窗下降时螺旋弹簧收缩，吸收能量；当车窗上升时，螺旋弹簧伸展，释放能量，以减轻电动机的负荷。于是，无论车窗上升或下降，操纵机构的负荷基本相同。

电动车窗玻璃升降器根据升降机构不同可分为绳轮式、臂式、软轴式。其中绳轮式和臂式电动车窗升降器使用较为广泛。

(1)绳轮式车窗玻璃升降器

绳轮式车窗玻璃升降器主要由升降器电动机、升降器托架、升降器拉锁(钢丝绳)、绳轮等组成，如图 8-50 所示。升降器电动机的输出部分与卷丝筒连接，卷丝筒上绕有钢丝绳，钢丝绳连接着滑动托架，电动机驱动卷丝筒转动来卷动钢丝绳，使钢丝绳上的传动轴在成形的导轨中上下运动，达到升降玻璃的目的。

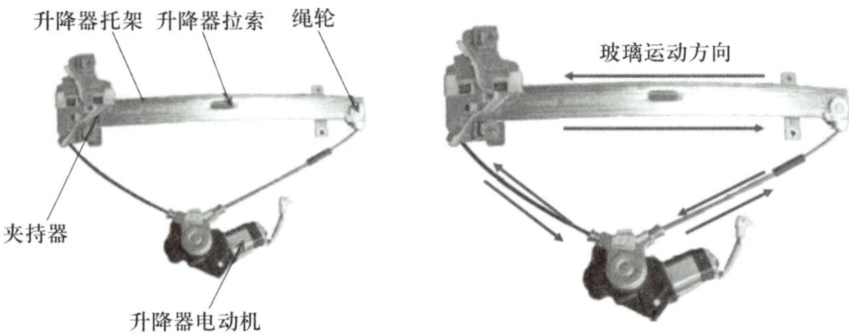

图 8-50　绳轮式车窗玻璃升降器

(2)臂式车窗玻璃升降器

臂式车窗玻璃升降器的传动机构为齿轮齿板啮合传动，除齿轮外其主要构件均为板式结构，加工方便，成本低。但由于其采用悬臂式支承结构及齿轮齿板机构，故工作阻力较大，且臂式车窗玻璃升降器基本是平面运动，主要应用于平面玻璃或曲率不大的曲面玻璃。目前臂式车窗玻璃升降器主要应用于载货汽车上。

臂式车窗玻璃升降器的传动部分包括小齿轮、扇形齿板和传动臂。按传动臂不同可将臂式车窗玻璃升降器分为单臂式、平行双臂式、交叉双臂式，如图 8-51 所示。其中交叉双臂式车窗玻璃升降器支承宽度较大，故运动比较平稳，被普遍采用。

如图 8-52 所示，交叉双臂式车窗玻璃升降器电动机的输出部分小齿轮与传动机构的一块扇形齿板啮合。电动机驱动小齿轮旋转来带动扇形齿板的转动，通过交叉的双臂带动玻璃托架上下运动，达到升降玻璃的目的。

(3)软轴式车窗玻璃升降器

软轴式车窗玻璃升降器如图 8-53 所示，电动机的输出部分小齿轮与一根软轴上的齿条啮合，软轴装在轴套内且与传动轴相连。电动机驱动小齿轮旋转来带动软轴在轴套内移动，从而使传动轴在导轨中上下运动，达到升降玻璃的目的。

软轴式车窗玻璃升降器软轴主体是由钢丝绕成的弹簧，弹簧内圆穿有多股钢丝绳，在钢丝绳上缠绕高出表面 2 mm 的羊毛，并涂以润滑脂，以降低齿轮与弹簧啮合时的摩擦力。在弹簧

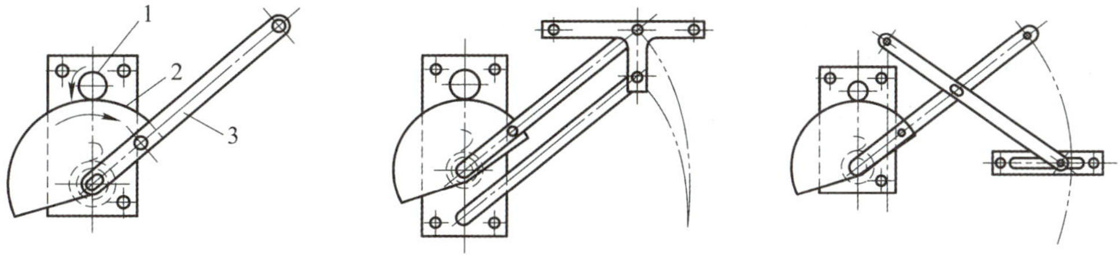

(a) 单臂式　　(b) 平行双臂式　　(c) 交叉双臂式

1—小齿轮；2—扇形齿板；3—传动臂。

图 8-51　臂式车窗玻璃升降器的分类

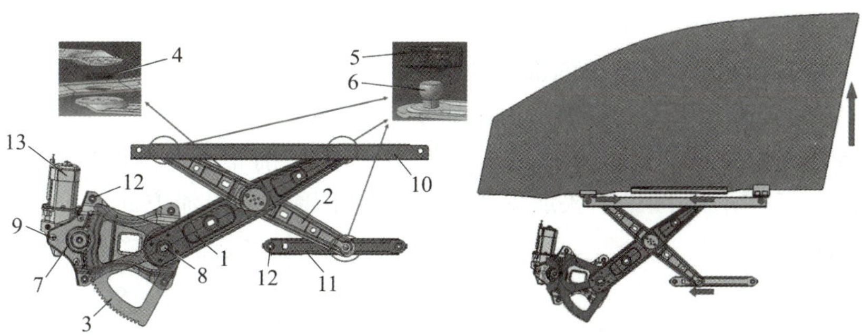

1—主臂；2—副臂；3—扇形齿板；4—垫片；5—滑块；6—滑块转轴；7—基板；8—转轴；9—螺钉；10—主导轨；11—副导轨；12—压铆螺母；13—电动机。

图 8-52　交叉双臂式车窗玻璃升降器

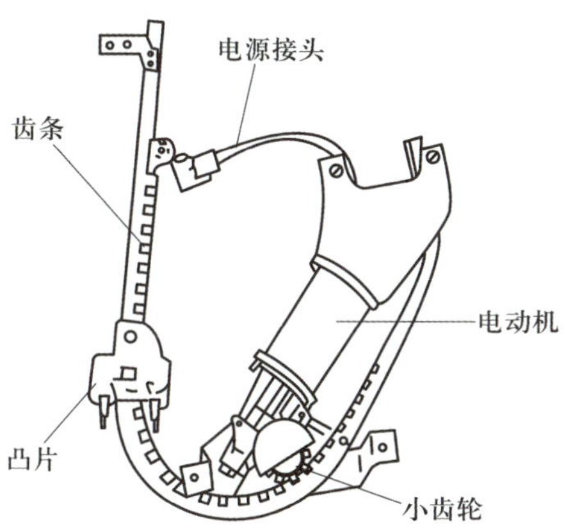

图 8-53　软轴式车窗玻璃升降器

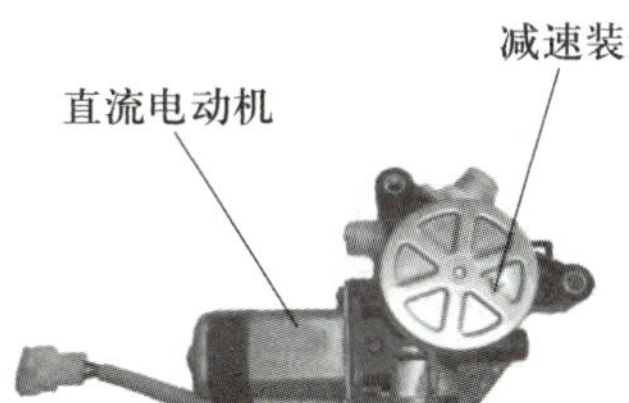

图 8-54　电动车窗电动机

外圈上套有导向管，以保证弹簧式软轴的运动轨迹和运动顺畅。

3. 电动机

电动车窗电动机一般采用永磁式双向直流电动机，其内部装有一个减速装置，如图 8-54 所示。通过车窗控制开关可以控制电动机中的电流方向，从而控制电动机的旋转方向。由于车门内空间有限，电动机一般做成扁平形。

此外，电动机中多装有一个或多个断路器，当有过载电流通过电动车窗电动机时，断路器会切断电路，以保护电路免受损失。同时，当车窗完全关闭或由于结冰等原因使车窗玻璃不能运动自如时，即使操纵开关没有断开，断路器也会自动断路。

二、电动车窗的电路分析

1. 普通电动车窗的控制电路

普通电动车窗控制电路主要由电动车窗主开关、电动车窗副开关和车窗电动机等组成。

不同车型的电动车窗所采用的电动机及其控制电路各不相同，一般分成直接搭铁式和控制搭铁式两种。

(1)直接搭铁式

电动机的一端直接搭铁，电动机内部有两组磁场线圈，通过接通不同的线圈，使电动机的转向不同，实现车窗的上升和下降，其控制电路如图 8-55 所示。

总开关的控制电路如图 8-56 所示，图中箭头所示为右前车窗上升时的电流方向。分开关的控制电路如图 8-57 所示，图中箭头所示为右前车窗下降时的电流方向。

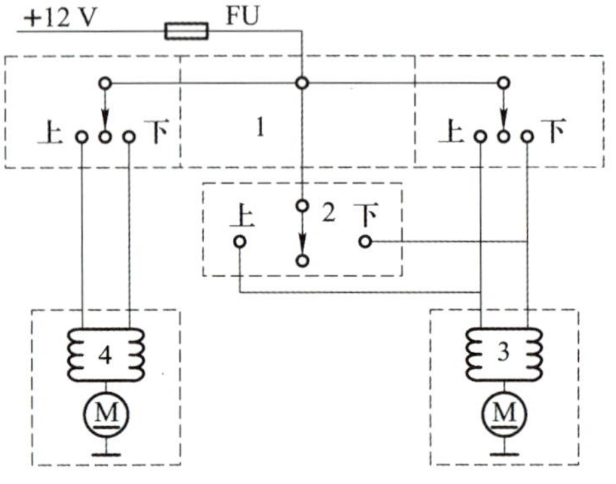

图 8-55　直接搭铁式电动机的控制电路

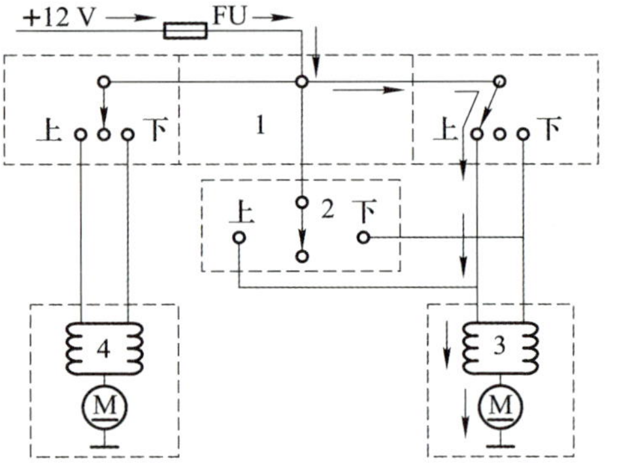

图 8-56　直接搭铁式总开关的控制电路

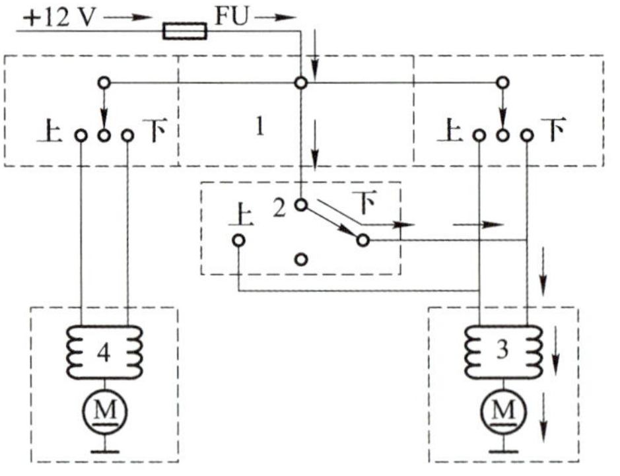

图 8-57　直接搭铁式分开关的控制电路

(2)控制搭铁式

控制搭铁式电动机结构简单，但开关和控制线路复杂一些，其基本控制电路如图 8-58 所示。

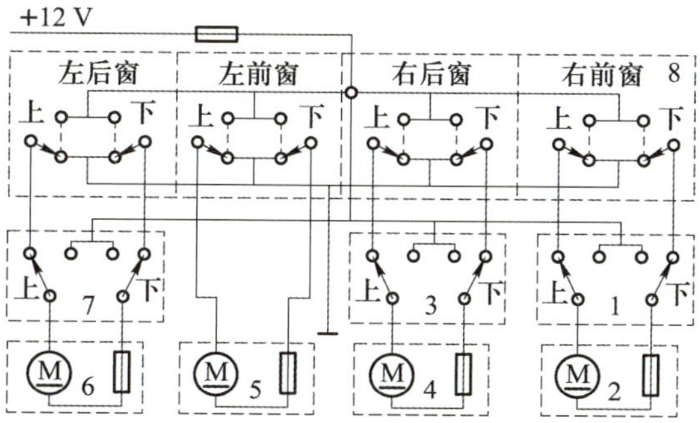

1—右前车窗开关；2—右前车窗电动机；3—右后车窗开关；4—右后车窗电动机；
5—左前车窗电动机；6—左后车窗电动机；7—右前车窗开关；8—驾驶员总开关组件。

图 8-58　控制搭铁式电动机的基本控制电路

总开关的控制电路如图 8-59 所示，图中箭头所示为左后车窗上升时的电流方向。分开关的控制电路如图 8-60 所示，图中箭头所示为左后车窗下降时的电流方向。

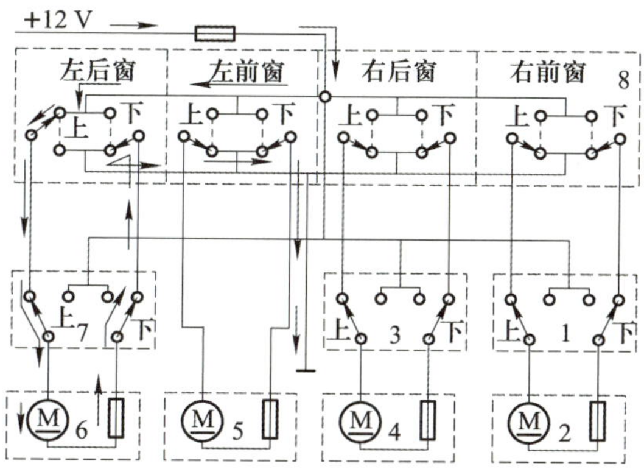

图 8-59　控制搭铁式总开关的控制电路

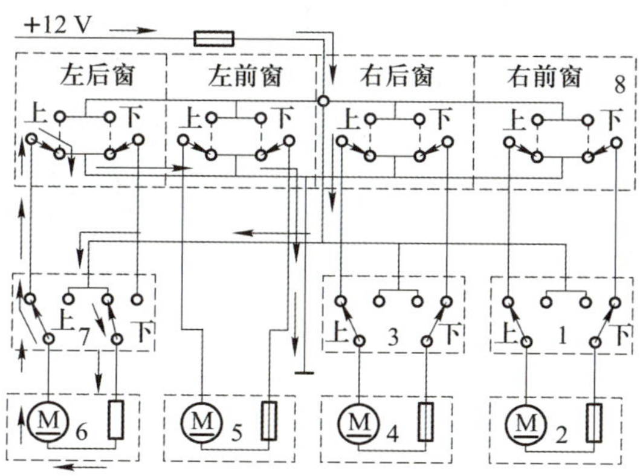

图 8-60　控制搭铁式分开关的控制电路

2. 新车型电动车窗的控制电路

为了实现新车型所要求的一键升窗、防夹和离车自动升窗等功能，新车型电动车窗电动机必须由电控单元来控制。

(1)电动车窗电控单元

电动车窗电控单元的电路如图 8-61 所示，电动车窗电动机电流的方向或电流的停止是通过单片机的指令控制继电器 A 和继电器 B 的动作来实现的。单片机指令是根据控制开关指令、车窗玻璃防夹力的大小或中控门锁系统发出的自动关闭所有车窗的信号发出的。电压调节器是将汽车的 12 V 系统电压调节到单片机所需要的 5 V 工作电压。

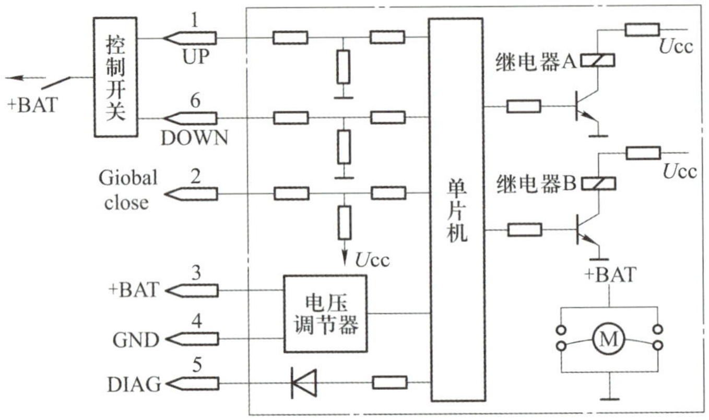

1—电动车窗上升信号；2—集控上升信号；3—电源正极；4—搭铁；5—在线诊断；6—电动车窗下降信号。

图 8-61　电动车窗电控单元的电路

(2)电动车窗控制开关

电动车窗控制开关如图 8-62 所示，分为一挡式车窗控制开关和二挡式车窗控制开关。

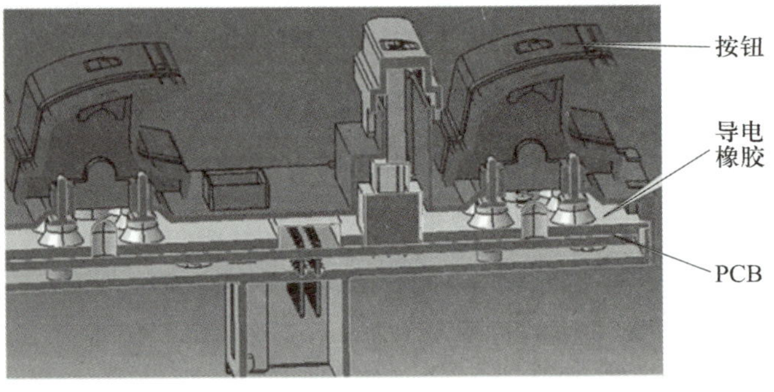

图 8-62　电动车窗控制开关

(a)一挡式车窗控制开关

一挡式车窗控制开关有 3 个连接外部的引脚，分别与 UP、DOWN 和电源(+BAT)相接，如图 8-63 所示，其中 UP 为上升端子，DOWN 为下降端子，+BAT 为电源正极。当开关向 UP 方向按下时，UP 端子输入为高电平；当开关脱离 UP 端子时，UP 端子输入变为低电平。同样，当开关向 DOWN 方向按下时，DOWN 端子输入为高电平；当开关脱离 DOWN 端子时，DOWN 端子输入变为低电平。如图 8-64 所示为一挡式车窗控制开关信号图。

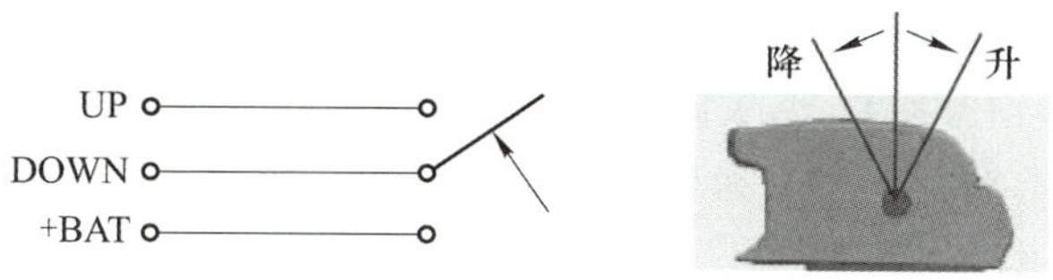

图 8-63　一挡式车窗控制开关

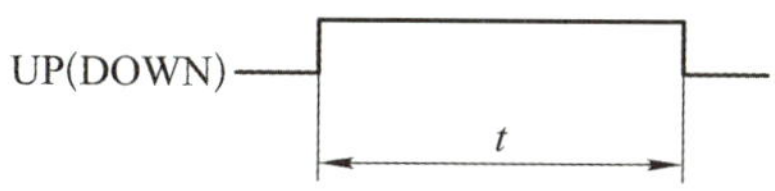

图 8-64　一挡式车窗控制开关信号图

当开关向 UP 方向按下时，若时间 $t>300$ ms 时，则车窗玻璃手动上升；若时间 $t<300$ ms，则车窗玻璃自动上升。在自动上升过程中，如果按下电动车窗上升开关或下降开关，车窗玻璃将停止自动上升。

当开关向 DOWN 方向按下时，若时间 $t>300$ ms，则车窗玻璃手动下降；若时间 $t<300$ ms，则车窗玻璃自动下降。在自动下降过程中，如果按下电动车窗上升开关或下降开关，车窗玻璃将停止自动下降。

（b）二挡式车窗控制开关

二挡式车窗控制开关如图 8-65 所示，无论在 UP 还是在 DOWN 方向，都有 2 个挡位。例如，当开关向 UP 方向按下时，首先＋BAT 接触 UP 触点，如果继续向 UP 方向按下，则＋BAT 接触 UP 和 DOWN 这 2 个触点。

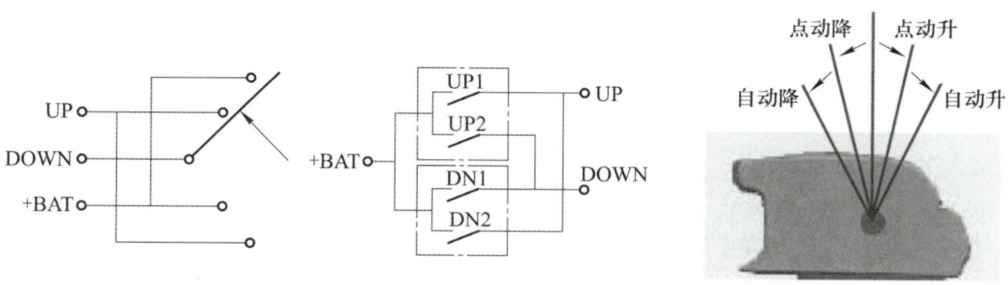

图 8-65　二挡式车窗控制开关

① 车窗玻璃上升（车窗关闭）　开关向 UP 方向按下时，UP 触点首先触发为高电平，如果继续按至第 2 挡位，则 DOWN 触点也触发为高电平，如图 8-66 所示。这里 t_1 为 2 挡触点间的机械延时，取决于开关的机械结构，通常最小为 5 ms。t_2 为松开开关时第 2 挡和第 1 挡之间的延时。

a. 手动上升　当 UP 为高电平时，即为手动上升。当松开开关时，如果 $t_2>150$ ms，则电动机停止，车窗玻璃停止上升。

b. 自动上升　将电动车窗控制开关按至第 2 挡时，则 UP 和 DOWN 都为高电平，松开开关时,如果 t_2<150 ms,则车窗玻璃自动上升。在自动上升过程中,如果按下电动车窗上升开关或下降开关,则车窗玻璃停止上升。

② 车窗玻璃下降(车窗开启) 开关向 DOWN 方向按下时,DOWN 触点首先触发为高电平,如果继续按至第 2 挡,则 UP 触点也触发为高电平,如图 8-67 所示。这里 t_1 为 2 挡触点间的机械延时,取决于开关的机械结构,通常最小为 5 ms。t_2 为松开开关时第 2 挡和第 1 挡之间的延时。

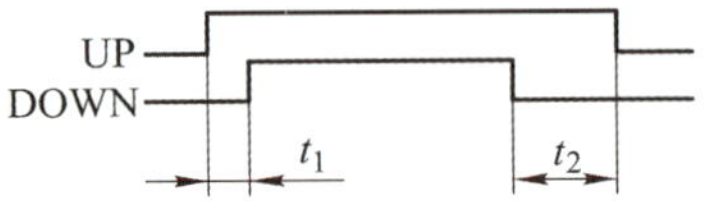

图 8-66 车窗玻璃上升时的信号图

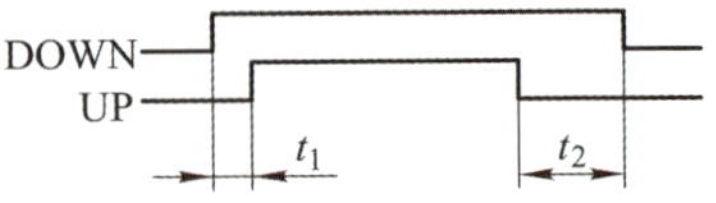

图 8-67 车窗玻璃下降时的信号图

a. 手动下降 当 DOWN 为高电平时,即为手动下降。当松开开关时,如果 t_2>150 ms,则电动机停止,车窗玻璃停止下降。

b. 自动下降 将电动车窗控制开关按至第 2 挡,则 DOWN 和 UP 都为高电平,松开开关时,如果 t_2<150 ms,则车窗玻璃自动下降。在自动下降过程中,如果按下电动车窗上升开关或下降开关,则车窗玻璃停止下降。

(3)集控提升

集控提升信号来自中控门锁系统。在点火开关断开时,在中控门锁电控单元得到来自遥控器或门锁关闭信号的同时,中控门锁电控单元输出低电平信号给电动车窗控制单元集控提升管脚,电动车窗电控单元将控制全部车窗完全关闭。

(4)防夹功能

防夹功能是指车窗玻璃在关闭过程中若遇到小阻力后会自动停止,或者改变玻璃上升行程为下降行程,从而防止夹伤。

如图 8-68 所示,防夹电动车窗由霍尔传感器时刻检测电动机的转速。当电动车窗升起时,一旦电动机遇到阻力而转速减慢时,霍尔传感器就会检测到转速的变化,并向 ECU 报告信息,ECU 控制电动机停转或反转,于是车窗玻璃会停止移动或下降,因此具有一定的防夹功能。

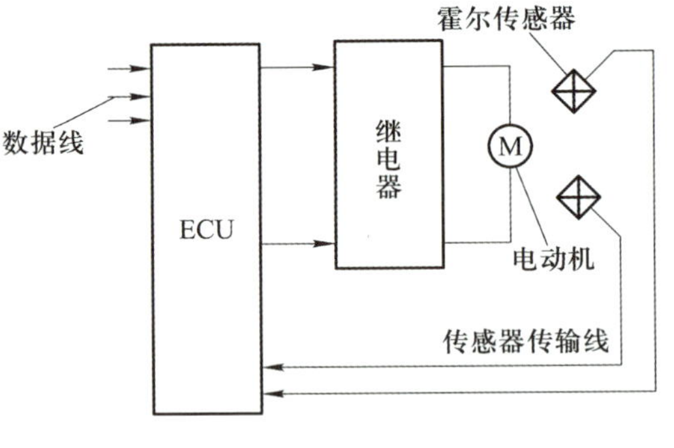

图 8-68 防夹电动车窗工作原理

电动车窗防夹功能的实现,根据控制器所在位置的不同常用以下三种方案:

① 方案一:在电动机上增加防夹控制模块,如图 8-69a 所示。

② 方案二:将控制模块做在 BCM 里,如图 8-69b 所示。

③ 方案三：将防夹控制模块做在电动窗开关中，如图8-69c所示。

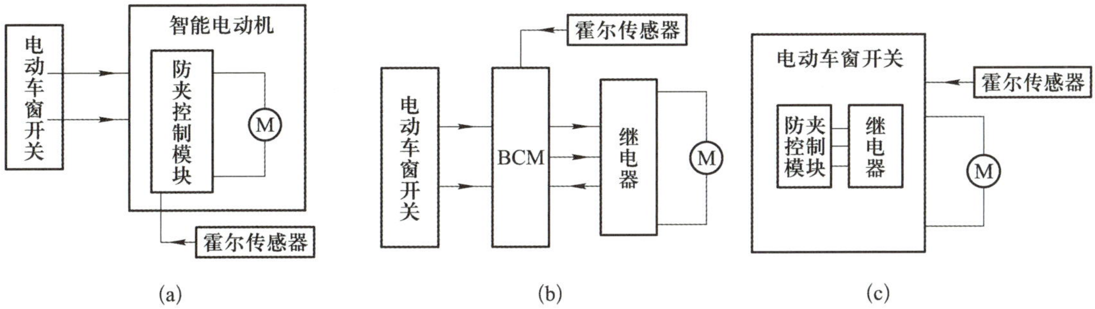

图8-69　防夹电动窗

视频

电动车窗的检测

三、电动车窗主要元件的检测

1. 总开关各端子导通性的检测

电动车窗总开关的外形和连接器如图8-70所示，总开关各端子之间的导通性见表8-6。如检测结果与规定不符，则应更换总开关。

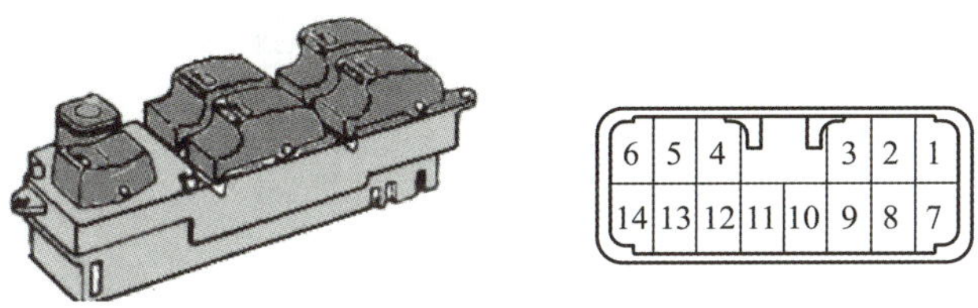

图8-70　电动车窗总开关的外形和连接器

表8-6　电动车窗总开关各端子之间的导通性

车窗运作		前								后							
		驾驶员侧				副驾驶员				左				右			
开关位置	端子	6	2和1	13	8和7	5	2	12	8和7	2	14	11	8和7	2和1	10	9	8和7
车窗未锁	UP(升)	●	—	—	●	●	●			●	●				●	—	●
			●	●				●	●			●	●	●	—	●	
	OFF(断)	●	●	●		●	●	●		●	●	●		●	●	●	
	DOMN(降)	●	●			●	—	—	●		●	—	●			●	●
				●	●		●	●		●	—	●		●	●		
车窗锁上	UP(升)	●	—	—	●										●	—	●
			●	●				●	●			●	●				
	OFF(断)	●	●	●		●	—	●			●	●			●	●	
	DOMN(降)	●	●														
				●	●		●	—	●		●	—	●			●	●

2. 分开关的检测

电动车窗分开关的外形和连接器如图8-71所示，分开关各端子之间的导通性见表8-7。如检测结果与规定不符，则应更换分开关。

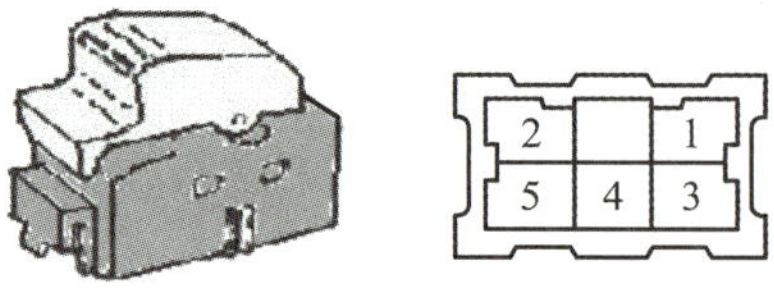

图 8-71　电动车窗分开关的外形和连接器

表 8-7　电动车窗分开关各端子之间的导通性

端子 / 开关位置	1	2	3	4	5
UP（升）	●	—	●	●	●
OFF（断）	●	●		●	●
DOMN（降）	●	●		●	●

3. 车窗电动机的检测

① 脱开车窗电动机连接器。

② 如图 8-72a 所示，将蓄电池正极（+）接到连接器的端子 1 上，蓄电池负极（−）接到连接器的端子 2 上，此时电动机应正转。

③ 如图 8-72b 所示，将蓄电池正极（+）接到连接器的端子 2 上，蓄电池负极（−）接到连接器的端子 1 上，电动机应在约 60 s 内开始反转。

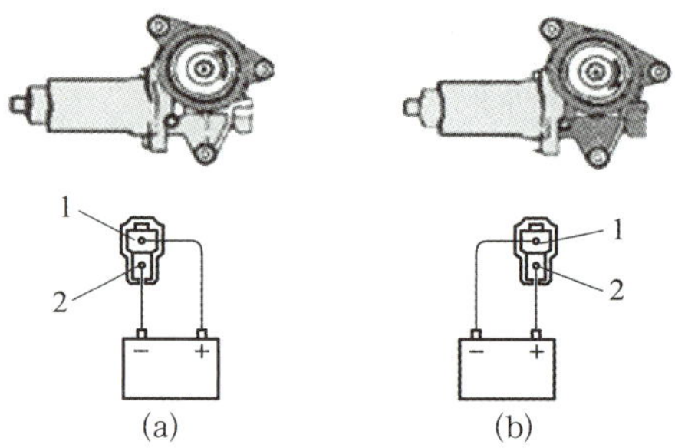

图 8-72　车窗电动机的检测

任务 4　诊断与维修电动后视镜故障

任务目标

1. 掌握电动后视镜的组成及工作原理。
2. 掌握电动后视镜的检修。

任务引入与分析

一辆轿车的车主反映，电动后视镜不能自由调整。现需要对电动后视镜电路进行检测，确定故障部位并进行维修。

电动后视镜调节视角时，驾驶员可以不必下车，在车内通过电动按钮即可进行调节，方便驾驶员找到更好的后方视野。

知识链接

一、电动后视镜的组成

电动后视镜主要由电动机、传动机构和控制开关等组成，如图 8-73 所示。每个后视镜有两套电动机(一般为永磁式电动机),由电动后视镜控制开关进行操纵,其中一个电动机用于后视镜左右方向的移动,另一个电动机用于后视镜上下方向的移动。

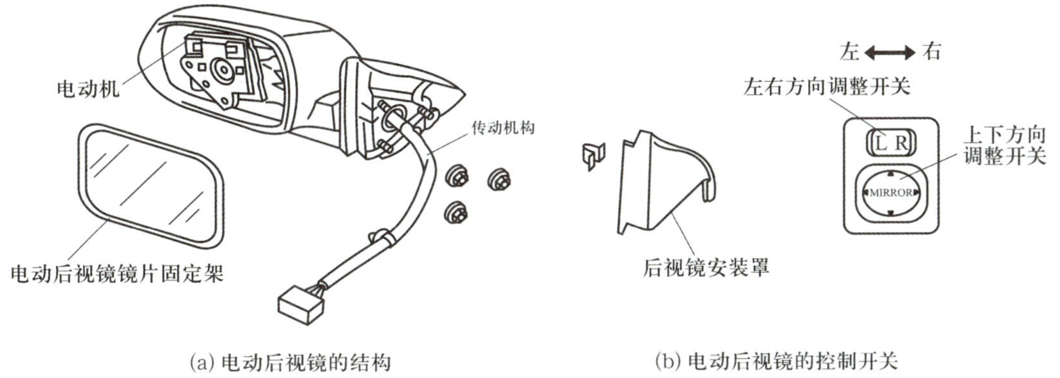

图 8-73　电动后视镜的结构和控制开关

二、电动后视镜的工作原理

电动后视镜的基本工作原理如图 8-74 所示。当控制开关向下扳时,触头 B 与触头 D、C 及 E 分别相通,电流方向为电源→触头 E→触头 C→电动机→触头 B→触头 D→接地,电动机即转动使后视镜作垂直方向运动;当开关向上扳时,触头 B 与 E、C 与 D 分别接触,电流方向为电源→触头 E→触头 B→电动机→触头 C→触头 D→接地,由于流过电动机的电流发生改变,因此电动机反方向转动,后视镜作水平方向运动。

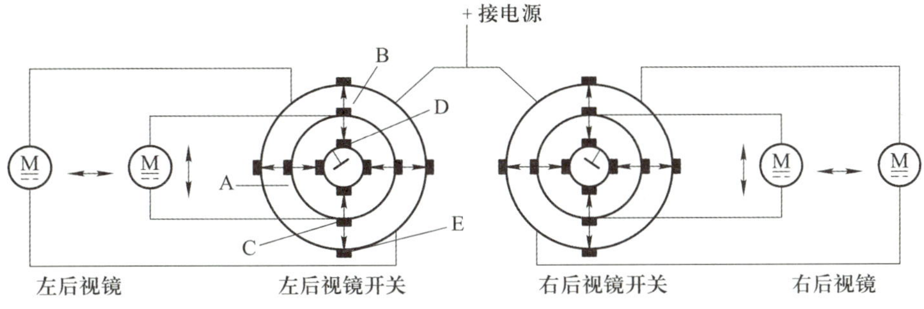

图 8-74　电动后视镜的基本工作原理

下面以丰田皇冠轿车的可伸缩式电动后视镜为例来分析其工作过程。

丰田皇冠轿车电动后视镜的电路图如图 8-75 所示,在进行调整时,首先通过左/右调整开关选择好要调整的后视镜,如调整左镜时,开关打向左侧,此时开关分别与接点 7、8 接通,再通过控制开关对该镜进行上下或左右调整。如果需要向上调整,可将控制开关推向上侧,此时控制开关分别与向上接点、左上接点接合,电流方向为蓄电池正极→熔断器→点火开关→控制开关向上接点→左/右调整开关→接点 7→左侧镜上下调整电动机→接点 1→电动后视镜开关接点 2→控制开关左上接点→电动后视镜开关接点 3→蓄电池负极,左后视镜上下调整电动机运转,完成调整过程。其他调整过程与上述调整过程类似,通过接通不同的开关即可完成。

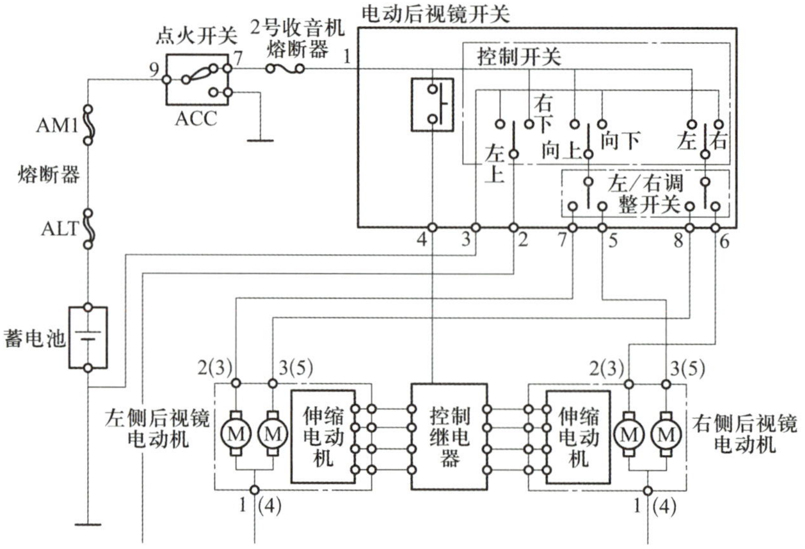

图 8-75　丰田皇冠轿车电动后视镜的电路图

电动后视镜的伸缩是通过电动后视镜控制开关的伸缩开关完成的，该开关控制继电器动作，使左右两个后视镜的伸缩电动机工作，来完成伸缩功能。

三、汽车电动后视镜的检修

由于不同车型的电动后视镜组件结构不相同，所以在维修时应该针对不同的车型确定相应的维修方案。在对电动后视镜进行检修之前，应进行下述检查：

① 检查蓄电池存电是否充足，必要时应予以更换。

② 检查电动后视镜各熔断器是否正常。如果保险丝熔断，应予以更换。

③ 检查电动后视镜接地是否正常。必要时进行修理，使其接触良好。

④ 检查线束插接器是否连接可靠、接触良好。必要时应进行修理或更换。

视频

汽车电动后视镜的检测

1. 电动后视镜开关的检修

拆下电动后视镜，用欧姆表检查后视镜开关各端子的导通情况，应符合要求。如果开关出现故障，应及时进行更换。

不带记忆和伸缩功能的电动后视镜开关有 7 根引线（图 8-76），将开关位于不同的位置用万用表检测各引线的导通情况，从而可以判断出各引线的接法。7 根引线分别为电源线、接地线、电动机公共端、上下移动电动机线（左后视镜）、左右移动电动机线（左后视镜）、上下移动电动机线（右后视镜）、左右移动电动机线（右后视镜）。

将左/右调整开关置于中间位置，即断开左右移动电动机线，控制开关位于升和左位置时，5 号端子与 6 号端子应导通，控制开关位于降和右位置时，5 号端子与 7 号端子应导通。根据电路的工作原理可以断定 5 号端子是电动机公共端，6 号端子为接地端，7 号端子为电源端。

将左/右调整开关置于左位置，控制开关位于上升位置时，与 7 号端子导通的 4 号端子为左后视镜上下移动电动机线。控制开关位于左位置时，与7号端子导通的2号端子为左后视镜左右移动电动机线。用同样的方法即可找出右后视镜的左右和上下移动电动机线，左右移动、上下移动是通过改变流过电动机的电流方向来实现的。

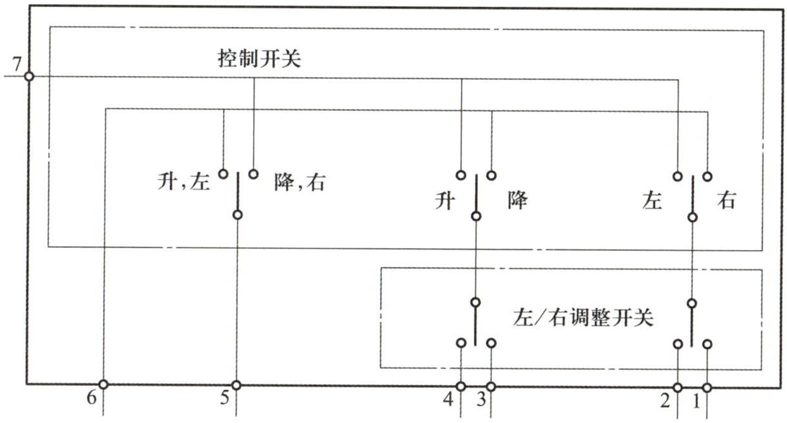

图8-76 不带记忆和伸缩功能的电动后视镜开关

2. 电动后视镜电动机的检修

后视镜电动机有三根引线，可用万用表判断其公共端。首先任意选一根作为公共端，公共端对其他两根引线的电阻是基本相同的，找出公共端后通电观察后视镜的动作情况即可找出上下移动、左右移动电动机引线。

找出三根引线后，通电观察后视镜的工作情况，后视镜应能平滑摆动，如果不能摆动则说明电动机或传动机构存在故障，应进行修理或更换。

知识拓展

雨滴感知型刮水器

一、雨滴感知型刮水器的工作特点

雨天行车，汽车前挡特别需要刮水器帮助解除视线模糊的情况。传统手调式刮水器系统需要车主自己根据雨量大小手动调节刮水器速度以适应不同雨量，但自动感应刮水器就无须如此麻烦，它可以根据感应到的雨量大小及时自动调节刮水器的速度，以保证驾驶者的驾驶视线清晰。

感应式刮水器的作用不仅仅只在雨天才有体现，在一些存有积水的坑洼路段，与对向车辆会车时积水飞溅至风挡玻璃的情况时有发生，此种情形其实要较雨天行车更为危险。在完全没有准备的情况下视线突然模糊，驾驶员在手忙脚乱中发生误操作从而导致交通事故的可能性大大增加。在这种情况下感应式刮水器的作用就显得尤为重要。

感应式刮水器工作分为两种情况，一种为雨量感应：是靠安装在前风挡玻璃后的雨量感应器采集雨量数据，然后电脑根据玻璃上雨量的大小来调节刮水器的运动快慢。另一种为随速感应：刮水器的运动速度依车速而定，车速越高刮水器运动就越快，从而为驾驶者提供良好的视野，大大提高雨天驾驶的方便性和安全性。

二、雨滴感知型刮水器的组成和工作原理

1. 雨滴感知型刮水器的组成

雨滴感知型刮水器主要由雨刮开关、控制单元、雨刮电机、雨量/光线传感器等组成，如图 8-77所示。

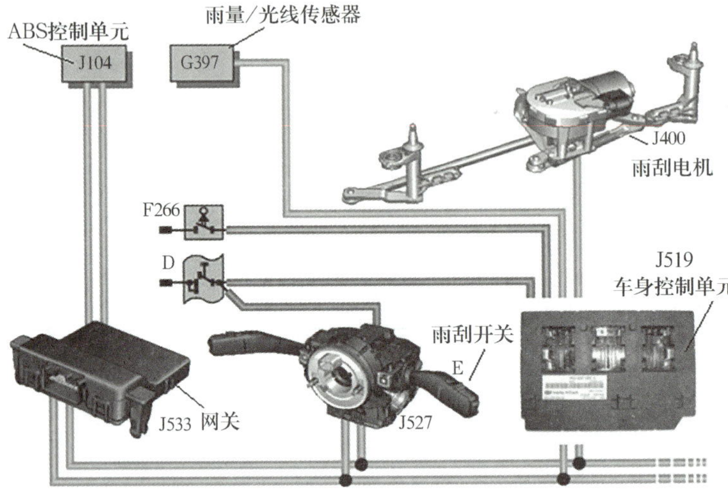

图 8-77 雨滴感知型刮水器的组成

2. 雨滴感知型刮水器的工作原理

雨滴感知型刮水器是一种智能自动化的汽车配置，其核心部件是安装在风挡玻璃上的雨量/光线传感器和车辆控制系统。当下雨或有水滴落到前挡风玻璃上时，雨量/光线传感器会感应到玻璃上有水，并将雨量信息传递至控制单元，控制单元根据雨量大小自动调节雨刷转动速度。雨量/光线传感器装于后视镜底部，如图 8-78 所示。

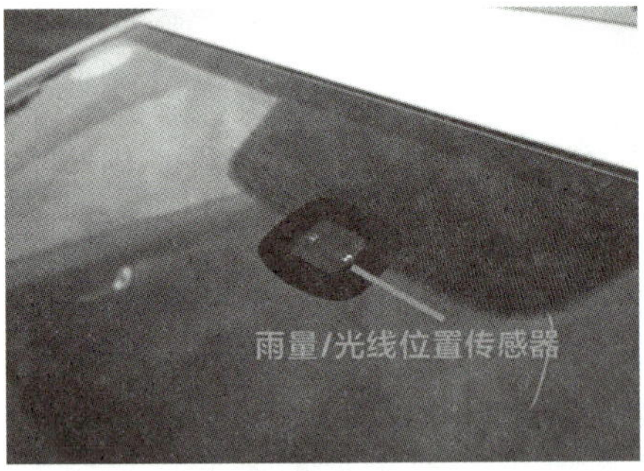

图 8-78 雨量/光线传感器的安装位置

雨量/光线传感器主要由发光二极管、光电二极管组成，如图 8-79 所示。

雨量/光线传感器通过发光二极管发射出红外线，如果前风窗是干的，红外线会全部反射回来，光量反射到光电二极上，说明无雨。前风窗湿的话，则反射到光二极管上的光弱，说明有雨。反射光的多少，取决于雨量大小。雨量/光线传感器把此信号传递到控制单元，控制单元根据雨

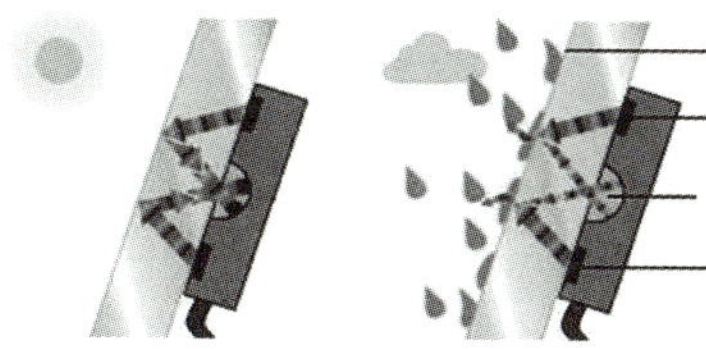

图8-79 雨量/光线传感器的组成

量大小计算刮水器电机转速，从而控制刮水器工作速度。另外，刮水器的运动速度或间歇速度还受车速影响，车速越高刮水器就运动越快。

思考与练习

一、填空题

1. 刮水器的作用是刮除挡风玻璃上的________、________或________，确保驾驶员有良好的视野。

2. 按电动机的类型不同，刮水器可分为________和________，目前主要采用________。

3. 永磁式刮水电动机是通过改变两刷间________方法进行调速的。

4. 为了满足不同情况下的使用，刮水器控制开关一般并设有________、________、________、________、________及点动刮水挡共6个挡位。

5. 电动洗涤器由________、________、软管、三通接头和________组成

6. 电动车窗由玻璃、________、________、________等装置组成。

7. 在电动车窗电路中一般设有________，以免电动机因________而烧坏。

8. 电动玻璃升降器传动机构常见有________和________两种。

9. 电动车窗一般装有两套开关，分别为________和________。

10. 电动后视镜主要由________、________和________等组成。

11. 每个电动后视镜都有________个电动机来实现后视镜的调整。

12. 电动后视镜的电动机一般为________电动机。

二、选择题

1. 电动车窗中的电动机一般为(　　)。

A. 单向直流电动机

B. 双向交流电动机

C. 永磁式双向直流电动机

2. 检查电动车窗左后电动机时，用蓄电池的正、负极分别接电动机连接器端子后，电动机转动，互换正、负极和端子的连接后，电动机反转，说明(　　)。

A. 电动机状况良好

B. 不能判断电动机的好坏

C. 电动机损坏

3. 在电动座椅中，一般一个电动机可完成座椅的(　　)。

A. 1个方向的调整

B. 2 个方向的调整

C. 3 个方向的调整

4. 每个电动后视镜都由(　　)电动机驱动。

A. 1 个　　B. 2 个　　C. 4 个

5. 中控门锁系统中的门锁控制开关用于控制所有门锁的开关，安装在(　　)。

A. 驾驶员侧门的内侧扶手上

B. 每个门上

C. 门锁总成中

6. 门锁控制开关的作用是(　　)。

A. 在任意一车门内侧实现开锁和锁门动作

B. 在乘客车门内侧实现开锁和锁门动作

C. 在驾驶员侧车门内侧实现开锁和锁门动作

三、简答题

造成雨刮器工作不良故障的原因有哪些？试通过信息收集完成鱼骨头的绘制(图 8-80)。

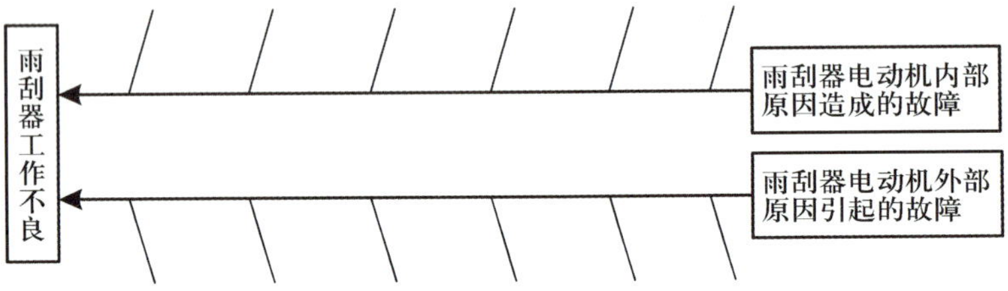

图 8-80　练习题

四、分析题

1. 电动车窗不工作的故障原因有哪些？完成以下的故障诊断图(图 8-81)。

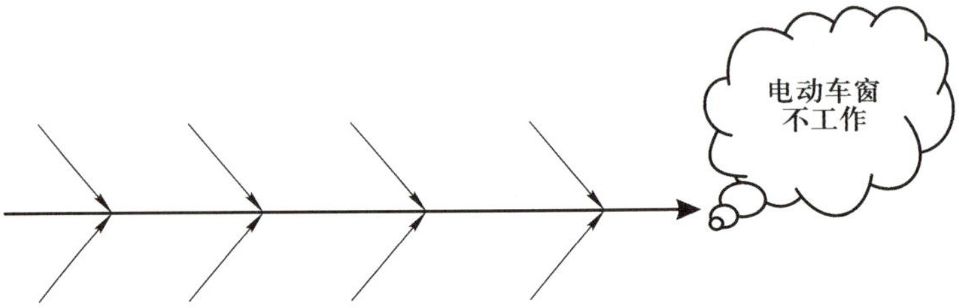

图 8-81　练习题

2. 试分析电动座椅常见故障及故障原因。

3. 试分析电动后视镜常见故障及故障原因。

4. 如图 8-82 所示共有继电器________个，熔断器________个，电动车窗开关________个，电动车窗电动机________个，其中________、________、________电动车窗的电动机为 2 针插脚。

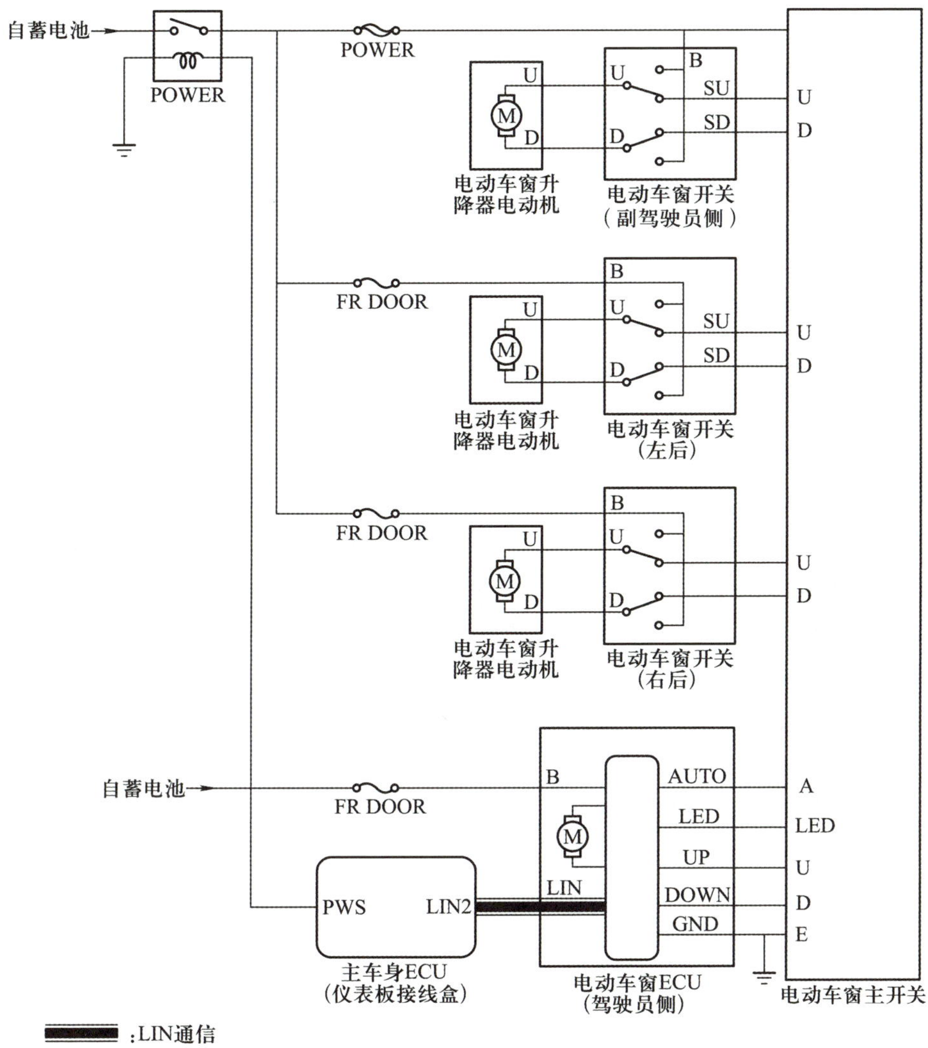

图 8-82　练习题

知识拓展

雨滴感知型
刮喷水器

项目 9　汽车空调系统的检修

项目引入

随着生活水平的提高,人们对汽车舒适性的要求越来越高,汽车空调也成为汽车不可或缺的一部分。客户在使用汽车时会遇到空调不制冷或制冷效果不良等故障现象,若通过系列操作仍不能排除故障,就会向维修顾问进行咨询或报修。专业的汽车维修技术人员应怎样对汽车空调系统进行检修呢?

项目要求

通过本项目的学习,了解汽车手动空调及自动空调的工作原理,会分析汽车空调不制冷或制冷效果不良故障的原因,能够维修空调不制冷或制冷效果不良的故障,并能够进行空调系统制冷剂的加注。

任务 1　加注汽车空调制冷剂

任务目标

1. 会使用空调压力表组、制冷剂加注阀、真空泵、制冷剂再循环/回收机等空调维修设备。
2. 能够独立完成汽车空调抽真空作业。
3. 能够完成汽车空调制冷剂的加注。

任务引入与分析

一辆来店进行维修的汽车出现空调系统制冷不良的故障,经维修技师检测判断为制冷剂不足。作为一名维修工,应该怎样加注制冷剂呢?

知识链接

一、常用的汽车空调维修、检测工具

1. 空调压力表组

空调压力表组是维护汽车空调系统最重要也是最常用的维修检测工具,它的主要功能有系

统抽真空、加注制冷剂、添加冷冻机油、系统故障检查和排除等。空调压力表组由高压表、低压表、高压手柄轮、低压手柄轮及三个维修软管等组成,如图 9-1 所示。

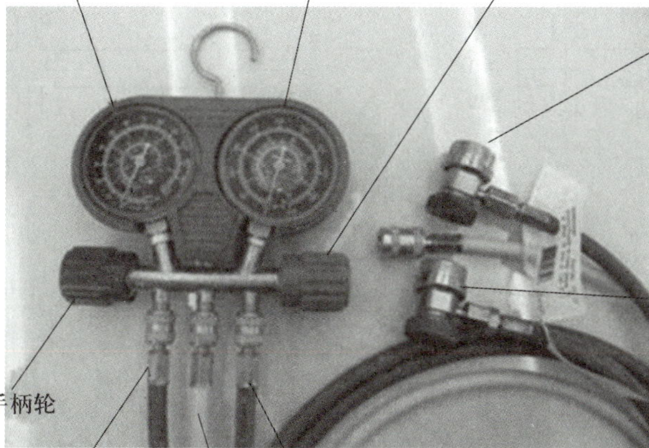

图 9-1 空调压力表组

(1)使用方法

如图 9-2a 所示,高压手柄轮和低压手柄轮同时关闭,高、低压表分别跟高、低压管路相通,可对高、低压侧压力进行检测。

如图 9-2b 所示,高压手柄轮和低压手柄轮同时开启,三条管道连通,此时中间管接上真空泵,则可对系统进行抽真空。

如图 9-2c 所示,高压手柄轮关闭,低压手柄轮打开,中间软管接制冷剂罐,则可由低压侧充注气态制冷剂。

如图 9-2d 所示,高压手柄轮打开,低压手柄轮关闭,中间软管接制冷剂罐,则可由高压侧充注液态制冷剂。

(2)使用注意事项

① 空调压力表组是精密仪表,必须细心维护,不得损坏,且要保持清洁。

② 不使用时,要防止水或脏物进入软管。

③ 使用时要把管中的空气排出。

④ 压力表接头与软管连接时,只能用手拧紧,不能用工具拧紧。

⑤ 制冷剂 R12 与 R134a 不可使用同一个空调压力表组。

2. 制冷剂加注阀

为了便于加注制冷剂,市场上多为罐装制冷剂,但它必须配套一只加注阀才能开罐使用,如图 9-3 所示。制冷剂加注阀主要由手柄、接头、板状螺母和阀针组成。

制冷剂加注阀的使用方法如下:

① 首先逆时针旋转加注阀手柄,使阀针完全缩回,然后将板状螺母旋至最高位置。

② 将加注阀装在制冷剂罐的顶部,然后顺时针转动板状螺母,使其与制冷剂罐顶上的螺纹

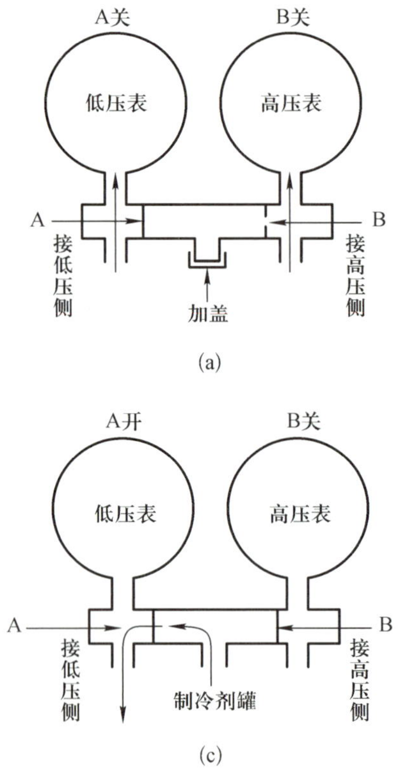

图 9-2　空调压力表组的使用方法

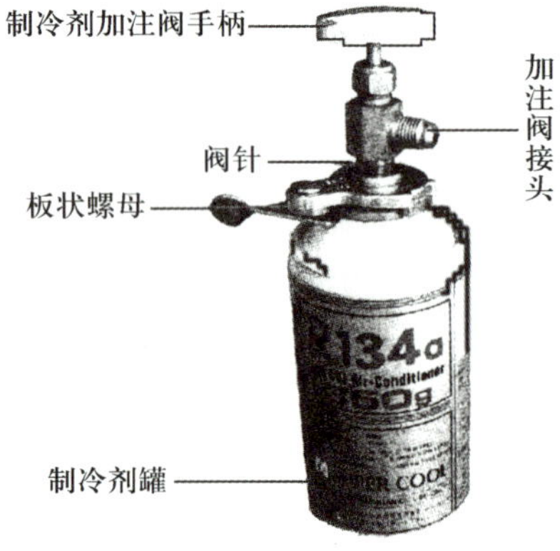

图 9-3　制冷剂加注阀与制冷剂罐

图 9-4　真空泵

连接，加注阀便可固定在制冷剂罐的顶部。

③ 将空调压力表组的中间维修软管与制冷剂注加阀连接并拧紧。

④ 顺时针方向旋转手柄，阀针将把制冷剂罐顶刺破。

⑤ 加注制冷剂时将手柄逆时针旋转，使阀针提起，与此同时打开空调压力表组相应的手动阀，开始加注制冷剂。

⑥ 如要停止加注，可再顺时针转动手柄，使阀针下落将被刺破的小孔封闭，同时关闭空调压力表组的手动阀。

3. 真空泵

在空调系统初次加注制冷剂前，或拆卸更换系统零部件后，必须对系统进行抽真空操作，然后才能加注制冷剂。抽真空就是利用真空泵（图 9-4）把系统中的空气和水排出，防止制冷系统出现“冰堵”现象。当制冷系统出现“冰堵”现象后，进入蒸发器的制冷剂量减少，蒸发器吸收的热量减少，制冷效果将变差。

抽真空并不能直接把水抽出，而是系统内产生真空后降低了水的沸点，水在较低的温度下汽化，最终以气态形式从系统内抽出。真空泵是系统抽真空的必备设备。抽真空作业时，真空泵的吸入口与空调压力表组的中间维修软管相连。

抽真空的步骤如下：

① 将高压表接入储液干燥器的维修阀，低压表接入蒸发器至压缩机低压管路上的维修阀，中间维修软管安装于真空泵接口，如图 9-5 所示。

② 起动真空泵，打开空调压力表组高、低压手动阀。

③ 系统抽真空，直至低压表所示的真空度为 0.1 MPa，抽真空时间为 5～10 min。

④ 关闭真空泵手动阀，真空泵继续运转，打开制冷剂罐，让少量制冷剂进入系统（压力为 0～49 kPa），关闭罐阀。

⑤ 放置 5 min，观察压力表，若指针上升，说明真空下降，系统有泄漏之处，应使用检漏仪进行泄漏检查，并修理堵漏。

⑥ 继续抽真空 20～25 min，并重复步骤⑤。如压力表指针保持不动，说明无泄漏，可进行下一步操作。

⑦ 关闭高、低压表的手动阀，抽真空作业结束，可以进行制冷剂的充注了。

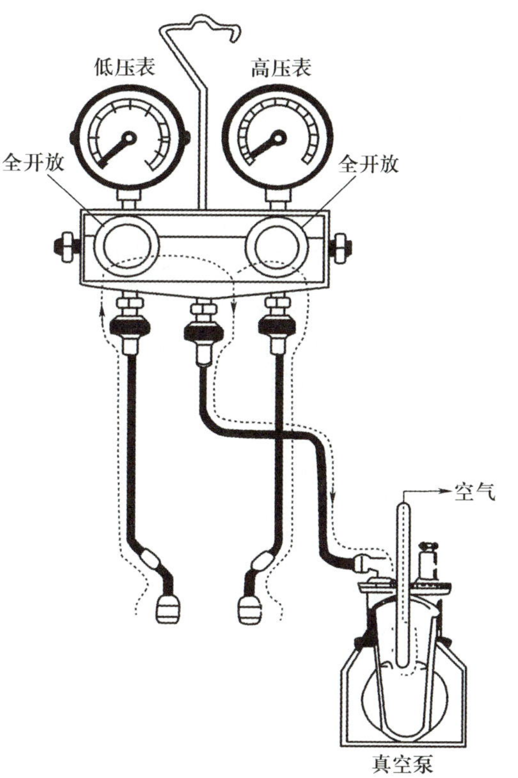

图 9-5　真空泵的连接方法

4. 制冷剂再循环/回收机

在修理汽车空调的过程中经常要拆开空调系统，如果将制冷剂排入到大气中，既浪费又污染环境，可用制冷剂再循环/回收机（图 9-6）将制冷剂回收。对制冷剂没有严格要求的场合，回收的制冷剂可继续使用。制冷剂再循环/回收机不但可回收制冷剂，还有以下用途：

① 制冷系统抽真空。维修工作完成之后，可对制冷系统进行抽真空。

② 加注制冷剂。给制冷系统加注制冷剂。

③ 加注冷冻机油。在制冷系统抽真空之后，可加注冷冻机油，以进行润滑。

④ 测量制冷系统压力。可通过面板上的高、低压组合压力表测量系统压力，确定系统中的制冷剂量或判断故障。

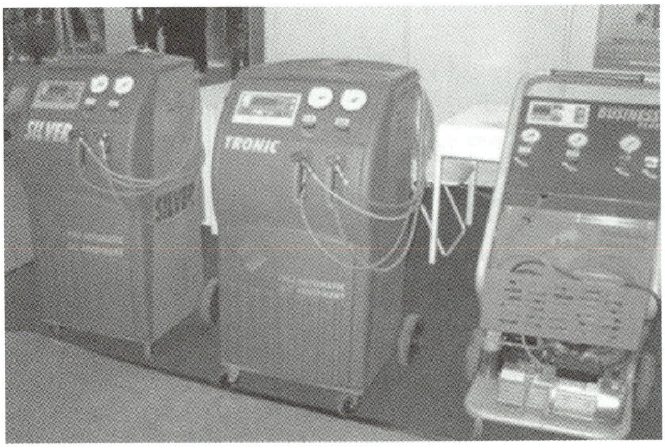

图 9-6　制冷剂再循环/回收机

不同厂家制冷剂再循环/回收机使用方法略有不同，在此不再赘述，具体使用方法可参照使用手册。

二、制冷剂的加注

视频

制冷剂的加注

① 将制冷剂加注阀连接在制冷剂罐上。

② 将空调压力表组的中间维修软管安装在制冷剂加注阀接口上，顺时针拧紧加注阀手柄，使阀上的阀针将制冷剂罐刺开一个小孔。逆时针旋松加注阀手柄，退出阀针，使制冷剂进入中间维修软管。如一罐用完，再用第 2、3 罐时，仍应先关闭空调压力表组的手动阀，重新顶开制冷剂罐，中间维修软管在表头处拧松，以排出管内空气。

③ 拧松连接高、低压表中心接头的中间维修软管螺母，如看到白色制冷剂气体外溢或听到“嘶嘶”声，说明中间维修软管中的空气已排出，可以拧紧该螺母。

④ 旋开高压侧手动阀，将制冷剂罐倒立，使制冷剂以液态注入制冷系统，如图 9-7a 所示。在充注时不得起动发动机和打开空调，以防制冷剂倒灌。

⑤ 旋开低压侧手动阀，使制冷剂以气态形式通过低压侧注入，如图 9-7b 所示。此时绝对不能打开高压侧手动阀，防止液态注入而造成液击现象，损坏压缩机。

注意：如制冷剂不足，则可按图 9-7b 所示关闭高压侧手动阀，开启低压侧手动阀，将制冷剂罐直立，起动发动机以使压缩机快速运转，让气态制冷剂从低压侧吸入压缩机，直至管路压力符合维修手册要求或观察制冷剂观察孔是否符合要求，如图 9-8 所示。

⑥ 向系统充注规定量的制冷剂后，停止发动机运转，关闭高、低压表的两个手动阀和制冷剂罐上的注入阀，拆除低压软管，待高压侧压力下降后，方可从高压侧维修阀拆下高压软管。

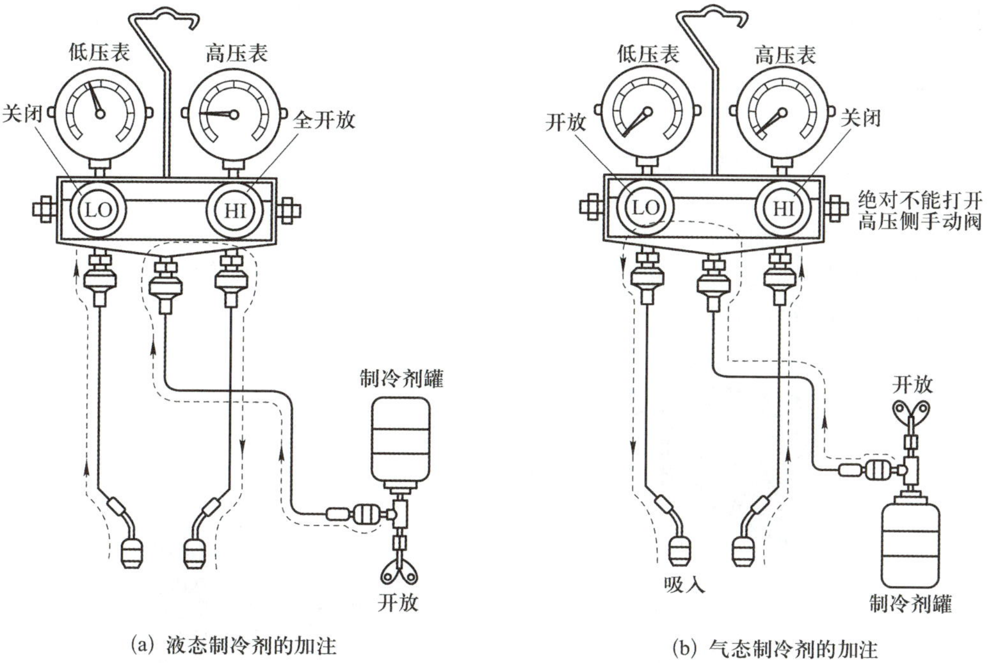

图9-7　制冷剂的加注

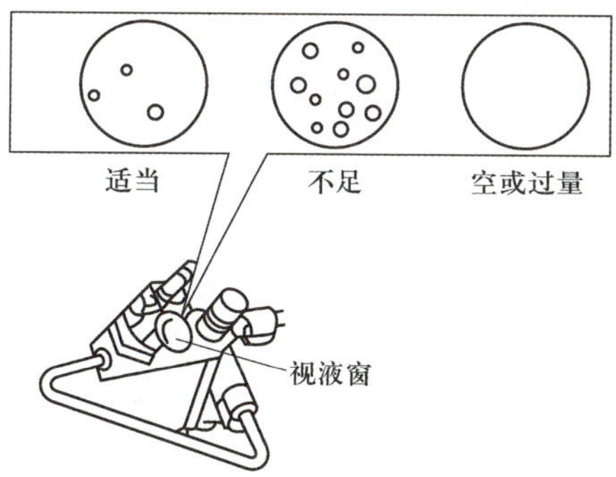

图9-8　制冷剂观察孔

任务2　诊断与排除汽车空调系统故障

任务目标

1. 掌握汽车空调系统的工作原理。
2. 掌握汽车空调系统故障诊断方法。
3. 能够排除汽车空调系统故障。

任务引入与分析

一车主反映，打开汽车空调开关，空调不出凉风，出风口吹出自然风。维修人员检查发现压缩机电磁离合器不工作，反复试了几次，结果都一样。当空调出现这种情况时，应怎样维修呢？

知识链接

一、汽车空调制冷系统的组成及工作原理

1. 汽车空调制冷系统的组成

汽车空调制冷系统的组成如图 9-9 所示，主要由压缩机、冷凝器、蒸发器、储液干燥器、膨胀阀（或孔管）和控制电路等组成。

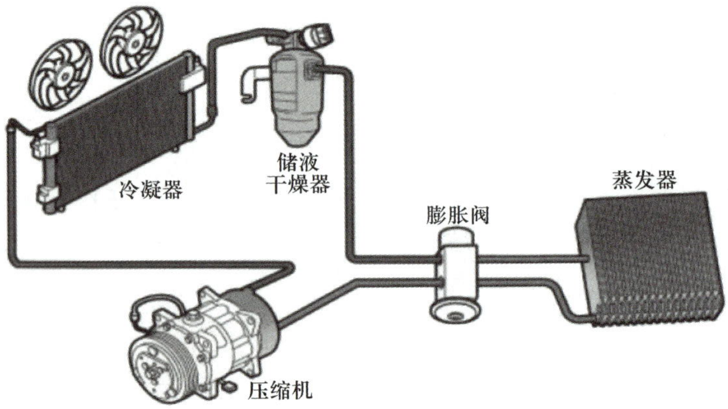

图 9-9　汽车空调制冷系统的组成

（1）压缩机

压缩机种类较多，目前斜盘式压缩机和翘板式压缩机应用较广。

斜盘式压缩机结构紧凑、效率高、性能可靠，采用往复式双头活塞，其主要零件是一根主轴，斜盘用花键和主轴固定在一起。当主轴转动时，带动斜盘转动，依靠斜盘的旋转运动驱动活塞作轴向往复运动，如图 9-10 所示。

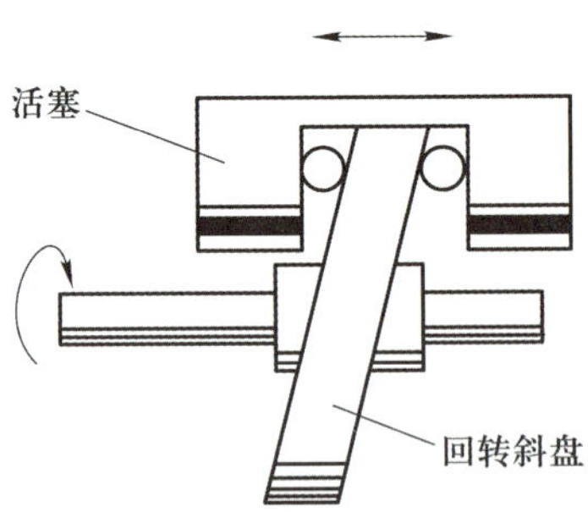

图 9-10　斜盘式压缩机

翘板压缩机结构紧凑、工作平稳、质量小，其活塞以压缩机轴为中心线呈圆周排列，压缩机轴上固定有端面凸轮，活塞通过连杆与翘板相连。当压缩机工作时，凸轮转动，驱动翘板作轴向运动，通过连杆带动活塞作往复运动，如图 9-11 所示。

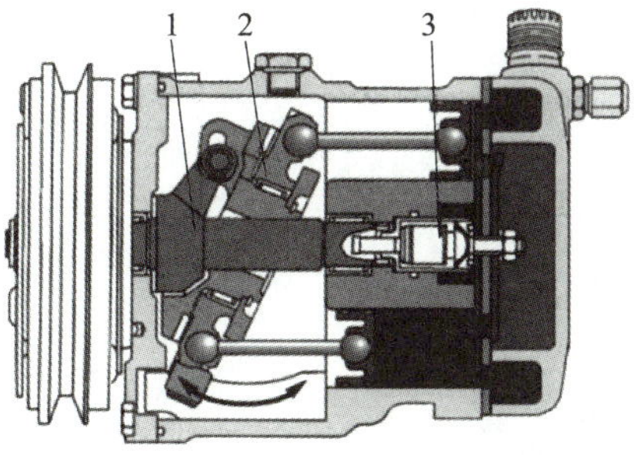

1—传动轴；2—驱动斜盘；3—调整气门。

图 9-11　翘板式压缩机

(2)冷凝器

冷凝器如图 9-12 所示，它是热交换装置，通常设置在散热器前面，一般采用铝材料制造。空调系统工作时，从压缩机出来的高温、高压制冷剂气体流过冷凝器，在外部空气的冷却作用下，制冷剂由气体变成液体，但仍处于高压状态。

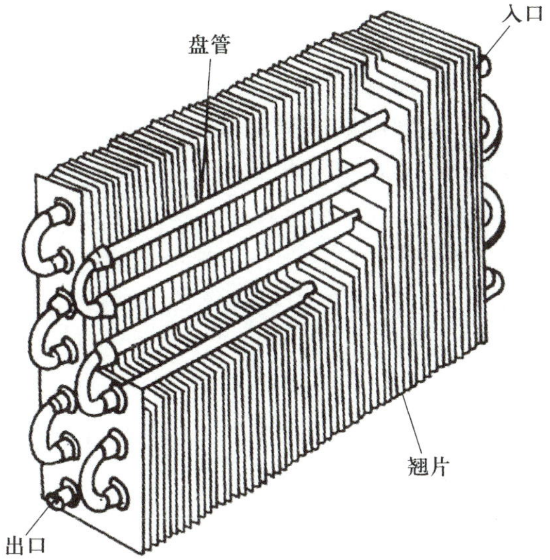

图 9-12　冷凝器

(3)蒸发器

蒸发器如图 9-13 所示，它是热交换装置，一般采用铝材料制造，其在车内的安装位置视车型而定。空调系统工作时，来自节流装置的低压雾状制冷剂通过蒸发器管道时吸收车内空气的大量热量，同时低压雾状制冷剂变为低压气态制冷剂，并回到压缩机。

(4)储液干燥器

储液干燥器如图 9-14 所示，它是液态制冷剂的储存箱，能以一定的流量向膨胀阀输送液态制冷剂，其内含有干燥剂，可除去制冷剂中的异物和水蒸气，并能从其上方的玻璃视液窗观察制冷剂的数量。

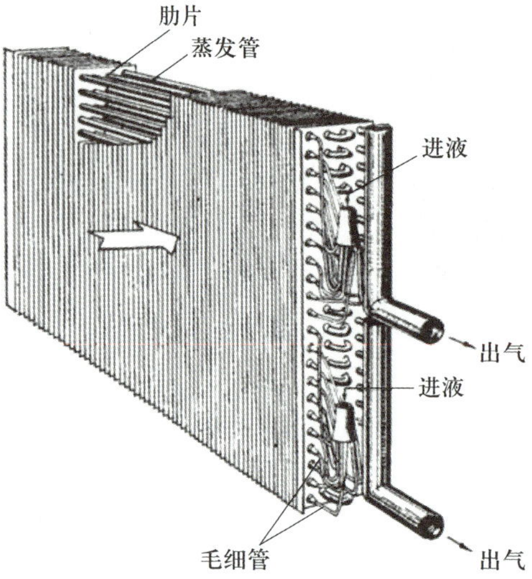

图 9-13　蒸发器

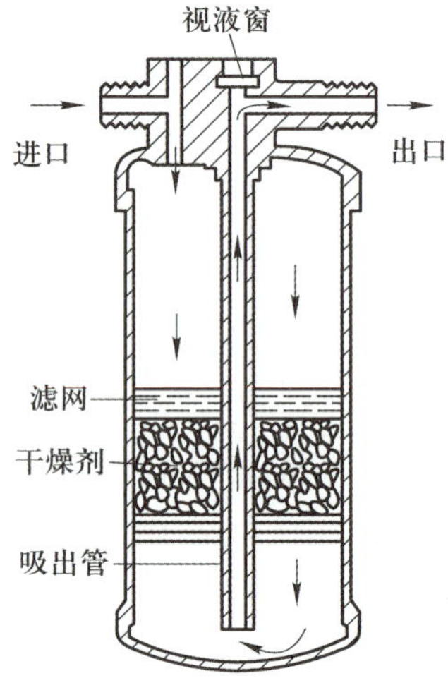

图 9-14　储液干燥器

(5)膨胀阀和孔管

膨胀阀(图 9-15)和孔管(图 9-16)都是节流装置,用来解除液态制冷剂的压力,使制冷剂能在蒸发器中膨胀变成蒸气,其中膨胀阀可根据蒸发器温度调节进入蒸发器的制冷剂流量。它们是制冷系统高低压的分界点,通常安装在蒸发器罩外、蒸发器芯的入口装置处。膨胀阀可分为内平衡式和外平衡式两种,其结构如图 9-15 所示。

2. 汽车空调制冷系统的工作原理

制冷系统工作时,制冷剂以不同的状态在密闭系统内循环流动,每一循环包括四个基本过程。

(1)压缩过程

压缩机吸入蒸发器出口处的低温(0 ℃)、低压(0.147 MPa)的制冷剂气体,将其压缩成高温(70～80 ℃)、高压(1.471 MPa)的气体,排出压缩机。

(2)冷凝放热过程

高温、高压的过热制冷剂气体进入冷凝器,压力和温度降低。当气体的温度降至 40～50 ℃时,制冷剂气体变成液体,并放出大量的热。

(3)节流膨胀过程

温度和压力较高的制冷剂液体通过膨胀阀后体积变大,压力和温度急剧下降,以雾状(细小液滴)排出膨胀阀。

(4)蒸发吸热过程

雾状制冷剂进入蒸发器,此时制冷剂的沸点远低于蒸发器内的温度,因此制冷剂液体蒸发成气体。在制冷剂蒸发过程中大量吸收周围的热量,而后低温、低压的制冷剂蒸发又进入压缩机。

3. 汽车空调制冷系统控制元件

汽车空调制冷系统的控制元件组成如图 9-17 所示。

(1)温度控制组件

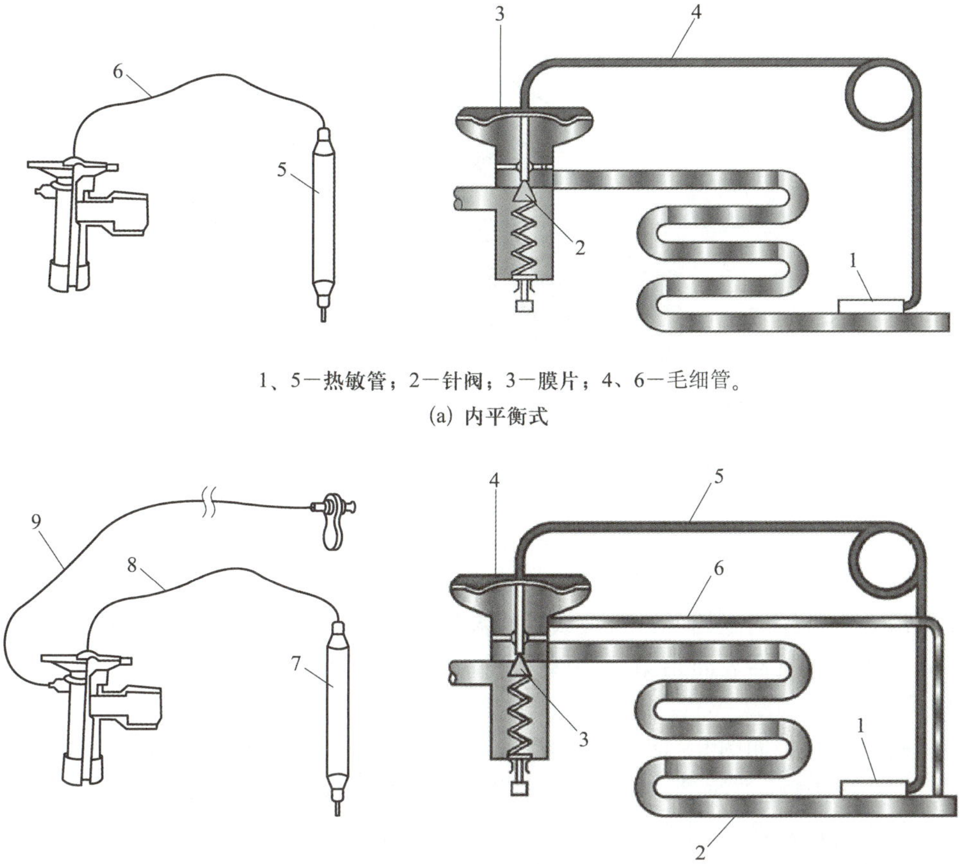

1、5—热敏管；2—针阀；3—膜片；4、6—毛细管。

(a) 内平衡式

1、7—热敏管；2—蒸发器；3—针阀；4—膜片；5、8—毛细管；6、9—平衡管。

(b) 外平衡式

图 9-15　膨胀阀

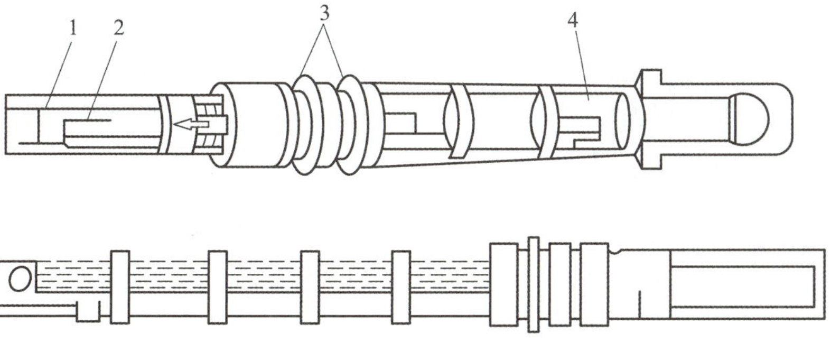

1—出口滤网；2—孔口；3—密封圈；4—进口滤网。

图 9-16　孔管

为了有效地控制汽车空调出风口的空气温度，必须对空调系统内的制冷剂流量与压力进行控制调节，这除了要依靠系统本身的电磁离合器、膨胀阀等元件外，还需要一些专门的温控元件。

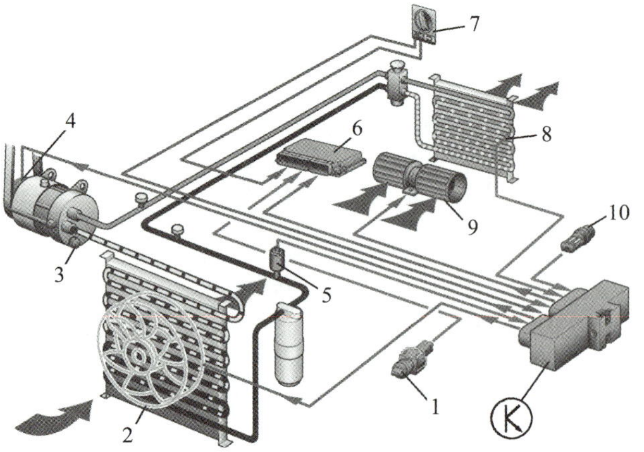

1—冷却液温度传感器；2—风扇；3—卸压阀；4—电磁离合器；5—空调高低压保护开关；6—发动机控制单元；7—空调开关；8—蒸发器温度开关；9—鼓风机；10—散热器风扇温控开关。

图 9-17　汽车空调制冷系统的控制元件组成

汽车制冷系统常用的温控元件有波纹管式温控开关与热敏电阻式温控开关。由于温度控制的主要方式是防止蒸发器表面结霜，所以此两种温控开关又称为防霜开关。

(a)波纹管式温控开关

波纹管式温控开关如图 9-18 所示。控制开关上有一毛细管接到感温筒上，筒内充有制冷剂；毛细管的另一端通至波纹管；波纹管与可摆动的作用臂连接，作用臂的下端固定在框架上，并可绕框架上的固定螺钉摆动，上端有活动触点，并通过与固定触点的接通或切断来控制流向压缩机电磁离合器的电流。

(a) 外形图

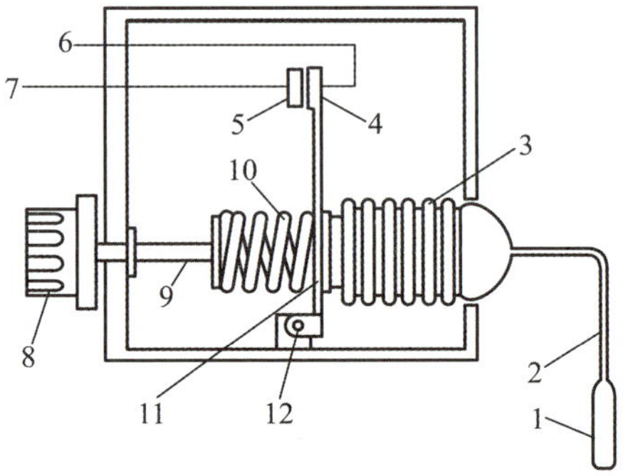

(b) 结构示意图

1—感温筒；2—毛细管；3—波纹管；4—活动触点；5—固定触点；
6—接电磁离合器；7—接蓄电池；8—温度调整旋钮；9—调整螺钉；10—弹簧；11—作用臂；12—固定螺钉。

图 9-18　波纹管式温控开关

波纹管式温控开关工作时，其感温筒插在蒸发器管路的散热片之间，如图 9-19 所示。

(b)热敏电阻式温控开关

热敏电阻式温控开关如图 9-20 所示，其控制原理如图 9-21 所示，其感温元件是一个热敏电阻，热敏电阻通常安装在蒸发器出风口一侧。

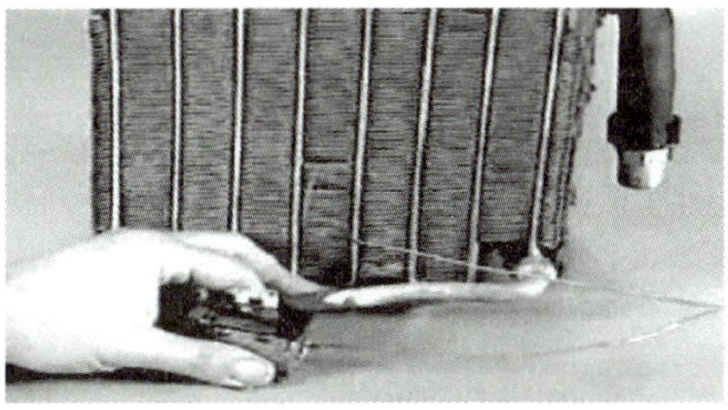

图 9-19 波纹管式温控开关的安装位置

图 9-20 热敏电阻式温控开关

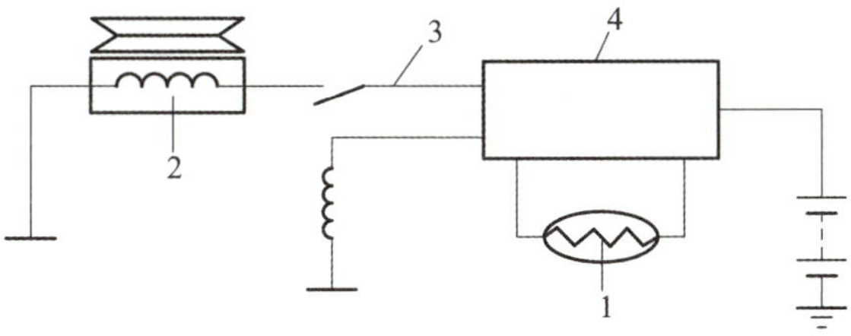

1—热敏电阻；2—电磁离合器；3—继电器；4—控制器。

图 9-21 热敏电阻式温控开关的控制原理

热敏电阻式温控开关的安装位置如图 9-22 所示，热敏电阻感应出风侧的空气温度，使电阻随温度变化而变化，并将信号传送至控制器，再由控制器操纵继电器，实现电磁离合器电流的接通或切断。

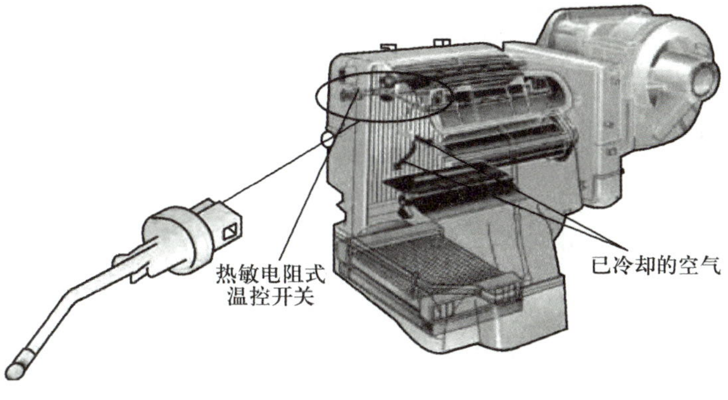

图 9-22 热敏电阻式温控开关的安装位置

(c)蒸发器温度的控制方法

控制蒸发器温度是汽车空调温度控制的最基本任务。为了防止蒸发器表面结霜、结冰，一种经济、有效的方法就是控制制冷剂的循环。由于制冷剂的温度与压力有一一对应的关系，所以控制蒸发器温度、防止表面结霜有两种办法：即直接用温控开关控制蒸发器表面温度和通过控制制冷剂蒸发压力来控制蒸发器表面温度。蒸发器表面温度控制原理如图 9-23 所示。

在非独立式汽车空调中，控制制冷剂循环量的系统一般有两种，即膨胀阀系统和孔管系统，如图 9-24 所示。

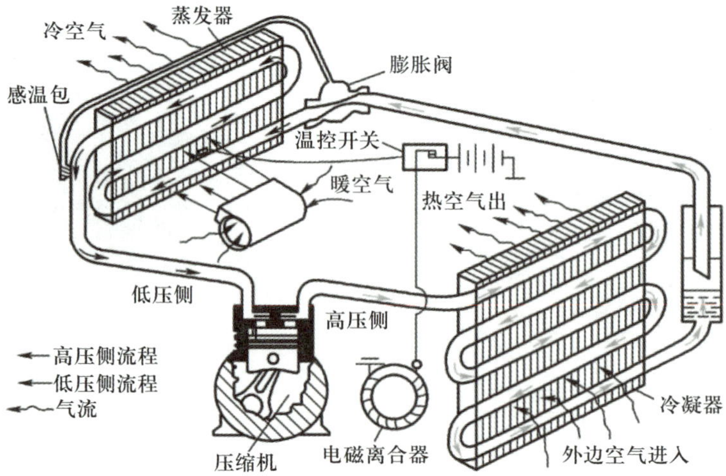

图 9-23　蒸发器表面温度控制原理

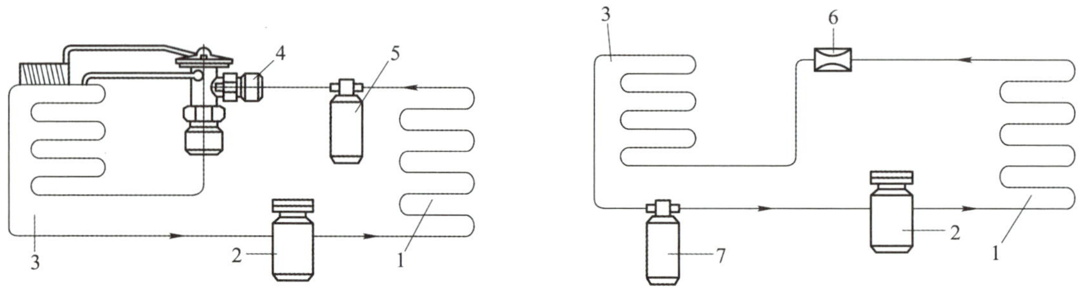

(a) 膨胀阀系统　　(b) 孔管系统

1—冷凝器；2—压缩机；3—蒸发器；4—膨胀阀；5—储液干燥器；6—节流管；7—气液分离器。

图 9-24　控制制冷剂循环量的系统

(2)压力控制组件

(a)高压开关

高压开关通常安装在制冷系统高压一侧的管路或部件上，如图 9-25 所示。

高压开关通常有以下两个作用：

① 在系统工作时，当系统压力上升到 1.6 MPa 时，高压开关内触点闭合，冷却风扇高速挡电路接通，冷却风扇高速旋转而加快散热。此种用途的高压开关触点是动合触点。

② 极限高压保护，即当系统压力由于某种原因上升到系统允许的最大极限值时(一般为 3.2 MPa)，高压开关内触点断开，压缩机电磁离合器电路切断，以防止系统管路或压缩机损坏。此种用途的高压开关触点是动断触点。

(b)低压开关

低压开关通常也安装在制冷系统高压一侧的管路或部件上，也有的安装在制冷系统低压一侧的管路或部件上，如图 9-26 所示。

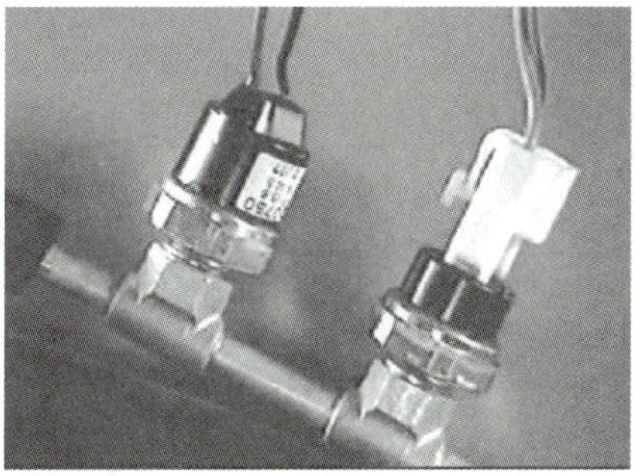

图 9-25　高压开关

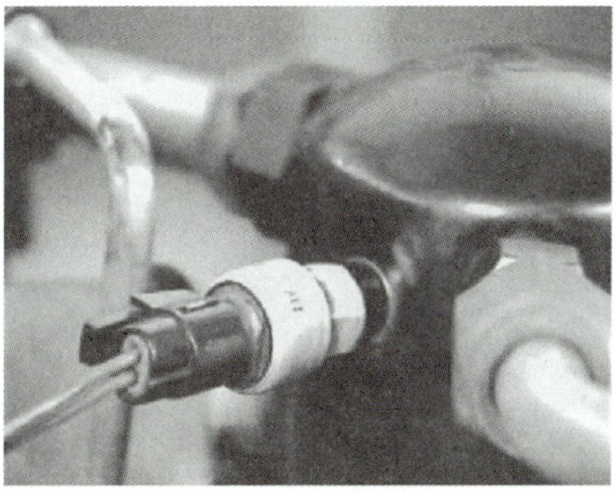

图 9-26　低压开关

低压开关用来防止压缩机在异常低压下工作。在空调工作过程中，若高压侧压力过低，一般系统存在泄漏，可能会造成压缩机因润滑不良而严重损坏，因此当低压开关检测到压力低于 0.22 MPa 时，将切断压缩机电磁离合器。

(c)空调高低压保护开关

将上述高、低压开关做成一个整体，则称为空调高低压保护开关，如图 9-27a 所示，它通常安装在高压回路中。空调高低压保护开关的电路如图 9-27b 所示，其位置一般安装在储液干燥器上，来感受制冷剂高压回路的压力信号。

(a) 外形图

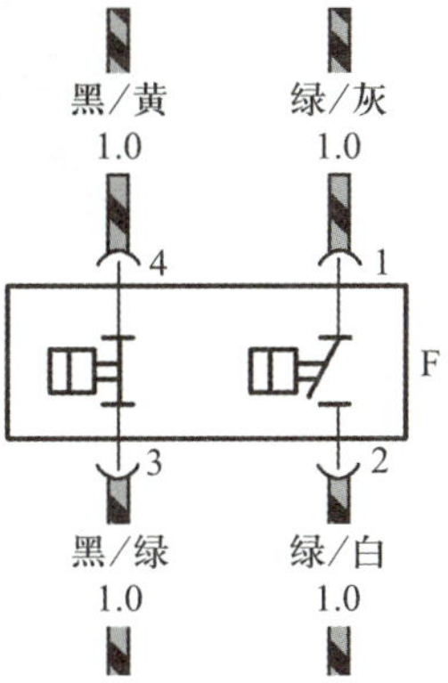

(b) 电路图

图 9-27　空调高低压保护开关

二、汽车空调控制系统控制电路的组成

1. 鼓风机控制

鼓风机作为汽车空调中空气的动力源，它鼓动车内空气流动经蒸发器芯或风芯并从规定的出风口流出，实现制冷或取暖的需要。此外，它还吸取车外空气至车厢内，以实现空气外循环及通风的需要。汽车空调使用的鼓风机都为离心式，如图 9-28 所示。

鼓风机通过改变其转速来满足不同的需要。鼓风机的调速是通过改变流入电动机的电流大小来实现的。手动控制的汽车空调系统依靠改变串联在电动机电路中的电阻值来实现变速，电路如图 9-29 所示。

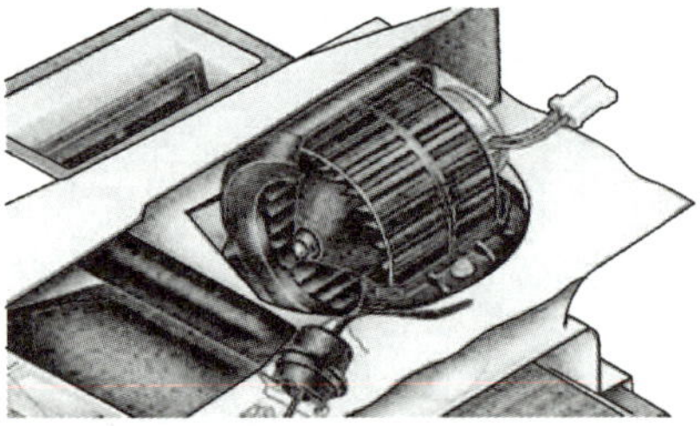

图 9-28　离心式鼓风机

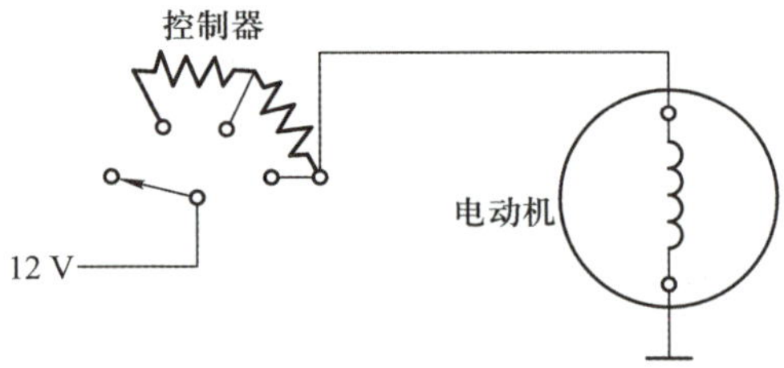

图 9-29　鼓风机调速电路图

2. 冷凝风扇控制

冷凝风扇是帮助汽车空调散热的电气设备，同时兼顾发动机散热器的冷却。因此，冷凝风扇要受汽车空调和发动机冷却液温度的双重控制。

根据空调和散热器工况不同，冷凝风扇常分为两种工作转速，即高速和低速。

冷凝风扇的外形如图 9-30 所示，其控制电路如图 9-31 所示。

图 9-30　冷凝风扇的外形

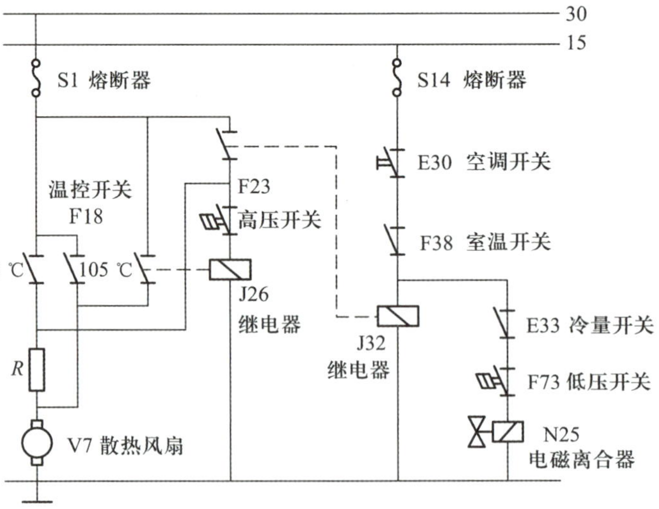

图 9-31　冷凝风扇的控制电路

3. 电磁离合器的控制

电磁离合器由压力盘、摩擦板、电磁线圈等组成，如图 9-32 所示。电磁离合器的控制电路如图 9-33 所示。

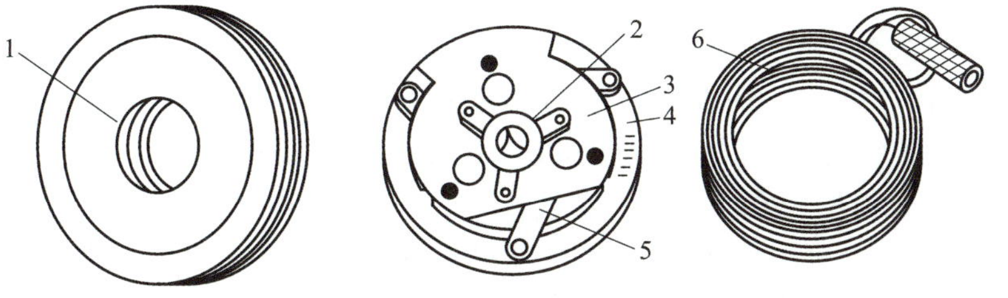

1—带轮；2—垫片；3—压力盘；4—摩擦板；5—弹簧爪；6—电磁线圈。

图 9-32　电磁离合器的组成

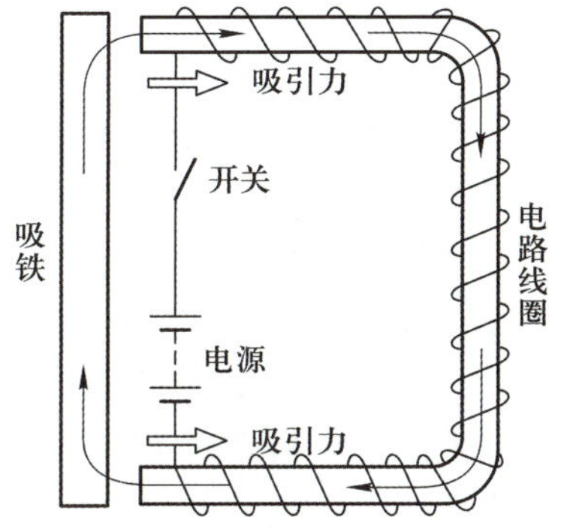

图 9-33　电磁离合器的控制电路

三、汽车空调系统常见故障及检修

1. 汽车空调系统故障一般检查步骤

检查汽车空调系统故障一般按一问、二听、三看、四摸和五检查的步骤进行。

(1)问

主要指维修人员向驾驶人员询问故障发生的原因、时间、异常现象及以前维修情况，这样可避免在维修时走弯路，对维修时判断故障的原因以及部位具有非常重要的参考价值。

(2)听

① 起动发动机并使转速稳定 1 500 r/min 左右，打开空调 A/C 开关，通过听压缩机工作声响来判断运行情况。如果听到“吆吆”的尖叫声，则是传动带过松或磨损。应调整或更换。如果听到抖动声，一般是压缩机固定螺栓或托架螺栓松动，应及时紧固。

② 用听筒或试棒探听内部是否有敲击声，一般为制冷剂“液击”或奔油(冷冻机油过多)敲缸声，应及时检修。

③ 压缩机停止工作时，若听到压缩机内部有连续撞击声，则是内部运动部件严重磨损，应更

换压缩机总成。

④ 听鼓风机和散热风扇运转是否有异常声音。

(3)看

① 观察冷凝器的表面是否脏污,是否有碎片、杂物、油泥,若有,应清洗干净(注意不能用高压水冲洗,以免翅片变形)。

② 观察冷凝器翅片是否变形,应用尖嘴钳小心拨正。

③ 观察进风处的空调空气滤网,若过脏,应清洗或更换。同时检查蒸发器表面是否有泥土,若有,可用压缩空气吹干净(注意不能用水清洗)。

④ 观察压缩机低压管应凝结水珠,但不应出现结霜。观察各连接接口处是否有油污,特别是压缩机的轴封及前、后盖等部位。如有油污,说明制冷系统有泄漏。

⑤ 通过视液窗(正常情况下视液窗大体透明)观察制冷剂的多少等。

⑥ 仔细检查各软管有无磨损、老化、鼓泡、裂纹和渗漏等现象。

(4)摸

① 用手触摸感觉正在运行中的空调系统各管路和部件的温度。一般在正常情况下,高压侧管路温度应在 55～65 ℃范围以内,而低压侧管路因处于低温状态,所以低压侧的部件和管路连接部分表面都会结有水露。用手小心摸触高压区,特别是高压侧金属部件,如冷凝器、储液干燥器等,感觉热但不烫手可视为正常,若感觉烫手,则应先检查冷凝器的冷却是否良好。

② 如果在储液干燥器上出现霜或水露,这说明干燥剂已破碎堵住了制冷剂流动管道,而且此处的前端高压区感觉是很烫手的。此时应换上新的储液干燥过滤器。

③ 膨胀阀的手感温度是比较特殊的,它的制冷剂进口连接处是热的,而其出口连接处是凉的,有水露。若出口处有霜冻现象,这表明膨胀阀的阀口可能脏堵或冰堵,必须马上更换干燥剂和过滤网 。

④ 用双手触摸压缩机的进气口和排气口,手感温度应该有明显的差别。若没有温度差别,则说明制冷剂已经全部漏光;若差别不大,则说明制冷剂不足。

(5)检查

通过上述四个步骤后,进一步检查并准确判断空调系统的故障,认真完成空调系统维护工作。

(a)检查高速传动带的张力

检查高速传动带张力是不是适宜,表面是否完好,配对的传动带盘是否在同一平面上,如图 9-34 所示。

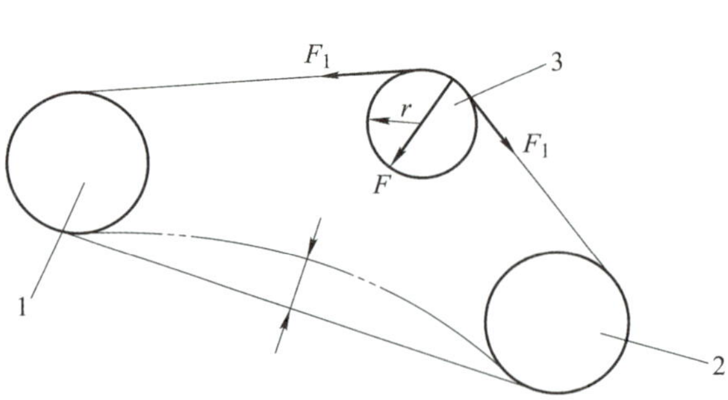

图 9-34　检查高速传动带的张力

(b)检查电磁离合器

接通空调 A/C 开关,压缩机应立即工作;断开空调 A/C 开关,压缩机应在立即停止工作。天冷时若压缩机不起动,可能是由于环境温度开关或低压开关起作用,可将蓄电池正极与电磁离合器直接连接,若压缩机仍不转动,则说明电磁离合器有故障。若在环境温度开关规定的气温 2～4 ℃以下正常起动,则说明环境温度开关损坏。

(c)检查高低压保护开关

高低压保护开关的作用是在制冷系统发生故障的时保护压缩机和制冷系统不受破坏。它们与压缩机电磁离合器、冷凝风扇联系在一起。当系统工作压力太高或者环境温度太低导致制冷剂完全泄漏时,高低压保护开关可切断压缩机电磁离合器的电路。正常时低压开关是闭合的,检查时用万用表欧姆挡测量其值应为“0”,若测量其值为无穷大,则说明低压开关断开。此时用导线跨接低压开关,打开空调 A/C 开关,制冷系统能正常工作,则说明低压系统损坏,更换低压开关。高压开关正常时是断开的,随着制冷系统的压力升高而闭合。此时接通冷凝风扇的高速挡,当压力上升到 2 MPa 时,高压开关断开,切断了压缩机电磁离合器的电源。

(d)检查观察窗

起动发动机且使转速稳定在 1 500 r/min 左右,先使制冷系统运行 5 min,把窗户打开、功能键调到最大位置、鼓风机调到最高转速,观察窗中制冷剂流动情况。

① 清晰,孔内无气泡,有以下三种情况:

a. 孔内无气泡,也看不见液体流动,表示系统内制冷剂全部漏光。

b. 孔内无气泡,看见流体快速流动,表示制冷剂过多。

c. 孔内无气泡,看见有流体稳定地紊流,表明制冷剂适量。

② 偶尔有气泡。偶尔看到有气泡,这种情况说明制冷剂稍微不足或储液干燥器中的干燥剂已饱和,制冷系统中有水分。

若膨胀阀有冰堵,表明制冷系统中有水分,应更换储液干燥器;若膨胀阀没有冰堵和结霜现象,且用空调压力表组检测高、低侧的压力都有点低,则说明制冷系统中制冷剂不足,应检查有无泄漏的地方,并补充适量的制冷剂。

③ 大量气泡或泡沫状。说明制冷剂严重不足并有大量的水分。此时必须检漏,修好后应抽真空,并加制冷剂。

④ 观察窗的玻璃上有条纹状的油渍或黑油状泡沫,可能有以下三种情况:

a. 若压缩机进、排气口有明显的温差,压缩机停止工作时,观察窗内油渍干净,说明制冷系统内的冷冻机油过多,应放掉一些。

b. 若压缩机进、排气口有明显的温差,压缩机停止工作时,观察窗内仍有油渍或其他杂物,说明制冷系统内冷冻机油变质、脏污,应清洗制冷系统,并重新注入冷冻机油和制冷剂。

c. 若压缩机进、排气口无温差,且空调器出风口无冷风,说明制冷系统无制冷剂。

(e)检查膨胀阀

检查膨胀阀感温包与蒸发器出口管路是否贴紧,隔热保护层是否包扎牢固。

(f)检查暖风系统

检查暖风系统的出风量及风向是否随功能键位于不同的位置而发生相应的改变。

(g)检查鼓风机

检查鼓风机工作时是否有异响。从低速挡到高速挡分别调节调风键，检查其出风量是否有变化。

(h)检查制冷温度

按下空调 A/C 开关，且使温度键位于最冷位置、风速键位于最高位置，关闭车窗，让空调工作 5～8 min，用温度计在出风口处测量温度，看其是否在规定的范围内，否则应检修制冷系统。

2. 汽车空调系统不制冷故障的检修

(1)汽车空调系统不制冷的故障原因

① 制冷剂过多。

② 制冷剂过少。

③ 制冷剂与冷冻机油内含杂质过多而造成微堵。

④ 空调制冷系统管路中有水。

⑤ 空调系统中有空气。

⑥ 压缩机传动带过松。

⑦ 冷凝器脏堵或风扇损坏。

⑧ 电源或线路故障。

⑨ 压缩机损坏。

⑩ 膨胀阀或节流管损坏。

(2)汽车空调系统不制冷故障的检查步骤及检查方法与内容

汽车空调系统不制冷故障的检查步骤及检查方法与内容见表 9-1。

表 9-1 汽车空调系统不制冷故障的检查步骤及检查方法与内容

检查步骤	检查方法与内容	实物对照
1. 检查鼓风机	① 起动发动机。 ② 打开鼓风机开关，各挡位应运行正常。 如果鼓风机不转，应怀疑熔断器、鼓风机开关、鼓风机或线路故障；如果鼓风机只有最高挡，则可能是调速电阻或调速器损坏	
2. 检查压缩机	检查压缩机的密封性及工作状况： ① 关闭空调压力表组高、低压开关。 ② 将高、低压表接入高、低压维修接口。 ③ 使发动机以 2 000 r/min 的转速运转。 高压表应指示在 1.421～1.150 MPa，低压表应指示在 0.147～0.196 MPa。如高压过低或低压过高，则说明压缩机密封不严导致效能下降	

续表

检查步骤	检查方法与内容	实物对照
3. 检查压缩机电磁离合器	打开鼓风机开关，打开或关闭空调 A/C 开关，压缩机应能立即吸合或断开，反复通断应工作正常，如不工作则应检查温控开关、压力开关、电磁离合器、系统压力或其控制电路等。 ① 检查高、低压开关。 ② 如系统内有压力，将高、低压开关短接，若离合器工作，则说明压力开关损坏，应更换。 ③ 测量电磁离合器线圈电阻。 用万用表测量电磁离合器线圈电阻，应为 3.7 Ω 左右。若阻值小于 3.5 Ω，则为短路；若阻值为∞，则为断路	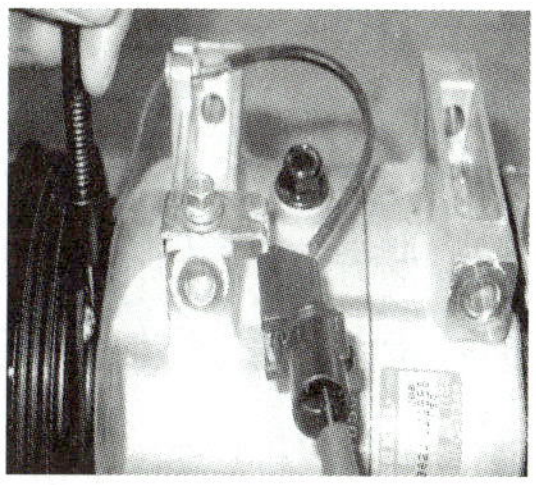
4. 检查制冷剂	连接空调压力表，检测系统压力是否符合标准	
5. 检查高、低压开关	正常时，低压开关是闭合的，高压开关是断开的。检查时，可短接低压开关，打开空调 A/C 开关，离合器工作则说明压力开关损坏，应更换。 检查时，用万用表测量两端电阻，应为无穷大。打开空调 A/C 开关，制冷系统正常工作，然后用导线跨接其两端，风扇高速旋转，否则说明高压开关损坏，应更换	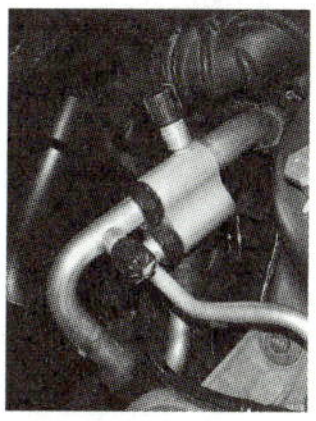
6. 检查温控开关	① 拔下温控开关导线插接器(插头)。 ② 小心地从蒸发器芯中抽出感温毛细管。 ③ 按右图所示拆下箭头所示处的固定螺栓，取出温控开关。 ④ 将温控开关的感温毛细管放在大于 10 ℃的环境温度下，测量其两个接线柱的导通特性，此时应当是导通的。将温控开关的感温毛细管放在小于−5 ℃的环境温度下，测量其两个接线柱的导通特性，此时应当是断开的。逐渐升高感温毛细管处的温度，同时测量两个接线柱之间的导通性	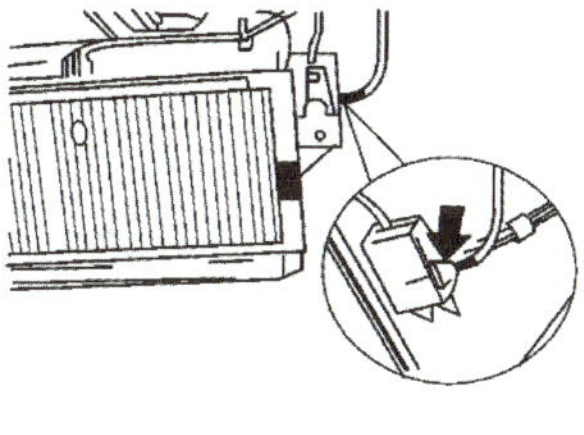
7. 检查膨胀阀	① 将空调压力表与膨胀阀及制冷剂罐相连，如右图所示，将膨胀阀的感温包浸在水温可调的容器中。 ② 关闭高、低压手柄轮。 ③ 转动制冷剂罐开启阀，将管路中的空气排净。 ④ 拧开高压手柄轮，并将高压侧压力调到 0.49 MPa，记录低压表读数和水温，将两个实测值与膨胀阀的压力和温度曲线进行比较，如绘出的曲线落在两条曲线之间，则说明膨胀阀工作正常，否则应进行调整或更换	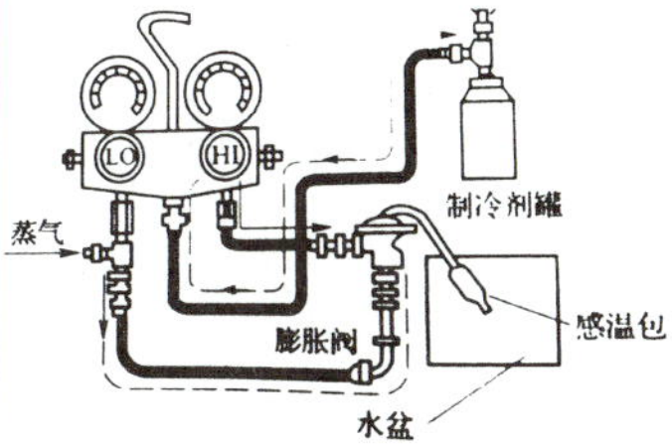

互动练习

汽车空调系统故障诊断与排除

任务3 检测汽车自动空调系统

任务目标

1. 了解汽车自动空调系统的基本结构与工作原理。
2. 能分析汽车自动空调系统故障原因。
3. 能利用检测仪器排除汽车自动空调故障。

任务引入与分析

一自动空调汽车，该车在开空调后，即使把温度调到最低，鼓风机开到最高速，车内也无凉风。该如何解决呢？

知识链接

一、汽车自动空调系统的基本结构

汽车自动空调系统一般由制冷系统、取暖系统、配气系统、电气控制系统四大部分组成，如图9-35所示。

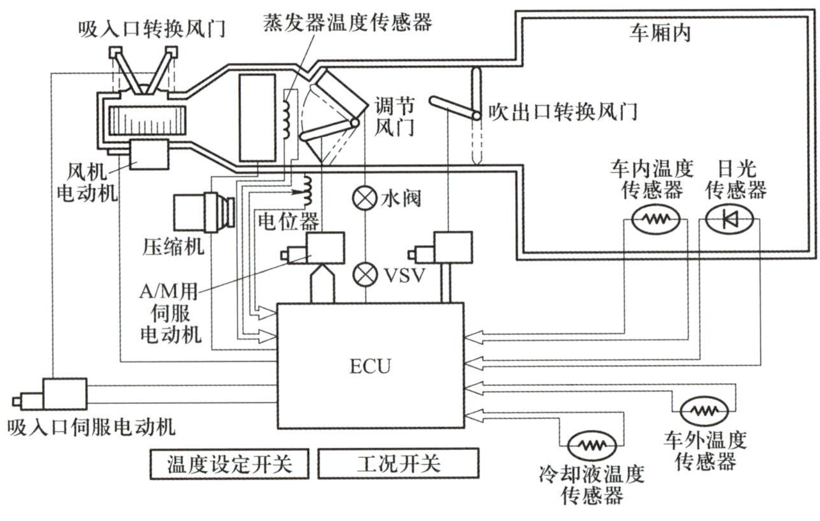

图9-35 汽车自动空调系统的结构

1. 制冷系统

汽车自动空调制冷系统的组成与普通空调基本相同(差异一般在压缩机的结构)，由压缩机、冷凝器、储液干燥器、膨胀阀、蒸发器、冷凝器、散热风扇、制冷管道、制冷剂等组成。

2. 取暖系统

汽车自动空调取暖系统的组成与普通空调基本相同，该系统由加热器、热水阀、水管、发动机冷却液等组成。取暖系统是利用发动机冷却液进行循环取暖的。

3. 配气系统

汽车自动空调配气系统负责采集空气、处理空气、配送空气，由进气模式风门、鼓风机、混合气模式风门、气流模式风门、导风管等组成，与一般普通空调基本相同。汽车室内或室外未经调节的空气，经鼓风机送至蒸发器或加热器处，此时已被调节成冷气或暖气的空气流，根据风门模式伺服电动机开启一定角度，使空气流向相应的出风口。

不同车型空调的配气系统有所差别，但主要表现为控制部分的差别，机械部分的结构及工作原理基本相同。

4. 电气控制系统

汽车自动空调电气控制系统较复杂，按功能模块划分，电气控制系统电路一般由温度自动控制电路、进气模式控制电路、送风模式控制电路、鼓风机控制电路、冷却风扇控制电路、压缩机控制电路等组成。按电路的输入、输出控制原则，自动空调电气控制系统可划分为三部分：输入元件（传感器）、执行元件和控制器（空调 ECU）。

（1）输入元件（传感器）

（a）车内温度传感器

车内温度传感器用于检测车内的温度，并发送适当的信号给空调 ECU。它具有负温度系数的热敏电阻，如图 9-36 所示。

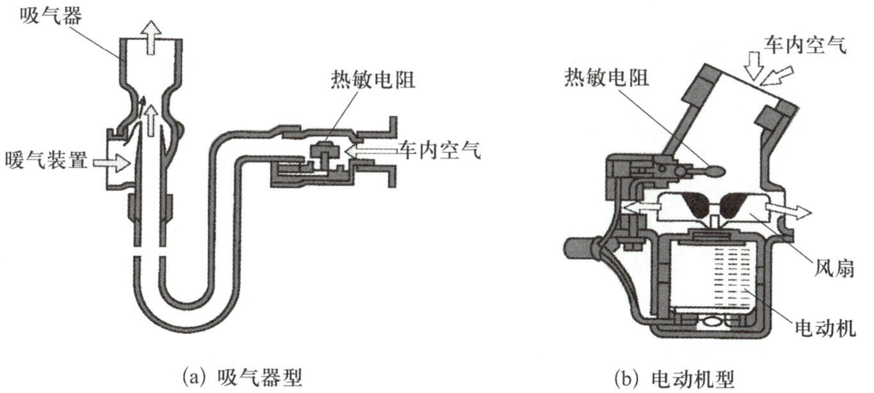

图 9-36　车内温度传感器

（b）车外温度传感器

车外温度传感器用于检测环境温度，并发送适当的信号给空调 ECU。该传感器也是具有负温度系数的热敏电阻。

（c）蒸发器温度传感器

用来检测蒸发器表面的温度变化，并发送适当的信号给空调 ECU。

（d）冷却液温度传感器

用于检测冷却液温度，并将产生的冷却液温度信号发送给空调 ECU。

（e）日光传感器

日光传感器可检测太阳能辐射，将日光照射量的变化转换为电流变化，将信号输入空调 ECU，如图 9-37 所示，空调 ECU 根据此信号调整车内空调器吹出的风量与温度。

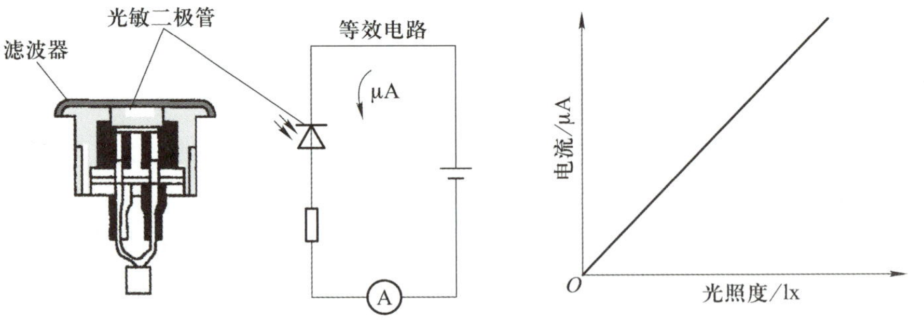

图 9-37　日光传感器

(2)执行元件

(a)进气风门控制伺服电动机

进气风门控制伺服电动机的结构与工作原理如图 9-38 所示。

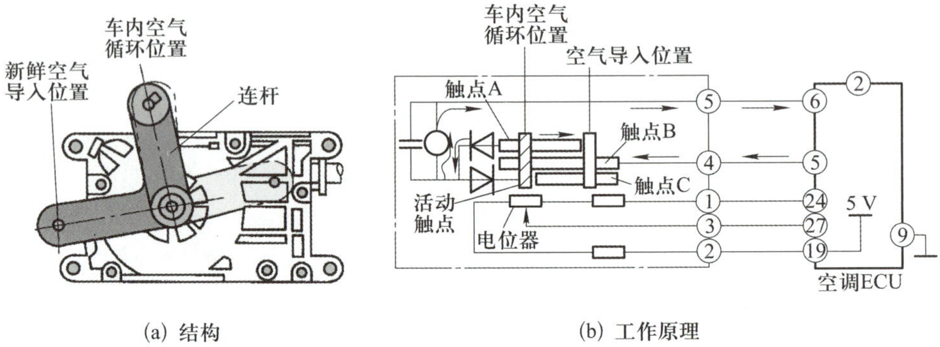

图 9-38　进气风门控制伺服电动机的结构与工作原理

(b)空气混合风门控制伺服电动机

空气混合风门控制伺服电动机的结构与工作原理如图 9-39 所示。

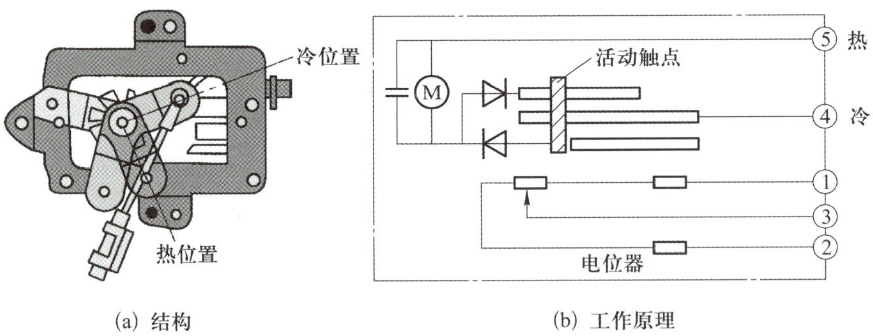

图 9-39　空气混合风门控制伺服电动机的结构与工作原理

(c)送风模式控制伺服电动机

送风模式控制伺服电动机的结构与工作原理如图 9-40 所示。

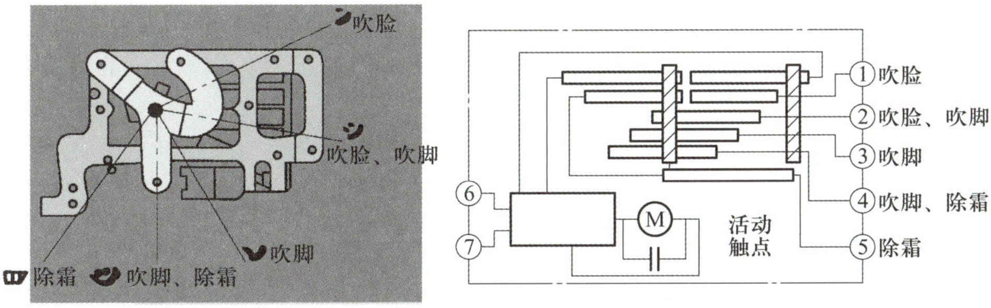

(a) 结构　　(b) 工作原理

图 9-40　送风模式控制伺服电动机的结构与工作原理

(d)冷气最足风门控制伺服电动机

冷气最足风门控制伺服电动机的结构与工作原理如图 9-41 所示。

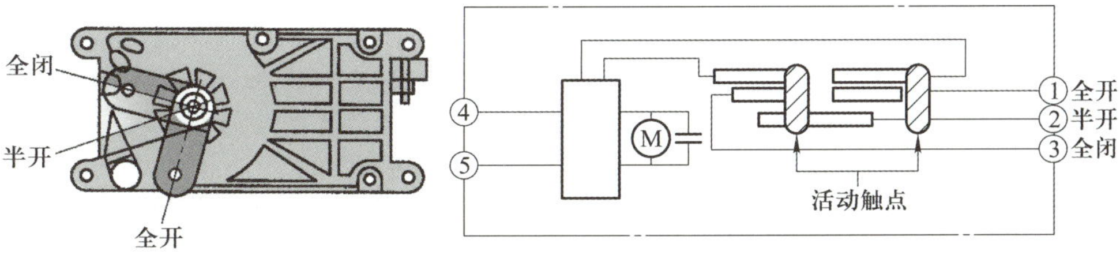

(a) 结构　　(b) 工作原理

图 9-41　冷气最足风门控制伺服电动机的结构与工作原理

(e)可变排量压缩机

可变排量压缩机如图 9-42 所示，是在压缩机移动活塞的旋转斜盘上增加了一个可变排量机构，它可以使全部 10 个气缸同时工作，也可以使其中的 5 个气缸工作。可变排量压缩机主要由柱塞、电磁阀、电磁线圈、单向阀和排出阀等组成，可变排量压缩机位于压缩机的后部。

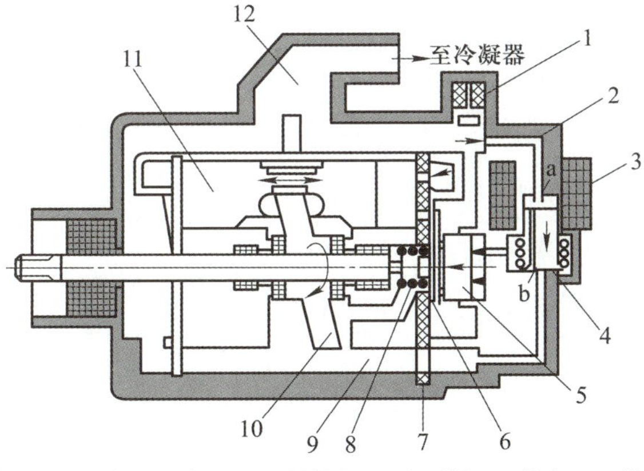

1—单向阀；2—旁通回路；3—电磁线圈；4—电磁阀；5—柱塞；6—排出阀；
7—阀盘；8—弹簧；9—低压制冷剂；10—旋转斜盘；11—活塞；12—高压制冷剂。

图 9-42　可变排量压缩机

（3）空调 ECU

空调 ECU 根据计算值向伺服电动机等执行元件发出控制信号，实现空调的各种控制功能。另外，空调 ECU 还有储存、记忆及故障自诊断等功能。

二、汽车自动空调系统的检修

1. 汽车自动空调系统故障自诊断功能

当空调 ECU 检测到某些传感器或执行元件控制电路发生故障时，其故障自诊断系统将故障以故障码的形式存储起来，在检修时只要按下操作面板上的指定键即可以读取故障码。下面以丰田车系为例来介绍汽车自动空调系统自诊断故障码的读取方法：

① 同时按下控制面板上的“AUTO”与“车内空气循环”键。

② 打开点火开关。此时，A/C 指示灯及温度显示屏上显示区域以 1 s 的时间间隔连续闪烁，同时蜂鸣器响起。

③ 从温度显示屏上读出故障码。

④ 查出故障码的含义，见表 9-2。

⑤ 故障排除后，按下控制面板上的“OFF”键，退出自诊断状态，并拔下保险丝盒中的“DOME”保险丝 10 s 以上，即可消除故障码，或用专用诊断仪清除故障码。

表 9-2 丰田车系自动空调故障码表及含义

故障码	故障码含义
00	正常
11	车室温度传感器电路短路或开路
12	车外温度传感器电路短路或开路
13	蒸发器温度传感器电路短路或开路
14	冷却液温度传感器电路短路或开路
21	日光传感器电路内短路或开路
22	制冷压缩机锁定传感器报警，压缩机应在下列条件下检测 3 s 以上： ① 发动机转速在 500 r/min 以上。 ② 发动机和压缩机转速比相差 20%以上
23	压力传感器电路开路，制冷剂压力不正常
31	空气混合风门位置传感器电路的接地开路或电源短路
32	进气风门位置传感器电路的接地开路或电源短路
34	冷气最足风门位置传感器电路的接地开路或电源电路短路
41	空气混合风门控制伺服电动机转动，但空气混合风门位置传感器输出数值无变化
42	进气风门控制伺服电动机工作，但进气风门位置传感器输出数值无变化
44	冷气最足风门控制伺服电动机工作，但冷气最足风门位置传感器输出数值无变化

2. 自动空调输入元件的检测

(1)车内温度传感器的检测

车内温度传感器的检测如图 9-43 所示。

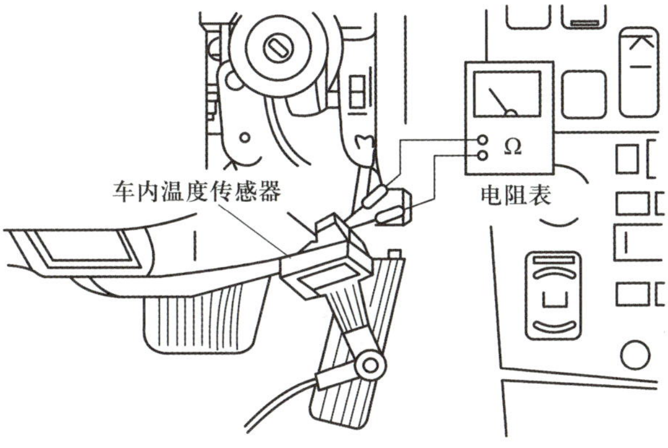

图 9-43　车内温度传感器的检测

① 检测车内温度传感器,检测步骤如下:

a. 读取故障码。

b. 检查车内温度传感器与空调 ECU 之间的线束。

c. 检查车内温度传感器的电阻、电压。

d. 数值分析。25 ℃时电阻为 1.6～1.8 kΩ,电压为 1.8～2.2 V;40 ℃时电阻为 0.5～0.7 kΩ,电压为 1.2～1.6 V。

② 检测车内温度传感器强制通风装置。

(2)车外温度传感器的检测

应注意在环境温度低于 2 ℃时,压缩机会停止工作。

车外温度传感器的检测如图 9-44 所示。

图 9-44　车外温度传感器的检测

① 读取故障码。

② 检查传感器与空调 ECU 之间的线束。

③ 检查车外温度传感器电阻、电压。

④ 数值分析。25 ℃时电阻为 1.6～1.8 kΩ，电压为 1.35～1.75 V；40 ℃时电阻为 0.5～0.7 kΩ，电压为 0.85～1.25 V。

有些车型会在仪表板或空调面板显示屏上显示环境温度，若显示的环境温度与实际的环境温度不一样，则说明车外温度传感器不良。

(3)日光传感器的检测

① 读取故障码。

② 检查日光传感器与空调 ECU 之间的线束。

③ 检查日光传感器电阻、电压。

④ 数值分析。日光传感器电阻应小于 10 kΩ，用手电筒照射传感器，电阻值应随灯光远离而增大。测量电压时，用手电筒照射时电压为 4 V 左右，遮上传感器时电压为 4～4.5 V。

注意：在阳光不足的地方(如车间内)读到日光传感器的故障码是正常的。

(4)蒸发器温度传感器的检测

蒸发器温度传感器的检测如图 9-45 所示。

① 读取故障码。

② 检查蒸发器温度传感器与空调 ECU 之间的线束。

③ 检查蒸发器温度传感器电阻。

④ 数值分析。0 ℃时电阻为 4.6～5.1 kΩ，15 ℃时电阻为 2.1～2.6 kΩ。

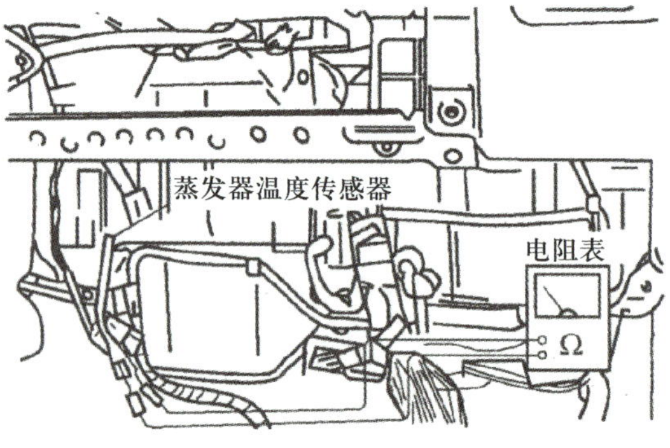

图 9-45　蒸发器温度传感器的检测

(5)冷却液温度传感器的检测

① 读取故障码。

② 检查冷却液温度传感器与空调 ECU 之间的线束。

③ 检查冷却液温度传感器电阻。

④ 数值分析。0 ℃时电阻为 50 kΩ，40 ℃时电阻为 2.5～2.7 kΩ，100 ℃时电阻为 0.2 kΩ。

(6)空气混合风门位置传感器的检测

空气混合风门位置传感器的检测如图 9-46 所示。

从空气混合风门伺服电动机内找到温度门位置传感器，并拆下其电路连接器。

① 打开点火开关，改变操纵面板上的温度设置，检查 TP 与 SG 端子之间的电压：温度设在

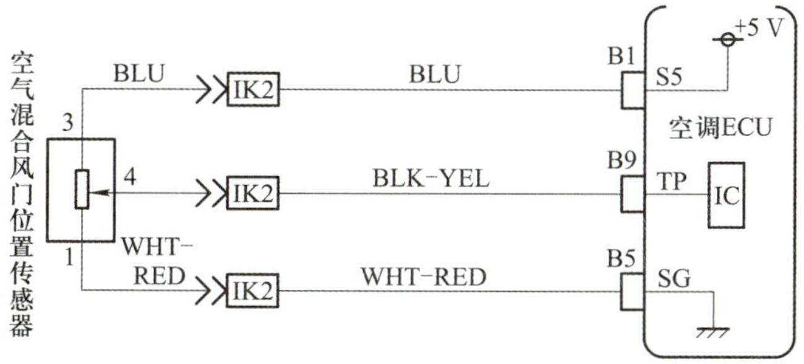

图 9-46 空气混合风门位置传感器的检测

最冷时为 3.70～4.27 V,温度设在最热时为 0.88～1.16 V。

② 拆下伺服电动机接头,测量电位计阻值。正常情况下,阻值应在以下范围:SS-SG 之间的电阻为 4.7～7.2 kΩ;TP-SG 之间的电阻为 3.76～5.76 kΩ(最冷位置)、0.94～1.44 kΩ(最热位置)。

③ 检查压力开关到空调 ECU 之间的配线、连接器是否短路、断开、松脱或腐蚀,然后更换损坏的配线和连接器。

(7)进气风门位置传感器的检测

进气风门位置传感器的检测如图 9-47 所示。

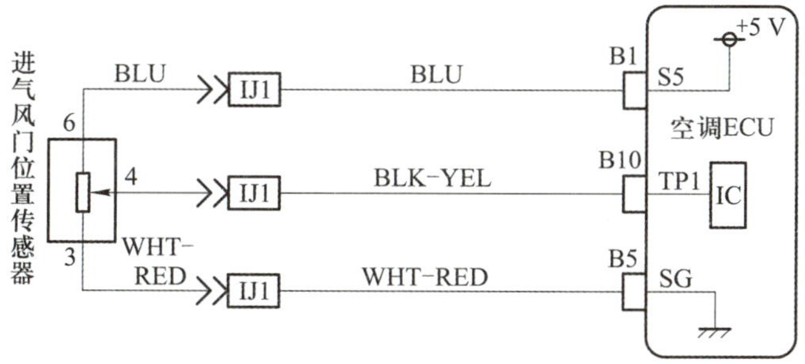

图 9-47 进气风门位置传感器的检测

① 打开点火开关,改变进风模式,同时测量空调 ECU 的 TP1 与 SG 端子之间的电压,车内循环模式为 3.70～4.27 V,新鲜空气导入模式为 0.88～1.16 V。

② 拆下伺服电动机接头,测量电位计阻值,S5-SG 之间的电阻为 4.7～7.2 kΩ;TP1-SG 之间的电阻,电动机连杆转到"车内空气循环"一侧时,为 3.76～5.76 kΩ,在电动机连杆转到"新鲜空气导入"一侧时,为 0.94～1.44 kΩ。

3. 自动空调执行元件的检测

(1)空气混合风门控制伺服电动机的检测

空气混合风门控制伺服电动机的电路如图 9-48 所示。

① 测量电动机的电阻值,正常情况为 1.8～2.2 Ω。

② 端子 2 接蓄电池正极、端子 6 接蓄电池负极时,电动机连杆缓慢转至冷侧;端子 2 接蓄电池负极、端子 6 接蓄电池正极时,电动机连杆缓慢转至热侧。

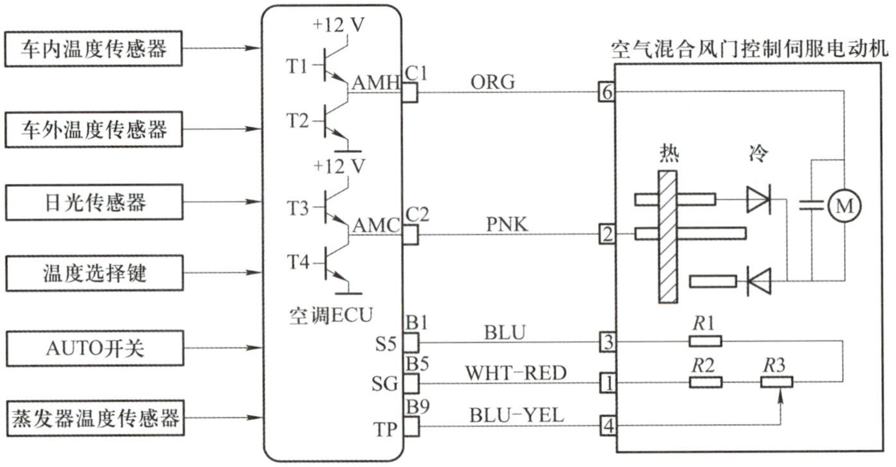

图 9-48　空气混合控制伺服电动机的电路

(2)进气风门控制伺服电动机的检测

进气风门控制伺服电动机的电路如图 9-49 所示。

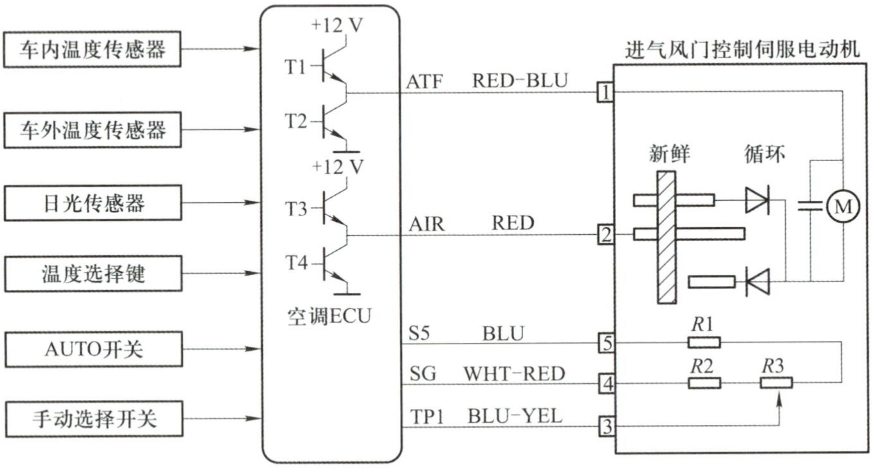

图 9-49　进气风门控制伺服电动机的电路

电动机的端子 1 接蓄电池的负极、端子 2 接蓄电池正极时，电动机连杆转至“车内空气循环”一侧；电动机端子 1 接蓄电池正极、端子 2 接蓄电池负极时，电动机连杆转至“新鲜空气导入”一侧。

(3)送风模式控制伺服电动机的检测

送风模式控制伺服电动机的电路如图 9-50 所示。

将蓄电池的正极接伺服电动机的端子 7，负极接伺服电动机的端子 6，再将蓄电池负极依次接到端子 1～5，检查控制杆是否转至下述每个位置：1 为除霜，2 为吹脚、除霜，3 为吹脚，4 为吹脸、吹脚，5 为吹脸。如控制杆动作不正确，则应维修或更换电动机，或检查 ECU 或其控制电路。

(4)压缩机控制电路的检测

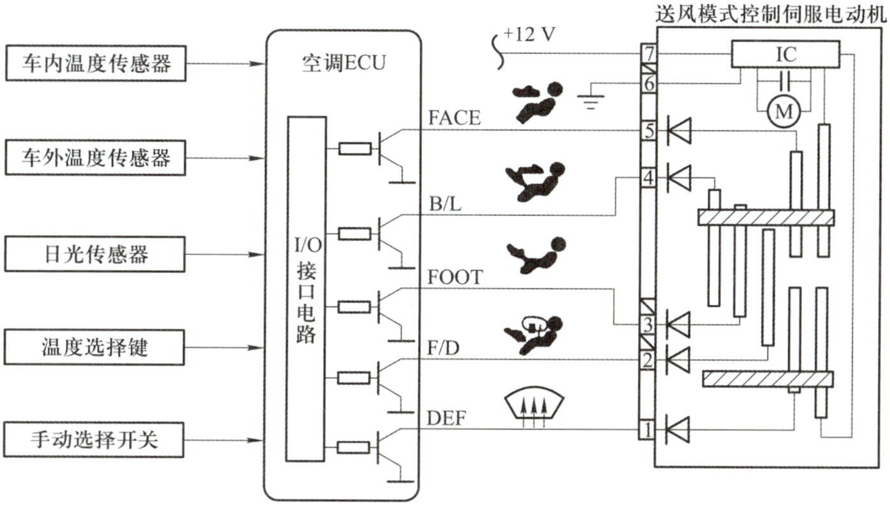

图 9-50 送风模式控制伺服电动机的电路

压缩机控制电路如图 9-51 所示。

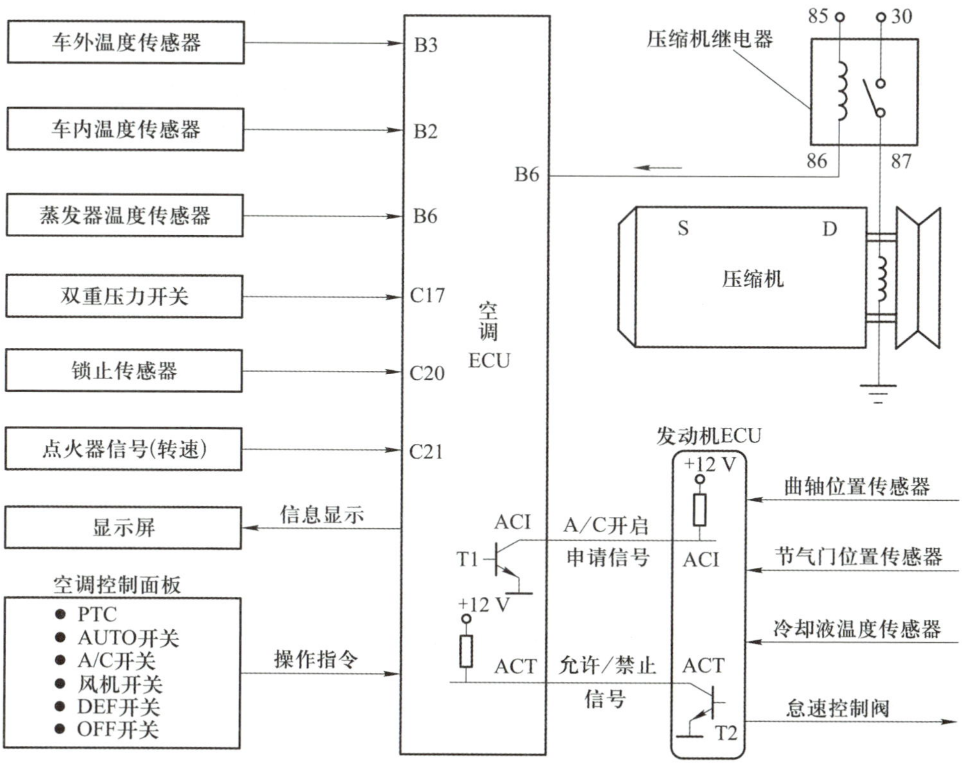

图 9-51 压缩机控制电路

① 起动发动机按下“AUTO”键，检查 B6 与接地电压。接通时电压小于 1 V，断开时为电源电压。如果电压不正常，则进行第⑤步检查：如果电压正常，则进行第②步检查。

② 检查压缩机继电器是否损坏。如果压缩机继电器损坏，则更换，否则进行第③步检查。

③ 检查电磁离合器。如果电磁离合器直接供电吸合，则进行第④步检查，否则更换电磁离合器。

④ 检查电磁离合器电路或搭铁。如果异常则更换连接器或线路。

⑤ 检查空调 ECU 连接器 ACI 端子电压。正常应为电源电压，如果不正常，则检修发动机 ECU 至 ACI 线路。

4. 其他部位的检测

自动空调其他部位的检测与手动空调相同，具体检查方法参照本项目任务 2。

知识拓展 1

汽车空调可变排量压缩机

一、可变排量压缩机的特点

传统的压缩机排量是固定不变的，而现在许多空调系统采用了可变排量压缩机，如图 9-52 所示。在空调系统工作时，改变压缩机的排气量可以改变制冷量。

图 9-52　可变排量压缩机

汽车空调压缩机是由发动机直连驱动的，对于定排量压缩机汽车空调系统，用蒸发器出风温度来控制压缩机电磁离合器吸合或脱离，用间歇运行来控制系统制冷能力和车内空调负荷相适应。这种控制方式除了车内空调温度波动大，系统的频繁开停的不可逆损失使系统能耗增加等缺点外，最大的一个问题是压缩机的周期性离合对汽车发动机引起的干扰，这种情况在汽车发动机排量较小时显得更为突出。为了解决这个问题，变排量压缩机应运而生。所谓的变排量压缩机，结构是基于传统的斜盘式或摇板式压缩机，在传统的斜盘式或摇板式压缩机中，斜盘或摇板的偏转角度是固定不变的，即活塞的最大行程是固定的。而可变排量压缩机可调节斜盘或摇板的角度，从而调节活塞的最大行程，改变压缩机的排气量。

可变排量压缩机的排量控制方式有两种：一种是机械式可变排量，即在压缩机内部有调节阀，依据空调的管路压力自适应地改变压缩机的排量；另一种是电控可变排量，在原机械调节阀的基础上增加了一个电磁调节阀，空调控制单元从蒸发器出风温度传感器获得信号，对压缩机的功率进行无级调节。

二、可变排量压缩机的组成和工作原理

1. 可变排量压缩机的组成

可变排量压缩机的组成部分与传统压缩机基本相同，主要由皮带轮、壳体、斜盘、活塞、驱动轴、阀板组件、调节阀等组成。其中调节阀为增加部件，另外斜盘结构与传统压缩机在结构上也有不同，为可调节式，如图 9-53 所示。

2. 空调可变排量压缩机的工作原理

控制阀用于调节曲轴箱内的压力，当曲轴箱压力等于压缩机的吸气压力时，压缩机处于最大排量如图 9-54 所示；当控制曲轴箱压力高于吸气压力后，斜盘或摇板角度减小，压缩机的排量

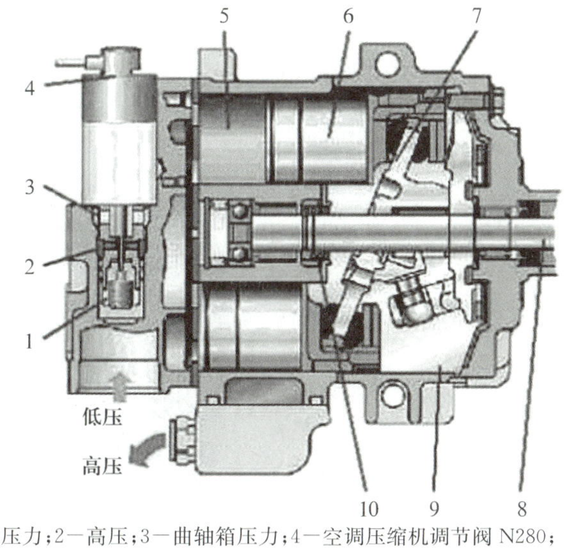

1—进气压力；2—高压；3—曲轴箱压力；4—空调压缩机调节阀 N280；
5—压缩室；6—空心活塞；7—斜盘；8—驱动轴；9—曲轴箱；10—回位弹簧。

图 9-53　空调可变排量压缩机的组成

减小，如图 9-55 所示。

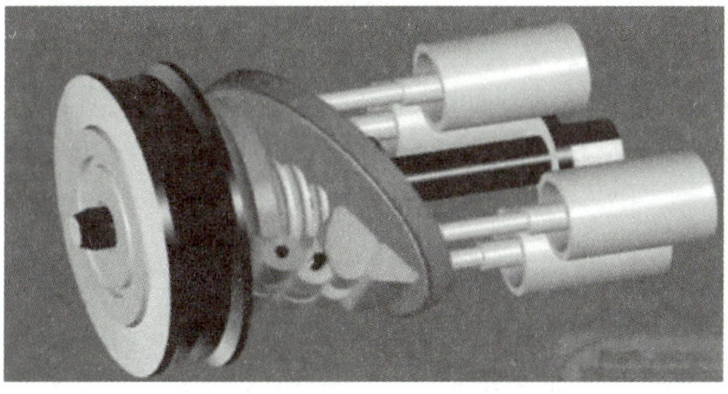

图 9-54　压缩机处于最大排量

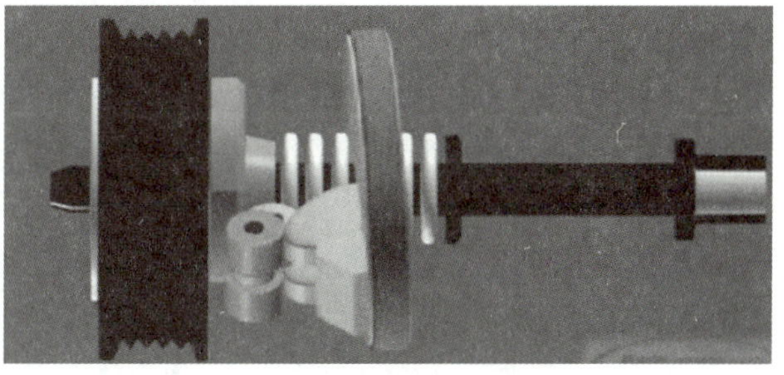

图 9-55　压缩机的排量减小

控制阀由机械元件和电磁单元组成。机械元件按照低压侧的压力关系借助于一个位于控制阀低压区的压力敏感元件来控制调节过程。电磁单元由操纵和显示单元通过 500 Hz 的通、断频率进行控制。

电控可变排量压缩机在无电流的状态下，调节阀门开启，压缩机的高压腔和压缩机曲轴箱相通，高压腔的压力和曲轴箱的压力达到平衡。满负荷时，阀门关闭，曲轴箱和高压腔之间的通道被隔断，曲轴箱的压力下降，斜盘的倾斜角度加大直至排量达到 100%，如图 9-56 所示；关掉空调或所需的制冷量较低时，阀门打开，曲轴箱和高压腔之间的通道被打开，斜盘的倾斜角度减小直至排量低于 2%，如图 9-57 所示。

电控调节变排量压缩机采用了新结构皮带轮。皮带盘由皮带轮和随动轮组成，通过一橡胶元件将皮带轮和随动轮连接起来，而不是采用电磁离合器连接。当压缩机因损坏而卡死时，随动轮和皮带轮之间的橡胶元件的传递力急剧增大，皮带轮在旋转方向将橡胶元件挤压到卡死的随动轮上，橡胶元件产生变形，对随动轮产生的压力增大，随动轮随之产生变形直至随动轮和皮带轮之间脱离连接，从而避免了皮带传动的损坏，如图 9-58 所示。

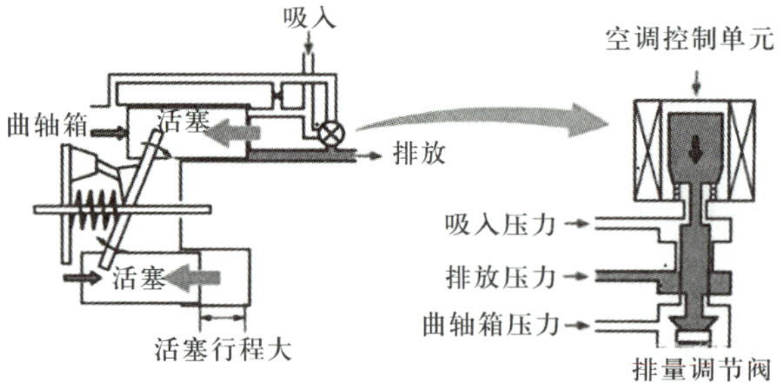

图 9-56 阀门关闭

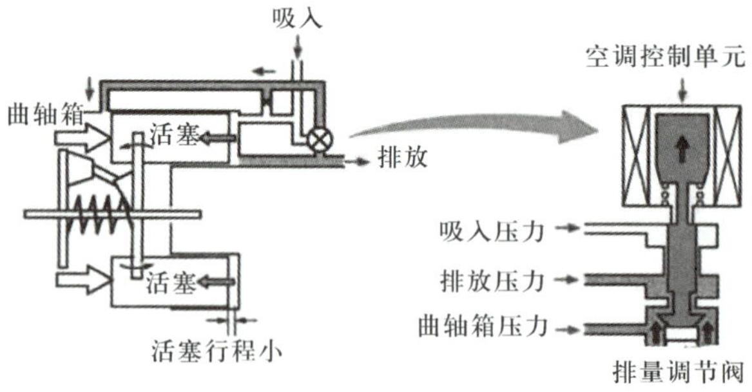

图 9-57 阀门打开

图 9-58 新型皮带轮

随动轮的变形量取决于橡胶元件温度的高低，橡胶元件的弹性取决于结构件的温度。由于橡胶元件和随动轮的形变，避免了发动机皮带传动的损坏，同时防止了诸如水泵和发电机的损坏，起到了过载保护的作用。

电控调节变排量压缩机的优点：压缩机一直运转，无接合冲击，提高了舒适性；通过调节蒸发器的温度使制冷量和热负荷及能量消耗完美匹配，减少了再加热过程，使出风口的温度、湿度恒定调节；由于排量可以降低到近 0%，省去离合器的电磁线圈和减少皮带轮质量可使质量减轻约 20%（500～800 g）；压缩机的功率消耗下降，燃油消耗下降；新结构的皮带轮用于皮带传动和空调压缩机之间的力传递，消除了扭矩波动并同时起到过载保护的作用。

知识拓展 2

冷冻润滑油

在空调制冷系统中，为了保证压缩机正常运转，必须对其进行润滑，所使用的润滑油称为冷冻润滑油或冷冻机油，简称冷冻油，如图 9-59 所示。冷冻润滑油在制冷系统中完全溶解于制冷剂，并随制冷剂一起在制冷系统中循环。如果互溶性不好，冷冻润滑油就会集聚在冷凝器和蒸发器下部，阻碍制冷剂的流动，还会影响热交换效率，如果大部分冷冻润滑油无法随制冷剂返回压缩机，压缩机将因缺乏润滑而加剧磨损。

汽车空调冷冻润滑油的作用是给汽车空调系统润滑、密封、降温三个作用。

(1)冷冻润滑油在压缩机运转中起润滑作用，以减少压缩机运行摩擦和磨损程度，从而延长压缩机的使用寿命。

图 9-59　冷冻润滑油

(2)冷冻润滑油在压缩机中起密封作用,使压缩机内活塞与气缸面之间、各转动的轴承之间达到密封的作用,以防止制冷剂泄漏。

(3)冷冻润滑油在压缩机各运动部件间润滑时,可带走工作过程中所产生的热量,使各运动部件保持较低的温度,从而提高压缩机的效率和使用的可靠性。

冷冻润滑油根据与其配合使用的制冷剂不同,可分为R—12冷冻润滑油与R—134a冷冻润滑油两大类。R—12制冷剂与矿物油能够完全互溶,所以R—12使用的冷冻润滑油都是矿物油。R—134a制冷剂与矿物油不互溶,因此需要使用合成油,目前合成冷冻润滑油主要有两种,分别为PAG油和POE油。PAG油是一种合成多元醇,目前,R—134a空调制冷系统大多采用PAG油。POE油是由多元醇酯基础油和添加剂配制而成的,与制冷剂R—134a互溶性较好,目前也有一些厂商采用。维修空调系统时,应根据维修手册或压缩机铭牌上的推荐选择冷冻润滑油型号和加注量,即便是同为合成冷冻润滑油的PAG油和POE油也不可混用,否则可能导致空调管路泄漏,如图9-60所示。

图 9-60　混用冷冻油导致密封圈损坏管路泄漏

空调系统的工作效率及维修周期取决于制冷剂和冷冻润滑油的化学稳定性。如果制冷系统被污染,就会降低制冷剂和冷冻润滑油的化学稳定性,同时也会影响制冷剂的物理特性,从而导致系统的工作效率降低,并且加快部件的磨损。

注意:由于冷冻润滑油具有很强的吸水特性,在空调系统的维修过程中为防止其污染,一旦断开管路应及时对其进行密封。

思考与练习

一、填空题

1. 空调压力表组是维护汽车空调系统最重要也是最常用的维修检测工具，它的主要功能有__________、__________、__________、__________四个。

2. 读图并填空(图 9-61)。

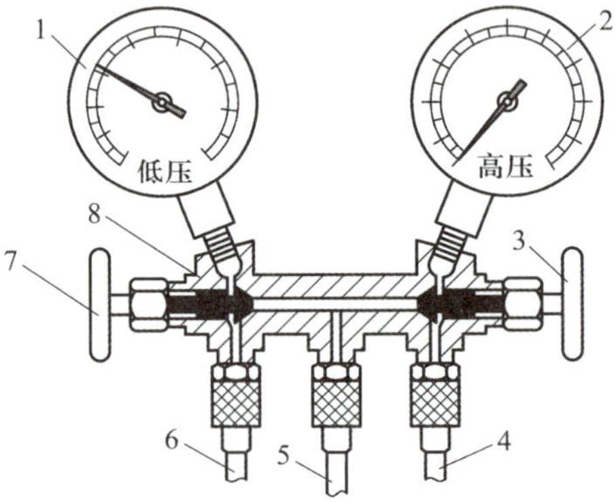

图 9-61　练习题

1 是__________，用来显示__________压力和__________。

2 是__________，用来显示__________压力。

3、7 是__________，用来__________。

4 是__________，接制冷系统的__________接口。

6 是__________，接制冷系统的__________接口。

5 是中间维修软管，接__________或__________。

3. 指出如图 9-62 所示各按钮的名称。

图 9-62　练习题

二、简答题

1. 简述空调压力开关的作用及检测方法。

2. 简述手动空调不制冷故障的检测步骤。
3. 简述自动空调不制冷故障的检测步骤。

知识拓展

汽车变频空调

知识拓展

冷冻润滑油

项目 10　识读分析汽车电路图

项目引入

随着汽车工业的不断发展，人们对汽车各项性能的要求越来越高，电子技术特别是微型计算机控制技术已广泛应用于现代汽车，汽车的电子化程度也越来越高。汽车电路图是检修汽车电气系统时必须参考的基本资料，能否正确识读汽车电路图，正确分析并找出其特点和规律，使其成为汽车电路故障诊断与排除的依据，是汽车维修人员必须掌握的技能。

由于目前世界上各汽车制造公司在电路图的绘制上风格各异，同时诸多电气设备以及各种电子控制技术在现代汽车电气系统中广泛应用，使得汽车电路日趋复杂，识读难度不断增大。因此，在识读汽车电路图之前，应首先对汽车电路图的基本知识有所了解。

项目要求

通过本项目的学习，能够识读汽车电路图的图形符号和文字符号的含义，掌握汽车电路图的绘制及识图要领，能在总电路图上拆分系统电路图，会分析典型车系电路图，并能够利用电路图分析、排除汽车各系统故障，掌握汽车电路检修步骤及注意事项。

任务 1　识读汽车电路图的图形符号和文字符号

任务目标

1. 能够识读汽车电路图的图形符号。
2. 能够识读仪表、开关、指示灯标志图形符号。
3. 能够区分汽车导线颜色代码。

任务引入与分析

修理工小李在翻阅汽车维修手册时发现，汽车电路图中很多图形符号和文字符号不认识。识读电路图的图形符号和文字符号是成为一名合格汽车维修技术人员的基本功。

知识链接

一、汽车电路图的图形符号

虽然不同车型的电路图风格不相同，但汽车电路图所采用的图形符号大体相同。汽车电路图中常用的图形符号见表 10－1。

表 10－1　汽车电路图中常用的电气符号

名称	图形符号
1. 限定符号	
直流	=
交流	～
交直流	≂
正极	+
负极	−
中性点	N
磁场	F
搭铁	E⊥
发电机输出接线柱	B
磁场二极管输出端	D_+
2. 端子和导线的连接符号	
接点	•
端子	∘
可拆卸的端子	ø
导线的连接	
导线的分支连接	
导线的交叉连接	
导线的跨越	
插座的一个极	
插头的一个极	
插头和插座	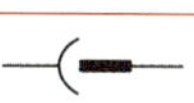
3. 触点与开关符号	
动合（常开）触点	
动断（常闭）触点	
先断后合的触点	
中间断开的双向触点	
联动开关	
手动开关的一般符号	
定位（非自动复位）开关	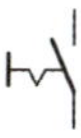
按钮	
能定位的按钮	
拉拔开关	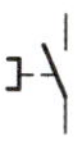
旋转、旋钮开关	
液位控制开关	
润滑油滤清器报警开关	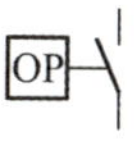
热敏开关动合触点	
热敏开关动断触点	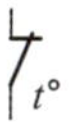
多挡开关、点火、起动开关，瞬时位置为 2 能自动返回到 1（即 2 挡不能定位）	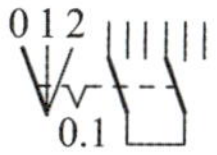
节气门开关	
4. 电气元件符号	
电阻器	
可变电阻器	
热敏电阻器	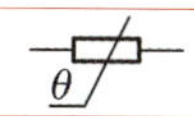
滑动触点电位器	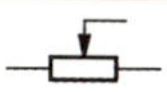
加热元件、电热塞	
电容器	
可变电容器	

续表

名称	图形符号
极性电容器	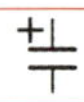
半导体二极管一般符号	
单向击穿二极管、稳压管	
发光二极管	
光电二极管	
PNP 型晶体管	
集电极接管亮晶体管（NPN 型）	
具有两个电极的压电晶体	
电感器、线圈、绕组、扼流圈	
带磁心的电感器	
熔断器	
易熔线	
电路断电器	
永久磁铁	
一个绕组的电磁铁	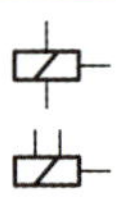
两个绕组的电磁铁	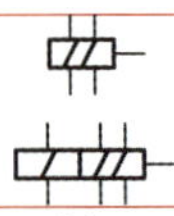
不同方向绕组的电磁铁	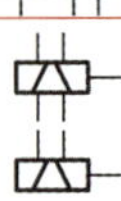
触点动合的继电器	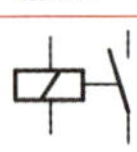
触点动断的继电器	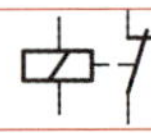
5. 仪表符号	
电压表	V
电流表	A
电阻表	Ω
油压表	OP
转速表	n
温度表	t°
燃油表	Q
速度表	v
电钟	
数字式电钟	
6. 传感器符号	
温度表传感器	t°
空气温度传感器	t°_{E}
冷却液温度传感器	t°_{W}
燃油表传感器	Q
油压表传感器	OP
空气质量传感器	m
空气流量传感器	AF
氧传感器	λ
爆燃传感器	K
转速传感器	n
速度传感器	v
空气压力传感器	AF
制动压力传感器	BP
蓄电池传感器	B
制动灯传感器	BR
灯传感器	T
制动器摩擦片传感器	F
燃油滤清器积水传感器	W
7. 电气设备符号	
照明灯、信号灯、仪表灯、指示灯	
双丝灯	
荧光灯	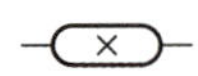
组合灯	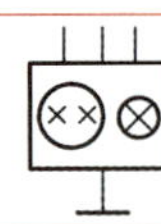
预热指示器	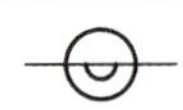
电喇叭	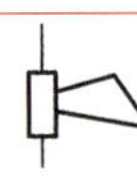
扬声器	
蜂鸣器	

续表

名称	图形符号	名称	图形符号	名称	图形符号
报警器、电警笛		串励绕组		整体式交流发电机	
电磁离合器		并励或他励绕组		蓄电池	
用电动机操纵的怠速调整装置		集电环或换向器上的电刷		蓄电池组	
加热器(除霜器)		直流电动机		闪光器	
空气调节器		起动机(带电磁开关)		霍尔信号传感器	
稳压器		燃油泵电动机、洗涤电动机		磁感应信号传感器	
点烟器		晶体管电动燃油泵		电磁阀一般符号	
间歇刮水继电器		加热定时器		常开电磁阀	
防盗报警系统		电子点火		常闭电磁阀	
天线一般符号		风扇电动机			
发射机		刮水器电动机			
收音机		天线电动机			
收放机		门窗电动机			
传声器一般符号		座椅安全带装置			
点火线圈		定子绕组为星形连接的交流发电机			
分电器		定子绕组为三角形连接的交流发电机			
火花塞		外接电压调节器与交流发电机			
电压调节器					

二、仪表、开关、指示灯标志图形符号

仪表、开关、指示灯通常是使用标志图形符号来表示其功能的，见表 10－2。

表 10－2　仪表、开关、指示灯标志图形符号

图形或文字符号		说明
1	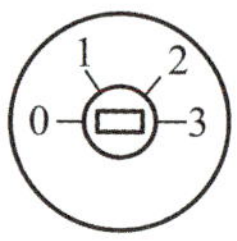	点火开关(4 挡) 0—OFF 或(s)，锁止转向盘； 1—Acc 或(A)，附件(收音机)； 2—IGN 或(M)，点火、仪表 3—START 或(D)，起动
2	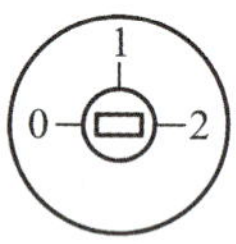	点火开关(3 挡) 0—OFF 或 STOP，锁止； 1—ON 或 MAR，工作； 2—ST 或 AW，起动
3	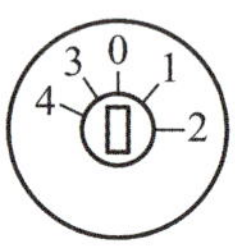	柴油发动机汽车电源开关： 0—OFF，断开； 1—ON，接通； 2—START，起动 3—Acc，附件； 4—PREHEAT，预热
4	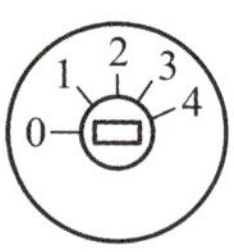	点火开关(5)挡 0—LOCK，锁定转向盘； 1—OFF，断开； 2—Acc，附件； 3—ON，接通； 4—START，起动
5	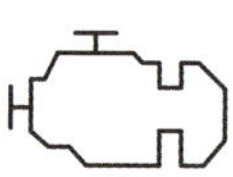 CHECK	发动机故障码显示灯(自诊断)：电控发动机喷油与点火的电控系统出故障时灯亮，通过人工或仪器可将故障码调出，迅速查明故障
6		化油器阻风门关闭指示：冷车起动时阻风门关闭，指示灯亮，起动后应及时打开阻风门，否则发动机冒黑烟
7		节气门关闭时灯亮
8	 VOLT AMP CHARGE	蓄电池充电指示灯：发电机不充电时灯亮，正常充电时灯灭
9	 WATER OVER HEAT	冷却液温度表：冷却液温度过高时警告灯亮
10	 OIL—P	机油压力警告灯、机油压表：当机油压力过低时灯亮
11	 FUEL	燃油表：燃油不足时警告灯亮
12	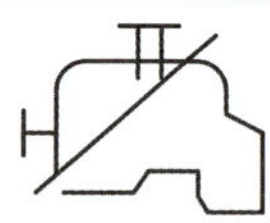	柴油机停止供油(熄火)拉杆(钮)标志
13	 PKB	驻车制动指示灯：在驻车制动器起作用时灯亮
14	 BRAKE AIP	制动气压低报警：制动液液面低时灯
15	r/min RPM	发动机转速表(TACHO METER)指示快怠速、经济转速与换挡时机、额定转速，用途很多
16	km/h	车速表(SPEED
17	20:08	数字显示时钟

续表

	图形或文字符号	说明		图形或文字符号	说明
18	 COOLANT LEVEL / WATER LEVEL	冷却液液位指示灯：当冷却液液面低于规定值时灯亮	27	VOLT	电压表：12 V 电系量程为 10～16 V；24 V 电系量程为 20～32 V
19	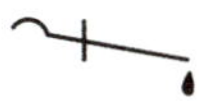	机油液面指示灯：当发动机油量少于规定值时灯亮	28	EXP TEMP	排气温度过高报警（大于 750 ℃）
20	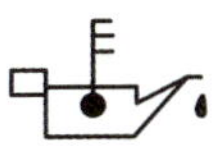	机油温度过高警告灯：当机油温度超过规定值时灯亮	29	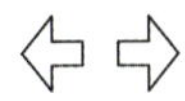	转向信号灯：L—左转向；R—右转向
21		真空度指示灯	30		危险警告指示灯：当汽车遇到交通事故要呼救或需要别的车回避时，左、右转向灯齐闪，正常行驶时不使用
22	SRS	安全气囊指示灯：安全气囊装在转向盘毂内和仪表板内，当汽车受到碰撞时气囊引爆、膨胀，将乘员挤靠到座椅靠背上，减轻伤害	31	 BEAM	前照灯远光：高光速（HIGH BEAM）
			32		前照灯近光：夜间会车时使用，防止炫目
23	TRAC	牵引力控制指示灯	33		灯光开关指示：可接通示廓灯、尾灯、仪表灯（亮度旋钮）、牌照灯等，前照灯接通常在此开关的第 1 挡
24	CRUISE	巡航（恒速行驶）指示灯：设定某一车速以后，计算机根据车速变化自动控制节气门开度，使车速保持在设定范围内。装置起作用时灯亮，有故障时显示故障码	34		汽车示廓灯开关指示
			35		驻车制动灯开关指示：驻车制动起作用时，该指示灯
25	AIR SUSP	电子调整空气悬架指示灯：根据驾驶条件自动控制悬架中起弹簧作用的空气，改变弹簧刚度与减振力，以抑制车辆侧倾，制动时前部栽头，高速时后身下坐，保持乘坐舒适性和操纵性，指示灯显示车身高度变化。HIGH 表示高度调整，NORM 表示正常	36	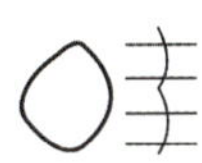	后雾灯开关指示灯：必须在前雾灯已亮的前提下使用，正常行驶时应关闭此雾灯
			37	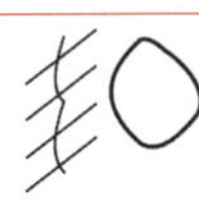	前雾灯开关指示
			38	 TEST	指示灯、警告灯灯泡好坏的检查开关
26	O/D OFF	OVER/DRIVE，超速开关装在变速杆手柄上，按下此开关，变速器换入超速挡；再按一下此开关，变速器退出超速挡，同时 O/D OFF 灯亮	39	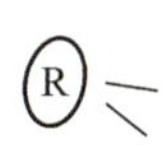	倒车灯（后灯）开关
			40		室内灯（顶灯）开关指示

续表

图形或文字符号		说明
41	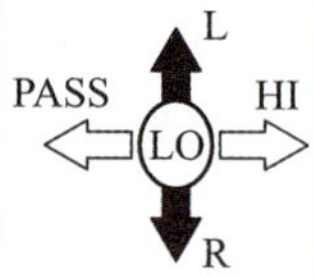	转向灯开关与超车灯开关：L—左转向；R—右转向；PASS—瞬间远光（超车信号）；HI—常用远光；LO—定位中间挡
42		旋转灯标志：警车、救护车、消防车的车顶旋转警灯开关标志
43		安全带指示灯：当点火开关接通但安全带未系时灯亮或伴有蜂鸣
44	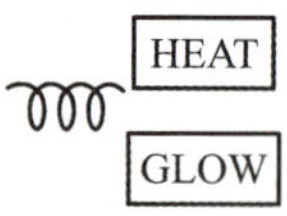	电热预温塞指示灯：常温下起动亮 0.3 s，可直接起动；低温起动前亮 3.5 s，表示“等待预热”，灯灭可起动
45		预热塞（电热或火焰预热塞）指示灯：常温下起动 0.3 s，可直接起动：低温起动前亮 3.5 s，表示“等待预热”，灯灭可起动
46		差速锁连锁指示灯：车辆转变时必须脱开
47		排气制动指示灯：下长坡时，堵住排气管，利用发动机阻力使汽车减速，踩离合器、加油时自动解除
48	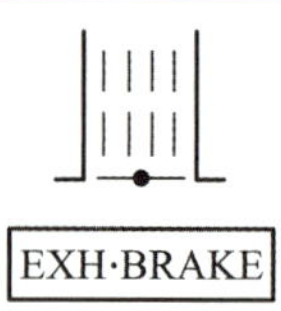	排气制动指示：排气管堵住起制动作用时灯亮（与 47 项相同）
49		蓄电池液面指示灯：当液面低于规定值时灯亮
50		拖车制动指示灯
51		制动蹄片磨损超限警告灯
52		防抱死制动指示灯：钥匙在起动挡或车速在 5～10 km/h 以下时灯应亮 ABS 能在紧急制动和滑溜路面制动时控制 4 个车轮油缸的油压，防止车轮抱死。ABS 出现故障时警告灯亮，并可显示故障码（用工具）
53		分动器前桥接入指示灯：用于越野车，全驱动时灯亮
54		空气滤清器堵塞指示灯
55		液力变矩器开关指示
56		柴油粗滤器中积水超限警告灯
57		喇叭按钮标志
58		点烟器标志：按下点烟器手柄即接通电路，发热体烧红后（约几秒）自动弹出，可供点烟用
59		发动机罩开启把手指示
60		行李箱盖开启拉手或电动按钮指示
61		门未关警告灯，在仪表板上设此灯

续表

序号	图形或文字符号	说明
62		座垫加热指示灯
63		室内灯门控挡，当门关严后室内灯灭，此外还有手控长明挡(ON)及断开挡(OFF)
64		自动变速器挡位指示灯：P—停车制动；R—倒挡；N—空挡；D—前进挡，自动在 1、2、3、4 挡间变速；2—锁定挡，自动在 1、2 挡间变速，上、下陡坡用；L—低挡，只允许 1 挡行驶，上、下陡坡用
65	ECTPWR	电控自动变速器有两种已编好程序的换挡方式：即正常模式(Normal)和动力模式(Power)，用开关选择动力模式时，指示灯亮
66	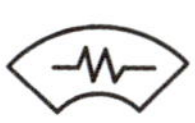	增热器开关指示灯、除霜线指示灯和开关指示灯，常为后窗碳粉加热
67	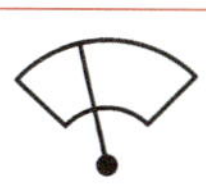	挡风玻璃刮水开关指示
68	 WASHER	挡风玻璃洗涤开关指示
69		挡风玻璃刮水洗涤开关指示：OFF—断开；INT—间歇；LO—低速；HI—调整
70		后窗玻璃刮水指示灯和开关标志
71		后窗玻璃洗涤开关指示
72	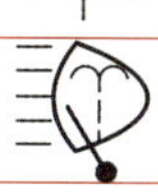	前照灯刮水洗涤开关指示
73		车门玻璃升降开关：UP—升起；DOWN—降下
74	 A/C	空调系统制冷压缩机开启指示
75	 FAN	空调系统鼓风机指示
76	 VENT	空调系统通风(吹脸)挡
77	 HEAT	空调系统加热(吹脚)挡
78	 BI-LEVEL	空调系统双层(上冷下热)挡
79	 DEF-HEAT	空调系统除霜与吹脚(加热)挡
80	 DEF	挡风玻璃除霜、除雾指示
81	 Outside	车外新鲜空气循环风道开启指示(FRESH)
82	 Inside	车内空气循环风道开启指示(REC)
83		驾驶室锁止警告灯：可倾翻的驾驶室回位时没有达到规定锁止状态，警告灯亮
84	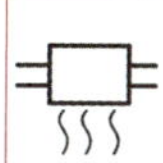 EXH TEMP	排气温度超过一定限度时此灯亮
85		后视镜加热指示
86	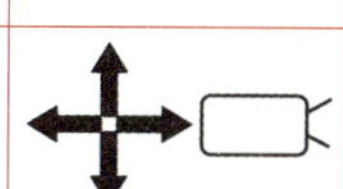	后视镜镜面上下调节与左右调节开关标志
87	 AIR MPa	空气压力表：常用于气压制动系统中双管路气压的指示
88	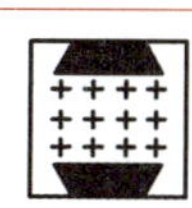	空气滤清器堵塞信号警告灯

三、汽车线路导线颜色代码

为便于区分汽车线路，车上导线绝缘层采用不同的颜色，各国汽车厂商在电路图上多以字母（主要是英文字母）来表示导线绝缘层的颜色及条纹的颜色，其中截面积在 4 mm² 以上的导线采用单色线，单色导线颜色和代号见表 10－3。导线颜色一般用一个字母表示，若用两个字母表示，则第一个字母大写，第二个字母小写。

表 10－3　单色导线颜色和代号

导线颜色	黑	白	红	绿	黄	棕	蓝	灰	紫	橙
代号	B	W	R	G	Y	Br	Bl	Gr	V	O

绝缘皮上有两种颜色的导线称为双色导线，截面积在 4 mm² 以下的导线采用双色线。双色线的主色所占比例大些，辅助色所占比例小些。辅助色条纹与主色条纹沿圆周表面的比例为 1∶3～1∶5。双色线的标注第一色为主色，第二色为辅助色，例如 1.5Y 表示其标称截面积为 1.5 mm²，单色（黄色），而 1.0G|Y 表示标称截面积为 1.0 mm²，双色导线，主色为绿色，辅色为黄色。双色导线颜色代号的选择应符合表 10－4 的规定。

表 10－4　双色导线颜色和代号

选择程序	1	2	3	4	5
导线颜色	B	BW	BY	BR	
	W	WR	WB	WBl	WY
	R	RW	RB	RY	RG
	G	GW	GR	GB	
	Y	YR	YB	YG	WY
	Br	BrW	BrR	BrY	BrB
	Bl	BlW	BlR	BlY	BlB
	Gr	GrR	GrY	GrBi	GrB

1. 日本车系导线颜色代码

B＝black 黑色

BR＝brown 棕色

G＝green 绿色

GR＝gray 灰色

L＝blue 蓝色

LG＝light green 浅绿色

O＝orange 橙色

P＝pink 粉红色

R=red 红色
SB=sky blue 天蓝色
V=violet 紫色
W=white 白色
Y=yellow 黄色

2. 美国车系导线颜色代码

BLK=black 黑色
ORN=orange 橙色
WHT=white 白色
BLU=blue 蓝色
PNK=pink 粉红色
YEL=yellow 黄色
BRN=brown 棕色
PPL=purple 紫色
GRA=gray 灰色
RED=red 红色
GRN=green 绿色
TAN=tan 褐色
DK=dark 深色
LT=light 浅色

3. 福特汽车常用的颜色代码

BK=black 黑色
BL=blue 蓝色
BR=brown 棕色
DB=dark blue 深蓝色
GN=green 绿色
GY=gray 灰色
LB=light blue 浅蓝色
LG=light blue 浅蓝色
O=orange 橙色
P=purple 紫色
PK=pink 粉红色
R=red 红色
T=tan 褐色
W=white 白色
Y=yellow 黄色

4. 德国车系导线颜色代码

BK=black 黑色

BL=blue 蓝色
BR=brown 棕色
GN=green 绿色
GY=gray 灰色
OR=orange 橙色
PK=pink 粉红色
R=red 红色
SW=black 黑色
TN=tan 褐色
VI=violet 紫色
W=white 白色
YE=yellow 黄色

四、汽车电气系统各系统导线主色规定

汽车电气系统各系统导线的主色规定见表 10-5。

表 10-5　汽车电气系统各系统导线的主色规定

序号	系统名称	导线主色	代号
1	电源系统	红	R
2	点火和起动系统	白	W
3	前照灯、雾灯及外部灯光照明系统	蓝	Bl
4	灯光信号,包括转向指示灯	绿	G
5	车身内部照明系统	黄	Y
6	仪表及警报指示和喇叭系统	棕	Br
7	收音机、电子钟、点烟器等辅助系统	紫	V
8	各种辅助电动机及电气操作系统	灰	Gr
9	电气装置搭铁线	黑	B

任务 2　识读并绘制汽车电路图

任务目标

1. 掌握汽车电路图的类型。
2. 掌握汽车电路图的绘制方法。
3. 了解汽车电路图识图要领。

任务引入与分析

现代汽车电路图形式各种各样，且汽车电气系统越来越多，怎样正确绘制及识读汽车电路图呢？

知识链接

一、汽车电路图的类型

汽车电路图是用国家标准规定的线路符号，对汽车电器的构造、工作原理、工作过程及安装要求所作的图解说明，也包括图例及简单的结构示意图。电路图中表示的是不同电路相互之间的关系及彼此之间的连接，通过对电路图的识读，可以认识并确定电路图上所画电气元件的名称、型号和规格，清楚地掌握汽车电器系统的组成、相互关系、工作原理和安装位置。便于对汽车电路进行维修、检查、安装、配线等工作。

因为汽车电气元件的外形和结构比较复杂，所以采用国家统一规定的图形符号和文字符号来表示电气元件的不同种类、规格及安装方式。另外，根据汽车电路图的不同用途，可绘制成不同形式的电路图，主要有原理框图、电路原理图、敷线图和线束安装图。

1. 原理框图

汽车电路比较复杂，为了概略表示汽车电气系统或分系统的基本组成及其相互关系和主要特征，常采用原理框图来表示。所谓原理框图是指用符号或带注释的框概略表示汽车电气系统的基本组成、相互关系及其主要特征的一种简图。原理框图所描述的对象是系统或分系统的主要特征，它对内容的描述是概略的，用来表示系统或分系统基本组成的是图形符号和带注释的框。

原理框图是从总体上来描述系统或分系统的，它是系统或分系统设计初期的产物，是依据系统或分系统按功能依次分解的层次绘制的。

如图 10-1 所示为汽车信号系统原理框图。

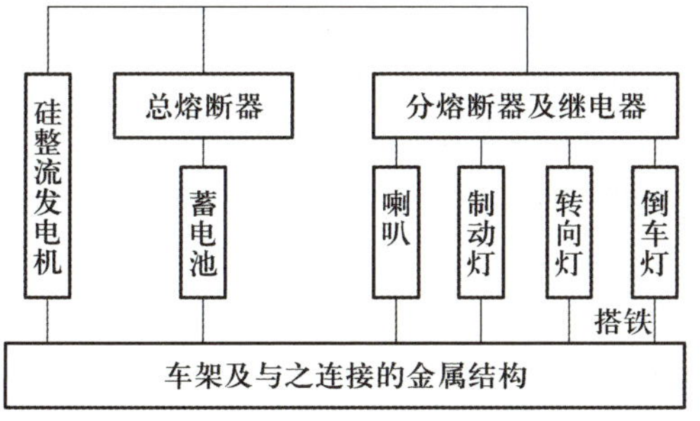

图 10-1 汽车信号系统原理框图

2. 电路原理图

为了详细表示实际设备或成套装置电路的基本组成和连接关系，便于详细理解工作原理，需要绘制电路原理图（也称电路图或电气线路图）。

所谓电路原理图是根据国家颁布的有关技术标准，用图形符号、文字符号，以统一规定的方法，把电路画在图纸上。它是电气技术中使用最广泛的一种重要的电路简图，具有电路清晰、简单明了、便于理解电路原理的特点。

汽车电路原理图是用电器图形符号，按工作顺序或功能布局绘制的，详细表示汽车电路的全部组成和连接关系，而不考虑实际位置。

电路原理图具有以下的特点：

① 对全车电路有一个完整的概念。它既是一幅完整的全车电路图，又是一幅互相联系的局部电路图，重点、难点突出，繁简适当。

② 图上建立起电势高低的概念。负极搭铁电势最低，用图中最下面一条导线表示；正极火线电位最高，用最上面的一条导线表示。电流方向基本上是从上到下，电流方向为电源正极→开关→用电器→搭铁→电源负极。

③ 尽可能减少导线的曲折与交叉。调整位置，合理布局，图面简洁清晰，图形符号照顾元件外形和内部结构，便于联想分析，易读、易画。

④ 电路系统的相互关联关系清楚。发电机与蓄电池间，各电路系统之间的连接点尽量保持原位，熔断器、开关、仪表的接法与原图吻合。

其缺点是图形符号不规范，易各行其道，不利于交流。

3. 敷线图

从原理框图可概括了解汽车电气系统的基本组成及其相互关系和主要特征，从汽车电路原理图可以比较详细地了解电气元件间的相互控制关系和工作原理，但它们都不能表达汽车电器的实际情况，为了便于汽车电器线路的布置、连接，常需要绘制敷线图。

(1)敷线图的作用

所谓敷线图是指专门用来标记电气设备的安装位置、外形、线路走向等的指示图。它按照全车电气设备安装的实际方位绘制，部件与部件之间的连线按实际关系绘出，为了尽可能接近实际情况，图中的电器不用图形符号，而是用该电器的外形轮廓或特征表示，在图上还应注意将线束中同路的导线尽量画在一起，这样汽车敷线图就可以比较明确地反映出汽车实际的线路情况，查线时导线中间的分支、接点很容易找到，为安装和检测汽车电路提供了方便。但因其线条密集，纵横交错，所以给读图、查找、分析故障带来不便。

在绘制敷线图时，一般都应在图中示出以下内容：

① 电气设备项目的相对位置、项目代号。

② 端子间的连接关系、端子代号。

③ 导线类型、截面积、导线号。

④ 需补充说明的其他内容。

(2)敷线图的表示方法

① 敷线图中的元器件、部件、组件和设备等应尽量采用其简化外形(如圆形、方形、矩形)来表示，为了便于识图，必要时也允许用图形符号表示。

② 为了进一步说明各个图形或符号所表示的项目，靠近每个图形或符号应同时标出与电路图相应项目一致的项目代号。在敷线图中，项目只用种类代号表示。

③ 在敷线图中，端子用端子代号表示，端子一般用图形符号“o”表示，同时在端子近旁标注

端子代号，对于用图形符号表示的项目，端子可不画符号，只标出端子代号就可以了。

④ 如果需要区分不可拆卸和可拆卸的端子，应分别用符号“o”和“ϕ”绘制或加注说明，端子代号必须与项目上端子标记一致。

⑤ 导线可用连续线或中断线表示。连续线是用连续的实线来表示端子之间实际存在的导线。中断线是用中断的实线来表示端子之间实际存在的导线，并在中断处标明去向。

4. 线束安装图

敷线图虽然反映了电气设备在汽车上的实际安装位置，但是图上导线纵横交错，增加了读图的难度，为了使电路图更接近于实际，常需要绘制线束安装图。线束安装图把敷线图中同路的导线相对集中，形成线束。

在汽车上，为了安装方便和保护导线，将同路的许多导线用棉纱编织物或聚氯乙烯塑料带包扎起来，称为线束。

线束安装图是根据电气设备在汽车上的实际安装部位绘制的全车电路图。在图中，部件与部件间的导线以线束形式出现，线束安装图与敷线图相似，但图面比敷线图简单明了，接近实际，对使用、维修人员适用性较强。

线束安装图不详细描述线束内部的导线走向，只将露在线束外面的线头与接插器详细编号，并用字母标定。配线记号的表示方法突出，便于配线，各接线端都用序号和颜色准确无误地标注出来。线束安装图与电路原理图、敷线图结合起来使用，具有很大的参考价值，所以现代汽车维修手册中一般都给出电路原理图和线束安装图。

二、电路图的绘制方法

1. 元器件的表示方法

电路图的一个重要特征是元器件采用国家标准所规定的图形符号来表示。有些元器件没有国家标准对应的图形符号，可根据标准中给出的规则，使用一般符号、基本符号来派生所需要的新符号。

为了便于对电路进行分析和检查，在电路图中除了用图形符号表示元器件外，还应在图形符号旁标注项目代号，必要时还应标注出元器件的主要技术参数。

2. 图形符号的布置

在电气系统中，有大量的元器件的驱动部分和被驱动部分采用机械连接，如继电器、按钮开关、光电耦合器等都属于这一类。其表示方法有 3 种：集中表示法、半集中表示法和分开表示法。不管采用何种表示方法，所给出的信息量都是相同的，在同一张图样上可以根据需要使用一种或同时使用几种表示方法。

(1)集中表示法

集中表示法是把元器件各组成部分的图形符号绘制在一起的方法，如图 10-2 所示。其特点是易于寻找项目的各个部分，元器件整体印象完整，但仅适用于较为简单的电路。

(2)半集中表示法

半集中表示法是把一个元器件某些组成部分(不是全部)的图形符号在图上分开布置，它们之间的关系用机械连接线表示的方法，如图 10-3 所示，机械连接线用虚线表示，可以是直线，也可以折弯、分支和交叉。其特点是可减少电路连接线的往返和交叉，使图面清晰，便于识读。但是，会出现穿越图面的机械连接线，所以适用于一般电路，对于复杂电路，由于穿越图面的机械连接线过多，不宜采用这种方法。

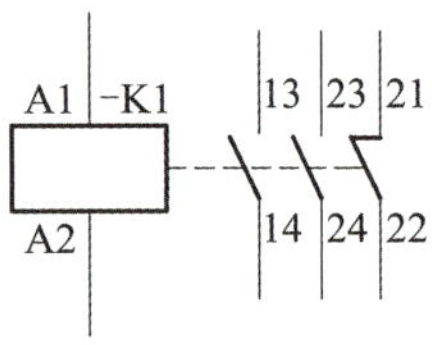

图 10-2　集中表示法

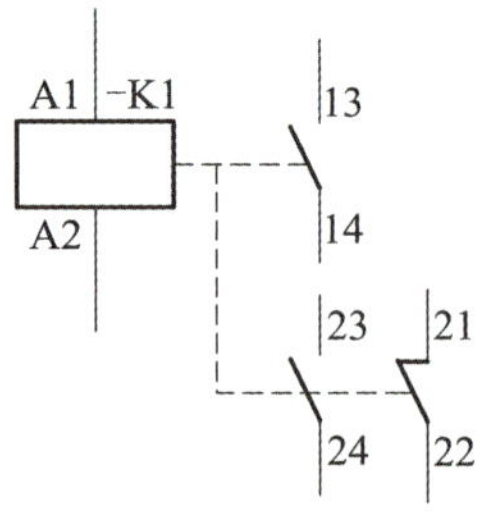

图 10-3　半集中表示法

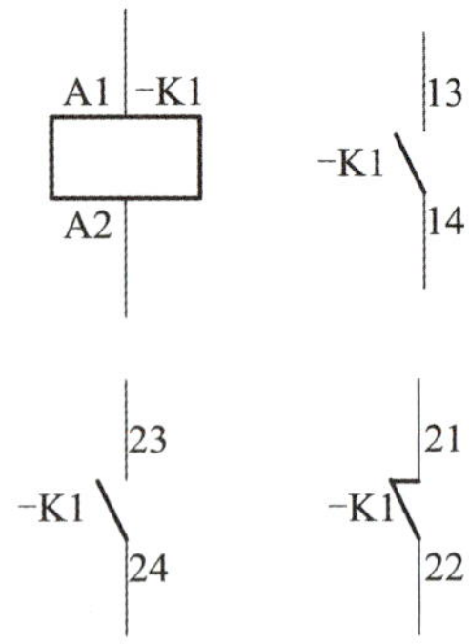

图 10-4　分开表示法

(3)分开表示法

分开表示法是把一个元器件的各组成部分的图形符号在图上分开布置，它们之间各部分的关系用项目代号表示，如图 10-4 所示。显然，分开表示法既减少了电路连接线的往返和交叉，又不会出现穿越图面的机械连接线，所以在实际中得到广泛应用。但是，为了寻找被分开的元器件的各部分，需要采用插图或表格等检索手段。

(a)插图

在图上，把分解绘制在图中不同位置的同一项目不同部分的图形符号集中绘制在一起，并给出位置信息就成为插图，如图 10-5 所示。插图可以与该项目的驱动部分的图形符号对齐，也可以集中布置在图的空白处，甚至还可以绘制在另一张图样上。当然把插图直接绘制在紧靠驱动部分的图形符号旁，看图是最方便的。

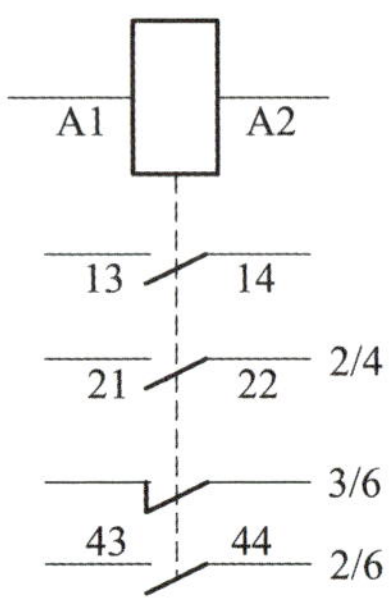

图 10-5　插图

动合触点(—╱—)	动断触点(─╲─)	位置
13-14		
21-22		2/4
	21-22	3/6
43-44		2/6

图 10-6　表格

(b)表格

在图上，把分散绘制在图中不同位置的同一项目不同部分的图形符号集中在一张表格中，就成为表格如图 10-6 所示。表格中的名称可以用图形符号来代替，表格应与驱动部分的图形符号对齐。在采用电路编号法表示图中元器件位置的图上，表格中的位置信息就是电路编号。

3. 电路与导线的排列

电路的安排要求有清楚、一目了然的图示效果，各个电路的排列必须优先采用从左到右、从上到下的原则，尽可能用直线、无交叉点、不改变方向的标记方式。另外，作用方向应与电路图边沿平行，如果出现许多平行线重叠成堆的情况，那么可将其编组，通常是把三条线集中为一组，留出距离，再表示下一组线。如图 10-7 所示为多条平行线的分组画法。

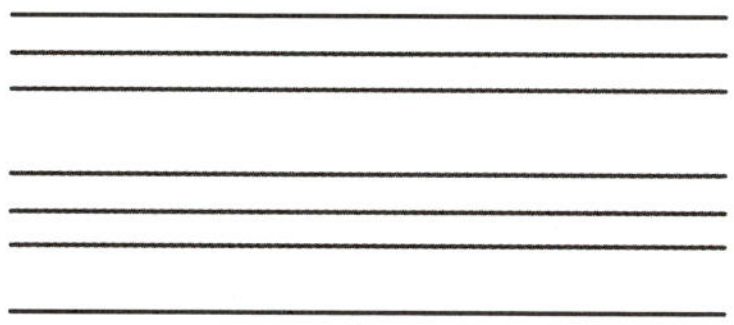

图 10-7　多条平行线分组画法

4. 分界线与边框

电路的各部分用点画线或边框线限制，以此表明仪器、部件功能或结构上的属性。在汽车电气设备中，用点画线表示仪器和电器中不导电的边框，这种图示不总是与开关外壳相一致，也不用来表示仪器的地线。

5. 区段识别

区段识别符号标注在电路图的下沿，有助于更方便地寻找电路部件，以往区段识别标记也称为电路，可能的标记方式有 3 种。

(1)用连续数字以相同的距离从左到右标注

如大众车系电路图表示方法如下：1　2　3　4　5　6　7……

(2)标明电路区段的内容

某车系电路图表示方法如下：

电　源	起动装置	点火装置……

(3)以上两种方法的结合

汽车电路大多数都在电路图中指明电路区段的内容。

6. 标注

利用字母和数码可对设备、部件或电路图中的线路符号作标注，标注位于线路符号的左边或下边。如果设备的定义明确，标准内所规定的几种设备可不作标注。

三、电路图的识读方法

由于各国汽车电路图的绘制方法、符号标注、文字标注、技术标准的不同，各汽车生产厂家汽车电路图的画法有很大差异，甚至同一国家不同公司汽车电路图的表示方法也存在较大的差异，这就给读图带来许多麻烦，因此掌握汽车电路图识读的基本方法显得十分重要。

1. 认真阅读图注

认真阅读图注，了解电路图的名称、技术规范，明确图形符号的含义，建立元器件和图形符号间一一对应的关系，这样才能快速准确地识图。

2. 掌握回路的原则

在电学中，回路是一个最基本、最重要，同时也是最简单的概念，任何一个完整的电路都由电源、用电器、开关、导线等组成。对于直流电路而言，电流总是从电源的正极出发，通过导线，经熔断器、开关到达用电器，再经过导线（或搭铁）回到同一电源的负极，在这一过程中，只要有一个环节出现错误，此电路就不会有效。

3. 熟悉开关作用

开关是控制电路通断的关键，电路中主要的开关往往汇集许多导线，如点火开关、车灯总开关，读图时应注意以下与开关有关的 5 个问题：

① 在开关的许多接线柱中，注意哪些是直通电源的？哪些是接用电器的？接线柱旁是否有接线符号？这些符号是否常见？

② 开关共有几个挡位？在每个挡位中，哪些接线柱通电？哪些断电？

③ 蓄电池或发电机的输出电流是通过什么路径到达这个开关的？中间是否经过别的开关和熔断器？这个开关是手动的还是电控的？

④ 各个开关分别控制哪个用电器？被控用电器的作用和功能是什么？

⑤ 在被控的用电器中，哪些电器处于常通状态？哪些电路处于短暂接通状态？哪些应先接通，哪些应后接通？哪些应单独工作？哪些应同时工作？哪些用电器允许同时接通？

如图 10-8 所示为汽车的点火开关电路，该开关为手动开关，用阿拉伯数字 1、2、3、4、5 表示接线柱，用“S”“·”“D”“Y”“Q”表示开关的挡位。从图中可看出，开关拨至“·”挡，接线柱 1、3 连接；开关拨至“D”挡，接线柱 1、3、5 连接；开关拨至“Y”挡，接线柱 1、2 连接；开关拨至“Q”挡，接线柱 1、2、4 连接。

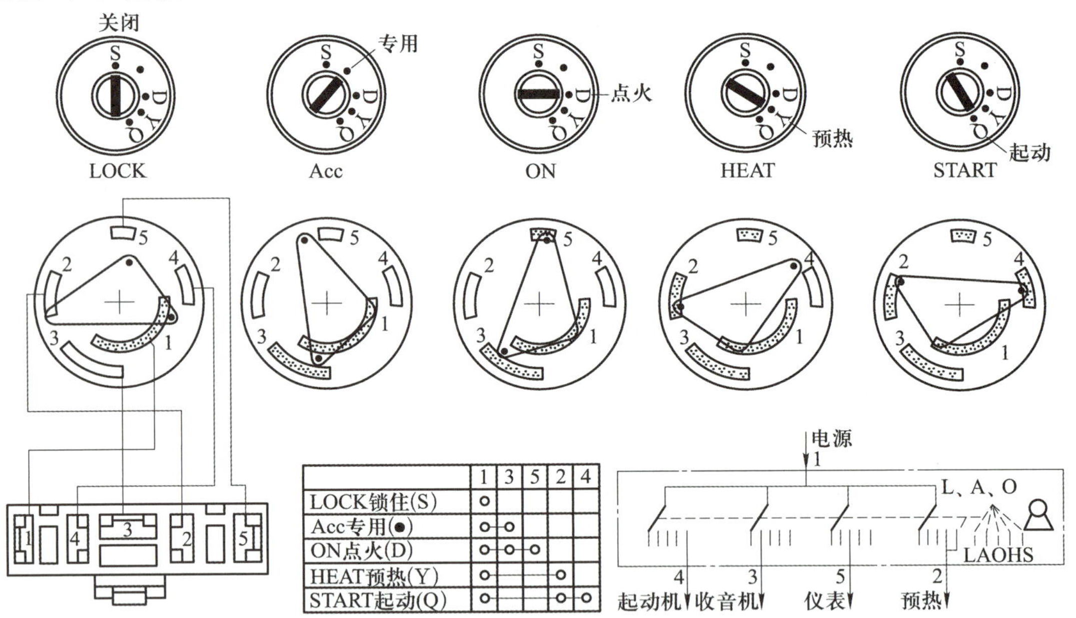

图 10-8　汽车的点火开关电路

4. 了解汽车电路图的一般规律

① 电源部分到各电器熔断器或开关的导线是电气设备的公共火线，在电路原理图中一般画在电路图的上部。

② 标准画法的电路图，开关的触点应位于零位或静态，即开关处于断开状态，继电器线圈处于不通电状态，晶体管、晶闸管等具有开关特性的元件的导通与截止视具体情况而定。

③ 汽车电路是单线制，各电器相互并联，继电器和开关串联在电路中。

④ 大部分用电设备都经过熔断器，受熔断器的保护。

⑤ 把整车电路按功能及工作原理划分成若干独立的电路系统，这样可解决整车电路庞大复杂，分析起来困难的问题。现在汽车整车电路一般都按各个电路系统来绘制，如电源系统、起动系统、点火系统、照明系统、信号系统等，这些单元电路都有它们自身的特点，抓住特点把各个单元电路的结构、原理搞明白了，理解整车电路也就容易了。

5. 识图的一般方法

① 先看全图，把一个个单独的系统框出来。

一般来讲，各电气系统的电源和电源总开关是公共的，任何一个系统都应该是一个完整的电路，都应遵循回路原则。

② 分析各系统的工作过程及相互间的联系。

在分析某个电气系统之前，要清楚该电气系统所包含各部件的功能、作用和技术参数等。在分析过程中应特别注意开关、继电器触点的工作状态，大多数电气系统都是通过开关、继电器不同的工作状态来改变回路、实现不同功能的。

③ 通过对典型电路的分析，达到触类旁通。

许多车型汽车电路原理图有很大部分都是类似或相近的，这样通过一个具体的例子举一反三，对照比较，触类旁通，可以掌握汽车电路的一些共同的规律，再以这些共性为指导，了解其他型号汽车的电路，又可以发现更多的共性以及各种车型之间的差异。

任务 3 拆画分析汽车总电路图

任务目标

1. 能够读懂汽车总电路图。
2. 能够分析系统工作原理和线路电流走向。
3. 会拆画汽车总电路图。

任务引入与分析

一名维修工在进行汽车起动系统电路检测时发现，在总电路图上查找起动线路容易出错，如果能够将起动线路单独拆分出来则比较容易查找。那么，该如何将起动系统电路拆分出来呢？

知识链接

拆画汽车总电路图是指在全面分析某车型总电路图的基础上，以某一系统电路为研究主体，分析该系统的工作原理和电流流向，结合原车实际的线路连接进行验证，最后拆画出该系统的电路图来。如图 10-9 所示是汽车电源、起动、点火及仪表线路图。

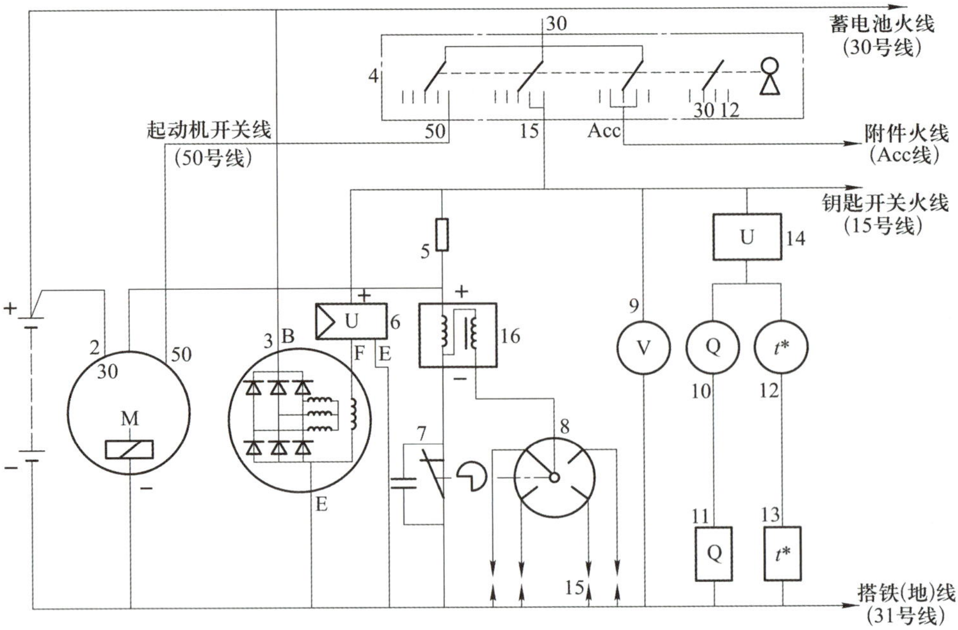

1—蓄电池;2—起动机;3—发电机;4—点火开关;5—点火线圈附加电阻;6—电压调节器;
7—分电器中的断路器;8—分电器中的配电器;9—电压表;10—燃油表;11—燃油传感器;
12—冷却液温度表;13—冷却液温度传感器;14—仪表电源稳压器;15—火花塞;16—点火线圈。

图 10-9 汽车电源、起动、点火及仪表线路图

一、分析总电路图

汽车总电路图如图 10-10 所示,各电器部分的线路纵向排列,清晰明了,从左至右分别是电源区、起动区、点火区、点火开关区……上端区域为中央接线板部分,其上有继电器、熔断器、内部线路、接口、插座及各种线束。整车电气系统正极电源分三路:“30”是常火线,12 V,通过 P 区接线柱、红色导线、起动机电缆直接与蓄电池相连;“15”是受点火开关控制的电器火线;“X”是受点火开关控制的大负荷电器火线。中央接线板的负极接口 D22 通过搭铁线与机体连接。

读图时,一是要注意各图形的编号,根据编号查出图形表示什么元件;二是要注意读懂电路图下面的坐标,以确定该图形元件所处的位置,这在读线路指向某一数字坐标时很有用;三是要注意各线路在中央接线板、继电器及其他电气元件上的接口编号,通过接口编号能读懂其线路走向。

二、分析点火系统工作原理和线路电流走向

采用霍尔式无触点晶体管电子点火系统,由蓄电池、点火开关、点火线圈、霍尔式无触点式分电器、电子点火控制器、高压导线、低压导线及火花塞等组成。其工作原理是通过点火线圈一次绕组电流的通断在二次绕组上感应出高压电,通过高压线路及正时分配使各缸火花塞跳火。一次电流的通断受点火器的控制,而点火器由点火传感器的信号进行控制。

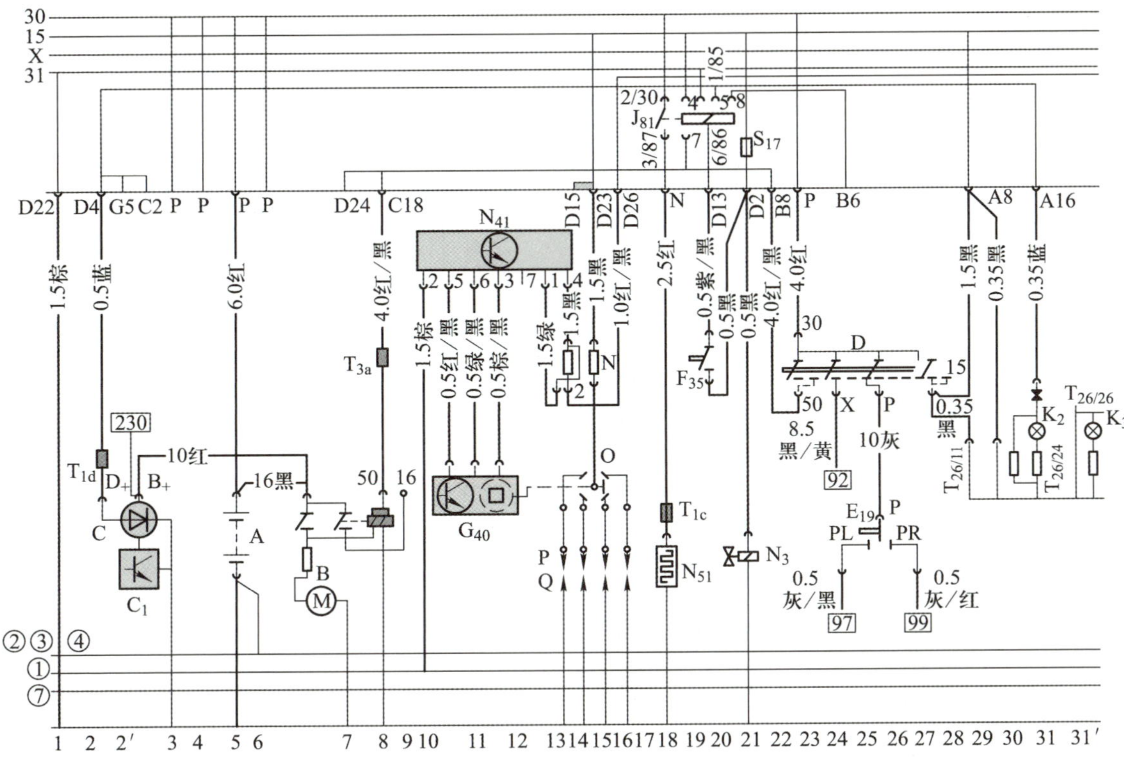

A—蓄电池；C—整体式交流发电机；B—起动机；N_{41}—点火控制器；G_{40}—霍尔传感器；N—点火线圈；O—配电器；P、Q—火花塞；K_2—充电指示灯；K_3—燃油压力指示灯；J_{81}—进气管预热继电器；N_{51}—进气管加热电阻；F_{35}—进气管预热温控开关；D—点火开关；N3—循环空气截止阀；E_{19}—驻车灯开关。

图 10-10　汽车总电路图(部分)

低压电流走向：蓄电池“＋”接线柱→起动机的“30”接线柱→中央接线板 P→另一 P 接线柱→点火开关“30”接线柱→点火开关“15”接线柱→中央接线板 A8 接线柱→D23 接线柱→点火线圈“＋”接线柱。然后分两路：一路进入点火线圈内部，由一次绕组“－”接线柱→点火控制器“1”接线柱→点火控制器内部→点火控制器“2”接线柱→发动机机体搭铁→蓄电池“－”接线柱；另一路向点火控制器供电，由点火线圈“＋”接线柱→点火控制器“4”接线柱→点火控制器内部→点火控制器“2”接线柱→发动机机体搭铁→蓄电池“－”接线柱。另一方面第一路的导通和断开受分电器霍尔式点火传感器的信号控制，接线如下：点火控制器“5”接线柱→霍尔传感器“＋”接线柱，霍尔传感器“－”接线柱→点火控制器“3”接线柱，点火控制器“3”接线柱→霍尔传感器“信号”接线柱，向霍尔传感器提供 12 V 电压，此信号线受霍尔电压控制。当产生霍尔电压时，霍尔传感器使该线路搭铁，当点火控制器检测到该信号是低电位时，便断开一次电流，从而在点火线圈中感应出高压电来。该信号在高电位和低电位之间来回变化，以使一次电流“通—断—通—断”，从而使点火线圈中的二次绕组感应出高压电。

高压电流走向：二次绕组→点火线圈“＋”接线柱→D23 →点火开关→P→蓄电池→搭铁→火花塞→配电器(旁电极、分火头)→二次绕组。

三、拆画点火系统电路图

拆画出来的点火系统电路图如图 10－11 所示。

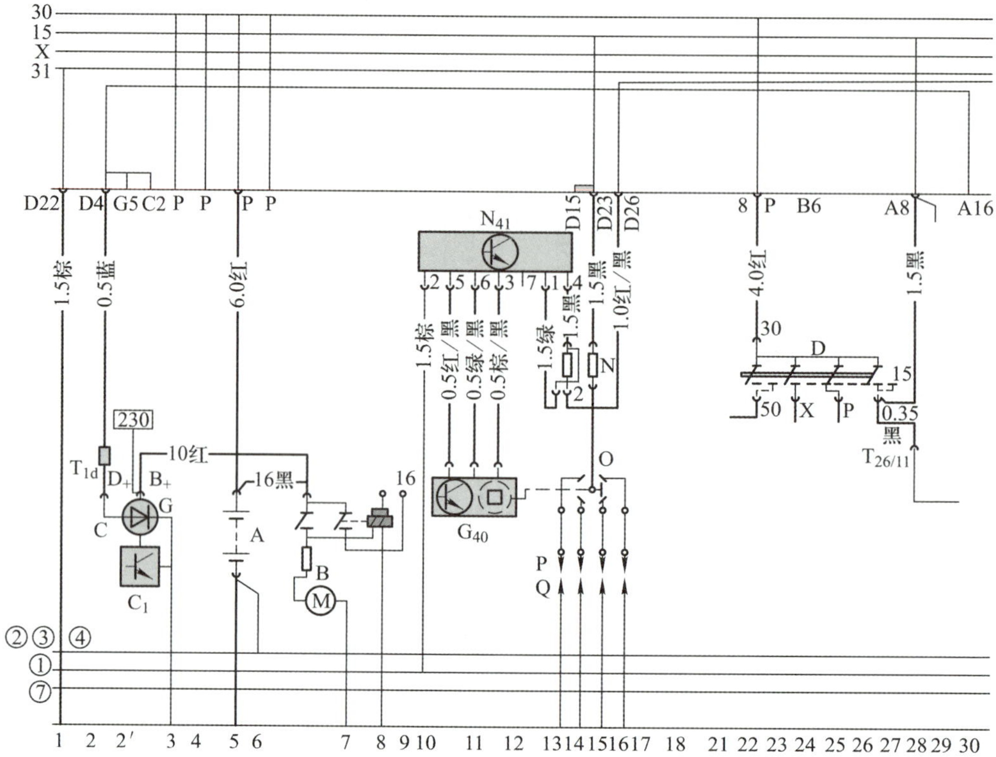

A—蓄电池；C—整体式交流发电机；B—起动机；N_{41}—点火控制器；G_{40}—霍尔传感器；N—点火线圈；O—配电器；P、Q—火花塞；D—点火开关。

图 10－11　点火系统电路图

任务 4　分析典型车系电路图

任务目标

1. 了解典型车系电路图的特点。
2. 能根据电路图分析汽车各系统的工作原理。

任务引入与分析

现有一全车电路，试分析该车电路图的特点及各系统的工作原理。

知识链接

汽车的全车电路图如图 10－12 所示。

蓄电池、发电机、点火开关、X触点卸荷继电器

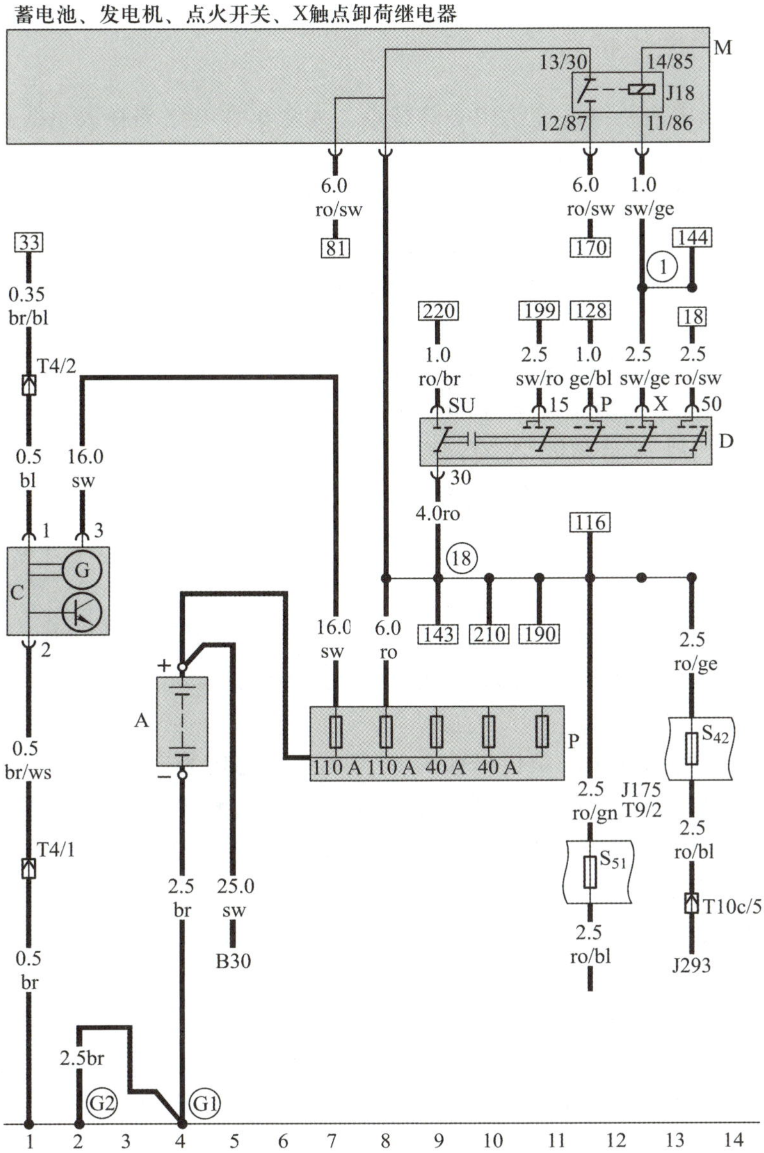

A—蓄电池；
C—发电机；
D—点火开关；
J18—X触点卸荷继电器
P—主熔断器盒(位于蓄电池上方)；
J293—空调控制器；
J175—起动锁止及倒车灯继电器；
— — — 仅用于自动变速汽车；

(18)—螺栓连接(30)(在继电器支架上)；
(1)—连接(在车内线束内)；
(G1)—接地点(蓄电池)；
(G2)—接地线(变速箱)；
T10c—10孔黑色插头(在继电器支架上)；

ws=白色；
sw=黑色；
ro=红色；
br=棕色；
gn=绿色；
bl=蓝色；
gr=灰色；
ge=黄色

图 10-12　汽车的全车电路图

一、大众车系电路图的特点

① 整个电路突出以中央接续线盒为中心的特点。大众车系电路图在表示线路走向的同时，还表达了线路的结构情况。

② 整个电路很少交叉转折，一般为纵向排列。大众车系电路图采用了断线代号法来处理电路的复杂问题。例如，如图 10-12 所示的电路终止处有一个标有 95 的小方格，而在另一段开始处也会画有一个标有 95 的小方格。通过标有相同数字的小方格，就可以表示将上下半段电路连接在一起。

③ 统一了电源正极、电器搭铁方式和部位，所有连接器均采用统一的代号和表达方式。在电路图中经常遇到接点标记的数字及字母，它们都有固定的含义。数字 30 表示常供电火线，15 表示点火开关供电火线，31 表示接地，X 表示受控的大功率用电设备供电火线。无论这些标记出现在电路的什么位置，相同的标记都代表相同的含义。

二、汽车电路分析

汽车电气部分可以划分为电源系统、起动系统、点火系统、照明和信号系统、仪表系统和空调系统等。下面重点分析桑塔纳汽车电源系统、起动系统、点火系统的电路。

1. 电源系统电路

汽车的电源由容量为 54 A·h、负极搭铁的 12 V 蓄电池与内装电子电压调节器的硅整流发电机并联组成，其电路如图 10-13 所示。当点火开关 D 置于 I 挡、发电机转速低于 1 200 r/min 时，蓄电池担负着向用电设备供电的任务，同时向发电机提供励磁电流，其电流路径如下：蓄电池正极→红色导线→中央线路板单端子插座 P 端子→中央线路板内部线路→中央线路板单端子插座 P 端子→红色导线→点火开关 30 端子→点火开关 15 端子→黑色导线→组合仪表板下方 26 端子连接器的 11 端子→电阻 $R2$ 和充电指示灯 K2→二极管→中央线路板 A16 端子→中央线路板内部线路→中央线路板 D4 端子→单端子连接器 T_{1d}（蓄电池旁边）→交流发电机 D+端子→发电机励磁绕组→电子调节器功率管→搭铁→蓄电池负极。当发电机转速达到或高于 1 200 r/min、发动机电压高于蓄电池电动势时，用电设备由发电机供电，发电机同时向蓄电池充电，充电指示灯熄灭，指示发电机工作状态良好。

2. 起动系统电路

起动系统电路如图 10-14 所示。当点火开关置于起动挡时，接通起动机电磁开关内的吸引和保持线圈，其电流路径如下：蓄电池正极→红色导线→中央线路板单端子插座 P 端子→中央线路板内部线路→中央线路板单端子插座 P 端子→红色导线点火开关 30 端子→点火开关 50 端子→红/黑双导线→中央线路板 B8 端子→中央线路板内部线路→中央线路板 C18 端子→起动机 50 端子→电磁开关→搭铁→蓄电池负极。产生的电磁力接通起动机主电路，其主电流路径如下：蓄电池正极→黑色蓄电池线→起动机接地线→电磁开关接触盘→起动机→搭铁→蓄电池负极。

3. 点火系统电路

点火系统电路如图 10-15 所示。将点火开关置于 I 挡，点火系统一次电路接通，其电流路径

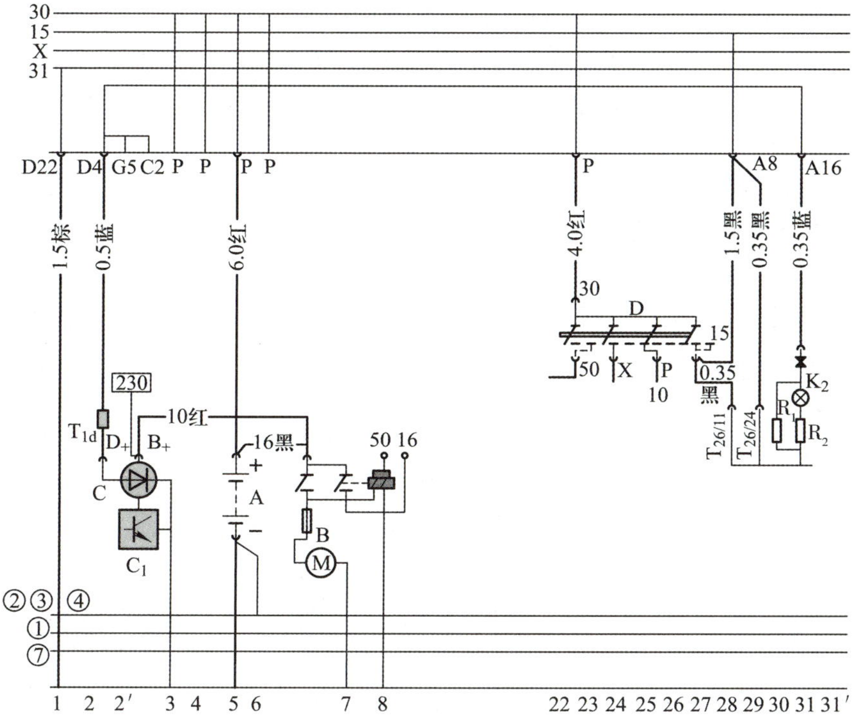

图 10－13　电源系统电路

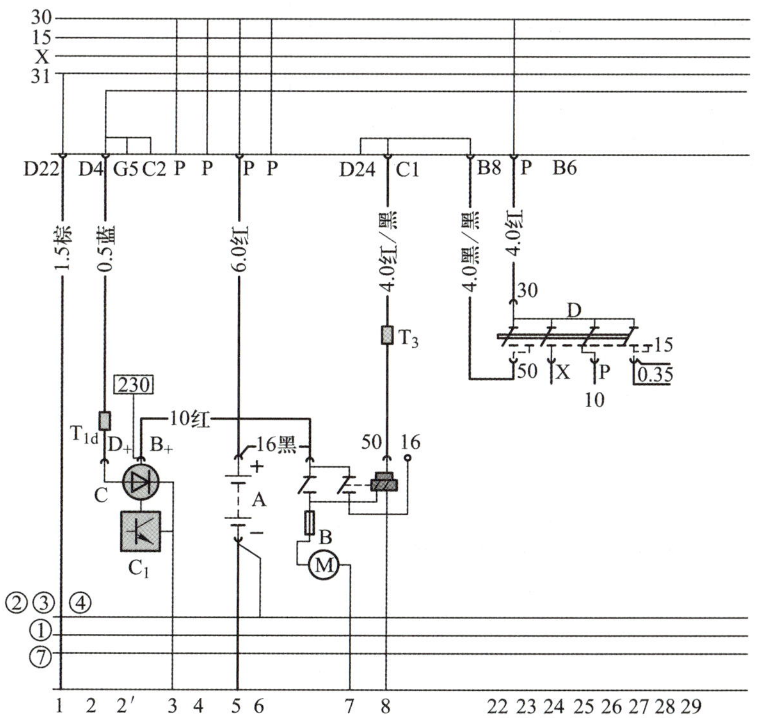

图 10－14　起动系统电路

如下：蓄电池正极→红色导线→中央线路板单端子插座 P 端子→中央线路板内部线路→中央线路板单端子插座 P 端子→红色导线→点火开关 30 端子→点火开关 15 端子→黑色导线→中央线路板 A8 端子→中央线路板内部线路→中央线路板 D23 端子→点火线圈一次绕组→电子点火器 N41→搭铁→电源负极。

发动机驱动霍尔传感器的转子转动时，传感器发出脉冲信号，控制点火放大器周期性地接通和切断点火线圈 N 中的一次电流，在二次绕组中感应高压电，按照点火次序使相应气缸上的火花塞跳火。

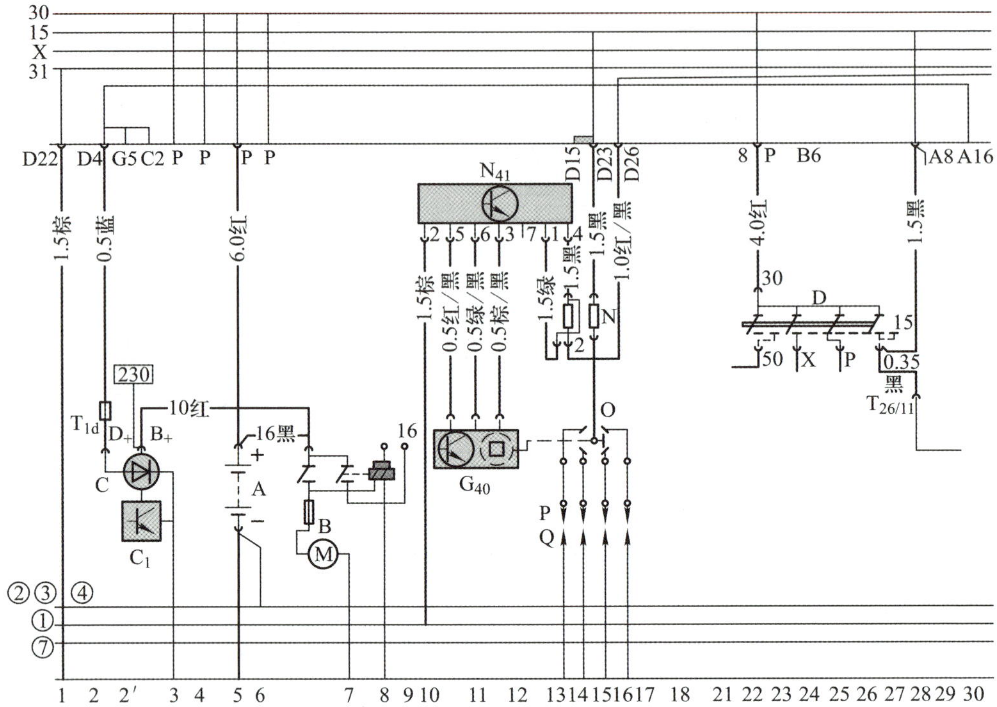

图 10-15　点火系统电路

任务 5　学习汽车电路检修常识

任务目标

1. 掌握汽车电气部件的检修方法。
2. 掌握汽车电气设备电路常见故障的检修流程及方法。
3. 了解汽车线路检修的注意事项。

任务引入与分析

在汽车电路故障检修时应注意哪些问题？具体检修方法及流程又是怎样进行的呢？

知识链接

一、检查电路的方法

1. 熔断器及相关电路的检查方法

熔断器如图 10-16 所示，常用于保护局部电路，其限额电流值较小。熔断器的主要元件是保险丝(片)，其材料是锌、锡、铅、铜等金属的合金。熔断器是最常用的汽车线路保护方法，只要流经电路的电流过大，易熔部件就会熔断并形成开路或断路。熔断器属于“一次性”保护装置，每次过载都需要更换。

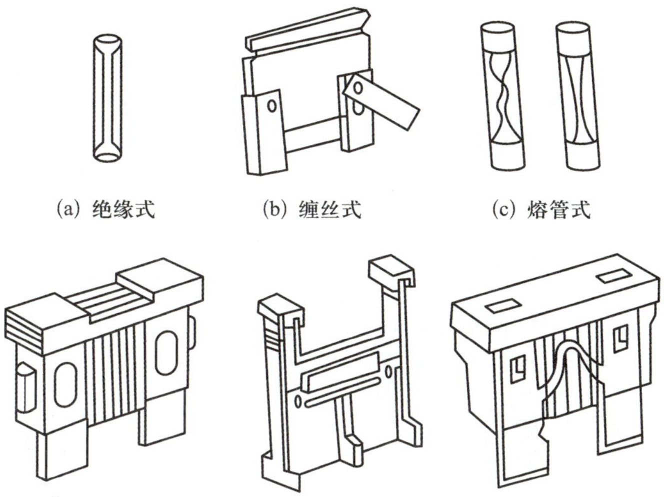

(a) 绝缘式　(b) 缠丝式　(c) 熔管式

(d) 插片式

图 10-16　熔断器

熔断器可通过目视进行检查，也可用万用表的电阻挡进行检查。如果熔断器熔断，用万用表测量时，其电阻为无穷大。熔断器熔断后，应找出熔断器熔断的原因，并对线路进行检测，可用万用表测量熔断器的电源端是否有电源的电压，测量电器端是否直接搭铁。如果电源端无电压，则应继续向电源方向检查，直至查到电源为止。若电器端搭铁(检测处与搭铁间电阻为 0)，则必须查出线路在何处搭铁，排除故障，否则换上新熔断器也会熔断。

熔断器在使用中应注意以下三点：

① 熔断器熔断后，必须查明原因，彻底排除故障。

② 更换熔断丝时一定要与原规格相同。

③ 安装时要保证熔断器与熔断器支架接触良好。

2. 继电器及相关电路的检查方法

继电器一般由一个控制线圈和一对或两对触点组成，如图 10-17 所示。触点有动合和动断触点之分，检查时用万用表的电阻挡测量继电器的线圈，检查其电阻是否符合要求(应为 60～90 Ω)。如果电阻符合要求，再给继电器线圈加载工作电压，检查其触点的工作情况。如果触点是动合触点，加载工作电压后，触点应闭合，电阻应为 0；如果触点为动断触点，加载工作电压后，触点应断开，电阻应为无穷大。

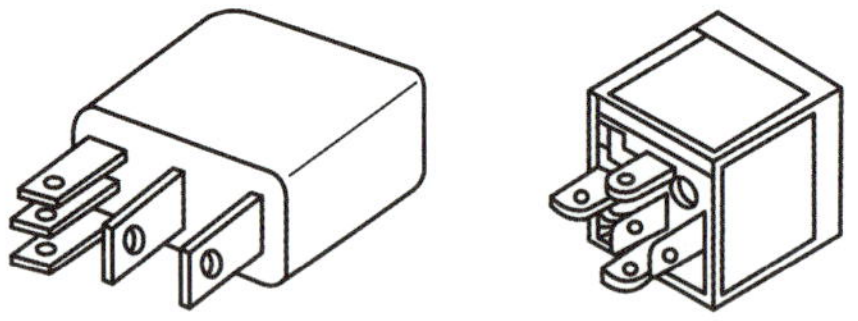

(a) 外形

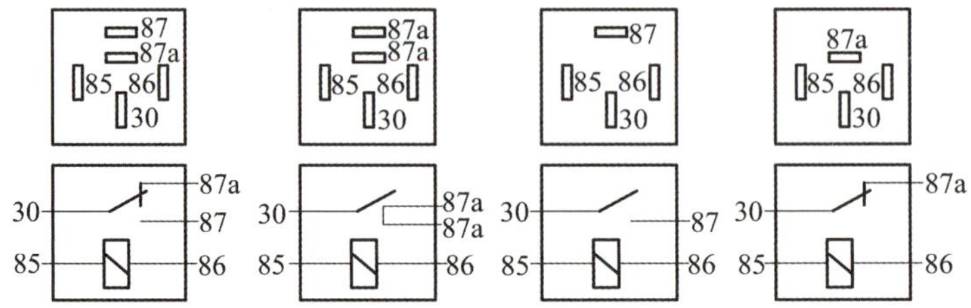

(b) 内部结构

图 10-17　继电器

检查相关电路时，继电器线圈的两个插脚，一个在控制开关接通后应有继电器的工作电压，另一插脚应搭铁。触点的插脚应根据电路图确定其应接电源还是搭铁，并按照其工作情况用万用表检测是否符合要求，如图 10-18 所示。

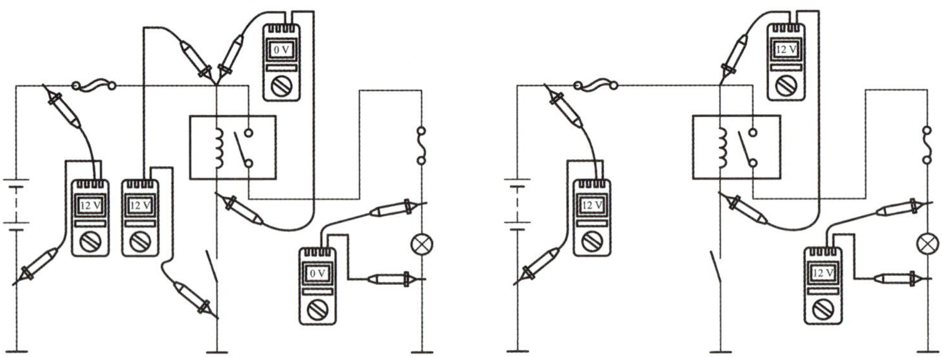

(a)　　(b)

图 10-18　继电器电压检查方法

3. 灯泡的检查方法

灯泡是比较容易损坏的部件，检查时一般可用万用表检查灯丝的通断。如果测量到灯丝的电阻为无穷大，则为灯泡损坏，灯泡的检查方法如图 10-19 所示。

4. 开关的检查方法

开关是汽车电器中最常用的部件，可根据开关的功能和开关各挡位的导通情况用万用表进行检查。通常开关与线束连接时采用插接器，插接器上的导线都有编号，检查时使开关处于不同的挡位，按照开关接通情况测量插接器相应编号导线之间的导通情况。前照灯开关的检查方法如图 10-20 所示。如果检查的结果不符合开关的功能要求，说明开关已经损坏。

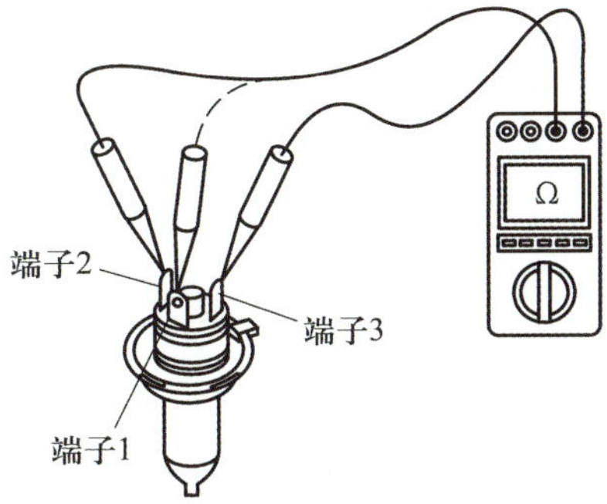

图 10-19　灯泡的检查方法

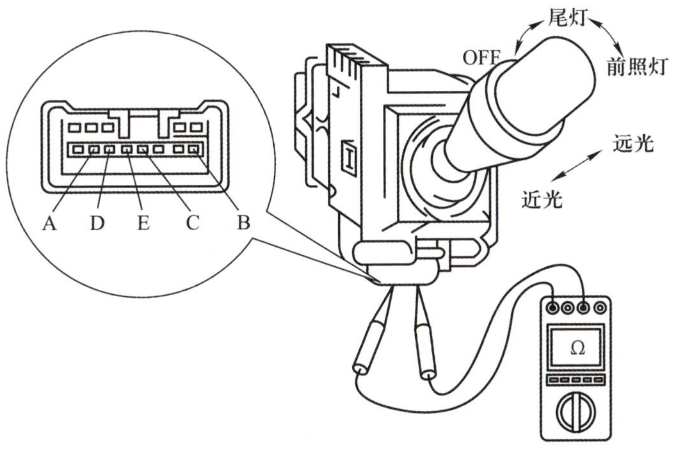

图 10-20　前照灯开关的检查方法

二、汽车电路的检修流程

当汽车电路出现故障时，首先应就车检测，判断故障发生的系统或线路，然后再对故障发生部位进行检测，找出故障点并排除故障。汽车电路检修的一般流程如下：

① 检修前先查阅该车型维修手册，根据电路图判断故障点，有目的地进行检修。

② 检修时先检查故障率高且容易检查的部位，如熔断器等。遵循从易到难、从外到内的原则进行，尽量做到不拆或少拆零部件，以减少不必要的麻烦。

③ 如检测到零部件损坏但却无法修复，可更换零部件，应注意要更换与原部件型号一致的零件，如相同功率的灯泡、同等线径的导线等。

④ 维修后注意对线路进行复原，包扎固定牢靠。

思考与练习

一、填空题

1. 在表 10-6 中填写电路图形符号的含义。

表 10-6　电路图形符号的含义

	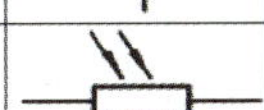		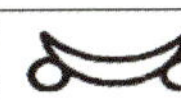
	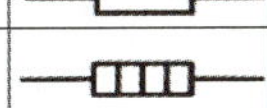		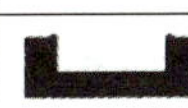
	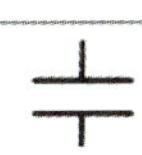		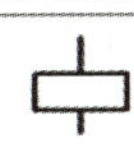

2. 写出下列字母表示的导线颜色。

B ________、W ________、R ________、G ________、Y ________、Gr ________。

3. 根据汽车电路图的用途不同，可绘制成不同形式的电路图，主要有________、________、________和________。

二、简答题

1. 电路图的一般规律有哪些？

2. 简述电路图的识图方法。

三、拆分电路图

如图 10-21 所示为丰田车系电路图，试在图中拆分出起动系统电路图。

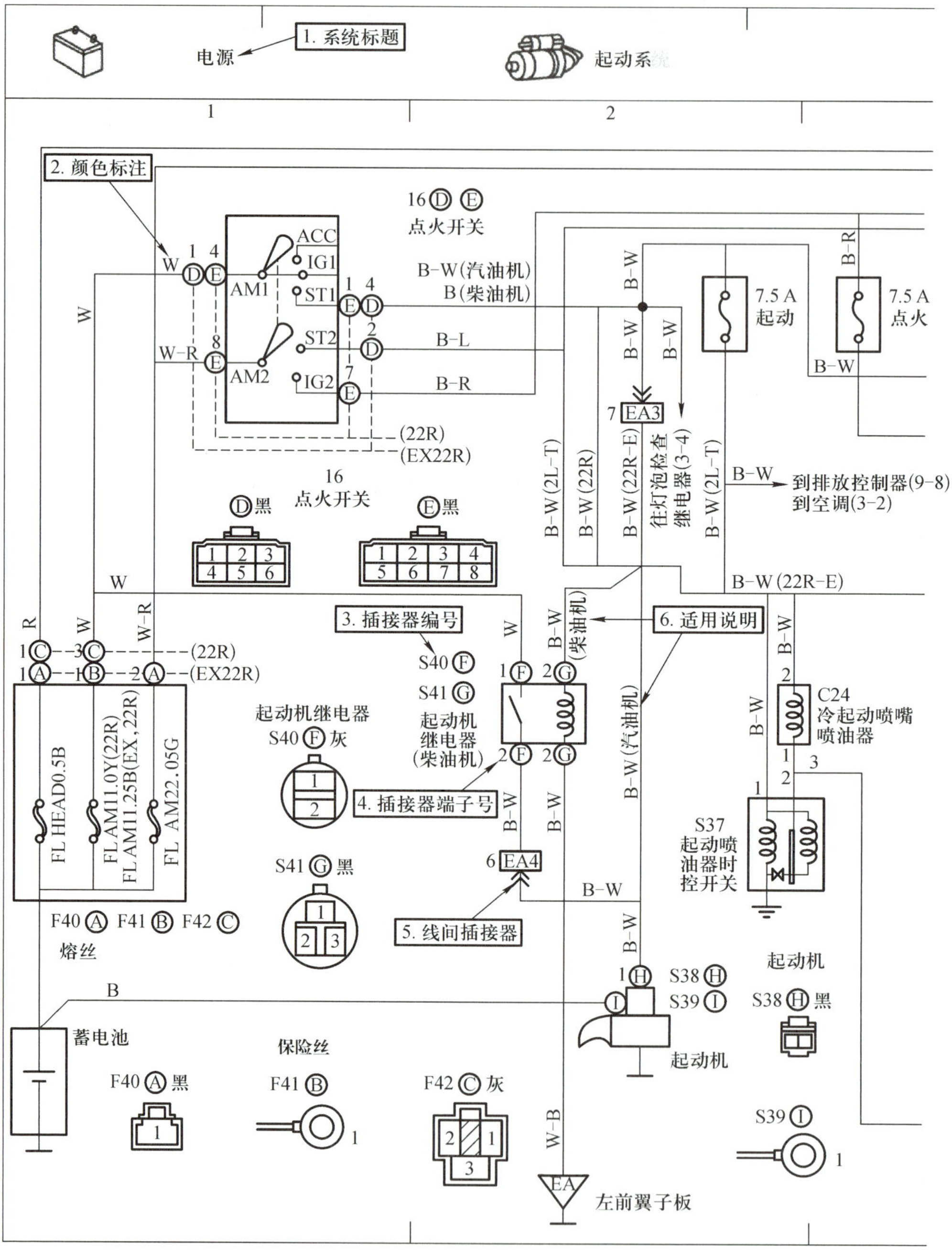

图 10-21 练习题

参考文献

[1] 白彩盛,潘学颖. 汽车电气设备构造与维修[M]. 上海:上海交通大学出版社,2022.

[2] 白鹏飞,刘树林. 汽车电气设备构造与维修[M]. 3版. 北京:人民交通出版社,2020.

[3] 周建平,悦中原. 汽车电气设备构造与维修[M]. 4版. 北京:人民交通出版社,2020.

[4] 金君堂. 汽车电气构造与维修[M]. 北京:中国劳动社会保障出版社,2015.

[5] 邓斌. 汽车电气设备构造与拆装[M]. 北京:人民交通出版社,2011.

[6] 高元伟,吕学前. 汽车电器设备构造与维修[M]. 3版. 北京:人民交通出版社,2018.

[7] 刘冰,韩庆国. 汽车电工电子[M]. 北京:人民邮电出版社,2016.